KB111865

고구려 고분벽화에 담긴 철학적 세계관

-한국고대철학의 재발견-

윤 병 렬

윤 병 렬尹秉烈

독일 본Bonn대학교 철학과에서 박사학위를 취득하였다. 한국하이데거학회 회장을 지냈으며, 홍익대학교 교양과 교수를 역임하고, 현재 초빙교수로 재직하고 있다.

주요 저서로는 《철학의 센세이션》(2002년 문광부 추천도서), 《정보해석학의 전망》, 《노자에서 데리다까지》(공저), 《감동 철학 우리이야기 속에 숨다》, 《산책로에서 만난 철학》, 《한국 해학의 예술과 철학》(2014년 학술원 우수학술도서), 《철학적 인문학의 길》, 《배낭 속에 담아온 철학자의 사유 여행》, 《선사시대 고인돌의 성좌에 새겨진 한국의 고대철학 —한국고대철학의 재발견》(2019년 학술원 우수학술도서) 등이 있다.

논문으로는 〈플라톤 철학과 형이상학 논쟁〉, 〈존재에서 존재자로?: E. 레비나스의 존재이해와 존재오해〉, 〈하이데거의 존재사유에서 고향상실과 귀향의 의미〉, 〈하이데거와 도가철학의 근친적 사유세계〉, 〈'말하는 돌'과 '돌의 세계' 및 고인돌에 새겨진 성좌〉, 〈장자와 플라톤의 위상학적 인식론을 통한 근대 인식론의 딜레마 극복〉, 〈하이데거와 도가道家의 해체적 사유〉 등이 있다.

고구려 고분벽화에 담긴 철학적 세계관
한국고대철학의 재발견

초판 1쇄 인쇄 2020. 3. 4.
초판 1쇄 발행 2020. 3. 17.

지은이 윤 병 렬
펴낸이 김 경 희
펴낸곳 ㈜ 지식산업사
　　　　본사 • 10881, 경기도 파주시 광인사길 53(문발동)
　　　　전화 (031) 955 - 4226~7 팩스 (031) 955 - 4228
　　　　서울사무소 • 03044, 서울시 종로구 자하문로6길 18 - 7
　　　　전화 (02) 734 - 1978, 1958 팩스 (02) 720 - 7900
　　　　영문문패 www.jisik.co.kr
　　　　전자우편 jsp@jisik.co.kr
　　　　등록번호 1 - 363
　　　　등록날짜 1969. 5. 8.

책값은 뒤표지에 있습니다.

ⓒ 윤병렬, 2020

　　ISBN 978 - 89 - 423 - 9078 - 6(93150)
이 책에 대한 문의는
지식산업사로 해 주시길 바랍니다.

한국고대철학의 재발견

고구려 고분벽화에 담긴
철학적 세계관

저자 **윤 병 렬**

지식산업사

들어가는 말

폭풍우의
가장 성스러운 회오리 속에서
나의 무덤 벽은
붕괴되고 말 것이다.

그리고선
지극히 자유롭고 영광스럽게
나의 영Geist은
아직 알려지지 않은 미지의 나라로
나아가리라.

— F. 횔더린의 묘비에 쓰여진 시

이 책은 2008년에 출간된 필자의 졸작 《고구려의 고분벽화에 그려진 한국의 고대철학》을 전면 개정하고 확대, 보완한 것이다. 당시에 필자는 이 책의 여러 곳에, 특히 고분벽화에 표현된 철학적 세계관과 인식론을 보완해야 할 것을 감지했지만, 생각만 하다가 많은 시간을 보내고 말았다. 그러나 이 오랜 기간 동안 그 문제점과 보완점들은 머릿속에서 맴돌며 하나씩 하나씩 성숙되어 간 것으로 보인다. 그것은 무엇보다도 우리 고유의 한국고대철학을 재발견해야 한다는 강한 소명감이 이정표 역할을 한 것으로 보인다.

고구려의 고분벽화를 보고서 "아! 고구려"를 외치는 사람들이 많다. 뭔가 규명하긴 어려워도 우리를 경탄케 하고 압도하며 신비감을 불러일으키는 요소가 많기 때문이다. 이때까지 우리는 주로 고분벽화의 역사(학)적 의미와 회화적 의미를 규명하는 데 집중해 왔다. 그러나 여기에만 그쳐서는 안 된다! 고구려의 고분벽화를 단순한 역사적 전승의 산물로만 규명하는 데 그쳐서는 큰 잘못이다. 또 고구려의 고분벽화는 결코 단순한 회화의 차원에만 머물러 있지도 않다.

만약 누군가 고분벽화가 있는 것만으로 만족한다거나 역사적으로 전승되어 온 유물 정도로 규명하는 차원에만 머물러 있다면, 이는 어처구니없는 존재의 가벼움에 머물러 있는 셈이다. 그러기에 현명한 자는 벽화가 무엇을 말하려고 하는지에 대해 절실한 질문을 던진다.[1] 바로 이런 노력에서 고분벽화의 혼, 즉 그 존재의미를 드러낼 수 있는 계기가 마련되는 것이다. 이제 고구려의 고분벽화가 세계문화유산으로 지정된 만큼 이 고분벽화가 여기에 있다는 것을 보고하는 데 그쳐서는 안 되고, 이 고분벽화의 혼, 즉 그 정신적 의미를 드러내어야 한다.

왜 고구려인들은 깜깜한 고분에 벽화를 그렸고, 더욱이 수많은 별들과 별자리들을 그려 놓았을까. 그들은 그러나 세상에 살아남은 자를 위해 전시를 하려는 것은 아니었을 것이다. 고분에 그려진 이들 별들과

---

1 이를테면 신영훈님의 질문, 즉 "한 가지 더 궁금한 것은 무엇을 그리려 하였느냐는 것이다. 그림의 주제에 생각과 사상이 배어 있을 것인데 나는 아직 잘 모르고 있다."(신영훈, 《고구려》, 조선일보사, 2004, 18쪽)는 우리 모두의 강력한 물음이고 테마이며 과제인 것이다. 이런 간절한 물음 없인 고구려의 위대한 정신을 우리는 터득할 수 없다.

별자리들은 분명 망자亡者와 깊은 관련이 있는 것임에는 틀림없다. 우리는 이들 별들과 별자리들의 상징언어를 통해 그들의 천문사상과 사유세계를 읽어 내어야 한다(이를테면 불멸사상과 천향사상 및 온 누리를 수호하고 보살피는 보살핌의 철학).

선사시대부터 고분벽화가 그려진 시대까지는 하늘에 흩어져 있는 별들과 별자리들이 사람들에게 상상을 초월할 정도로 중요한 존재의미를 지녔던 것으로 보인다. 흩어져 있는 별들이 하나의 별자리로 굳어진 데에는 이미 오랜 시간의 전통과 문화가 개입되는 것이다. 더욱이 이런 전통과 문화란 단시일에 정립되는 것이 아니라 사회집단 속에서 오랜 발전과정을 겪으면서 형성되는 것이다. 당대의 사람들은 석기石器나 목기며 토기 같은 것만 갖고 문명생활을 한 것이 아니라 하늘의 별들과 함께 고매한 정신문화도 일구었던 것이다.

선사시대에서부터 사람들은 흩어져 있는 별들을 별자리로 묶어 각별한 정신적 의미를 부여하였다. 별들과 별자리들로부터 사람들은 농경생활에 필요한 역법을 읽어 내었고, 캄캄한 밤중의 여행이나 바다의 항해에서 방향의 지표를 찾았다. 그런가 하면 사람들은 별들의 질서정연한 움직임에서 하늘의 질서를 인식하였고, 이런 인식은 하늘세계에 대한 관측과 동시에 천문사상에 대한 발전으로 이어졌다. 우리는 보통 선사시대의 사람들이 미개했던 것으로 착각을 하고 있다. 그러나 롬바흐의 규명대로 —우리는 누차에 걸쳐 그의 명제를 강조할 것이다— **"사람들은 결코 '미개'했던 적이 없었다."**(Heinrich Rombach)[2]

고구려의 고분벽화는 고대 한국인의 정신적 원형을 내포하고 있다고 말할 수 있는 비밀을 간직하고 있다. 거기엔 고대 한민족의 예술혼과

---

2 H. Rombach, *Leben des Geistes*, Herder: Freiburg·Basel·Wien 1977, p.65: "'Primitiv' sind die Menschen nie gewesen". 강조는 필자에 의한 것임.

정신문화며 한국 고대철학의 의미가 농축되어 있다. 이제 우리는 고분벽화의 역사(학)적이고 회화적인 의미의 차원을 넘어 그 정신문화적이고 철학적인 의미를 읽어 내어야 한다. 이 책은 고구려의 고분벽화에 드러난 철학적 의미를 추적하고 이를 세계정신사적 지평 위로 올리는 작은 시도이다. 고분벽화의 역사적 회화적 차원을 넘어 그 표현인문학적이고 철학적인 의미를 정립하는 일은 이중 삼중으로 긴급한 문제로 여겨진다.

또 이중 삼중으로 긴요하게 여겨지는 과제와 목적은 고구려의 고분벽화가 세계문화유산으로 등록됨에 따라 인류에게 공감이 되는 정신문화적이고 철학적인 의미를 밝혀내는 것이다. 물론 세계문화유산 등록과 상관없이 고분벽화가 함축하고 있는 그 정신적 지평을 펼쳐 보여야 하는 것은 우리의 과제이다. 오늘날 세계화의 시대에 이러한 과제는 극히 중요한 것으로 사료되며, 단순한 회화적 차원을 넘는 정신문화의 깊이를 알려야 할 필요가 있는 것이다.

만약 어떤 역사적 전승이 —그것이 엄청난 역사적인 사실과 내역을 갖고 있을지라도— 역사 서술이나 자료 설명 및 유물 제시의 차원에만 머물고 있다면, 저 위대한 역사적 전승을 철학의 대열에 올릴 수 없다. 그 의미와 내용, 그 생명력과 불멸의 혼 그리고 그 가치와 비밀 —이 모든 것을 철학이라고 하자— 을 펼쳐 놓아야만이 생명이 깃든 정신문화의 지평을 열 수 있는 것이다.

실로 우리의 역사가 고대 중국이나 인도 및 그리스와 같은 나라들에 견주어 뒤떨어지지 않지만, 우리 고유의 고대철학은 인도와 중국으로부터 전래된 불교나 도교 및 유교와 같은 종교철학적인 사상들을 제외하면 문헌상으로는 빈약한 편이다. 더구나 B.C. 6세기부터의 고대 중국이나 고대 그리스의 수많은 철학자들의 반열에 세울 만한 우리의 고대철학자를 언급하기는 퍽 어려운 편이다. 그러나 결코 실망만 하고 앉아 있을 수는 없다. 철학자 중심의 고대철학이 아닌, 고분벽화나 전승된 이야기며 역사적 유물과 유적을 바탕으로 하는 내용 중심의 철학은 얼마든지 재발견하고 재정립할 수 있기 때문이다. 필자는 오래전부터 이러한 과제에 대해 고민해 왔으며, 우선 고구려의 고분벽화에서 한국의 고대철학을 읽어 내는 것을 하나의 시급한 과제로 생각했다.

물론 고분벽화를 철학의 지평에서 읽고 해명하는 작업인 만큼 지나친 문학적 상상력을 동원한다거나 건강한 지성을 희생시키는 주장과 진술을 해서는 안 될 것이다. 철학은 무엇보다도 철학적 확실성을 기반으로 해야 한다. "존재하는 것을 존재하지 않는다고 하거나 존재하지 않는 것을 존재한다고 말하는 것은 허위이다. 그러나 이와 반대로 존재하는 것을 존재한다고 하고 존재하지 않는 것을 존재하지 않는다고 말하는 것은 진리이다."³라고 아리스토텔레스는 천명한다. 물론 이때 이 명제를 참이게 하는 것은 말(진술)하는 데에 있는 것이 아니고 존재하는 사실 그 자체이다. 이런 아리스토텔레스의 진리와 허위에 대한 규명은 고분벽화를 철학으로 읽고 해명하는 작업에도 바람직한 이정표가 된다.

비트겐슈타인은 "말할 수 없는 것에 대해선 침묵해야 한다"⁴고 그의 《논리철학 논고》(Tractatus logico-philosophicus)의 마지막 종결문장에서 피력했는데, 이러한 규명은 그러나 오늘날 과학이 지배하는 시대에 시사하는 바가 크다. 해독하기 어려운 문화유적, 황당한 사견이나 터무니없는 주장, 신화적이고 문학적인 상상력을 액면 그대로 철학이라고 우

---

3 Aristoteles, *Aristoteles' Metaphysik*(《아리스토텔레스의 형이상학》), hrg. von Horst Seidel, Felix Meiner Verlag: Hamburg 1989, 1011b.
4 원문: Wovon man nicht sprechen kann, darüber muß man schweigen: Ludwig Wittgenstein, *Tractatus logico-philosophicus*, Suhrkamp Verlag: Frankfurt a.M. 1971.

길 수는 없다. 그러기에 문화적 가치가 크다고 하더라도 침묵하고 있는 것들을 그대로 철학의 카테고리에 넣을 수는 없는 것이다.

그야말로 그림은 그림이고, 벽화는 벽화이며, 신화는 신화이고 천문사상은 천문사상일 따름이며 민담이나 전설도 그렇다. 더욱이 (해석이 불가능한) 고분벽화가 존재하고 있다는 것만으로, (정신적 의미를 찾을 수 없는) 고인돌과 청동거울과 같은 유물이 있다는 사실만으로는 철학이라고 해서는 안 될 뿐만 아니라 철학이 될 수는 없다. 그러나 이들의 은폐된 의미를 찾아내고 해석하면서, 그 제작 의도와 정신적인 배경을 읽어 내는 곳에서, 또한 그 해석의 보편성을 획득하는 과정에(!) 철학은 둥지를 틀게 되는 것이다.

그래서 이를테면 플라톤은 그의 대화록 곳곳에서 수많은 신화와 비유며 "종말신화"를 등장시키는데, 그 신화를 해석하면서 로고스의 장을 여는 곳에 철학의 지평이 열리는 것이다! 그러기에 신화를 단순한 비과학이라거나 미신으로 몰아붙이는 것은 지극히 경솔한 태도이다. 철학이 포장되어 있는 신화가 많기 때문이다.

어떤 신화에는 지혜를 추구하는 고도의 정신적인 것과 은폐된 로고스가 포장되어 있다.[5] 더욱이 인류의 역사에서 언어가 발명되기 전에는 대체로 신화의 형식으로 철학적이고 종교적인 내용들이 전승된 경우가 많다. 또한 로고스로 해결하지 못하는 신비한 영역에 대해선 신화나 비유를 통하여 그 해결책을 추론케 한다. 그러기에 "철학에서 문제가 되었던 것은, 신화의 힘이 퇴색하기 시작한 시대에 신화가 알고 있던 바로 그것을 보존하는 것이었다."[6]

---

5 우리가 쉽게 접하는 외디푸스 신화라거나 시지프스의 신화, 오르페우스 신화, 디오니소스 신화 같은 것을 음미해 보면, 거긴 고도의 정신적인 것, 즉 철학이 내재하고 있음을 어렵지 않게 발견할 수 있다.
6 W. 바이셰델 지음, 이기상·이말숙 옮김, 《철학의 뒤안길》, 서광사, 1990, 24쪽.

고구려의 고분벽화에는 범상치 않은 철학적 테마가 그려져 있다. 생활세계의 철학, 고향과 귀향의 철학, 축제문화, 삶과 죽음의 철학, 인간의 궁극적인 문제, 신선사상을 중심으로 하는 초월자에 관한 철학, 원시도교의 철학, 유토피아 사상, 문명창조론, 우주론('사방'으로서의 코스모스), 천상천하를 보살피는 보살핌의 철학과 보살핌의 세계관, 내세론, 불멸론 등등 철학사에서 굵직하고 심오하게 다뤄지는 테마들인 것이다.

고분벽화에 그려진, 철학과 종교의 "피할 수 없는" 과제인 인간의 불멸성과 자유며 초월자의 존재에 관한 성찰은 한국 고대철학의 깊이를 재조명하게 한다. '불멸성'은 플라톤과 칸트를 비롯한 많은 철학자들에게서 "철학의 근본과제"로 받아들여진다. 플라톤은 대화록 《파이돈》과 《파이드로스》, 《국가》 등에서 그 논의를 전개하고 칸트는 단도직입적으로 신神, 자유, 불멸성을 형이상학의 피할 수 없는 3대 과제라고 피력했다.[7] 고분벽화에서 인간은 죽음으로 말미암아 절대적인 종말을 고하는 것이 아니라, 신선이 되어 선향仙鄕 또는 본향으로 돌아가 다른 코스모스의 가족들과 만나고 교류하는 것으로 그 불멸성을 드러내어 보인다. 고분벽화에 드러난 인간의 위상은 영원한 종말이나 무화無化 및 저주의 운명으로부터 자유롭다.

그는 삶과 죽음의 굴레로부터 자유롭고 '원죄'나 '최후의 심판'과 같은 무거운 짐도 지고 있지 않다. 그는 마치 "지극히 자유롭고 영광스럽게/ 아직 알려지지 않은/ 미지의 나라로 나아가는"[8] 자처럼 천상으로 비상하고 코스모스의 가족들과 교류한다. 또 이와 같이 불멸하는 신들의 세계도 고분벽화에 드러나는데, 면류관을 쓴 천제天帝를 비롯하여 문명을 창조한 신들, 신석인 형상을 취한 별늘, 신비스런 '신수'神獸들은

<hr>

7 I. Kant, *Kritik der reinen Vernunft*(《순수이성 비판》), B7, B346, hrg. von Raymund Schmidt, Felix Meiner Verlag: Hamburg, 1976.
8 휠더린의 묘비에 쓰여진 시.

초월자들(초자연적 존재자들)이다. 이러한 논의에서 우리는 고구려의 고분벽화에서 "형이상학의 3대 과제"를 읽을 수 있다. 존재론, 우주론, 인간론, 내세론, 불멸론 등 고분벽화에 드러난 심오한 철학적 사유는 고대 한국이 외국으로부터 받은 학문적·종교적 영향 외에도 독자적인 문화와 철학을 갖추고 있었음을 확신케 할 수 있다. 따라서 그 사상적 의미는 대단히 크다.

고분벽화는 고구려인들이 남긴 생생한 흔적이고 그들 세계관의 표현인 것이다. 이 벽화를 자세히 들여다보면 고구려의 정치·경제·사회·문화에 대한 여러 정보뿐만 아니라 그들의 생활세계, 의식주, 놀이 및 축제문화, 중국과의 관계, 동서문명 교류, 세계관, 내세관, 우주론, 종교관, 천문사상, 죽음에 대한 철학, 음악과 다양한 악기들, 미술과 미술의 여러 양식들, 건축술 등등 우리의 상식을 뛰어넘는 정보들을 발견할 수 있다.

고분벽화에 그려진 표현인문학과 철학적 의미를 관념론의 틀에 넣거나 그 틀에서 분석할 필요는 없다. 그것은 고분벽화에 드러난 테마들은 우리의 생활세계나 거주함, 축제, 사방으로서의 코스모스, 고향과 귀향의 철학 등등 우리의 삶과 친숙해 있기 때문이다. 물론 고분벽화가 함축하고 있는 심오한 철학적 의미들이 쉽게 우리의 시선 안으로 다 들어오지는 않는다. 특별한 그림이나 고분벽화는 감추어진 의미를 갖고 있고, 그런 감추어진 의미는 그림과 벽화에서 상징언어로 표현되기 때문이다. 그러기에 암호와도 같은 상징언어를 해독하는 것이 무엇보다도 중요한 과제이다.

상징을 자명하게 해명해 내기는 결코 쉽지 않다. "상징은 모호하고, 알려지지 않고, 우리에게 감추어진 어떤 것을 내포한다. 예를 들면, 크레타의 많은 기념물들에는 쌍도끼 표시가 되어 있다. 이 쌍도끼는 우리가 아는 대상이지만, 우리는 그 상징적인 함축은 알지 못한다."9 그러기에 그 감춰진 의미를 함축하는 상징은 이미 분명하고 직접적인 의미 이상의 것을 내포하고 드러낼 때 사용된다.[10] 그러기에 상징은 대체로 이성이 파악할 수 있는 것을 넘어선 곳에 위치한다: "사람의 이해의 범위를 넘어선 수많은 것들이 있기 때문에, 우리는 우리가 정의할 수 없거나 완전히 파악할 수 없는 개념들을 나타내기 위해서 늘 상징적인 용어들을 사용한다. 이것이 모든 종교가 상징적 언어나 이미지를 사용하는 한 가지 이유다."[11]

세계에 흩어져 있는 수많은 동굴벽화 무덤벽화는 동물의 그림이거나 해독이 불가능한 문자와 기호가 대부분이며, 대체로 알 수 없는 상징적 의미를 담은 그림으로 나타난다. 이를테면 세계문화유산으로 등록된 프랑스 베제르 계곡의 동굴벽화(라스코의 석기시대)는 생동감은 있지만, 단순한 동물들에 대한 그림이며, 또 세계문화유산으로 등록된 노르웨이 알타의 바위그림도 사냥꾼과 어부 무리들을 묘사한 그림이 대부분이고 색채도 단순한 주황색이 주종을 이룬다. 또 유럽의 구석기 문화의 말기인 마들렌magdalenian 시기에 스페인과 남프랑스의 수많은 동굴에 그려진 암벽화들도 대부분 동물그림이다. 이러한 그림들에서 비록 예술적이고 문화적인 큰 가치는 발견할 수 있지만, 어떤 분명하고 심오한 철학적 메시지를 주워 담기는 어렵다.[12]

그러나 고구려의 고분벽화는 분명한 문화적·사상적 메시지를 갖고 있으며, 그 예술적이고 종교적이며 철학적인 의미를 심오하고 신비롭게 그려 내고 있다. 이러한 의미를 지금으로부터 1500년 내지 1600년 전에

9 칼 구스타프 융 편저, 정영목 옮김, 《사람과 상징》, 도서출판 까치, 1995, 17쪽.
10 위의 책, 17~18쪽 참조.
11 위의 책, 18쪽.
12 타히르 후세인 엮음, 박영구·최병연 옮김, 《유네스코 세계문화유산》, 베텔스만, 2003, 12쪽, 28쪽 이하 참조.

마치 동영상으로 펼쳐 보이듯이 총천연색의 색채로 그 신비성을 드러내었다는 것은 경탄을 자아내지 않을 수 없다.

차 례

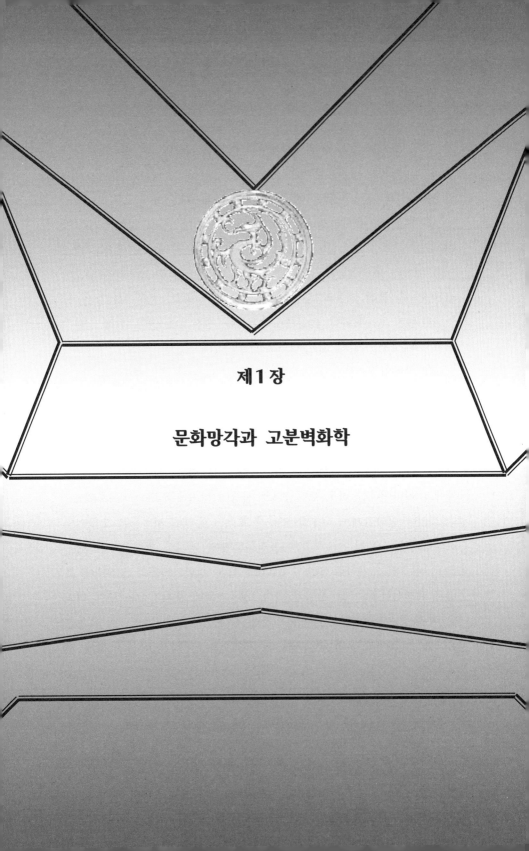

제1장

문화망각과 고분벽화학

철학자 M. 하이데거는 그의 모든 저서에서 "존재망각"이란 개념을 쓰고 또 존재망각의 역사에 대하여 개탄하고 있는데, 그것은 서구의 초기 철학, 즉 고대 그리스의 철학(특히 소크라테스 이전의 철인들)에 아주 큰 비중으로 등장한 존재개념을 망각해 버리고 마치 존재자를 존재인 양 착각하는 서구철학사에 대한 개탄인 것이다.

그런데 이와 유사하게 우리는 고대 한국인의 정신적 원형이라고 할 수 있는 고매한 정신문화를 망각한 것이다. 고구려의 고분벽화는 결코 어떤 세상의 예술활동의 일환으로서의 회화가 아니다. 고구려인들은 이 고분벽화를 통해 그들의 사상과 문화, 철학과 종교, 천문사상 등을 드러내었는데, 이 벽화엔 놀랍게도 "위대한 정신의 소인이 찍혀 있는"[1] 철학적 메시지를 읽게 해 준다.

고분벽화의 성좌도들, 특히 사신도와 사수도(해, 달, 북두칠성, 남두육성)는 고인돌 덮개돌에 새겨진 성좌도나 청동거울의 사신도와 마찬가지로 우리에게 생생하게 전해져 온 유물인데, 여기서 우리는 역사적·문화적 자료뿐만 아니라 한국 고대철학을 읽어 낼 수 있는 단서를 마련할 수 있다. 이들 유물들이 분명한 메시지로 말을 해 주는 정보가 될 때에는 어마어마한 한국 고대철학의 섬광이 비치게 된다.

그러나 안타깝게도 유구한 역사가 흐르는 동안에 사람들은 고구려의 고분벽화와 더불어 이 벽화의 표현인문학에 펼쳐진 철학을 망각했을 뿐만 아니라, 고구려로 전승된 고인돌, 특히 성혈고인돌의 성좌도에 표명된 표현인문학과 그 정신적 의미, 청동거울에 새겨진 사신도의 의미 등 매우 중요한 문화와 철학을 망각해 왔다.

최근에(20세기 후반에서부터) 고구려의 고분벽화가 다시 세상에 자

---

1 전동진, 〈롬바흐의 그림철학〉, 《하이데거 연구》 제7집, 2002, 20~21쪽; H. 롬바흐, 전동진 옮김, 《살아 있는 구조》, 서광사, 2004, 217쪽 참조.

신의 모습을 드러내기 시작했다. 박창범 교수에 따르면 1950년대까지는 오랜 식민통치를 해 왔던 일본 학자들에 의해 연구되었고, 1980년대에 북한의 학자들에 의해 집중적으로 연구되어 왔으며, 1990년 후반에 이르러서야 남한에서도 연구가 시작되었다고 한다.[2] 그러기에 고구려의 고분벽화가 약 2500년 동안이나 망각되어 있었다는 것은 끔찍한 일이다. 이러한 고분벽화뿐만 아니라 고인돌문명에 대한 연구나 고조선의 유적·유물·역사·문화도 거의 망각상태에서 벗어나지 못하고 있다는 것은 통탄할 일이 아닐 수 없다.

고구려 고분벽화의 천문도와 연계되는, 말하자면 고분벽화 천문도의 모체가 되는 고조선(선사시대)의 성혈고인돌에 새겨진 성좌도는 인류 정신문화에 크나큰 기여가 될 수 있는데, 이들 천문도와 성좌도에 새겨진 표현인문학과 철학적 세계관은 아직도 세계에 환히 밝혀지지 못한 상태이다. 성혈고인돌의 이러한 고도의 표현인문학은 선사시대부터 인류가 결코 미개한 원숭이 후예가 아니라 고도의 정신문화를 겸비하고 있었다는 것을 반영한다. H. 롬바흐의 규명대로 "사람들은 결코 '미개' 했던 적이 없었다."[3]

고인돌과 선돌의 태양거석문화Megalithkultur는 한반도와 고조선의 지역에서 크게 번영했던 문화이다. 약 5만기나 되는 고인돌은 전 세계에 분포된 고인돌의 2/3 이상에 해당하는데, 가히 "고인돌왕국"이라고도 할 수 있다. 특히 중국 본토와 일본열도에 분포된 고인돌에 견주어 비교도 되지 않을 만큼 많은 수량의 고조선 고인돌은 당대에 고조선이 태양거석문화의 중심에 있었던 것으로 추리할 수 있게 한다.

---

2 박창범, 《천문학》, 이화여자대학교출판부, 2009, 35쪽 참조.
3 H. Rombach, *Leben des Geistes*, Herder: Freiburg·Basel·Wien 1977, p.65: "'Primitiv' sind die Menschen nie gewesen."

이토록 고인돌과 선돌로 대표되는 태양거석문화가 고대 한국의 고유한 선사문화였다는 점에서, 또한 한반도와 고조선의 지역에서 고인돌과 선돌이 축조되기 시작했던 시기는 고대 한국이 중국과 본격적인 문화적·학문적 교류를 시작하기 수천 년 전인 서기전 40세기에서 10세기 사이였다는 점에서, 또한 고인돌과 선돌의 부장품에 천문방위와 성좌도와 같은 천문학적 요소가 부여되었을 뿐만 아니라 성혈고인돌의 덮개돌에 새겨진 성좌도와 그 천문사상이 삼국시대로 전승되고 있다는 점에서, 한국의 천문사상과 전통천문학은 늦어도 태양거석문화 시대에 한국에서 자생한 천문지식에 기초하여 출발하였음을 확신할 수 있다.

고구려의 고분벽화는 세계에 흩어진 수많은 벽화들이나 동굴벽화들과는 달리 그 메시지를 분명히 읽을 수 있는 그림이다. 그러기에 고구려 고분벽화가 자신이 무엇임을 알려주고 보여주는 메시지를 왜곡하지 말고 그대로 드러내는 것이 주요한 관건이 되는 것이다. 이런 맥락에서 하이데거의 비은폐성으로서의 진리개념(A-letheia, Unverborgenheit)은 고분벽화의 사수도와 사신도를 읽어 내는 데, 탁월한 이정표가 된다. 자신이 무엇임을 알려주는 사신도와 사수도의 메시지는 그러기에 어떤 불필요한 이론을 끌어들일 필요도 없는 비-은폐의 진리이다.

고대 그리스의 근원어로서의 '진리'Aletheia에 입각한 하이데거의 진리개념은 고분벽화의 사신도와 사수도의 이해에 탁월한 이정표를 제공해 준다. '비은폐성'으로서의 진리(A-letheia, Un-verborgenheit)는 말 그대로 "스스로 드러내 보이는 사태 그 자체" 또는 "스스로 드러내 보이는 것"이다. '비은폐성'으로서의 진리는 존재자가 스스로 자기가 무엇인지를 드러내 보이기에, 상응론(일치론)이나 일관론과 같은 진리이론의 틀에 맞출 필요가 없을 뿐만 아니라, 우리가 저 비은폐된 존재자를 자의적으로 왜곡하여 대상화하거나 이론적인 범주에 넣을 필요도 없이 있는 그대로를 받아들이는 것이다. 자신이 무엇임을 알려주는 사신도와 사수도의 메시지는 정신문화와 철학의 확실한 단서가 되고 증거가 되는 유물이기에, 표현인문학과 예술철학 및 그림철학의 영역과 맞닿아 있다.

이토록 고분벽화(특히 사신도와 사수도)에는 자신이 무엇이라는 것을 밝혀 주는 메시지가 있기에, 필자는 "한국고대철학의 재발견"을 기획할 수 있었다. 여기서 '재발견'이라는 말에는 퍽 도발적인 발상이 들어 있다. 그것은 우리의 고대철학이 중국으로부터 유래한 유교라든가 불교 및 도교에 의존하는 편이었고(물론 독자적·창의적으로 개발한 내용도 많지만), 그 주변에서 기웃거리는 경향이 많은데, 고분벽화에서 한국고대철학을 읽는다는 것은 전혀 다른 발상이고 오리엔테이션이기 때문이다. 말하자면 '재발견'이란 규명은 한국의 고대철학이 고분벽화가 그려졌던 그때에도 있었다는 것이고 필자는 지금 오랜 문화망각이 끝나는 지점에 그때의 철학을 재발견한다는 뜻이다. 그렇기 때문에 이러한 철학에 대한 증거를 제시하는 것이야말로 이 책의 목적이고 최대의 관건이라고 할 수 있다.

고구려의 고분벽화는 2005년 7월 1일 세계문화유산으로 등재된 것에서 알 수 있듯이, 정신문화적 비중이나 역사적 가치며 규모면에서 돈황이나 간다라의 문화에 뒤떨어지지 않는다. 따라서 그 문화적이고 철학적인, 나아가 역사적인 연구를 확대할 필요가 있는 것으로 보인다. 특히 김일권 교수가 지적하듯이 "같은 시기 동아시아 전체의 천문도 역사를 비교해 보면 고대 일본에서는 아직 천문도 자체의 유물이 전하지 않으며, 중국의 위진남북조에서도 고구려 벽화보다 다양하고 선명한 성좌도 자료가 발견되지 못하고 있다. 그러므로 고구려의 벽화 천문 자료가 지니는 역사적 의의는 매우 높다."[4] 여러 가지 측면에서 고분벽화를 단순한 역사적 유물로 받아들여서는 안 되고, 고분벽화학으로 승화시킬 필요성과 정당성이 있는 것으로 보인다.

고분벽화의 별과 별자리에 의한 천문시스템 및 문화성과 역사성을 통해 김일권 교수는 중국과는 판이하게 다른 고구려의 독창적인 천문학의 전통을 지적한다. 이를테면 "고구려 벽화에 그려진 다수의 별자리가 중국의 천문도에서 찾을 수 없는 형태를 지닌 것은, 별자리의 문화성을 잘 보여줌과 동시에, 고구려가 자신들의 천문학 전통을 구축하였을 것임을 시사한다."[5] 그뿐만 아니라 고분벽화의 규모나 수량 면에서도 중국의 고대를 월등히 압도하기에, 천문학적인 면에서 고구려가 훨씬 선진이었음을 김 교수는 지적한다.

김 교수의 통계와 조사에 따르면 4세기에서 7세기 사이에 집중적으로 축조된 103기의 고구려 고분벽화 가운데 별자리가 그려진 벽화는 모두 24기에 이르며, 총 800개에 육박하는 별이 그려져 있다.[6] 일단 수량적으로도 중국의 위진남북조시대 고분벽화가 수당대의 것을 포함하여 90기에 못 미치는 정도이므로 고구려의 벽화문화가 훨씬 앞서는 것이다. 또 중국 쪽의 별자리 벽화가 16기가량인 것에 견주어 24기에 이르는 고구려의 벽화천문은 수량 면에서도 앞서는 것이다.[7] 더구나 김

---

4 김일권, 《우리 역사의 하늘과 별자리》, 고즈원, 2008, 85쪽.
5 김일권, 〈벽화천문도를 통해서 본 고구려의 정체성〉, 고구려연구회 편, 《고구려 정체성》, 학연문화사, 2004, 1040쪽. 이밖에도 벽화의 오행성, 사신도상과 사수도상, 또 여기에다 고분의 천정에 그려진 황룡과 북극삼성을 각각 더한 오신도상과 오숙도상 등은 중국과는 판이하게 다른 천문 시스템과 독창적 체계라고 해명한다(위의 글, 1040~1057쪽 참조). 특히 북극삼성과 더불어 사방위의 천문사상에 입각한 고구려 사수도의 별자리를 염두에 두고 그는 "고대 동아시아에서 오직 고구려에서만 보이는 매우 독특한 천문형식"(위의 글, 1055쪽)이라고 자리매김하였다.
6 김일권, 위의 곳 참조.
7 인터넷의 포털사이트 "Daum 지식"에서도 "4~7세기 사이에 추정되는 고구려 고분벽화 103기 가운데 무려 24기에서 별의 모습을 관찰할 수 있다. 반면 중

교수에 따르면 신강 투르판 아사탑이나 고묘(제38호, 제76호)를 제외하면 거의 장식적으로 별을 천정에 뿌린 것이어서 고구려의 천문학과는 확연한 차이를 드러내는 것이다.[8]

이와 같은 맥락에서 김 교수는 덕흥리의 벽화천문도에 뚜렷하게 그려진 오행성의 그림은 이보다 훨씬 후대에 그려진 중국 요나라의 벽화묘 가운데 장문조張文藻 요묘(1093년)보다 비교가 안 될 정도로 월등하다고 본다. 그것은 후자가 전자에 견주어 시기적으로 훨씬 뒤떨어진 데다 그의 관찰에 따르면 "다른 별과 구분이 분명하지 않고 나열적인"[9] 것에 그치기 때문이다. 고구려에선 고분벽화에 오행성이 그려진 데만 그치지 않고 이들을 관측한 기록도 전해지고 있다.

이를테면 《삼국사기》의 〈고구려본기〉에는 오행성을 비롯한 별들의 관측에 대한 기록이 나온다. 유리왕 13년(기원전 17년)과 고국천왕 8년(186)의 관측엔 "형혹성熒惑星이 심성心星을 지켰다"고 하는데, 형혹성은 오늘날의 화성이고, 또 심성은 서양 천문학에서 전갈자리 일부로서 동방칠수 가운데 가장 밝은 심숙心宿을 일컫는다. 또 차대왕 4년에는 일식 관측과 함께 오행성이 동방에 모인 것을 관측하였다.

이밖에도 대무신왕 3년엔 남방에 나타난 혜성이 관측되고, 차대왕 13년에는 북두에 나타난 혜성이, 고국천왕 4년에는 태미성太微星 자리에 나타난 혜성이, 소수림왕 13년엔 서북방에 나타난 혜성이 각각 관측되었다. 〈고구려본기〉에는 천체 관측에 관한 보고가 자주 나타나는데, 이

___

국은 위·진·남북조, 수·당 시대 700년 동안 86기의 벽화고분이 있는데 이 중 16기에만 별 그림이 있다. 이것은 같은 시기 중국의 그것들과 비교해 봤을 때 수적으로나 내용 면에서 모두 우수함을 보여주는 증거이다."
(http://k.daum.net/qna/openknowledge/print.html?qid=2eF4s, 〈벽화로 배워보는 고구려의 천문관측〉).
8 김일권, 앞의 글, 1041쪽 참조.
9 위의 글, 1042쪽.

는 천문벽화그림과도 연계가 되어 고구려는 일찍부터 독자적인 천문 관측의 시스템을 가졌다고 추론해 볼 수 있다.

고구려의 고분벽화엔 수많은 별자리들, 일월오행성日月五行星, 28수의 천문체계, 하늘세계, 신화적 이미지, 천인들과 신선들, 초자연적인 신수神獸들 등이 등장하고, 특히 해와 달을 비롯해 네 방위를 나타내고 수호하는 사신도와 사수도가 여러 문양 및 그림들과 더불어 그려져 있는데, 천문도와 별그림이 발견된 고분은 현재까지 25기로 알려져 있다.[10] 고구려 사람들이 직접 관찰하고 그린 이 천문도와 별그림들을 통해 당대의 천문학적 지식은 말할 것도 없고 천문사상, 당대의 일상과 문화생활, 사유세계, 나아가 그 이전 시기와의 관련성을 고찰할 수 있다.

여기서 고구려 이전의 시기란 고조선의 선사시대까지 일컫는다. 많은 역사학자들은 한반도의 유물을 툭하면 중국과 연결 짓지만, 그것은

---

10 김일권 교수는 《고구려 별자리와 신화》(사계절, 2008, 39~41쪽, 50쪽 참조)에서, 박창범 교수는 《천문학》(이화여자대학교출판부 2009, 35쪽)에서 각각 25기라고 밝힌다. 특히 김일권 교수는 위의 책(176~188쪽)에서 별자리가 그려진 25기의 모사도를 자세하게 그려 고구려의 별자리 천문도를 잘 파악하게 해 준다. 나일성 박사는 《한국천문학사》(서울대학교출판부, 2002, 71쪽)에서 '19개 이상'으로 잡고 있다. 이 밖에 북한의 최승택은 〈고구려 무덤벽화 천문도의 우수성에 대하여〉(《조선고고연구》 2013-2, 43쪽)에서 천문도가 그려진 벽화무덤을 27기로, 사신도가 그려진 벽화무덤을 38기로 본다(〈고구려 사람들의 사신에 대한 신앙과 고구려벽화 사신도의 특징〉, 《조선고고연구》 2012-2, 9쪽). 또 리준걸은 〈고구려에서의 천문학의 발전〉(《조선고고연구》 89-3, 16쪽)에서 별그림이 그려진 고분을 28기로 보고, 한인호는 〈고구려벽화무덤의 사신도에 대하여〉(《조선고고연구》 88-1, 13쪽)에서 고구려 고분벽화 중에서 사신과 관련된 벽화무덤이 30여 기가 된다고 한다. 이토록 서로 다른 전문가들이 천문도가 그려진 고분을 다르게 파악하지만, 그것은 큰 문제가 되지 않는다. 왜냐하면 그 많은 고구려의 고분에 천문도나 사신도 및 사수도가 그려진 벽화고분이 새로 발견되면 당연히 늘어날 수 있기 때문이다.

아마도 조선 500년의 소중화小中華 사대주의 영향 때문일 것이다. 그러나 고조선은 구석기 때부터 독자적으로 전승되어 온 문화이다. 그 중에는 거석문화나 청동기문화의 사례가 보이듯 중국보다 훨씬 앞선 문화도 많다.

김일권 교수에 따르면 "청룡이나 백호, 봉황으로도 불리는 주작의 도상은 개별적으로 이미 한대 이전의 은주시대 유물자료에서도 나타난다"[11]고 하는데, 은나라의 경우 동이계의 나라이기에 사신도의 기원을 중국이라고 해서는 안 된다(당시엔 '중국'이라는 나라가 성립되지 않았다). 사방위 수호자로서의 사신도, 즉 동청룡과 서백호 및 북현무와 남주작의 체계는 고구려에서 집대성된 것으로 보인다.[12]

그런데 28수의 천문체계에서의 사신도나 사수도의 기원이 선사시대(신석기와 청동기의 고조선!) 고인돌의 석각천문도에 새겨진 성혈星穴에도 나타난다는 것이다.[13] 말하자면 온 누리를 보살피고 수호하는 사신도-사수도의 체계는 고인돌의 덮개돌에 성좌도의 형태로 각인되어 있는 것이다. 따라서 사신도와 사수도의 철학적 세계관은 오랜 기원을 갖고 있다. 사수도는 성혈고인돌에 각인되어 있으며, 신수神獸의 사신도도 성혈고인돌에 28수의 천문체계 형태로 전승되었는데, 이 28수의 천문체계도 고분벽화에 그려져 있다.

이밖에도 고대 중국의 천문자료에는 전혀 등장하지 않는 천문시스템

---

11 김일권, 《동양 천문사상 하늘의 역사》, 예문서원, 2007, 161쪽.
12 김일권 교수의 통계자료에 따르면 고구려의 벽화고분 107기 중에서 사신도가 나타는 벽화는 34기라고 한다(김일권, 《우리 역사의 하늘과 별자리》, 86쪽 참조).
13 필자는 이 주제를 졸저인 《선사시대 고인돌의 성좌에 새겨진 한국의 고대철학 ─한국 고대철학의 재발견》(예문서원, 2018)에서 광범위하게 다루었다. 특히 이 책 제2부 제2장 〈고인돌의 석각천문도에 새겨진 한국의 고대철학〉을 참조.

도 발견된다: "동쪽과 서쪽에 있는 케페우스와 카시오페이아 별자리는 고대 중국의 천문자료에는 전혀 없으며 특히, 카시오페이아의 경우 중국에서는 3개의 별자리로 분리해 인식해 왔다. 따라서 당시 고구려는 중국 전통 별자리와 전혀 다른 독자적인 천문학적 기반을 갖고 있었던 것이다."[14]

그런데 고분벽화에 등장하는 카시오페이아 별자리는 삼국시대 이전, 그러니까 고조선의 선사시대에, 즉 신석기와 청동기에 이르는 태양거석문화의 대표적 유물인 고인돌에 성좌도로 구축되어 있으므로 —이를테면 청원 아득이 고인돌의 돌판과 경북 영일군 신흥리의 오줌바위— 고구려의 고분벽화에 나타나는 카시오페이아는 선대 한민족으로부터 전승된 것임을 확연하게 알 수 있는 것이다.[15]

이밖에도 고구려의 고분벽화에는 북극성에 견주어 북두칠성이 천지만물을 수호하는 방위신의 차원에서 다른 세 방위신(남두육성, 해, 달)과 함께 더 강조되어 있는데, 이러한 천문시스템도 중국의 것과는 차이를 드러낸다. 인간뿐만 아니라 온 누리를 수호하고 보살피는 보살핌의 천문사상이 고구려의 고분벽화에서뿐만 아니라 그 이전의 선사시대 고인돌성좌에서부터 정립되었던 것이다.

또한 평양에 있는 진파리 4호 고분에는 고래로부터 전승된(이를테면 청원 아득이 고인돌 돌판) 28수의 별자리들이 완벽하게 금박천문도로 그려져 있는데, 이런 천문도는 동양의 범위를 넘어 세계적 문화유산이라고 하지 않을 수 없다. 이러한 진파리의 금박천문도는 적어도 고분벽화의 영역에서는 중국의 것보다 훨씬 뛰어남을 스스로 드러내고 있는

---

14 http://k.daum.net/qna/openknowledge/print.html?qid=2eF4s, 〈벽화로 배워 보는 고구려의 천문관측〉 참조.
15 김일권, 《우리 역사의 하늘과 별자리》, 제1부 2장(영일 칠포 암각화에서 찾은 카시오페이아와 북두칠성) 참조.

것이다.

고구려 때에 만들어진 석각천문도인 천상열차분야지도는 서기 1세기 무렵의 북위 38~40도에서 본 별자리를 기록한 것으로서 세계 최초의 별자리 지도라고 한다.[16] 당나라에 의해 고구려가 패망될 때 대동강에 빠뜨려졌다는 이 석각천문도에는 고구려인들의 천문에 대한 지식이 집약되어 있는 것으로 보인다. 이러한 천문지식에는 그들의 천문사상과 정신세계 외에도 항해를 비롯한 대륙의 초원이나 먼 거리 여행을 가능하게 했던 정보라든가 농업과 어업에 관련된 정보도 단연 들어 있는 것이다.

고구려의 고분벽화는 그 규모면에서 보나 내용적인 면에서 보아도 사막 속의 박물관에서 일구어진 '둔황학'이나 동서 문명융합이 이뤄진 '간다라학'에 못지않기에, 고분벽화학이라는 새로운 학문의 지평을 형성할 수 있다고 여겨진다. 그것은 역사와 문화의 중요성을 넘어 한국 고대철학의 단서도 들어 있기 때문이다. 고분벽화가 펼쳐 보이는 메시지를 그대로 읽어 내면 그 정신적 원형이 개시된다. 그런데 놀랍게도 이러한 고구려의 고분벽화가 오랜 세월 동안 망각되어 사람들의 의식세계에서 잊혀져 문화적 단절 상태에 놓여 있었다는 것이다.

국보를 넘어 세계보물에도 속하는 이러한 고유한 문화유산을 망각하고 있었다는 것은 극단적으로 창피스러운 일이며, 그렇게 된 요인을 분석하고 따져서 철저하게 반성해야 할 것으로 보인다. 만약 혜초의 《왕오천축국전》과 같은 보물유물이 잊혀져 있었다면, 그것은 어느 정도 납

---

16 http://k.daum.net/qna/openknowledge/print.html?qid=2eF4s 참조. 고구려 때의 천상열차분야지도는 그 탁본이 조선 초에 발견되어 오늘날까지 전해진다. 가로 122.8cm, 세로 200.9cm나 되는 돌에 새겨진 이 천문도에는 1464의 별들과 282개의 별자리가 북극성을 중심으로 적도원, 황도원, 북극원, 경도선 등을 나타내고 있으며, 은하수도 정교하게 그려져 있다.

득할 만한 이유가 있다. 그것은 멀고 먼 이국나라인 둔황의 지하에 갇혀 있었기 때문이다. 그러나 고구려의 고분벽화는 —많은 고구려의 유적이 지금의 중국에 있긴 하지만— 이와는 달리 한반도에 건재해 있었기에, 그 망각의 원인을 따져 묻지 않을 수 없는 것이다.

더욱이 최근에는 중국의 중화중심주의 또는 쇼비니즘적 발상에 의한 소위 "동북공정"이 만연하여 심각한 역사왜곡이 자행되고 있다. 엄연한 고조선의 역사를 인정하지 않으려 하며 수나라 문제와 양제의 침략을 꺾고 당나라의 이세민을 물리친 고구려를 당나라의 지방정권이라는, 생트집보다 더 저질인 "동북공정"을 일삼고 있다. 이웃국가를 극도로 무시하고 힘으로 굴종시키는 것이 중화중심주의의 본질이다.

최근에 서길수 교수는 두 권의 저술들을 출간하였는데, 하나는 《중국이 쓴 고구려 역사》(마다정 외 지음, 서길수 옮김, 여유당)로서 중국 안에서 동북공정이 주도된 경위를 밝히고, 또 다른 하나는 《한말 유럽 학자의 고구려 연구》(서길수 지음, 여유당)로서 위와는 대조적으로 중국과는 전혀 다른 한국 고대 고구려의 역사와 문화를 서구에 소개한 내용을 자세하게 밝히고 있다.

서교수는 특히 모리스 쿠랑과 에두아르 샤반의 업적을 잘 소개하고 있는데, 쿠랑은 세계 최초 금속활자의 인쇄본인 '직지심경'을 유럽에 소개한 학자로 알려져 있으며, 또 그는 1898년 유럽에 최초로 고구려의 광개토태왕비문을 소개한 학자이기도 하다. 서 교수는 쿠랑이 이 비문을 프랑스어로 옮기면서 "한국의 지명과 인물에 관한 것이기 때문에 모두 한국 발음을 사용했다"고 언급한다. 또 그는 쿠랑이 그린 고대 동북이의 역시지도에서 길림성 일대 부어의 영토와 러시아 연해주 일대 읍루를 중국어 한자 발음이 아닌 한국어 한자 발음으로 옮긴 사실을 지적한다.

샤반 또한 쿠랑의 논문에 자극받고서 광개토태왕비를 비롯해 고구려의 고분벽화 등 고구려의 유적을 직접 답사하고 조사활동을 펼쳤다. 그는 1907년 고구려의 국내성을 닷새 동안 답사하다가 고구려의 고분벽화를 발견했다. 그는 옛 고구려의 유적을 답사하고 조사한 내용들을 묶어 〈한국의 고대 왕국 고구려 유적에 관한 보고서〉를 발표하였다. 샤반은 고구려사를 명백한 한국사로 인식하면서 고구려의 유적들이 중국인들의 무관심 속에 심각하게 훼손되어 가는 현상에 대해 안타까움을 표명했다.

《중국이 쓴 고구려 역사》는 중국의 동북공정을 주도한 학자들이 얼마나 자의적으로 고구려의 역사와 문화를 침탈했는지를 잘 보여주고 있다. 이 저술에선 동북공정의 주도 세력과 시발점이 집약되어 있다. 다분히 중화주의적 팽창과 침탈의 정치적 저의와 목적을 깔고 있는 이 책에는 마다정馬大正의 머리말부터 섬뜩한 주장이 전개된다. "고구려는 중국 동북역사의 소수민족 정권"이며 "고구려·고려와 조선을 구별하라"는 침탈의지를 미리 내세우고 있다. 이리하여 마다정과 동북공정을 주도한 학자들(특히 양바오룽, 리다룽 등)은 기존의 자명한 역사인식과 연구 업적 등을 마구 부인하고 날조하며 터무니없는 주장을 펼치고 있다.

고구려의 고분벽화가 유네스코 세계문화유산으로 지정되어 인류공동의 유산으로 확정된 바에 즈음하여, 고대 한민족의 내밀한 정신문화를 부각시켜 그 우수성과 보편적 가치를 밝히고, 이러한 내용들이 독특한 (중국과는 근간을 달리한) 것임을 밝혀야 한다. 중국이 '동북공정'이란 명목으로 고대 한국의 역사를 침탈하는 행위를 자행하고 있고, 옛 고조선과 고구려의 땅이 현재 자기네 영역에 속해 있다는 이유로 고구려를 중국의 지방이 되는 것처럼 날조하는 행위는 고조선과 고구려의 영역을 자기네의 것으로 굳히려는 음모인 것이다. 이러한 때에 고대 한국의 문화유산을 만방에 알림으로써 옛 고구려의 혼이 곧 오늘날 우리의 혼임을 명실상부하게 드러내어야 한다.

비록 역사의 흐름에서 고분과 고분벽화의 존재의미가 오랫동안 망각되었지만, 이들이 사라지지 않고 전승된 것은 얼마나 다행인가! 고구려가 당나라로부터 망했을 때에 그야말로 폐허밖에 남지 않았을 것으로 여겨진다. 전호태 교수는 당대의 상황을 다음과 같이 추리하고 있다: "잘 알려졌듯이 668년의 평양성 함락으로 마무리되는 장기간의 국제전, 뒤이어 수년 동안 계속된 고구려 부흥전쟁을 겪으면서 고구려의 주요 도시들은 '돌무더기 위에서 이리와 승냥이가 우짖는 곳'이 되었으며, 주민들은 포로로 잡혀가거나 산간벽지로 숨어든 상태였다. 후세로 하여금 평양시대를 읽고 보며 되살릴 수 있게 하는 것은 고분벽화와 몇 안 되는 고분출토 유물들, 불기운이 완연한 기와와 토기조각, 건물터 정도에 불과하다."[17]

중화사상의 특징은 타자를 타자로 두지 않고 철저하게 무화, 초토화시켜 더 이상 왕조로 남아 있지 못하게 하는 것이다. 20만 명이 넘는 고구려인이 포로로 끌려갔고, 도서관은 열흘 동안이나 불탔으며, 천상열차분야지도와 같은 것은 점령군의 눈을 피해 대동강에 빠뜨려졌다고 한다. 얼마나 경악스러운가. 고구려가 수나라의 대군을 물리치거나 이세민을 앞세운 당나라의 정복군을 물리쳤을 때는 결코 저들처럼 잔인하게 하지는 않았다.

이토록 고구려가 당나라에 의해 철저하게 패망하고, 남은 것으로는 전호태 교수가 지적한 대로 "고분벽화와 몇 안 되는 고분출토 유물들, 불기운이 완연한 기와와 토기조각, 건물터 정도에 불과"하지만, 그나마 이러한 유물들을 바탕으로 고구려의 문화와 혼을 되찾아야 한다. 다행

---

17 전호태, 〈5세기 평양권 고분벽화로 본 고구려 문화의 정체성〉, 고구려연구회 편, 《고구려 정체성》, 학연문화사, 2004, 956쪽.

스럽게도 생존한 고분과 고분벽화를 살아 있는 씨앗으로 삼아 그 원형질을 되찾는 것이 우리의 과제이다.

고구려인들은 중국의 한족과는 달리 활달하고 역동적인 세계관을 가졌으며, 개성이 넘치는 삶과 문화를 누렸다. 그들은 중국의 한족과는 근본적으로 다른 이질적인 전통과 사상 및 문화를 가졌다. 고분도 다르고 고분 속의 벽화도 다르다. 고분을 만드는 상사喪事의 문화 자체가 다른데,[18] 고구려인과 고대한국인들은 지상과 지상의 높은 곳에, 한족들은 지하 깊은 곳에 만들었고, 벽화의 경우 그들은 큰 의미를 두지 않은 데다 미미하기 그지없다. 더구나 고분에 있는 석실石室이나 묘실의 지붕돌이 고인돌을 닮은 것은,[19] 고구려가 상고시대로부터의 전통을 이어 온 것이고 중국과의 문화 차이를 그대로 드러내는 것이다. 그들 스스로 유구한 역사가 흐르는 동안 고조선과 부여 및 고구려와 발해를 한국의 역사로 인정을 해 오다 느닷없이 '동북공정'이란 미명 아래 음흉한 수작을 펼치고 있는 것이다.

중화주의에는 자기들만 하늘 아래 유일하고 온전한 국가이고, 이 중화의 사방에 있는 나라들, 즉 '동이東夷', '북적北狄', '서융西戎', '남만南蠻'은 그야말로 야만으로 취급하는 논리이다. 그리하여 서남공정이니 동북공정이란 미명 아래 거대 중화주의를 만들어가고 있는 것이다. 최근

---

18 신영훈님의 지적대로 상사喪事의 문화는 "가장 보수적인 관습이어서 남을 닮기도 어렵고 남과 달리하려 해도 쉽게 변형되지도 못하는 특징이 있다. …. 서로 다르다면 문화기반에 차이가 있음을 의미한다."(신영훈, 《고구려》, 161~165쪽 참조). 여기서 신영훈님은 "중국의 무덤 쓰는 법은 지금 공개하는 사례에서만 보아도 지하 깊은 곳에 묘실墓室을 만드는 특징이 있다. 명나라 황제가 묻힌 명십삼릉明十三陵 구역에서 공개하고 있는 정릉定陵의 현실玄室도 깊은 지하에 있는 엄청난 시설이다."(앞의 책, 161쪽)라고 지적하여 그 차이를 명확하게 드러낸다.

19 신영훈, 앞의 책, 180쪽 이하 참조.

에 남중국해 사건만 봐도 중화주의가 얼마나 무섭고 우스꽝스러운지 단번에 목격할 수 있다. 자기네들이 자의적으로 이웃나라의 턱 아래까지 '9단선'이니 뭐니 그어 놓고는 남중국해의 90%를 손아귀에 넣고, 바다 아래에 있는 암초에 시멘트와 같은 인공물을 쏟아 넣고는 인공섬을 만들고 비행장을 만드는 등 끔찍한 일들을 자행하고 있는 것이다. 2016년 7월 네델란드에 있는 국제사법재판소는 중국의 요구를 모두 일축하였다.

대체로 한국의 고대문화와 고대사 연구에는 중국의 고문헌에만 의존해서는 안 되는 요인들이 많다. 신용하 교수는 《고조선문명의 사회사》를 저술하면서 이러한 위험을 잘 밝히고 있다. 그는 고조선문명(아사달문명)을 기술하면서 철저하게 역사적 사료와 펙트에 입각하여 논의를 전개하지만, 중국 고문헌 자료는 극히 빈약하고 왜곡된 사료에 근거한 것이어서 주의를 당부한다: "우선 중국 고문헌 자료조사에서는 (긴 탐색과 탐험이) 완전히 실패하였다. 한국 고대에 대한 중국 고문헌 자료는 매우 늦게 한 무제의 위만조선 침략에 관련된 간단한 기록에서 시작될 뿐 아니라, 그 후 모든 중국 고문헌기록들은, 속속 발굴되는 한국 고대의 찬란한 출토 유물·유적들, 문화유산들과는 달리, 한국민족을 폄하 훼손시켜 야만인처럼 묘사한 편견에 가득 찬 것들이었다. 중국 고문헌 자료는 엄정한 사료비판을 거친 후에도 부차적 자료 외에는 고대문명의 진실을 밝히기에 너무 부족한 것들이었다."[20]

중국과의 오랜 동서냉전 이데올로기를 청산하고 서로 문호개방을 한 이후 한국인들이 집안지역이나 백두산 및 만주지역에 자주 여행하며 한국의 고대사에 지대한 관심을 표명하자, 중국 당국은 이를 극구 차단

---

20 신용하, 《고조선문명의 사회사》, 지식산업사, 2018, 8쪽. 특히 한국의 고대 고조선문명과 구석기와 신석기 및 최근에 대대적으로 발굴되고 조사된 홍산 문명에 대해선 중화 중심주의적인 중국의 사료에 의존할 수 없다.

하며 유적이 있는 곳에 대한 한국인의 여행도 제한하고, 철저하게 고구려가 중국의 지방정권이라는 간판을 내거는 등 동북공정을 가속화시켜 나갔다.

이러한 쇼비니즘적인 태도는 상식에도 전혀 통하지 않을 뿐만 아니라 삼척동자도 동의할 수 없는 사항이다. 그들은 동북공정의 일환으로 산해관에서 발해만으로 이어져 있는 만리장성을 아무런 근거도 없이 북동쪽으로 이어 압록강까지 연장시키는 억지주장을 펼치고 있다. 역사적 사실마저 왜곡하는 것은 전체주의적인 중화사상이 깔려 있기 때문일 것이다.

고분벽화는 고구려의 독자적인 세계, 또 실재적인 역사와도 일치하는 고구려 천하의 세계를 명백하게 알려준다. 이를테면 평안남도 남포시에 위치한 덕흥리 고분엔 이 무덤의 주인에 대한 언급이 글자로 새겨져 있다. 그것은 요동에서 유주자사(幽州刺史, 오늘날의 도지사에 해당)라는 관직을 가진 진鎭이라는 사람이 영락 18년(408년)에 사망하였다는 보고이다. 여기서 '영락'은 광개토왕 시대의 고구려 연호이다. 그러므로 이 덕흥리 고분의 기사는 요동지방이 고구려의 영역이며 당나라와는 무관한 독자적인 나라임을 명명백백하게 밝히는 역사적 사실인 것이다.

지금은 고구려의 고분벽화가 북한과 공동으로 "유네스코 세계문화유산"에 등록된 상태이지만, (중국은 "동북공정"을 시작하기 전에는 애초부터 고구려의 고분벽화에 대한 애착이 없었던 상황에서) 북한이 먼저 "유네스코 세계문화유산"에 등록하려 하자, 그때에 드디어 심각성을 인식하고 국가정책 차원에서 국수주의적인 조처를 취해 나갔다. 다음의 대목에서 그런 중국의 태도를 잘 읽을 수 있다.

"동북공정의 일환으로 중국 정부와 학계는 일사분란하게 움직여 북한 대동강 유역에 퍼져 있는 고구려 고분 유적이 '유네스코 세계문화유산'에 등록되는 것을 2003년 7월 저지, 연기시켰다. 북한 소재의 고구려 고분이 먼저 유네스코 세계문화유산에 등록될 경우 고구려의 문화와 역사를 중국에 귀속시키려는 프로젝트의 목표를 달성하는 데 차질이 빚어질 것이기 때문이다. 중국 당국은 북한의 고구려 유적이 유네스코 세계문화유산에 등록되는 것을 저지시킨 후 군대를 동원하면서까지 집안 지역의 고구려 유적을 빠르게 정비하고 있다. 집안현의 고구려 고분 벽화를 유네스코에 등록하면서 중국 지방 정천의 문화유산으로 편입시키려는 의도가 뻔히 드러나 보이는 대목이다."[21]

그들은 오랫동안 고구려의 고분을 이민족의 문화로 보고 이들을 보호할 생각을 아예 하지 않았었다. 그래서 고분들을 방치해 왔으며, 특히 고구려의 초기 고분으로 보이는 흘승골성 아래의 고분군을 댐을 만들면서 수몰시켜 버린 것이다.[22] 오늘날 고분과 고분벽화의 문화적 가치가 높아지고, 또한 남북통일이 일어나기 전 역사적 선점을 하기 위해 갑자기 고구려를 "당나라의 지방정부"라는 괴상망측한 주장을 꺼내고 있는 것이다.

중국의 당나라가 기원후 618년에 건국되었는데, 기원전에 건국된 고구려가 그토록 오래토록(700년 이상) 기다려서 당나라의 지방정권과 동북지역의 소수민족에 편입되었다고? 개도 소도 웃을 일이다. 더욱이 그런 동북방의 소수민족이 수나라 대군을 몰락시키고 또 당태종을 외눈깔로 만들어 돌려보냈단 말인가? 중국은 패권주의와 중화주의에 중독

---

21 문중양, 《우리역사 과학기행》, 동아시아, 2008, 63쪽.
22 신영훈님에 따르면 까오리묘자촌 또는 고력묘자촌高力墓子村의 240기가 넘는 고분이 다른 유적과 함께 물속에 잠기고 말았다고 한다(신영훈, 《고구려》, 94~98쪽 참조).

되어 날조와 조작의 구태를 못 벗어나고 있다. 오늘날 동북공정이란 미명 아래 괴물 스핑크스 같은 중화주의로 귀속시키려는 음모는 중단되어야 한다.

벽화가 그려진 고분은 인류의 문화유산이 된 만큼 아주 훌륭한 독특성을 갖고 있다. 이집트 파라오의 고분(피라미드)이나 진시황의 고분(병마총)과는 전혀 다른 차원이다. 이들의 고분도 물론 고고학적으로나 또 역사적 유물로서 중요한 가치를 가지고 있음에는 틀림없다. 그럼에도 불구하고 고구려의 고분은 이들 고분과 전적으로 다른 면이 있다. 정신문화적 철학적 가치의 차이인 것이다. 피라미드와 병마총은 도대체 무엇을 위해서 건립되었는지를 숙고해 보면 그 차이를 잘 알 수 있다. 파라오는 이 세상에서 신격화된 절대군주인지라 죽고나서도 영원토록 왕노릇을 하기 위해 미라로 만들어졌고 또 피라미드로 건립된 것이다. 권력을 억지 정당화하기 위해 "파라오"는 "태양신의 아들"이라 하여 신의 대열에 올려놓았던 것이다. 그러기에 파라오에 맞선다는 것은 배교행위와 맞먹는 것이다. 그뿐인가?

수많은 인력(노예)들을 동원해 10년에서 20년에 걸쳐가며 파라오의 피라미드가 건립되지 않았는가. 그러한 피라미드 가운데 쿠푸Khufu왕의 피라미드는 150m나 되며(그리스인들은 이 피라미드를 가장 높다고 하여 케오프Cheops라고 불렀다) 이를 위해 약 20년 동안 10만 명의 인력이 동원되었다면, 이 한 사람 파라오의 무덤을 위해 수많은 인간들(노예)의 생명이 탈취되었다면, 이 얼마나 무자비하고 잔인한 전체주의이고 전제주의인가. 그러기에 피라미드는 왕이 영원히 살겠다는 의도로 노예들의 피로 쌓아올린 건축물인 것이다. 그런데 더욱 경악스러운 것은 필요하다고 생각되는 노예들을 산 채로 함께 묻었고, 심지어 사후의 치료를 위해 의사들도 합장했다.[23] 고대 이집트와 메소포타미아의 일반 백성들은 —역사가 잘 증언하듯— 신권정치를 하는 절대권력자의 종이었다고 할 수 있다.

　진시황의 병마총도 이와 유사한 의미를 내포하고 있다. 천하통일을 이루고 난 뒤에 그는 엄청난 규모의 무덤을 만들게 했다. 말이 천하통일이지 진시황은 수많은 나라들을 침략하여 인명을 잔인하게 죽였으며, 포로로 끌고 온 자들을 예외 없이 목을 베어 죽였다. 많은 사람을 쉽게 죽인 만큼 큰 악몽에 시달리던 그는 죽기 싫어 하늘을 향해 원망조로 비명을 지르고 울기도 하였다. 불사약을 구하려고 신하들을 보내고, 연금술사의 말을 듣고 장수비결로 수은을 복용하였으나 오히려 49세의 젊은 나이로 죽고 말았다. 2004년 초 중국 당국의 전자파 탐측을 통해 밝혀진 진시황의 무덤은 그 봉분이 동서 3백 45m, 남북 3백 50m, 높이 76m인 데다, 그 봉분바닥에서 35m의 지하에 축구장 크기만한 거대한 묘실이 나타난 것이다. 이 지하궁의 규모 또한 상상을 초월하는데, 동서 1백 70m, 남북 1백 45m에 달하고 진시황의 관이 놓여진 것으로 추정되는 묘실은 여기서 다시 15m 올려진 곳에 위치하고 있다. 피장품의 부식과 도굴방지를 위해 묘실 주위를 채웠다는 '수은의 강'도 확인됐다. 지하세계에서조차 병마총의 병졸들은 진시황을 호위하고 있다. 그뿐인가. 순장이란 이름으로 많은 산 사람을 무덤 속으로 끌고 간 것이다. 진시왕릉이나 만리장성의 축조에 끌려 간 수많은 노동자들(사료에 따르면 약 백만 명 정도)은 노예나 다름없었고, 평생을 강제노동에 시달리다가 생을 마감한 것이다. 전해진 바에 따르면 두 집 중에서 한 집은 만리장성 축조에서 못 돌아온 가정이었다.

　그러나 고구려의 고분은 위와 같은 목적으로 세워지지 않았다. 벽화를 통해 위아는 전적으로 다른, 정신문화적이고 예술적이며, 불멸성을

---

23 이집트의 수도 카이로에서 20km 떨어진 사카라 피라미드 지역에서 새로 발견된 4200년 전의 묘역에선 왕족의 사후 치료를 위해 의사 3명이 합장된 사실이 발견됐다(《동아일보》 2006년 10월 23일).

드러내는 종교적이고 철학적인 메시지를 담고 있는 것이다. 고분벽화에 담겨진 메시지는 어려운 해석의 과정을 거치지 않아도 되는 명쾌한 내용을 담고 있다. 고구려의 고분벽화는 **표현인문학적 지평**을 열고서, 거기에 인간의 심원하고 궁극적인 문제들을 펼쳐 놓았다. 그것은 세계의 다른 벽화들에게서 그 유래를 찾아보기 어려울 정도로 독특하고 고유한 문화적·철학적 의미를 끌어안고 있는 것이다.

중국의 댐건설로 수몰된 흘승골성 아래의 초기 고구려 고분군을 포함하면 일만 기가 훨씬 넘는 고분과 이 고분들에 그려진 고분벽화만으로도 그 규모가 결코 중국의 갑골학甲骨學, 돈황학敦煌學이나 간다라 문화학에 떨어지지 않기에, 이를 우리는 학문의 한 분야로 승화시키는 노력을 해야 한다. 우리는 고구려의 고분벽화에서 한국의 고대철학을 재발견해야 한다. 엄연히 주어진 실증적 자료가 있는 데도 침묵하고 있거나 여전히 '훈고학'이나 '왈曰철학' 내지는 '가라사대 철학'에 머물고 있다면, 그것이야말로 '참을 수 없는 존재의 가벼움'이 아니라 용서할 수 없는 무지無知와 무능력이다.

고분벽화의 문화적 철학적 메시지를 다 읽어 내기는 어렵지만, 거기에는 우리가 철학의 지평으로 가져올 수 있는 사신도와 사수도의 철학적 세계관을 목격할 수 있다. 사신도와 사수도가 알려주는 메시지의 내용을 읽어 내고 받아들임으로써 우리는 고대에 찬연하게 빛났던 고대철학을 대면하게 된다. 그런데 우리는 고분벽화를 오랫동안 잊어온 것처럼 고인돌과 같은 문화유적의 존재의미도 망각해 왔다.

우리 학계는 한국의 고유한 고대철학을 망각한 것이나 다름없다. 더욱이 그러한 망각증세에 대해 아무런 심각성도 의식하지 못하고 있으며 어떤 절박한 심정으로 본래적인 것을 되찾고자 하지도 않는다. 더욱이 외국으로부터 받아들인 유교와 불교 및 도교만을 중심축에 앉히고서 이것이 마치 전통철학의 전부인 양 착각하고 있다. 물론 이토록 외부로부터 받아들인 것을 발전시키는 과정에서 새로운 사유세계를 정립할 수도 있고 고유화할 수도 있다.

그러나 안타깝게도 이런 유교와 불교 및 도교도 대체로 훈고학이나 '가라사대 철학'으로 흘러, 우리 학계의 오랜 전통은 지나간 것을 뇌까리는 경우가 다반사이고 그 밖의 세계를 들여다보기는커녕 오히려 여기에 맞추려는 데만 급급한 것이 아니었을까. 유교와 불교는 우리 역사를 천 년 이상이나 지배한 정치와 종교의 이데올로기였기에 더더욱 그런 절대자의 권좌에 머물러 있었던 것으로 보인다.

또한 우리 학계에서는 무비판적으로 중국이나 서구의 사유를 수입하여 훈고학적 연구에 치중했고, 또 그것의 활성화가 마치 학문하는 사람의 본분인 것처럼 여겨져 왔기에 비판적 수용이나 재평가 내지는 창의적 응용엔 천착하지 못하는 형편이다. 어느 소장학자의 다음과 같은 지적은 우리의 이와 같은 학문하는 태도를 반성케 한다:

"오늘날 한국 철학계는 크게 두 가지 흐름으로 점철되어 있다. 하나는 서양철학을 수용하는 흐름이고 다른 하나는 동양철학을 전수받는 흐름이다. 그러나 80년대부터 학계에서 떠도는 자조적 목소리는 서양철학의 수용이 말이 좋아 수용이지 실제로는 끊임없이 계속되는 단발성 서양학문의 수입 판매에 불과하며 동양철학은 그저 가라사대 철학을 벗어나지 못하여 옛것을 반복해서 뇌까리는 정도에 머무르고 있다는 것이다."[24]

소장학자가 밝힌 이 용기 있고 진솔한 반성은 이 땅에서 학문하는 자들에게 많은 각성을 불러일으키리라고 생각된다. 서양에서 뭔가 유행처럼 떠도는 것을 잽싸게 수입하여 '반짝 스타'가 호들갑떠는 것처럼

---

24 한면희, 《환경윤리》, 철학과 현실사, 2006, 머리말.

혹은 서양의 문화와 사상이 마치 표준이라도 되는 것처럼 떠들어 댄다면, 이 얼마나 줏대 없는 행동인가. 아직도 서양학문의 수입상인 노릇에만 정신을 파는 학계의 현상을 우리는 쉽게 목격한다. 또 이와 대동소이하게 동양철학은 아직도 왈曰철학과 훈고학의 차원에만 틀어박혀 옛것을 계속하여 뇌까리고 있는 수준이라면, 이 또한 참을 수 없는 존재의 가벼움만 드러내는 꼴이다.

더욱 안타까운 것은 어떤 역사적 유물이나 뛰어난 과학적 기술, 나아가 앞선 문명의 유적이 발견되면, 이 모든 것을 중국과 연결 짓는 데 급급하고, 중국에서 받아들였을 것이라고 추측하는 등 온갖 선입관과 자기비하의식에 사로잡히는 경우다.[25] 심지어 중국과 연결고리가 잘 맞춰지지 않으면 뭐가 잘못이라도 된 듯이 여기는 사대주의와 종속주의가 아직도 학계에서 활개를 치고 있으며, 이런 흐름에 반하여 고유하고 독자적인 문화나 사상을 운운하면 즉각 국수주의라고 몰아붙이는 경우도 다반사인 것이다. 그만큼 유교유전자가 깊숙이 박혀 있는 것이 오늘날의 현실이다.

물론 전승된 유적에는 중국과의 오랜 교류가 있었기에, 그 연결고리가 있는 것도 자명하다. 그러나 우리의 고유한 문화유산을 무턱대고 다

---

25 이종호 박사도 이런 선입관과 자괴감 및 왜소 콤플렉스, 자기비하의식이 형성된 통념에 관해 질타하고 있다: "우리 유산의 과학적 측면을 파고들면서 왜 여태껏 이런 사실들이 알려지지 않고 묻혀 있었을까 안타까워한 적이 한두 번이 아니었다. 나름대로 그동안 저술과 강연활동 등을 통해 우리 유산의 과학성과 우수성을 알리기 위해 노력해 왔다고 자부하지만 아직도 한국인은 물론 세계인들의 통념을 바꾸기에는 역부족이라는 것을 실감한다. 이런 현실은 우리 자신에게도 어느 정도 책임이 있다. 우리 선조가 남긴 유산을 대하는 태도에 자기비하의식과 선입견이 있기 때문이다. 우리 선조가 남긴 앞선 문명과 뛰어난 과학 기술이 발견되기라도 하면 당연히 외국(주로 중국)에서 받아들였을 것이라고 추측한다."(이종호, 《한국7대 불가사의》, 역사의 아침, 2007, 7쪽).

중국에서 유입된 것이라고 보는 것은 아주 잘못된 사대주의적 발상에 지나지 않는다. 더욱이 우리가 고유한 우리 문화유산을 학술적 차원에서 논의하는 것이 어떤 민족적 자부심에 호소하는 것이라고 성급한 판단을 내려서는 안 된다. 무엇보다도 과학적 냉정으로 먼저 사물을 판단해야 하기 때문이다.

이런 과학적 냉정을 읽어 내지 못하는 우리의 학계에 이종호 박사는 안타까워하는 심정으로 개탄하고 있다: "필자는 과학자이므로 우리 역사를 무턱대고 민족적 자부심에 호소할 생각은 전혀 없다. 하지만 과학이라는 객관적인 눈으로 보더라도 우리의 자랑스러운 유산이 중국 등에서 전수된 것은 아니라는 사실을 알 수 있다. 주변국인 중국은 동북공정을, 일본은 역사 교과서 왜곡을 통해 자국의 입맛에 맞게 역사의 흐름을 바꿔 놓으려 하는데, 우리는 있는 그대로의 유산과 역사마저 제대로 밝히지 못하고 있는 실정이다. 바로 이것이 '세계 7대 불가사의'와 견주어도 손색이 없는 우리 유산을 모아 '한국 7대 불가사의'라는 제목으로 책을 내야겠다고 결심한 시발점이다. 한국에 '세계 7대 불가사의'에 버금가는 유산이 존재하기 때문이다."[26]

본래성 상실과도 같은 그 문화망각의 원인은 다른 무엇보다도 고구려의 몰락 이후 불교가 정치와 종교의 중심이었던 고려 오백 년과 사대주의적 유교가 정치와 이데올로기의 핵심이었던 조선 오백 년, 조선 말기에 있었던 수많은 전란과 일본에 의한 식민통치, 6.25와 같은 동족상잔 등이 그 중요한 이유가 될 것이다. 불교와 유교의 주요 관건이나 목적 등을 참조해 보면, 고분벽화와 같은 유물에는 관심이 가지 않았을 것이다.[27] 고조선에서부터 삼국시대까지는 ―고구려의 고분벽화가 증언

---

26 이종호, 《한국7대 불가사의》, 앞의 책, 7~8쪽.
27 이를테면 불교는 이 세상에 불국정토를 세우고, 불심이나 깨달음을 얻는 것, 극락 가는 것 등이 주요 관건에 포함된다. 고인돌을 다듬어 불상을 만든 경

하듯— 나름대로 전승된 고유문화와 고유사상이 명맥을 이어 왔으나, 고려 오백 년의 불교역사와 조선 오백 년의 유교역사에서 저 고유한 사상과 문화는 점점 퇴색되어 갔다.

앞에서 박창범 교수가 지적했듯 고분벽화가 우리에게서 오랜 기간에 걸쳐 망각되었지만, 20세기 후반에서나마 재발견된 것은 퍽 다행이 아닐 수 없다. 학계와 당국자들이 노력하여 고구려의 고분벽화를 세계문화유산에 등재하고, 우리의 지폐에 천상분야열차지도를 디자인하여 넣는 등 망각된 문화유적을 재발견하고 되살리는 것은 지극히 바람직한 일이다.

현재 우리가 사용하고 있는 만 원짜리 지폐엔 우리의 천문학의 역사와 천문사상이 디자인되어 있다. 천상열차분야지도가 바탕으로 깔려 있고, 국보 제230호인 혼천시계와 혼천의, 보현산 천문대의 광학망원경이 장식되어 있다. 그런데 이 지폐의 뒷면에 디자인되어 있는 천상열차분야지도의 원본이 고구려 때에 제작되었다는 것은 전문가들의 견해일 뿐만 아니라, 이 지도의 탁본에서 부연설명(일종의 각주)되어 있는 것에서도 그 사실이 밝혀져 있다.[28]

우도 있다고 한다. 유교의 경우는 현실정치가 주요 관건이다. 권력을 획득하는 것, 벼슬, 감투, 출세 등등 이 세상에서 이름을 날리는 것이 중요한 이슈였다.

28 석각천문도인 고구려의 천상분야열차지도는 당나라와의 668년 무렵 전란으로 사라지고, 그 탁본에 의해 조선시대의 천상분야열차지도가 탄생하게 된 경위에 관해서, 그리고 이런 사실이 권근의 《양촌집》과 이를 인용한 《대동야승》에 자세히 전하고 있는 것에 관해서는 나일성, 《한국천문학사》, 서울대학교출판부, 2002, 75~77쪽 참조. 나일성 박사가 지적하듯이 이런 고구려의 천상분야열차지도는 당대唐代 이전의 것으로서, 별들을 그저 길게 배열한 수준에 머문 돈황성도갑본敦煌星圖甲本("중국의 가장 오랜 천문도")보다는 비교도 안 될 정도로 뛰어난 것이다(나일성, 위의 책, 76~77쪽 참조). 중국의 유가적 천자개념과 중화사상에 따르면 천문도나 역법 같은 것은 한 왕조 아래서

천상분야열차지도엔 수많은 성좌들이 하늘을 수놓고 있는데, 이들이 이미 별자리 형태를 구축하고 있다. 그런데 각각 그 의미하는 상징어가 따로 있는지는 아직 다 밝혀지지 않은 것으로 보인다. 그러나 여럿의 별들이 일정한 성좌로 구축된 데에는(이를테면 북두칠성이나 남두육성 및 남극노인성과 견우직녀 등) 수많은 시간과 협약이 전제되었을 것이다. 그런데 천상열차분야지도에는 이런 성좌도들 중에서 사신도가 중요한 위치를 점하고 있다. 한국천문연구원장인 박석재 교수도 각별한 위치를 점하고 있는 이 사신도의 개념을 크게 부각시키고 있다: "천상분야열차지도의 별자리들은 결국 고구려 때 종교적 지위를 가졌던 4신, 즉 청룡, 백호, 주작, 현무에 다름 아니다."[29]

박석재 교수는 고대 한국의 정신적 원형이라고도 할 수 있는 사신도−사수도의 세계관을 시구 형식으로 쓴 〈천상분야열차지도〉에서 각별히 부각시키는데, 사수도 중에서도 남두육성과 북두칠성이 고구려의 혼을 천문에 새겼다고까지 한다: " … 북에는 북두칠성 남에는 남두육성,/ 고구려 혼을 담아 천문을 새겼네./ … 청룡주작 비상하고 백호현무 포효하니,/ 천손이 나아갈 길 저 멀리 보이네."[30]

그런데 이토록 화려하게 디자인된 사신도−사수도의 세계관은 동시에 심오한 보살핌의 철학을 펼쳐 보이고 있다. 사신(동청룡, 서백호, 북현무, 남주작)과 일월남북두日月南北斗의 자연적−초자연적 존재자가 "천하 사방을 수호"[31]하고 보살피는 철학적 체계인 것이다. 말할 것도 없이 이러한 사신과 일월남북두는 방위신으로서 인간과 세계를 지키고

는 다른 것이 허용되지 않는다. 따라서 전쟁에서 패했다면, 이런 천문도나 역법 같은 것은 폐기되어야 했던 것이다.

29 박석재, 《하늘을 잊은 하늘의 자손》, 과학동아북스, 2009, 22쪽.
30 위의 책, 25쪽.
31 김일권, 《우리 역사의 하늘과 별자리》, 81쪽.

보살피는 수호신적 존재인 것이다. "고구려 사람들은 사신을 신성불가침의 존재로, 저들의 '안전'을 보호해 주는 수호신적 존재로 내세우고 무덤벽화에 그려 넣음으로써 죽어서도 '령혼'의 안전을 보장하려고 하였다."[32]

이러한 고구려의 사신도-사수도 체계는 마치 음양 이원론의 세계관이나 음양오행의 세계관, 도가의 도덕道德세계관, 유가의 "수신제가치국평천하修身齊家治國平天下"나 상명하복의 권력주의 세계관, 나아가 고대 그리스의 헤라클레이토스와 독일의 철학자 헤겔이 구축한 변증법적 세계관이라든가, 라이프니츠의 낙관적 세계관, 쇼펜하우어와 불교의 염세적 세계관과도 대비되는 그러한 철학적 세계관인 것이다. 인간과 천하 사방을 수호하고 보살피는 철학적 세계관은 세계철학사에서 그 시사하는 바가 크다고 하지 않을 수 없다.

---

32 최승택, 〈고구려 사람들의 사신에 대한 신앙과 고구려벽화 사신도의 특징〉, 《조선고고연구》 2012-2, 9쪽.

제**2**장

고분벽화의 표현인문학과 예술철학

고구려의 고분벽화는 결코 단순한 회화가 아니라, 심오한 철학적 내용을 담은 메시지로서의 '표현인문학'이라고 할 수 있다. 그림을 통해 심오한 정신적 내용을 담은 메시지를 우리는 '표현인문학'이라든가 예술철학의 영역에서 고찰할 수 있다. 망자의 집인 고분에 단순한 회화를 그렸다는 것은 누구도 생각할 수 없을 것이다. 고분벽화는 결코 단순한 일상적 예술작품으로도 혹은 어떤 해독하기 어려운 상징이나 기호로도 표현된 것이 아니라, 대체로 누구나 이해할 수 있는 그림언어로 말해지고 표현되어 있기에, "그림철학"(H. 롬바흐) 또는 예술철학의 영역으로 자리 잡을 수 있는 것이다.

고분벽화를 읽고 해독하게 하는 '표현인문학'이란 개념은 상당히 창의적이고 또 우리시대의 시대정신에 걸맞으며, 나아가 인문학의 지평을 확대하는 대단한 기획이라고 할 수 있다. 그런데 고대 한국인이 고분벽화에 표현인문학의 방식으로 그들의 정신세계와 철학을 쏟아 놓은 것은 표현인문학의 탁월한 본보기인 것으로 보인다. 한국연구재단의 기획과 지원에 의한 표현인문학 연구는 한 연구단체(정대현, 박이문, 유종호, 김치수, 김주연, 정덕애, 이규성, 최성만)에 의해 주도되었다. 이 연구단체는 "인문학의 위기"를 극복하려는 시도에서 인문학의 지평을 확대하여 그리고 시대정신을 참작하여 '제도적 인문학'과 '고전인문학' 및 '이해인문학'에서부터 '표현인문학'으로의 확대를 시도하였다.

'표현인문학'이란 개념규명은 이 용어 속에 이미 그 뜻이 밝혀져 있어 쉽게 이해되지만, 다음과 같은 규명에서 우리는 그 개념정의를 더욱 명확하게 파악할 수 있다: "인문학이란 일차적으로 문자, 그리고 이차적으로 비문자를 포함한 문화활동을 통해 사람다움의 표현을 모색하는 노력이다."[1] 따라서 비문자적인 문화활동도 표현인문학의 영역에 포함

---

1 정대현 외 지음, 《표현인문학》, 생각의 나무, 2000, 29쪽.

되기에, 그림이나 예술활동, 정보매체나 사진예술이며 여행스케치도 당연히 인문학의 카테고리에 속한다고 할 수 있다. 아쉬운 것은 위의 연구단체가 표현인문학의 구체적인 사례를 넓게 들지 않았다는 것과 또한 표현인문학을 위해 계속되는 노력을 기울이지 않았다는 것이다. 다양한 방식으로 인간의 정신세계를 표현하는 것은 오늘날의 다원주의 시대에 퍽 어울린다고 볼 수 있다.

고분벽화는 벽화인 만큼 다른 예술작품들처럼 표현인문학의 지평에서 논의될 수 있으며, 이 지평 위에서 그 인문학적이고 철학적인 메시지를 해독함으로써, 한국 고대철학의 윤곽을 기획할 수 있다. 철학적 메시지가 담겨 있는 (고분벽화의) 예술철학을 표현인문학의 지평으로 읽을 수 있도록 하는 철학자들의 노력은 필자에게 좋은 이정표가 되었는데 ―필자에게도 많은 자극이 된― 그 사례들을 몇 가지 들 수 있다. 이러한 사례들은 다음의 장에서 좀 더 면밀하게 고찰할 것이다.

첫째는 셸링F.W.J. Schelling의 경우이다. 그는 대륙의 합리주의와 칸트의 비판주의가 맹위를 떨치던 근대사유가 예술을 감성에 의존한다는 이유로 저급한 감성학이라고 치부한 것에 대항하였다. 그에게서 예술은 철학과 분리되거나 차별된 것이 아니라, 오히려 철학의 본질적인 것을 밖으로 드러내어 주는 유기체인바, 철학의 과제를 충실히 수행하는 기관인 것이다. 이러한 근거에서 지극히 엄밀한 공간에 그려진 고분벽화는 단순한 회화나 고미술이 아니라 혼이 담겨 있는 메시지이고 철학이 밖으로 드러난 유기체인 것이다.

둘째는 하이데거M. Heidegger의 경우이다. 그는 예술과 예술작품에 존재사유와 존재의 진리를 불어넣고서 횔덜린 및 트라클과 같은 시인들의 시, 반 고흐의 예술작품 속에서 새로운 철학적 의미를 밝혀내고, 이를 그의 후기 사유를 전개하는 데 주요 사상적 원천으로 삼고 있다. 예술작품은 자신이 무엇인지 스스로 ―하이데거의 현상학 개념인 파이

노메논phainomenon이 뜻하듯이— 비은폐성Unverborgenheit의 진리를 드러
낸다.

셋째는 월시W.H. Walsh의 경우이다. 그는 《형이상학》에서 예술비평
이나 문학비평이 형이상학의 주요 원천이 됨을 지적한다. 칸트는 형이
상학이 엄격하고 보편타당한 과학의 영역에 머물러야 함을 천명하나
(특히 《순수이성비판》), 형이상학을 그 어원과 개념(kata-ta-physika)에
반영해 볼 때 과학의 범주에 가둘 수는 없는 것이다. 예술비평이나 문
학비평도 아무런 근거 없이 임의로 주어지는 것이 아니므로 단연 형이
상학의 영역에 포함될 수 있는 것이다.

넷째는 야스퍼스K. Jaspers의 경우다. 그는 《비극론》에서 종교와 예술
(특히 브로이겔과 보쉬의 그림세계)이며 문학 속에 배태된 철학적인 앎
을 통하여 초월해 가는 인간의 실존적 모습을 그려 내고 있다. 그는 그
리스의 비극을 비롯해 셰익스피어의 비극작품, 화가들의 작품들을 재해
석하며 이러한 신화와 예술작품 및 문학작품이 철학의 이정표 역할을
수행하고 있음을 여실히 드러내고 있다.

다섯째는 롬바흐H. Rombach의 경우이다. 그는 그림과 철학과의 관련
여부를 세심히 검토하고서, 이를 "그림철학"으로 승화시켜 철학의 새로
운 지평을 개척하고 있다. 그는 예술적인 그림을 위시하여 암벽화와 동
굴벽화며 신화와 전설, 동화와 문학작품, 시와 의례에 현존하고 있는
내용에 대해 철학적 분석을 시도하고, 이를 통해 "그림철학"의 영역을
개발한 것이다. 롬바흐에 따르면 그림전통은 문자가 없던 구석기시대부
터 동굴벽화로 전승되어 오듯이 인류역사에서 문자전통보다 더 오래되
고 포괄적인데도, 철학사가 이를 간파하지 못한 사실을 개탄하고 있다.[2]
그에게서 그림이란 전통적으로 이해해 온 단순한 모사Abbild의 차원이

---

2 Rombach Heinrich, *Leben des Geistes*, Herder: Freiburg·Basel·Wien 1977, p.8.

아니라, "정신의 소인이 찍혀 있는 것", 총체적인 것의 생생한 임재 (Realpräsenz des Ganzen), 혹은 총체적인 것의 직접적인 현현Präsentation 이다.

이미 철학자 셸링에게서 예술이 철학과 별개의 것이 아니라, 철학의 내용을 밖으로 드러내 주는 기관, 즉 "계시된 철학(die geoffenbarte Philosophie)"으로 파악되기에, 고분벽화를 이런 방식으로 예술작품의 지평에서 고찰한다면 철학의 혼이 담긴 표현인문학이 되는 것이다. 예술이 철학의 본질적인 것을 드러내는 유기체라면 이러한 예술은 지극히 고매한 의미를 지닌다고 하지 않을 수 없다.

이런 독특한 위상을 가진 셸링의 예술철학에 대해 철학사가인 슈퇴릭히는 다음과 같이 지적하고 있다: "그러기에 예술은 철학이 어떤 외적인 형식을 통하여 나타낼 수 없는 바로 그것을 늘 그리고 끊임없이 새롭게 드러내 주는, 즉 말하자면 철학의 본래적인 뜻을 밝혀주는 영원의 기관Organon인 것이다."3 셸링에게 예술은 결코 당대의 바움가르텐이나 칸트며 헤겔에게서와 같이 "저급한 인식의 단계"가 아니고 —특히 헤겔에게 예술이 감성학으로서 절대자의 세계로 다가가지 못하는 것에 견주어— "철학자에게 가장 숭고한 것인데, 그것은 예술이 그에게 가장 성스러운 것(das Allerheiligste)을 열어 보이기 때문이다."4 따라서 예술적 관조는 얼마든지 이성의 최고행위로 대체될 수 있을 뿐만 아니라 이정표가 되고 목표가 되는 것이다.

셸링은 당대의 헤겔과는 달리 독일 낭만주의(Deutsche Romantik)에 깊이 관여하고 있었기에, 세계와 자연을 절대자와 관계에서 고찰하고 예술을 곧 철학의 본질적인 것을 드러내는 유기체로 볼 수 있었다. 그

---

3 Hans Joachim Störig, *Kleine Weltgeschichte der Philosophie 2*, Fischer: Frankfurt a.M. 1981, pp.122~123.
4 F.W.J. Schelling, *Sämmtliche Werke* I/3, Stuttgart 1856~1861.

러기에 셸링의 표현대로 "철학의 본래적인 뜻을 밝혀주는 기관"이자 "신적인 것의 자기 현시" 혹은 "절대자에게서 흘러나온 현상"으로서의 예술은 지고의 성스러움을 열어 보여준다. "위대한 정신의 소인이 찍혀 있는"(롬바흐) 고분벽화는 따라서 철학의 본질적인 문제를 드러내는 유기체라고 할 수 있는 것이다.[5]

셸링에게 예술은 세계와 자아, 실재적인 것과 관념적인 것, 무의식적이고 의식적인 자연의 활동이 완전한 조화를 이루며 현상하는 영역이다. 이 조화는 이론적인 방식으로 인식될 수는 없다. 자연과 정신이 하나 되는 이 신비로움은 오직 "지성적인 통찰"(intellektuelle Anschauung)에 의한 예감이나 직관을 통해서만 포착될 수 있다.[6]

셸링에게 예술은 결코 어떤 사물에 대한 단순한 모방의 차원이 아니고, 또한 고전주의 미학(특히 바움가르텐Baumgarten)에서 볼 수 있는 "저급한 감성의 인식단계"도 아니며, 또한 헤겔에게서 드러나듯 감각이라는 태생적 한계 때문에 절대정신을 담기에 너무나 미미한, 그래서 곧장 "예술의 종말"로 치달을 수밖에 없는 그런 예술이 아니다. 셸링에게 예술은 진리의 한 상징 혹은 가교로서의 역할이 아니라, 진리를 인식하고 담보하는 기관인 것이다. '보편학'인 철학은 셸링의 예술철학에 잘 드러나듯이 의식적 활동과 무의식적 활동, 말하자면 정신과 자연의 무한한 대립의 상을 총체성의 이념으로 인식하는 것을 과제로 한다.

하이데거도 셸링이나 롬바흐와 유사하게 예술작품에서 철학적 진리를 읽어낸다. 예술작품은 —하이데거의 그림해석에도 분명히 드러나듯 — 어떤 특별한 미학적이고 철학적인 메시지를 담고 있다. 고구려의 고

---

5 셸링과 당대의 화가 프리드리히(C.D. Friedrich)의 예술세계엔 비가시적이지만 절대적인 것과 고도의 정신적인 것이 그림 속에 드러나 있다. 그에 따르면 "화가는 눈에 안 보이는 것도 그려야 한다."고 한다.

6 Hans Joachim Störig, 앞의 책, p.122 참조.

분벽화는 예술작품의 차원을 넘어 인간의 심층세계, 인간의 궁극적인 문제, 불멸, 생활세계, 온 누리를 보살피고 수호하는 보살핌의 철학, 이 승과 저승을 넘나드는 종교론과 형이상학 및 우주론 등등을 드러내고 있다. 마치 문학이나 신화며 시와 음악이 단순하게 자신들의 고유한 영역에만 머물러 있는 것이 아니듯이 고분벽화 또한 회화의 범주에만 갇혀 있는 것이 아니다. 이를테면 호메로스의 서사시나 괴테의 문학세계 며 반 고흐나 베토벤의 예술세계는 제각기 그에 상응하는 심오한 철학 적 내용을 함축하고 있는데, 이처럼 고구려의 고분벽화도 회화의 범주를 넘어 고도의 정신문화적이고 철학적인 메시지를 포괄하고 있는 것이다.

일반적으로 예술적인 그림의 세계는 아무런 정신적 배경이 없이 탄생되지는 않는다. 화가의 그림이나 작곡가의 멜로디는 바로 이 예술가들의 정신적 표현임이 자명하고, 그러한 바탕 위에서 작품이 탄생되는 것이다. 반 고흐나 이중섭의 예술세계를 들춰 보면, 이들 화가들의 예술철학과 형이상학이 도도하게 흐르고 있음을 감지할 수 있다. 만약 그러한 철학을 읽지 못한다면 진정으로 그들의 예술세계를 이해했다고 말할 수 없을 것이다. '정신'Geist은 철학자들의 머릿속이나 그들의 텍스트 속에만 나타나는 것이 아니라, 예술작품 속에도, 시와 신화에도, 고분벽화에도 드러나는 것이다.

그러기에 예술비평이나 문학비평은 그 자체로 철학과 형이상학의 원천이 될 수 있는 것이다. 최근에 월시W.H. Walsh는 그의 《형이상학》에서 예술비평이나 문학비평이 형이상학의 주요 원천이 됨을 지적하고 있다.7 이러한 비평들엔 물론 과학이나 수학을 뼈대로 구축하는 형이상

---

7 W.H. Walsh, 이한우 옮김, 《형이상학》, 문예출판사, 1996, 254쪽 참조. 또 다른 곳에서 월시는 다음과 같이 확고히 한다: "나는 형이상학을 —과거에 종종 그랬던 것처럼— 과학이나 수학과 비교하기보다는 문학비평과 같은 활동에 주

학과는 달리 가부간의 결정을 명확하게 내릴 수 있는 결정적인 척도와 절차는 존재하지 않는다. 그러나 그렇다고 그 비평적 논의나 이론들이 —월시가 온당하게 지적하듯— 결코 자의적으로 해석되거나[8] 아무런 근거 없이 채택되는 것은 전혀 아니다.

삼라만상을 다 과학적으로 입증하겠다는 것은 무모한 짓이다. 그러기에 형이상학을 과학적으로만 구축하겠다는 시도 또한 어리석은 짓일 것이다. 속성상 자연학의 범위를 뛰어넘는(meta-ta-physika) 형이상학을 과학의 틀에 묶겠다는 것은 잘못된 발상이다. 그러기에 소위 비과학이라고 낙인찍힌 분야들도 그것이 미신이거나 터무니없는 말이 아니라면 철학적 영역으로 초대할 필요가 있으며, 그리하여 철학적 이해의 지평을 넓힐 수도 있다. 과학이 관여할 수 없는 영역이 있으며(바로 예술비평이나 문학비평, 문화비평, 시 해석, 그림철학, 표현인문학 등등), 또한 무엇보다도 초과학적 영역이 존재하기 때문이다.

월시는 문학비평이나 예술비평과 같은 활동이 오히려 형이상학과 깊은 관련이 있음을 다음과 같이 밝힌다: "문학비평작품을 평가함에 있어 우리는 작품 이해의 심도, 일관성, 통찰력 등과 같은 것을 고려해야 한다. 우리는 훌륭한 비평을 통해 일반적으로 간과하기 쉬운 측면들을 알 수 있고, 또한 전혀 새로운 시각에서 기존의 이해나 앎을 볼 수 있게 되기를 기대한다. 그것은 하나의 조명照明이며, 특별한 의미에서의 이해이다. 하지만 이런 것들은 이 책에서의 주장에 따르자면 형이상학과 깊은 관련을 갖는 특질이자 성과이다."[9]

형이상학이 자연과학과 수학의 틀에서 해방된다면, 이른바 참과 거

목함으로써 형이상학적 진리와 형이상학적 논증의 문제를 더욱 명확하게 해명할 수 있으리라 생각한다."(255쪽)
8 앞의 책, 255쪽 참조.
9 앞의 책, 257쪽.

짓의 카테고리와 보편타당성의 강요에서 해방된다면(물론 이들을 배척할 필요는 없다!), 자기 생성적(sui generis) 활동이나 원리며 초자연적이고 창조적인 영역, 나아가 원초적인 개시Lichtung와 엶Eröffnung이 오히려 형이상학의 지평을 풍성하게 하고 확대하는 것이다. 물론 이들이 형이상학을 가능하게 하는 요인이라고 해서 형이상학과 분리할 수도 있겠지만, 분류상 그 지평에서 논의할 수도 있다.

고대의 고구려인들은 그 어떤 학문적 체계에 바탕을 둔 이론적인 주장이나 규명보다는 오히려 벽화를 통하여 철학적 지평을 펼치고 그 깊이를 드러내었다. 고분벽화 속에는 인간의 생활세계와 거주함(하이데거에게서 철학적 논의의 지평으로 승화됨)이며 불멸의 형이상학과 종교론, 인간과 온 누리를 보살피고 수호하는 보살핌의 철학, 나아가 우주론이 총천연색으로 담겨져 있다. 해와 달과 별들이며 하늘세계의 천문학적 의미와 그 형이상학적 우주론, 나아가 플라톤과 하이데거가 그들의 철학적 논의를 통하여 밝힌 코스모스의 '사방'적 의미를 총천연색의 고분벽화를 통해 더욱 실체감 있게 드러낸 것이다. 그렇다면 메시지가 담긴 벽화나 신화는 철학적인 논의나 이론적인 작업 이상으로 더욱 생동감 있게 표현인문학적인 역할을 수행하고 있는 것이다.

잘 알려졌듯 하이데거는 횔더린과 트라클이며 게오르게의 시작품과 시적 통찰을 그의 후기사유를 전개하는 데 주요 사상적 원천으로 삼고 있다. 그도 셸링과 유사하게 근대의 주관주의와 합리주의에 대항했으며, 예술을 저급한 감성학이라는 당대의 미학세계에도 반대하였다. 그에게서 예술은 시, 철학과도 마찬가지로 "존재의 진리"가 생기하는 geschehen 장인 것이다. 그에게서 예술은 "작품 안에 진리가 자신을 정립하는 것(das Sich-ins-Werk-setzen-der Wahrheit)"[10]이고, 예술작품은 곧

---

10 M. Heidegger, *Der Ursprung des Kunstwerkes*, Reclam : Stuttgart, 1988,

"존재자의 진리를 작품 안에 정립하는 것(das Sich-ins-Werk-setzen-der Wahrheit des Seienden)"[11]이다.

그의 《예술작품의 근원》에서는 예술작품 속에 내재한 철학적 의미를 밝히는데, 예술작품과 사물과의 관계며 예술작품과 진리(비은폐성), 진리(비은폐성)와 예술의 관계를 해명하고 있다. 여기서 하이데거는 반 고흐(Vincent Van Gogh)의 잘 알려진 그림인 '농부의 신발'을 예로 들어 가며 예술작품에 내재된 철학적 의미를 밝힌다.[12] '농부의 신발'이라는 도구에 담겨진 도구-존재Zeugsein의 의미를 해명한 것이다.

하이데거에 따르면 도구의 도구-존재에 대한 의미는 그 기여성 Dienlichkeit에 있다.[13] 그렇다면 반 고흐의 '농부의 신발'을 통해서 우리가 읽을 수 있는 것은 농부가 이러한 신발을 신고 농토 위에서 일을 할 때에 그 기여성이다. 바로 여기서 '농부의 신발'이 무엇인가가 드러난다. 어떤 도구가 쓸모 있게 사용되는 과정에서 우리는 그 도구스러운 것(das Zeughafte)을 실제로 포착하게 된다. 이와는 달리 만약 우리가 예사롭고 일반적인 한 짝의 신발을 눈앞에 세워 놓는다거나 그림 속에서 아무런 특성도 없는, 그리고 사용된 적도 없는 신발을 본다면, 우리는 도구의 도구-존재가 진실로 무엇인지 결코 경험할 수 없을 것이다.[14]

그러나 이와 대조적으로 고흐의 예술작품 속에 드러난 농부의 낡아 빠진 신발에서는 노동의 역정에 대한 고단함이 버티고 있다. 적적한 농토 위에서, 또 수없이 밭이랑을 오가며, 때론 모진 풍파에도 견디어 내면서, 딱딱한 대지와 무언의 싸움을 벌여 왔던 것이다. 그러면서 대지의 부름에 응하기라도 하듯 익은 곡식이 선물로 주어진다. 이러한 '농

---

p.31, 34, 74.
11 위의 책, p.30.
12 위의 책, pp.26~30 참조.
13 위의 책, 26쪽 참조.
14 위의 책, 27쪽 참조.

부의 신발'이라는 도구 속에는 안정된 식량을 마련하기 위한 농부의 근심걱정이 배어 있고 궁핍을 극복하는 말없는 기쁨도 스며 있다.[15]

그리하여 반 고흐의 그림은 곧 도구로서의 한 짝의 농부의 신발이 진실로 무엇인지를 밝혀 준다. 그런데 고흐의 그림이 밝혀 주는 농부의 신발은 결코 학문적이고 이론적인 그런 진리가 아니라, 이 존재자의 무엇임이 스스로 드러난 "존재의 진리(A-letheia, Un-verborgenheit)"인 것이다. 말하자면 농부의 신발이라는 이 도구가 자기 존재의 비은폐성으로 드러난 것이다. 그러기에 예술작품 속에서 만약 어떤 존재자가 무엇이며 또 어떻게 존재하는지 드러난다면, 그것이야말로 예술작품엔 진리(비은폐성)의 현현이 내재함을 밝히는 것이다.[16]

이처럼 사신도와 사수도의 고분벽화는 자신이 무엇을 나타내는지를 스스로 비-은폐하여 밝히고 있기에, 무슨 비밀문자를 해독하기라도 하듯이 혹은 어떤 미지의 미스터리를 풀기라도 하듯이 끙끙거릴 필요는 없다. 이를테면 북유럽의 신화에서 오딘Odin은 북유럽의 고대어인 룬문자를 해독하기 위해 세계수世界樹인 이그드라실에 아흐레를 거꾸로 매달렸다고 하는데, 고구려의 고분벽화는 자신이 무엇을 말하는지를 스스로 밝히고 있다.

야스퍼스도 그의 《비극론》에서 종교와 예술이며 문학 속에 배태된 "비극적인 앎"을 통하여 초월해 가는 인간의 실존적 모습을 그려 내고 있다.[17] 문학의 장르 가운데 서사시와 비극 속에 배태된 "비극적인 앎"은 '난파'Scheitern를 초극해 가도록 길 안내의 역할을 하며, 이를 통해 야스퍼스는 인간의 실존적 위대함을 드러내고 있다.[18] 이런 맥락에서

---

15 M. Heidegger, *Der Ursprung des Kunstwerkes*, p.27 이하 참조.
16 위의 책, p.30 참조.
17 K. Jaspers, *Die Sprache/ Über das Tragische*, Piper: München, 1990, p.87 이하 참조.

야스퍼스는 잘 알려진 외디푸스 신화와 셰익스피어의 햄릿을 재해석하며[19], 특히 비극적인 분위기를 자아내는 화가 브로이겔H. Breughel과 보쉬Hieronymus Bosch의 그림세계 ―죄와 죽음, 지옥과 고통이며 비참함과 같은 섬뜩한 세계― 를 해명하면서[20] 인간존재의 근본에 있는 "비극적인 것"(Das Tragische)을 통한 초월의 위대함을 드러내었다. 이처럼 야스퍼스에게서 그림은 초월의 위대함을 일깨워 주는 철학의 이정표 역할을 수행하는 것이다.

최근에 독일의 철학자 롬바흐는 그림과 철학과 관련 여부를 세심히 검토하고서, 이를 "그림철학"으로 승화시켜 철학의 새로운 지평을 개척하고 있다.[21] 그는 예술적인 그림을 위시하여 암벽화와 동굴벽화 신화와 전설, 동화와 문학작품, 시와 의례에 현존하고 있는 내용에 대해 철학적 분석을 시도하고서, 이를 통해 "그림철학"의 영역을 개척한 것이다.[22] 롬바흐에 따르면 그림이란 전통적으로 이해해 온 단순한 모사Abbild의 차원이 아니라, "정신의 소인이 찍혀 있는 것", 총체적인 것의 생생한 임재(Realpräsenz des Ganzen), 혹은 총체적인 것의 직접적인 현현Präsentation이다.[23] "직접적인 현현"이란 그림이 자신의 세계를 다른 어떤 것들의 매개를 통해서가 아니라, 말하자면 어떤 이론적 매개나 관계론적인 중간과정을 거치는 것이 아니라, 직접적으로 표명하고 있다는 것이다. 즉 그림은 우리에게 어떤 이론적 해명Auseinanderlegen이나 개념

---

18 K. Jaspers, *Die Sprache/ Über das Tragische*, p.94 이하 참조.
19 위의 책, p.110 이하, p.113 이하 참조.
20 위의 책, 102쪽 참조.
21 전동진 교수가 지적하듯 롬바흐의 그림철학은 "하이데거의 '예술작품' 분석 또는 '사물'Ding 현상학과 깊은 관련을 맺고 있는 철학이다."(전동진, 〈롬바흐의 그림철학〉, 18쪽).
22 H. 롬바흐, 전동진 옮김, 《아폴론적 세계와 헤르메스적 세계》, 서광사, 2001, 340쪽 이하 참조.
23 전동진, 〈롬바흐의 그림철학〉, 20~21쪽 참조.

해석(Auslegung, Interpretation)을 전제로 하는 그런 텍스트가 아니라 살아 있는 메시지를 그림을 통해 직접 보여주며 "축소하거나 제한하거나 약화시키지 않고 전체를 직접적으로 현현한다"[24] 것이다. 말하자면 그림은 직접성과 직접적인 봄Sehen을 펼치는 것이다.[25]

그러기에 직접적으로 현현된 그림에는 어떤 방식으로든 살아 있는 정신이 녹아 있는 것이다.[26] 더 나아가 롬바흐는 "흔적에도 정신은 완전히 현존한다"고 덧붙이고 "손상된 텍스트에서도 그 정신을 '읽을 수 있다'"고까지 한다.[27] 이러한 진술들을 해명하기라도 하듯이 롬바흐는 그의 《정신의 삶》에서 구석기 문화의 말기인 마들렌magdalenian 시기에 그려진 스페인과 남프랑스의 수많은 동굴에 그려진 암벽화 읽기를 시도한다.

아리에쥬의 르 포르텔 동굴에 그려진 "움직이는 말"과 카스텔론의 가술라 협곡에 그려진 "멧돼지 사냥"이며 로트의 페쉬-메를르 동굴에 그려진 "메머드" 등을 해석하면서 이와 같은 동굴벽화 시대의 문화를 망아경의 문화, 즉 "엑스타지스Ekstase 문화"로 규명한다.[28] 이들 그림들이 직접 말하지 않는 이상, 완전한 정확도를 기대하기 어려우나 이들 그림 속에 등장하는 사람들의 격정적인 춤사위를 보면 엑스타지스 문화라는 롬바흐의 진단에 공감이 간다.

롬바흐의 시도는 우리의 고분벽화에 대한 고찰에도 고무적이지 않을

---

24 Rombach, Heinrich, *Strukturontologie*, Freiburg–München: Alber, 1988, p.372.
25 위의 책, p.321 참조.
26 롬바흐는 그의 철학적 그림책이라고 할 수 있는 《정신의 삶》(*Leben des Geistes*, Freiburg·Basel·Wien: Herder, 1977)에서 그림 속에 내재하는 정신의 생동하는 자취를 쫓고 있다.
27 전동진, 앞의 논문, 41쪽 참조.
28 전동진, 앞의 논문, 28~33쪽; Rombach Heinrich, 앞의 책, pp.55~56.

수 없다. 고분벽화와 신화는 지극히 당연하게 철학적으로 성찰할 가치가 있으며, 더욱이 이는 우리에게 긴요한 과제이다. 고분벽화의 "그림으로 펼친 사유세계Bilddenken"는 그러나 위의 롬바흐가 예로 든 그림들과는 달리 사신도와 사수도를 중심으로 메시지가 분명하다. 이 사신도와 사수도가 말해 주는 바를 그대로 받아들이면 되는 것이다.

롬바흐에 따르면 "근본철학Grundphilosophie"이란 '펜'과 '낱말'에 의한 것이라기보다는 오히려 삶에서, 생활방식과 행동양식의 회화적인 표현으로부터 유래한다. 즉 말하자면 인간의 "회화적인 자기해석들"이야말로 저 "근본철학"의 심층으로 내려가기 위한 "유일한 계단들"이라는 것이다.[29] 이에 견주어 "개념적이고 텍스트적인 철학"은 그에 따르면 오히려 위와 같은 "근본철학"에 의존하고 있는 "이차적인 현상"에 불과하다.[30] 그러기에 롬바흐의 견해에 비춰 봐도 고구려인들의 생활세계와 거주하는 방식, 문화생활, 죽음과 불멸의 세계, 천향사상, 경천사상, 초인간적이고 천상적인 삶의 방식을 고분벽화에 표현한 것은 근본철학적인 심층세계를 드러낸 것이라고 할 수 있다. 더욱이 고구려의 고분벽화는 그림을 이해하기 위해 무슨 비밀문자를 풀이하거나 억지를 써가며 해독할 필요 없이, 말하자면 그 그림에 드러난 내용 자체가 이미 분명한 근본 철학적 메시지를 갖고 있기에, "그림으로 펼친 사유세계Bilddenken"를 왜곡하지 않고 읽어 내는 것만이 과제로 남는다.

도대체 왜 어두컴컴한 무덤 속에 벽화를 그렸다는 것인가. 언젠가 무덤을 파헤쳐 사람들에게 전시하려고? 결코 그럴 것 같지는 않다. 그럼에도 온 정성과 온 역량을 쏟아 부어 상상을 초월할 정도의 벽화를 그린 것은 도대체 무슨 의미를 내포하고 있단 말인가. 혼을 쏟아 부은

---

29 전동진, 〈롬바흐의 그림철학〉, 《하이데거의 예술철학》, 철학과 현실사, 2002, 26쪽 참조.
30 H. 롬바흐, 전동진 옮김, 《철학의 현재》, 서광사, 2001, 12쪽 참조.

벽화지만, 그야말로 마지막 문을 잠그고 밝은 세상과 완전한 결별을 하고 나면 아무도 이 벽화를 볼 수도 없을 텐데 말이다! "벽화가 완성되고 돌아가신 망자의 시신이 관대에 모셔진 뒤 문을 닫고 나가면 이제야말로 그믐밤만큼이나 어두울 것이다. 그런 어둠 속에 무엇 때문에 저런 그림을 그렸단 말인가. 한 획도 보이지 않을 터인데."[31]

정확한 이유를 우리는 알 수 없지만, 그래도 몇 가지 이유는 추론할 수 있다. 우선 지상 위의 사람들을 위해 전시하고 보이려고 벽화를 그린 의도는 결코 없었을 것이다. 또 중요한 것은 죽음이라는 것이 완전하고 궁극적인 종말이라고 판단했다면, 그래서 더 이상 아무 것도 남지 않는 적나라한 무화無化라고 여겼다면, 저런 벽화를 그리지 않았을 것이다. 그렇다면 장식적인 의미도 끼어들 여지가 없다는 결론이 나온다. 죽음이 완전한 무화라면 더더욱 세계 내에 거주하면서 이승의 삶을 영위하는 인간과 현실의 모습을 결코 벽화로 그려낼 필요성을 갖지 않았을 것이다.

그러나 이 모든 의혹들을 넘어 벽화를 그린 것 자체가 —말하자면 벽화의 내용을 통해 뭔가를 드러내려는 것 이전에— 이미 철학적이고 형이상학적인 의미를 갖는 것이다. 뭔가를 드러내려는, 그리고 결코 죽음이 허망한 무화가 아니라는 강력한 메시지를 이미 담고 있는 것이다. 그것은 결코 죽지 않는 인간의 운명에 관한 표현이고 사후의 세계가 존재한다는 선언이며, 또 그런 측면에서 철학적·형이상학적·종교적 의미를 갖는 것이다. 그리고 이러한 심오한 의미들을 바로 벽화를 통해 드러낸 것이다.

땅 위에서의 삶에서 지하의 죽음으로 옮겨진 공간에 벽화로서 삶과 죽음에 대한 문제, 내세의 문제, 불멸의 문제, 천향의 문제, 경천사상,

---

31 신영훈, 《고구려》, 12쪽.

절대자(神)와의 관계, 코스모스와 초월세계에 대한 문제를 고분벽화를 통해 표현했다는 것은 바로 그 자체로서 심오한 철학적 문제와 상통하고 있는 것이다. 엄밀하고 압축된, 그리고 긴장된 지하의 공간에, 그것도 시신이 안치된 곳에 표현된 고분벽화는 결코 단순한 예술행위에 그치지는 않는다. 총천연색의 생생한 동영상으로 펼쳐 보이는 듯한 고분벽화는 고구려인의 웅장하고 고매한 정신문화뿐만 아니라, 그 속에 숨 쉬는 철학적 메시지마저 살아서 꿈틀거리게 한다.

고구려인의 적극적이고 활동적인 세계관은 벽화에도 그대로 드러나 있다. 이를테면 인간의 일상적 생활세계, 행차하는 모습, 부엌살림, 손님접대, 씨름경기, 수렵도, 춤벽화, 악기를 연주하는 모습과 합창단의 합창, 날아가는 용과 불사조인 세 발의 봉황을 타고 비상하는 신선들 등등 어느 하나도 정적이거나 침체되어 있는 분위기를 허락하지 않는다.[32] 놀라운 일은 고구려인들이 이러한 적극적이고 활동적인 바탕 위에서 현세적 삶을 잇는 내세관과 우주관이며 불멸사상과 하늘세계의 파노라마를 —이들을 고대 그리스인들이 그랬던 것처럼 "형이상학적 세계관"이라고 하자— 명확하고 생생하게 펼쳐 보이는 것이다.

이토록 엄밀하고 위축된 공간에 형이상학적인 것과 종교적인 것만 드러내지 않았다는 것은, 그들이 결코 한쪽으로만 치우치지 않은 증거이다.[33] 인간의 일상적 생활세계를 넉넉하지 않은 공간에도 면밀히 드

---

32 동양문화가 "정적이다"고 하지만, 고구려인의 문화적 형태는 오히려 이와 반대로 동적이라고 할 수 있다.

33 만약 현실적인 삶과 이승적인 것만 그렸다면, 그들은 현세주의에 치우쳤거나 초월적이지 못했다고 할 수 있고, 또 이와 반대로 종교적인 것과 내세적인 것만 그렸다면, 그들은 신비주의에 치우쳤다고 할 수 있다. 그러나 그들은 한쪽으로 치우치지 않았다. 이런 양상은 과오를 범한 철학사에도 시사점이 크다. 이를테면 헤겔이 정신Geist만을 강조하자 헤겔좌파들이 등장하여 이 '정신'을 폐기처분하고 그 빈자리에 물질만을(유물론) 채우지 않았던가. 그리고

러낸 것은 물론 인간이 사후에도 영원히 신선으로 혹은 영혼의 형상으로 인간적 삶을 영위한다는 것이지만, 땅 위에서의 삶과 땅 위에서의 일이 천상의 것에 견주어 결코 하찮은 것이 아니라는 뜻도 내포되어 있다. 이렇게 파악된 대지는 곧 '사방'으로서의 코스모스가 그 유기적인 '거울—놀이'를 하는 데에 결코 손색이 없는 파트너가 됨을 천명하는 것이다.

이러한 것이 인류에게 비극적인 이데올로기 대립의 시발점을 제공하지 않았던가.

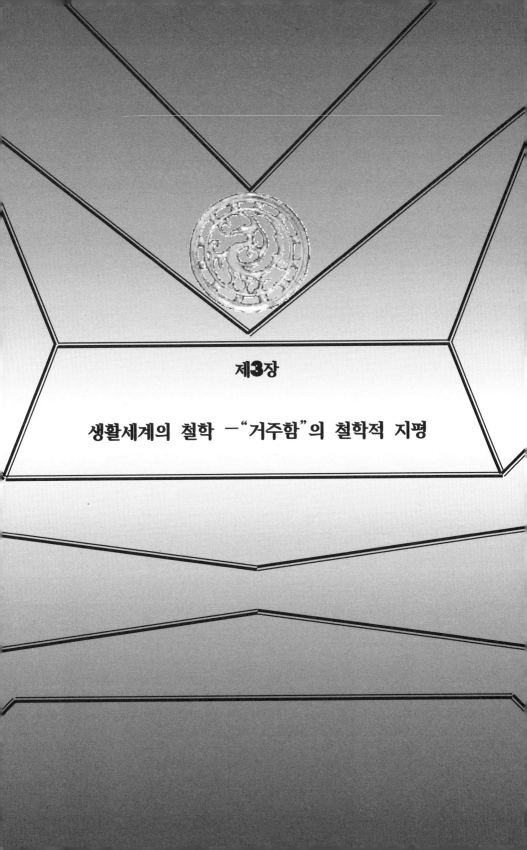

제3장

생활세계의 철학 －"거주함"의 철학적 지평

"거주함"을 사람들은 그저 일상생활의 기본적 형태로 보고 아무런 철학적 물음을 제기하지 않는다. 그러나 철학이란 이런 인간의 생생한 삶의 모습이 있는 곳에 더욱 가까이 거처한다. 인간의 삶과 생명을 등진 철학은 그야말로 고리타분한 개념놀이를 일삼는 것이거나 허공에 "사상의 누각"만 전개하는 관념놀이에 불과할 것이다. 그러나 "거주함"이야말로 인간의 삶과 생활이 생생하게 펼쳐지는 현상을 일컫는다. 하이데거에 따르면 거인충은 인간이 이 땅 위에서 존재하는 방식이다.[1]

고대 그리스인들은 이미 이러한 사실을 꿰뚫어 보았는데, 이러한 거인충의 양식을 모든 생명체에 적용하고 있다. 말하자면 모든 생명체가 삶을 영위하고 거주하는 양식을 오이코스Oikos라고 칭한 것이다. 하늘을 날아다니는 새도 다양한 형태의 둥지를 틀고, 미미한 곤충에서부터 바닷가의 조개류나 패류에 이르기까지 실로 거처하지 않는 생명체가 없다. 천사도 집에 거주할 것이다. "집없는 천사"는 진짜 천사가 아니기 때문이다.

우리는 거인충의 양식을 지상에서 천상으로까지 확대할 수 있다. 그래서 거주함의 양식이 초지상적 우주적 속성을 갖고 있음을 파악해 보자. 이를테면 천당이나 극락이며 지옥을 떠올리면 죽음 이후의 존재자도 거주하는 형태로 존재할 것이다. 천당이나 극락엔 거기에 거주할 만한 이들이 거주할 것이고, 또 지옥에도 거기에 거주할 만한 이들이 거주할 것이기 때문이다. 이런 거주양식은 그리스 신화의 하데스-주민에게서나 시인 단테A. Dante의 《신곡》에서 지옥·연옥·천국의 경우에도 해당될 것이다.

따라서 "거주함"을 철학적 지평 위로 올리는 것은 지극히 당연할 뿐

---

1 M. Heidegger, *Vorträge und Aufsätze*(《강연과 논문》), Neske: Pfullingen, 1990, p.142 참조.

만 아니라, 그 현사실적이고 형이상학적이며 존재론적인 속성이 하나로 만나지는 테마이기도 하다.

1. 하이데거의 거주함의 철학

독일의 철학자 하이데거는 여느 철학자와는 달리 바로 이러한 "거주함"을 철학의 지평 위로 올렸다.2 그가 생애의 전후기를 통해 존재사유를 밝히고 드러내는 데에 주력한 것은 주지의 사실이다. 그런데 이러한 존재사유를 전개하면서 전기에서는 인간의 생생한 삶과 현사실성 Faktizität에 토대를 두었고, 후기에선 언어와 시적 통찰을 통해 존재에로의 접근을 시도하고 있다. 이러한 자신의 사유전개에서 하이데거는 "거주함"이 인간의 본질적 요소를 이루고 있음을 간파하고 이를 철학의 주요 테마 가운데 하나로 삼았다. 인간적인 방식으로 존재한다는 것은 곧 하이데거에 의하면 거주하는 것이다.3

하이데거가 이미 전기의 《존재와 시간》4에서 "거주함"을 중요한 테마로 삼은 것은 그의 후기사유에 속하는 《휴머니즘에 관한 편지》에서도 언급되고 있다.5 여기서 그는 거주함을 '내-존재'(In-Sein)로 파악하고 이를 "현존재의 존재에 관한 형식적이고 실존적인 표현"6이라고 규

---

2 하이데거의 저서 *Vorträge und Aufsätze*(《강연과 논문》) 속에 있는 소논문 *Bauen Wohnen Denken*(〈건축함 거주함 사유함〉)은 바로 거주함과 건축함 및 사유함의 철학적 의미를 밝히고 있다.
3 위의 책, p.151 참조.
4 M. Heidegger, *Sein und Zeit*, Max Niemeyer: Tübingen, 1984, p.54 참조.
5 M. Heidegger, "Brief über den Humanismus", in *Wegmarken*, Frankfurt a.M. 1978, p.355 참조.

명한다. 따라서 그는 '거주함'을 인간 현존재의 본질로 보고 있으며, 그런 본질을 "세계-내-존재"의 분석을 통해 밝히고 있다. 현존재는 세계를 드러내고 구성하며 혹은 이와 반대로 이러한 세계를 방치해 둘 수도 있다. 그러기에 《존재와 시간》에 드러난 거주함이 표명하는 것은 세계를 열어젖히는 실존의 의미로서 파악된다. 말하자면 인간 현존재의 거주함의 의미는 곧 실존을 통해 세계를 드러내는 데 있는 것이다. 그런데 후기에 하이데거는 그의 소논문 〈건축함 거주함 사유함〉(*Bauen Wohnen Denken*)을 통해 '거주함'을 본격적으로 철학적 논의의 지평 위로 올려놓는다. 아래에서 우리는 이 소논문을 통해 그의 '거주함'에 대한 사유를 파악해 본다.

젤렌A. Gehlen도 지적하듯이 인간은 다른 동물에 견주어 "결핍된 존재"Mängelwesen이고, 이 결핍된 부분을 문화로써 보완하고 극복해야 한다. 인간의 세계는 동물에 견주어 자연적으로 혹은 선천적으로 주어져 있지 않다. 그의 세계는 저절로 혹은 자명하게 주어진 것이 아니라, 스스로 일구어 나가고 또 성취해야 할 과제로서 주어져 있다.[7] 그러나 동물은 지음을 받은 그대로 살며 자신에게 주어진 세계를 유일하고 불변적인 것으로 받아들이기에, 세계를 일구어 나가거나 변경 및 창조할 필요도 없고 또 필요성도 못 느끼고 살아간다.

인간의 세계는 동물에서와 같이 완성된 형태로 혹은 굳은 형태로 주어져 있지 않고 **미래적으로 성취되어야 할 과제**로 주어져 있다.[8] '거

---

6 원문: "In-Sein ist … der formale existenziale Ausdruck des Seins des Daseins,…"(*Sein und Zeit*, p.54).
7 최상욱 교수도 이러한 인간의 본질직 요소를 그의 논문 〈거주하기의 의미에 대하여〉(《하이데거 연구》 제4집, 1999, 273쪽)에서 지적하고 있다.
8 그러기에 미래로 열려 있지 않은 그 어떠한 인간 규명도 불충분한 규명이다. 전기의 하이데거는 인간의 실존범주Existenzial에서 미래로 열려 있는 과제인 "아직 아님"(noch nicht)을 강조했었다.

주함'도 이러한 과제의 중요한 일환이며, 이 과제는 인류의 시작과 더불어 ―그 거주형태가 아주 원시적이라고 하더라도― 존재해 왔다고 볼 수 있다. **하이데거와 고구려의 고분벽화는 '거주함'이 인간존재 방식의 본질적 요소임을 적나라하게 드러내 보인다.**

그런데 고대 고구려인들은 바로 이 "거주함"을 고분벽화의 엄밀한 장소 속에 담음으로 말미암아 인간존재의 가장 기본적인 토대임을 드러내 보였다. 그 협소하고 엄숙한 장소에, 그것도 어떤 비장하고 심원하며 원대한 이상만을 그린 것이 아닐 뿐만 아니라, 어떤 절대적인 왕이나 지배자를 신격화하고 우상시한 것도 아니고(이를테면 고대 이집트의 피라미드나 중국 진시황릉의 병마총에서 볼 수 있듯), 바로 인간의 생생한 삶의 모습과 거주형태를 표현한 것이다. 고대 고구려인들이 바로 이러한 "거주함"을 인간의 본질적 요소로 삼음으로 말미암아 위대한 문화적이고 철학적인 의미를 부각시킨 것이다.

인간이 존재한다는 것은 도대체 무엇을 의미하는가. 인간이 이 세상에서 존재하고 있다는 것은 우선 이 지상에서 구체적으로 살아간다는 것을 전제로 하고 있다. 그러기에 인간이 거주한다는 것은 이 지상에서 구체적으로 존재하고 있다는 것과 또 어떤 형태로서 삶을 영위하고 있다는 것이다. 하이데거는 고대적인 의미로 존재하는 것과 거주하는 것은 서로 공속共屬한다고 지적한다: "'내가 존재한다'(ich bin) 혹은 '네가 존재한다'(du bist)는 곧 '나는 거주한다'(ich wohne) 혹은 '네가 거주한다'(du wohnst)를 의미한다. **네가 존재하고 내가 존재하는 이 양상, 즉 우리 인간이 지상에 존재하는 이 방식이야말로 곧 거주함이다.**"[9]

인간은 거주하는 자로서 존재한다. 그러기에 이 거주함은 곧 인간의

---

9 M. Heidegger, *Vorträge und Aufsätze*(《강연과 논문》), p.141.

본질을 규명해 주는 한 요인이다. 인간은 지상에 존재하는 한 거주한다. 하이데거도 거주함이야말로 "존재의 근본특성"(der Grundzug des Seins)이라고 했다.[10] "거주함"은 통상적으로 인간이 삶을 영위하면서 다양하게 관계 맺는 여러 가지 다른 삶의 태도방식들과 더불어 수행해 나가는 어떤 행위를 말한다. "우리는 여기에서 일하고 저기에선 거주한다. 우리는 단순히 거주하지는 않는다. 그런 단순한 거주라면 거의 무료함Untätigkeit일 것이다. 우리는 직업에 종사하고 사업을 펼치며, 때론 여기에서 때론 저기에서 여행을 하기도 하고 또 그 도중에 거주하기도 한다."[11]

하이데거에 따르면 "건축함"도 "거주함"과 공속적인 의미를 내포하고 있다[12]: "고대어에서 건축함(bauen, buan)이란 '인간은 그가 거주해 나가는 한에서 존재한다'는 것을 말하는데, 이 단어 바우엔bauen은 그러나 동시에 '보호한다'hegen와 '돌본다'pflegen, 즉 '토지를 경작한다'(Acker bauen) 혹은 '포도를 재배한다'(Reben bauen) 등을 뜻한다."[13]

그런데 '보호한다'와 '돌본다'의 의미로서의 건축함은 결코 어떤 제작함Herstellen이나 건립함Errichten을 나타내지 않는다. 하이데거에 따르면 이 후자엔 건축함의 본래적 의미인 거주함이 망각되어 있다.[14] '건축업', '건축개발', '부동산', '땅투기', '중개업', '떳다방', 그리고 이들과

---

10 M. Heidegger, *Vorträge und Aufsätze*(《강연과 논문》), p.155 참조.
11 위의 책, p.141.
12 하이데거는 3가지 의미의 건축함을 지적한다(위의 책, p.142):
   1. 건축함이란 본래 거주함이다.
   2. 거주함이란 죽을 자들(인간)이 지상에서 존재하는 방식이다.
   3. 거주함으로서의 건축함은 말하자면 한편으로 성상을 돌본다는 의미로서의 건축함으로, 또 다른 한편으로서는 건축물을 건립한다는 의미로서의 건축함으로 전개된다.
13 위의 책, p.141.
14 위의 책, pp.141~142 참조.

한통속인 건축행정 등으로 점철된 현대인의 건축의미는 곧 이 후자의 태도와 일맥상통한다고 볼 수 있다.[15] 이러한 현상엔 그러나 개탄할 내용이 들어 있다. 하이데거에 따르면 여기엔 "뭔가 결정적인 것, 말하자면 거주함이 인간의 존재(das Sein des Menschen)로서 경험되지 않는다는 것, 즉 거주함이 전혀 인간 존재의 근본특징으로서 사유되지 않는다는 것이 감춰져 있다."[16] 이러한 현상이야말로 하이데거에 따르면 거주함의 본래적인 곤경이고 '고향상실'Heimatlosigkeit이며 고향을 등지고 비참하게 유랑하는 것이다.[17]

하이데거는 '거주함'의 옛 고트어 형식인 '부니안'wunian이 고대어 '바우엔'bauen과 마찬가지로 '머물러 있음'Bleiben, 즉 '체류하고 있음'임 Sich-Aufhalten을 지적하면서 '거주함'의 본질을 해명한다: "부니안wunian 이란 평화로이 있음, 평화롭게 됨, 평화 속에 머물러 있음을 의미한다. 평화라는 낱말은 자유로움(das Freie, das Frye)을 뜻하는데, 이때 프리이 fry는 해악과 위협으로부터 보호함, 즉 무엇 무엇으로부터 보호함을, 말하자면 보살핌을 의미한다. 자유롭게 함freien이란 본래 '소중히 보살핌'schonen을 뜻한다. 보살핌 자체는 단지 우리가 보살핌을 받고 있는

---

15 우리 사회에서 거주함의 존재론적 의미가 철저하게 망각된 현상을 최상욱 교수도 그의 논문 〈거주하기의 의미에 대하여〉, 271~272쪽에서 지적하고 있다: "어느 곳을 가든지 많은 건축물들이 헐리고, 보수되고, 혹은 새롭게 건축되는 것을 볼 수 있다. 또 사람들은 단지 생존을 위한 것을 넘어 더 많은 경제적 이익을 위해 건축을 하나의 상품으로 인식하기도 한다. 그런데 이러한 행위들 가운데 '도대체 무엇을 위한 건축인가? 거주함의 의미는 무엇인가?'라는 질문을 찾아보기는 매우 어려운 일로 보인다. 사유(질문)가 없는 맹목의 행동! 이로 인한 많은 건축물의 붕괴와 인명의 희생들. 바로 이런 점들은 우리가 처한 경제적, 사회적 여러 문제들로 인해 무비판적으로 건축하기를 강조함으로써 우리가 얼마나 거주하기의 본래적 의미를 망각하고 있었는지를 잘 보여준다."(272쪽)
16 M. Heidegger, *Vorträge und Aufsätze*, p.142.
17 위의 책, p.156 참조.

것에 대해 어떤 해악도 가하지 않는다는 데 있지 않다. 본래적인 보살핌(아끼고 사랑하며 소중히 돌봄)18이란 뭔가 **적극적인 것**이며, 우리가 그 무엇을 처음부터 자신의 본질 안에 그대로 놓아둘belassen 때, 즉 우리가 그 무엇을 오로지 자신의 본질 안으로 되돌려 놓아 간수할 zurückbergen 때, 말하자면 우리가 자유롭게 함이란 말에 걸맞게 그것을 보호막으로 감싸 안을 때 일어난다. 거주함, 즉 평화롭게 됨이란 각각을 자신의 본질 안으로, 자신을 소중히 보살피는 자유로운 영역 안으로 보호막을 친 채 머물러 있음을 의미한다. **거주함의 근본적 특징은 이러한 보살핌이다.**"19

보살핌이 곧 거주함의 본질인바, 이러한 보살핌은 사방(하늘과 땅, 신적인 것들과 죽을 자로서의 인간)으로서의 코스모스에까지 확장된다. 인간은 그가 거주하는 한 소중히 보살피는 방식으로 존재한다. 그의 거주함, 즉 보살피는 방식은 4중으로 일어난다:

인간인 "죽을 자들은 땅을 구호救護하는 한에서 거주한다. … 구호는 그 무엇을 위험으로부터 벗어나게 하는 것뿐만 아니다. 그것은 본래적으로 그 무엇을 그것의 고유한 본질에로 자유롭게 놓아둠freilassen을 의미한다. 땅을 구호한다는 것은 땅을 착취하거나 실로 혹사하는 것과는 차원을 달리한다. 땅을 구호함은 땅을 장악하지도 않고 또 땅을 종속시키지도 않는다. 여기서부터 단 한 걸음이라도 나아간다면, 그 걸음은 무제한적인 착취로 이어진다.

---

18 하이데거의 철학에서 '보살핌'에 관한 연구는 강학순, 〈하이데거의 보살핌에 관한 현상학적 존재사유〉, 《보살핌의 현상학》, 145쪽 이하 참조(《철학과 현상학 연구》 제18집). 강 교수는 하이데거의 존재사유에 등장하는 중요한 "근본어"들(이를테면 보살핌과 관련된 용어들 schonen, sorgen, hirten, verwahren, besorgen, bewahren, hütten, hören, empfangen, geleiten, bauen, dichten 등)을 통해 하이데거의 존재사유에 함축된 보살핌의 현상학을 밝힌다.

19 M. Heidegger, *Vorträge und Aufsätze*, p.143.

죽을 자들은 하늘을 하늘로서 맞이하는 한에서 거주한다. 죽을 자들은 태양과 달에게 그들의 운행을, 그리고 별들에겐 그들의 궤도를, 또한 사계절에겐 그들의 축복과 매정함을 내맡기고, 밤을 낮으로 만들거나 낮을 쫓기는 분망함으로 만들지 않는다.

죽을 자들은 신적인 것들을 신적인 것들로서 고대하는 한에서 거주한다. 그들은 소망하면서 한동안 기대하지 못했던 것을 신적인 것들을 향해 갈구한다. 그들은 신적인 것들이 도래하는 윙크를 기다리며 신적인 것들이 부재하는 징표를 오인하지 않는다. 그들은 그들의 신들을 만들어 내지 않으며 우상을 숭배하지도 않는다. 불행 가운데서도 그들은 여전히 멀리 있는 구원을 기다린다.

죽을 자들은 말하자면 죽음을 죽음으로서 기꺼이 맞이할 능력이 있다는 그의 고유한 본질로 하여금 이러한 능력을 사용하도록 이끄는 한에서, 그리하여 그 결과 온전한 죽음이 되도록 이끄는 한에서 거주한다. 죽을 자들을 죽음의 본질로 이끈다는 것은 결코 공허한 무無로서의 죽음을 목표로 삼는 것이 아니다. 또한 종말에 대한 맹목적인 응시를 통해 거주함을 어둡고 침울하게 함을 의미하지도 않는다."[20]

이렇게 하여 거주함은 사방의 4중적인 보살피는 방식인데, 그것은 땅을 구호하는 가운데, 하늘을 받아들이는 가운데, 신적인 것들을 기다리는 가운데, 죽을 자들을 인도하는 가운데 스스로 생기하는 것이다 (sich ereignen). 사방을 소중히 보살피는 형태의 거주함은 곧 사방을 그것의 본질 안에서 수호하는hütten 행위이다. 이토록 4중적으로 소중히 보살핌이 곧 거주함의 소박한 본질인 것이다.[21]

그리기에 거주함이란 결코 단순한 지상에서의 체류가 아니다. 만

20 앞의 책, 144~145쪽.
21 앞의 책, 154쪽 참조.

약 그렇다면 결코 소중히 보살피거나 수호하는 일이란 도대체 필요 없기 때문이다. **거주함은 친밀함을 갖고 사물들 옆에, 그래서 사물들과의 유기적 관계가 가능하도록 사물들의 가까이에 머무는 것이다.**[22] 보살핌으로서의 거주함은 따라서 인간이 사방을 잘 간수하는verwahrt 일인바, 이는 곧 인간이 사물들 가운데에 머물고 있는 곳이다. 거주함이란 하이데거에게서 인간적 방식으로 존재하는 것이고, 나아가 사물들 곁에서 사방 안에 체류하고 있는 자를 하이데거는 '인간'이라고 명명한다.[23]

그런데 이들 코스모스의 사방에서 특이한 것은, 땅과 죽을 자들(인간들)이 다른 두 방위보다 더 닮아 있으며, 또 역으로 하늘과 신적인 것들(초월자들) 또한 서로 닮아 있다. 즉 땅과 인간은 서로 가까이 있으며, 하늘과 신적인 것들 역시 서로 가까이에 있다. 전자는 서로 수평으로서의 확장운동을 하고 후자는 수직으로서의 상승운동을 한다. 이러한 차이는 고구려의 고분벽화에도 확연히 드러난다.

이를테면 고분의 벽에 있는 그림이 대체로 현실세계적이고 지상적인 것을 다루었다면, 천장의 그림은 초월적이고 천상적인 것을 담고 있다.[24] 벽면의 벽화는 인간이 거주하며 지상의 삶을 일구어 가는 모습을 생생하게 드러내었다. 이에 견주어 천장벽화는 각 계단의 층마다 천상적이고 초현세적인 세계를 나타내고 있는데, 봉황을 비롯한 세발 공작, 세발 까마귀, 인두조, 청룡과 황룡, 천마 등 신비스런 생명체들과 하늘을 나는 신선, 해와 달이며 별들과 흘러가는 구름 등등이 드러난다. 분

---

22 앞의 책, 145쪽 참조.
23 앞의 책, 151쪽 참조.
24 "월드컵 특별기획 역사스페셜", 제2편 고분벽화, KBS 2002년 6월 8일 방송에서도 이러한 구별을 잘 지적했었다. 그 실례로 무용총의 천장벽화는 마치 우주의 삼라만상을 담은 듯 각종 상징적이고 신비한 형태를 한 생명체들이며 봉황과 천마와 신선 등등의 모습으로 가득 찼다.

명 이들 초월자들과 하늘은 서로 가까이 거주하며 코스모스의 가족을 이루고 있다.

이토록 땅과 인간이 서로 가까이 하고, 또 하늘과 신적인 것들이 서로 이웃으로 한다면, 이와 대조적으로 땅과 하늘은 서로 멀리 떨어져 있으며 인간과 신적인 것들 또한 땅과 하늘이 서로 먼 만큼이나 멀리 떨어져 있을 것이다. 이들은 마치 서로 수직과 수평이 대립하고 있는 것만큼이나 대립하고 있는 것처럼 보인다. 그러나 서로 가깝고 먼 것들은 역설적이게도 서로 가까운 만큼 멀며, 또 서로 먼 만큼 가깝다. 이토록 먼 거리는 그러나 서로의 유기적 관계와 교류를 통해, 하이데거적으로 말하면 서로의 "반영—놀이"를 통해 그 멀리 떨어져 있음이 극복되고 서로 친밀한 거리로 되는 것이다("하늘과 땅의 결혼"). 하이데거가 예로 든 것처럼 한 송이의 포도가 영글어 가는 데에 얼마나 하늘과 땅이 친밀하게 관여하는지를 음미하면, 당장 그 이웃한 관계가 파악되는 것이다(한쪽에선 햇빛과 비를 내리고 다른 쪽에선 포도나무의 뿌리를 움켜쥐고 기르는 모습 등). 이들은 모두 영원하므로 신적인 것들 앞에 함께 머물러 있을 수 있다.

서로 떨어진 하늘과 땅은 그러나 서로 맞닿아 있기도 하고 또 하늘이 높다는 것은 땅의 존재를 통해 드러난다. 또 고구려의 고분벽화에서 드러나듯 죽은 육체는 땅으로 돌아가고 그의 영혼은 신선이 되어 하늘 세계로 나아감에 따라 이 두 세계는 인간에 의해 매개된다. 이러한 매개를 통해 하늘과 땅이 하나의 코스모스로 연결되는 것이다. 인간과 신적인 것의 떨어짐 또한 마찬가지다. '죽을 자'로서의 인간은(하이데거는 '죽을 자'로서의 인간을 강조한다) 영원한 신 앞에서 머물러 있을 수 없다. 그러나 신적인 것은 인간을 통하여 드러난다. 그의 신성과 영원함이며 성스러움 또한 다른 존재자가 아닌 인간에게 드러난다. 신의 진노와 사랑도 인간에게 나타나며 그에게 드리는 예배 또한 오직 인간에 의해서다.

2. 엘리아데의 성화聖化된 거주

인간을 "종교적 존재"(Homo religiosus)라고 규명한 엘리아데에 따르면 인간이 어떤 공간에 거주하려고 할 때엔 어떤 방식으로든 사전에 그 공간이 성화되어야 한다.[25] 즉 말하자면 인간이 거주하는 공간은 미리 이 공간이 성스러움의 존재질서 속으로 들어갔을 때 가능하다는 것이다. 엘리아데에 따르면 현대의 상업경제적인 주택 건립과는 달리 전래의 건축은 주택이든 교회든 사원이든 항상 이 점이 고려되었다. 초월자 및 절대자와의 접촉에 의해서만 진정한 삶을 영위할 수 있다는 "종교적 존재"로서의 인간에게 지상적 거주함의 진정한 의미는 속된 굴레에서 벗어나 성스러운 존재질서 속으로 들어가는 것이다.

"종교적 존재"에서 인간은 자신의 존재와 삶이 결코 우연적이거나 무의미한 것이 아닐 뿐만 아니라, 이 세상에서 일회용의 삶으로 끝내는 것도 아님을 확신할 수 있다. 그는 코스모스의 외부나 변방에 거처하는 것이 아니라, 코스모스의 중심에 자신의 존재기반을 확보하고[26] 또 여기서 자신의 주거공간을 성화시켜 나가는 것이다. 그의 거주공간은 신

---

25 M. 엘리아데, 이동하 역, 《聖과 俗》, 학민사, 1996, 제1장(거룩한 공간과 세계의 성화) 참조.
26 위의 책, 38쪽 이하 참조. 특히 39쪽: "종교적 인간은 가능한 한 세계의 중심에 가까이 살기를 추구한다는 것이 불가피한 결론으로 보인다." 엘리아데에 따르면 "종교적 인간"에게 존재하는 저 중심의 상징은 자신과 자신의 거주공간뿐만 아니라, 국가, 도시, 사원, 궁전의 건축원리로 나타나고, 또 떠돌이 사냥꾼의 천막이나 목동들의 유르트며 원시 농경민의 집과 가장 비천한 인간의 주거지에도 같은 건축원리로 작용한다(위의 책, 58쪽 참조).

적인 것과 인간적인 것이 연결되는 공간이고 또 초월이 가능한 공간이다. 엘리아데는 전통사회의 인간이 늘 그러했음을 지적한다: "전통사회의 인간은 오로지 위를 향하여 열려진 공간, 지평의 돌파가 상징적으로 보증되고, 따라서 다른 세계, 즉 초월적 세계와의 교섭이 제의적으로 가능해지는 공간에서만 살 수가 있다는 것이다."[27]

엘리아데의 "종교적 인간"은 성스러운 것으로 가득 찬 분위기 속에서 살려는 욕망으로 가득 차 있고 또 그러한 분위기 속에서가 아니면 아예 살 수가 없다.[28] 물론 이때의 성스러운 것이란 우리가 통념으로 생각하는 것, 즉 어떤 현실과 거리를 두는 것과는 달리, 오히려 "탁월하게 현실적인 것"(das Reale schlechthin)이며, "권능이요 효율성이며, 생명과 풍요의 원천이기도 하다." 그는 "객관적인 실재 속에 거주지를 잡고, 환상이 아닌 현실적이고 유효한 세계 속에 살려는 욕망을" 갖고 있다.[29] "종교적 인간"은 성스러운 세계 속에서만 "진정한 실존을 가질 수 있으며" 또 그러한 세계 속에서만 살 수 있다.[30]

"종교적 인간"은 성화聖化되지 않고 코스모스화되지 않은 공간에서
—엘리아데에게서 성화되지 않은 공간은 코스모스화되지 않은 공간이다— 살 수가 없다. 그곳은 여전히 카오스와 무無가 지배하는 곳이고 미지의 공간이며 비존재가 위협하는 공간이다. 그러나 "종교적 존재"는 이러한 비존재의 위협이나 카오스의 지배가 아닌 존재와 코스모스의 영역에 거주하기를 원한다.

인간의 주거Wohnung에 대하여 엘리아데는 두 가지의 서로 다른 유형을 지적한다. 하나는 종교성이 전제된 전통적인 유형이고, 다른 하나

---

27 앞의 책, 39쪽.
28 앞의 책, 26쪽 참조.
29 앞의 곳 참조.
30 위의 책, 58쪽 참조.

는 종교성이 배제된 현대의 세속적인 유형이다.[31] 현대의 산업사회에서 등장하는 세속적인 유형의 특징을 엘리아데는 건축가인 르 코르뷔지에 Le Corbusier의 말을 빌려 간단하게 규명한다: "유명한 현대 건축가인 르 코르뷔지에의 공식에 따르면 집이란 '그 속에 들어가 사는 기계'이다. 따라서 그것은 산업사회에서 대량으로 생산되는 무수한 기계들 가운데 한 자리를 차지한다."[32]

그런데 이런 규명은 실제로 물질문명을 추구하는 현대의 산업사회엔—아시아의 여러 나라들도 전통적인 건축양식을 거의 포기하고 주거기계와도 같은 아파트나 빌라와 같은 양식을 선호한다— 대부분 일반화된 추세이다. 산업사회의 현대인은 무엇보다도 기능적인 가옥을 원한다. 안락과 편리가 우선시되고, 일손이 적게 들며 관리가 단순해야 한다. 또한 "들어가 사는 기계"인 가옥은 다른 물품들, 이를테면 자전거나 냉장고며 자동차와도 같이 간단하게 바꿀 수 있어야 한다.[33]

그러나 엘리아데가 우려하는 것은 이러한 주거형태의 변화에서 두드러진 '탈신성화'Entsakralisierung이다. 이러한 탈신성화는 주거형태에서뿐만 아니라, 과학지상주의가 대두되고 과학적 사고가 세상을 지배하면서부터 이미 예고된 것이었다. 세계는 탈신성화로 가속되어 가고 또 "종교적 인간"은 비종교적 인간으로 변질되어 가며, 그에 따라 급기야는 비종교적 인간이 세계 속에 있는 존재의 거룩한 차원을 재발견할 가능성은 점점 희박해져 가는 것이다. 탈신성화에 대한 경고야말로 엘리아데가 현대 산업사회의 인류에게 던지는 메시지이다.

계몽이라는 미명 아래, 혹은 인류를 유토피아로 이끌겠다고 소위 진보신앙이니 발전신앙이라는 슬로건을 내건 계몽주의는 그러나 인간해

---

31 앞의 책, 45쪽 이하 참조.
32 앞의 책, 46쪽.
33 앞의 곳 참조.

방은커녕 인간소외와 구속, 과학기술문명의 아류 내지는 노예로 이끌고 말았다. 세계사의 흐름을 과학기술문명으로 획일화시키고, 인간이든 자연이든 사물화시켜 이 과학기술문명의 지배를 받게 하였다. 이에 물질문명과 산업문명이 가세하여 자연을 단순한 자본과 재료로서 취급하고는 무차별의 착취와 파괴를 일삼고 있는 것이다.

이러한 세계사적 흐름은 마치 정신문화에 대한 물질문명의 궁극적 정복으로 특징지어지고, 그에 따라 정신적인 것과 초월적인 것이며 성스러운 것조차 실증적이고 현실주의적인 것에 밀려나는 실정이다. 호크하이머Max Horkheimer와 아도르노Theodor Adorno의 《계몽의 변증법》은 인간의 이성과 과학에 바탕을 둔 계몽이 신화나 미신을 몰아내었지만, 결국 자신이 이 자리에 올라앉았음을 밝혀주고 있다. 신화는 그때부터 극복의 대상으로, 또 타도와 배척의 대상으로 되었다. 과학은 한 걸음 더 나아가 신화를 몰아내는 데에 선봉으로 나섰던 것이다. 이러한 과학과 계몽은 스스로 재판관이 되어 제우스처럼 징벌을 일삼고 있는 것이다. 그리하여 과학은 오늘날 과학최고주의와 과학만능주의 및 과학제국주의를 구축하여 스스로 신화가 되었다.

아도르노에 따르면 과거의 애니미즘은 사물들을 정령화시킨 반면, 현대는 영혼을 물화시킨다. 그러기에 현대는 탈신성화와 탈신비화 및 세속화의 시대이며 이러한 현상을 생산해 내는 과학기술과 산업경제며 물질문명과 육체문화만이 가치를 부여받는 시대이다. 이제 현대인에게 거주함이란 더 이상 성스러운 것의 현현이나 그러한 바탕 위에서 건축되게 하는 것이 아니라, 세속화된 삶과 활동을 위하는 것일 따름이다. 엘리아데는 그러나 우리의 거주함에 대한 잃어버린 성스러운 문화를 되살려준다.

엘리아데에 따르면 인류는 오늘날의 산업사회를 제외하고는 어떤 형태로든 그들이 거주하기 위해 가옥이나 도시를 건축할 때에 종교적 행위인 성화聖化의 과정을 —즉 카오스에서 코스모스에로의 우주창조를 재현하고 신들의 창조작업을 모방하는 작업— 거친다.34 태평양 연안의 원시부족들에게서도 또 원시농경문화를 일군 부족들에게서도, 북아메리카와 북아시아의 종족들, 또한 중앙아시아의 유목민에게서도 가옥은 성화聖化의 과정을 거쳐 세계의 모형(imago mundi)으로 건축되었다.35

"종교적 인간"에게 거주지는 결코 가볍게 변경될 수 없다. 그에게 가옥은 하나의 예사로운 사물과 같은 대상도 아니고 또 "들어가서 사는 기계"도 아니다. 그것은 "인간이 신들의 모범적 창조36, 즉 우주창조를 모방함으로써 그 자신을 위해 건설한 우주인 것이다."37 가옥은 도시나 성전과 마찬가지로 우주론적 상징이나 제식에 의해 성화되어야 한다.

3. 고분과 고분벽화 및 거주함

대지 아래에서 절대적 침묵 속에 거처하는 고분은 그러나 결코 죽은 자의 기하학적 공간만은 아니다. 그곳은 지하에 갇힌 세계가 아니며

---

34 앞의 책, 46~47쪽 참조.
35 앞의 책, 48쪽 참조.
36 건축학적 모델이 천상에 있는 경우는 고대의 신화나 설화에도, 또 구약성서에도 등장한다. 이를테면 야훼께서는 모세에게 건축할 성소의 설계도를 보여드리며 이 도판대로 건축하라고 명하신다(출애굽기 25장 8-9절, 40절). 또 솔로몬의 예루살렘 성전 건축도 마찬가지이고(역대상 28장 19절), 심지어 '노아의 방주'도 야훼의 설계도, 즉 천상의 모델에 따라 건축된다. 또 엘리아데가 지적히듯이(《聖과 俗》, 54쪽 참조) 바빌론의 왕 구데아는 꿈을 꾸는데, 곧 니다바 여신이 사원설계의 도판을 보여주는 것이었다. 니네베의 건설도 "천상의 성좌에 적혀진 플랜"에 따라 이루어졌다고 한다(같은 책, 54쪽 참조).
37 앞의 책, 51쪽.

폐쇄되거나 버림받은 공간도 아니다. 그곳은 하나의 독특한 우주를[38] 형성하고 있는 장소[39]로서 오히려 공간들을 마련해 주고 있다. 공간들은 하이데거에 따르면 "인간의 거주함 속으로 들어오게 됨으로써 스스로 연다. 죽을 자들이 존재하고 있다는 말은 곧 죽을 자들이 거주하면서 사물들과 장소들 곁에서의 자신들의 체류를 바탕으로 삼아 공간들을 이겨내고 있다durchstehen는 것을 의미한다."[40] 이처럼 인간이 공간을 이겨내고 초월할 수 있기 때문에 고구려인들은 고분을 마련하고 거기에 벽화로서 독특한 세계를 펼쳐 보인 것이다.

고분벽화가 있는 고분은 하나의 독특한 세계를 형성하고 있는 '장소'이다. 이러한 장소로서의 고분은 땅 아래와 땅 위며 죽은 자와 불멸하는 자가 그 안으로 들어오도록 허용된 하나의 처소를 허락한다 verstatten. 이 압축된 장소는 사방을 결집하고 있으며, 땅과 하늘이며 육체적으로 죽은 자와 영적으로 불멸하는 신선 및 천상의 거주자를 불러 모으고 있다versammeln. 고분벽화는 이러한 정황들을 소상히 밝히고 있으며, 사방 즉 땅과 하늘이며 인간과 초월자의 단일성Einfalt을 하나의 처소 안으로 들여보내는데einlassen,[41] 이는 곧 사방의 유기체적이고 조화된 코스모스가 한 누리임을 펼쳐 보이는 것이다.

고분 속에 마련된 장소는 자신의 방식대로 땅과 하늘 그리고 죽은

---

38 전호태 교수도 무덤 안이 "죽은 자를 위한 또 하나의 우주로 인식하게 한다"고 지적한다(《특별기획전 고구려!》, 민족화해협력범국민협의회·중앙일보·SBS 주최, "특별기획전 고구려! 행사추진위원회" 편집 및 발행, 2002, 117쪽).

39 하이데거의 독특한 '장소'Ort의 개념을 참고할 필요가 있다(M. Heidegger, *Vorträge und Aufsätze*, 153쪽 참조). 장소는 이중적 의미로 사방에게 자리를 마련하고einräumen, 사방을 맞아들이며(zulassen: 자신의 영역 안으로 사방이 들어오도록 허락하며), 또한 사방을 설립한다einrichten. 장소는 따라서 사방을 파수하고Hut 사방을 수호하는 하나의 우주이고 집Haus이다.

40 M. Heidegger, *Vorträge und Aufsätze*, 152쪽.

41 앞의 책, 152~153쪽 참조.

자와 초월자를 자신의 곁에 결집하며 모아들인다. 바로 이러한 정황을 고분벽화는 적나라하게 드러내고 있다. 땅과 땅에서의 거주며 하늘과 하늘에서의 거주를 개시하며 또한 이들 사방이 서로 반영하고 있음을 밝히고 있다. 그러기에 고분은 사방에게 하나의 처소Stätte를 허락하는 verstatten 그런 방식으로 사방을 결집하는데, 이때의 '처소'란 사방세계가 사물 안에 결집되어 펼쳐지는 존재의 열린 자리를 말한다. 사방이 결집된 이러한 장소는 자연적이고 초자연적인 역사가 시작됨을 고지한다.

여기서 인간은 죽은 자의 모습으로 땅 아래에 있고, 또 불멸하는 신선의 모습으로 하늘로 나아가(신비스런 세발 공작이나 용을 타고서) 북두칠성이나 남두육성이며 수많은 신비스런 별들의 세계를 방문하고 교류한다. 인간은 땅 아래에서 구속당하고 버림받은 것이 아니라, 모든 공간들을 이겨내고durchstehen 자유의 영역으로 나아간다.

캡슐화된 육체만으로는 모든 공간을 이겨낼 수 없다는 사실을 고구려인들은 알았다. 인간은 그러나 이미 육체를 입고 있을 때 초월적인 사유를 체험한다. 사유는 이미 초월적인 것이다. 사유한다는 것에 이미 초월한다는 의미가 내포되어 있다(Denken heisst Transzendieren). 이 신비스런 사유(일종의 영혼의 활동)의 능력을 인간은 일상성에 매몰되어 또는 눈앞에 나타나지 않는다고 혹은 미스터리하고 형이상학적이라면서 그 위력과 가치를 깨닫지 못한 것이다. 사유는 갇힌 육체를 벗어나 나비처럼 바람처럼 공간을 이겨내고 날아다닌 것이다. 하이데거의 철학에서 인간의 존재자적인 요소, 즉 신체가 무화하면서 오히려 존재의미가 드러나는 것처럼, 이 신체가 무화하는 과정에 이제 더 이상 아무런 옷도 육체도 걸치지 않는 영적 실체로서의 넋이 온갖 공간을 이겨내며 천상의 세계로 비상하는 것을 고분과 고분벽화는 그려 내고 있다.

절대적 침묵이 흐르고 지상과는 단절된 곳에 마련된 고분의 세계는

사진 3-1
덕흥리 고분벽화:
하늘세계의
가족들은 모두
어디론가
비천하고 있다.

도대체 무슨 의미를 갖는 것인가. 어찌하여 이토록 엄밀하고 위축된 공간에 하나의 세계가 건축되어 있는 것인가. 인간이 죽으면 썩어 흙으로 돌아갈 뿐이고, 혹은 시인들이[42] 읊듯 "어머니 대지"(Terra Mater)로 돌아갈 뿐인데 왜 지하에 신비로운 고분이 건축되어 있는 것인가. 만약 죽음으로써 인생의 모든 것이 끝장이라고 생각했다면, 결코 고분과 고분벽화는 건축되지 않았을 것이다. 그것은 사자死者에게 아무런 도움이 되지 않는 허황된 것이기 때문이며, 또 살아 있는 자들에게 전시를 하려는 의도는 애초에 없었기에 고분도 고분의 벽화도 아무런 의미가 없다는 결론이 나오기 때문이다. 그러기에 고분과 고분벽화는 건축되고 제작될 분명한 철학과 종교를 전제로 하고 있는 것이다.

---

42 호메로스는 그의 "대지에 대한 찬가"에서 "모든 것의 어머니인 대지에 관하여 나는 노래하리라. … 죽어야 하는 인간에게 생명을 부여하고 또 돌려받는 것이 그대의 일이다."라고 읊고, 또 아이스퀼로스는 그의 "코에포리"에서 대지를 "모든 것을 낳고, 기르고, 다시 그 자궁 속에 받아들이는 자"로 읊었다. 또한 구약성서의 시편 90편 3절 참조: "주님께서는 사람을 / 티끌로 돌아가게 하시고 / '죽을 인생들아, 돌아가거라' / 하고 말씀하십니다."

하이데거에 따르면 "건축함의 본질은 거주하게 하는 것이다."[43] 그러기에 "거주할 능력이 있을 때에 한해서 우리는 건축할 수 있다."[44] 다시 말하면 "우리가 건축을 해 왔기 때문에 거주하는 것이 아니라, 오히려 우리가 거주하는 한에서만 즉 **거주하는 자로 존재하는 한에서만** 건축을 하며 또한 건축을 해 왔던 것이다."[45] 죽음으로 말미암아 인간이 썩어버리고 한줌의 흙으로 변하는 것으로 종말을 고한다면 특별한 경각심으로 고분과 고분벽화의 세계를 건축하지 않았을 것이다. 그것은 결단코 인간을 밀폐된 무덤에 버리거나 방치하는 것이 아님을 밝게 드러내는 것이다.

그러기에 산 사람이 거처할 곳이 아님에도 불구하고 고분이 건축되었다는 것은 —고분벽화의 파노라마가 펼쳐 보이듯— 위에서 언급한 건축함의 본질을 심층적으로 꿰뚫고 있었음을 시사한다. 건축함이란 하이데거에게서 거주할 수 있는 장소들을 산출하고hervorbringen 건립하며 einrichten 공간들을 수립하고stiften 접합하는(fügen: 이어나가는) 활동이다.[46] 그러기에 건축함은 사방 즉 땅과 하늘 그리고 신적인 것들과 죽을 자들(인간들)이 서로에게 공속해 있는 소박한 단일성으로부터 장소들을 건립하기 위한 지침Weisung을 받아들인다. 이때의 지침이란 다름 아닌 구체적으로 건축해 가기 위한 지침인바, 각 공간들을 철저하게 측정하고 측량하며 사물을 참답게 보존하기 위한 방안들이다.[47]

---

43 M. Heidegger, *Vorträge und Aufsätze*, p.154.
44 위의 책, p.155.
45 위의 책, p.143. 굵은 글씨체는 필자에 의한 강조임.
46 위의 책, p.153 참조.
47 고구려의 고분과 고분벽화가 얼마나 치밀하게 설계되고 측정·측량되었는지는 《특별기획전 고구려!》(민족화해협력범국민협의회·중앙일보·SBS 주최, "특별기획전 고구려! 행사추진위원회" 편집 및 발행, 2002)를 참조 바람. 이 특별기획전에서는 고분의 배치도와 실측도, 평면도, 단면도, 투시도 등으로 건축의 치밀함을 설명하고 있다.

4. 고구려인들의 거주함에 관한 성찰

하이데거는 "우리가 거주할 능력이 있을 때에만, 우리는 건축할 수 있다"[48]고 하여 거주함이 건축함에 앞서 있는 목적이라고 밝힌다. 다시 말하면 건축함이 거주함에 속한다는 것과 거주함으로부터 자신의 본질을 받아들이는 것이다. 이러한 거주함에 상응한 건축 형태를 하이데거는 자신의 시대보다 200년 앞선 어떤 슈바르츠발트의 농가를 예로 들어 설명한다:

> "200년 전에 농부의 거주함이 건축해 놓았던 슈바르츠발트의 한 농가를 잠시 생각해 보자. 여기에서는 땅과 하늘, 신적인 것들과 죽을 자들을 사물들 안으로 단일하게 들여 보내는 그런 절실한 능력이 집을 건립하였다. 그것은 샘에서 가깝고, 목초지들 사이에서 남향을 바라보며, 바람을 막아 주는 산비탈에 농가를 세워 놓은 것이다. 그것은 넓게 돌출한 죽더끼지붕을 얹어 놓았는데, 이 지붕은 적절한 경사면을 따라 쌓이는 눈을 흘러버리게 하는 데다 깊숙이 아래쪽으로 드리워져 있어 기나긴 겨울밤의 폭풍으로부터 집을 보호한다. 그것은 공동식탁 뒤의 성상을 안치한 구석진 자리를 잊지 않았고, 또한 집 안에는 분만과 임종을 위한 판대棺臺를 —거기선 판棺을 의미하는— 위한 성스러운 장소들을 마련해 놓았으며, 그리하여 한 지붕 아래 거처한 각각의 세대들에게 그들의 인생역정이 담긴 특성을 예시해 놓았다. 그 자신이 거주함으로부터 비롯된, 그리고 자신의 도구와 건축발판을 아직도 사물로서 사용하는 그런 수공작업이 이 농가를 건축하였던 것이다."[49]

하이데거가 예시한 이 농가가 거주함에 상응한 건축물임이 잘 밝혀

---

48 M. Heidegger, *Vorträge und Aufsätze*, 155쪽.
49 위의 곳.

져 있다. 무엇보다도 이 농가는 사방에 대한 응답의 양식으로 구축되어 있다. 사방의 '반영-놀이'가 하나로 결집되어 있고 그 역학적 관계가 결코 소외되지 않은 것이다. 물론 농가의 삶의 양식이 주변세계와 상응하고, 외부의 재해로부터 보호되며 인간이 거주할 만한 안온함이 보장되어 있다. 사방의 부름에 응답하고 또 외부로부터의 보호와 거주할 만한 안온함이 고려된 건축양식은 벽화가 그려진 고분과 고구려의 가옥들에도 드러난다. 물론 위에서 하이데거가 예시한 가옥과 전적으로 합치되는 것은 아니나, 그 본질적 요소를 갖추고 있음은 명확하게 드러나는 것이다.

고구려인들은 그들의 손으로 체계적인 역사기록을 남기지는 않았다. 혹시 그들이 역사기록을 남겼더라도 당나라에 의해 패망하고 도서관이 열흘이나 불탔을 때 다 사라져 버렸을 것이다. 그러나 고분벽화에서 고구려가 어떤 사회였는지, 어떻게 거주하고 또 어떤 건축을 했었는지, 심지어 어떤 의복을 입고[50] 어떤 음식을 먹었는지, 어떤 일상생활을 했었는지 등등 그들의 생활상에 대해 역사문헌보다 더 생생한 기록을 남겨 놓은 것이다.[51] 고구려에 견주어 중국의 여러 나라들은 그들의 역사

---

50 고구려인들의 의복생활에 관해서는 《특별기획전 고구려!》(민족화해협력범국민협의회·중앙일보·SBS 주최, "특별기획전 고구려! 행사추진위원회" 편집 및 발행, 2002, 161~167쪽)를 참조 바람. 그들은 다양한 차림새의 옷을 입었으며 고급스러운 예복을 비롯하여 색동의 주름치마, 통이 넓은 저고리와 바지, 점박이 무늬가 있는 옷, 평상복과 일복, 나아가 화려하게 차려입고 멋을 부리는 모습도 보인다.

51 고분벽화에 그려진 총천연색의 기록은 방대하며 그 메시지 또한 기록 못지 않게 분명하다. 고구려의 초기 수도인 집안지역엔 알려진 고분만도 1만 2천 기에 달하고 후기 수도인 평양지역과 합하여 2만여 기에 이르며, 이들 가운데 95기의 고분에 벽화가 그려져 있고("월드컵 특별기획 역사스페셜", 제2편 고분벽화, KBS 2002년 6월 8일 방송 참조), 평양지역만도 벽화가 그려진 미확인 고분이 어림잡아 300기 이상으로 추정된다(중앙일보 2005년 3월 9일자

서를 통해 고구려를 비롯한 동이東夷의 여러 나라들을 기록했다.[52] 그러나 고구려에 이러한 고도의 문화적, 정신적, 철학적, 예술적 의미를 간직하고 있는 고분벽화가 그려진 사실은 몰랐다.[53]

거주함의 구체적이고 세밀한 모습도 벽화를 통해 다 드러내고 있다(특히 안악 1, 3호분과 덕흥리 고분). 안악3호분은 생활사 박물관이라고 해도 손색이 없다. 하이데거가 밝히듯 거주함에 맞춰진 건축, 가옥의 안채와 바깥채(일꾼들이 사용한 행랑채 등), 집무를 보는 사랑채와 정원, 연꽃이 피어 있는 연못과 잘 가꾸어진 정원, 부엌과 부엌살림의 모습, 식생활[54], 고기를 저장하는 푸줏간, 창고, 디딜방아와 방앗간, 차고

39면 참조).

52 이를테면 사마천의 《사기》를 비롯한 《한서》, 《후한서》, 《삼국지》(특히 〈위지 동이전〉), 《진서》, 《송서》, 《남제서》, 《양서》, 《위서》 등등 구당서와 신당서에 이르기까지 수없이 많다(김재선·엄애경·이경, 《한글 동이전》, 서문문화사 1999 참조). 그러나 주로 지리적인 것이나 정치제도, 관례나 풍습 등을 기록하고 인류의 문화유산이 되는 고분벽화에 대해선 몰랐던 것이다. 삼국지의 위지엔 고구려인의 용맹스러움에 대해 "걷기를 달음박질치듯 하고, 성질이 사납고 급하며 활력이 넘치고, 싸움을 잘한다"로 기록하고 있다. 그러나 역사서를 기록한 자들은 고구려인들이 음악과 미술을 사랑했고, 이를 통해 고도의 정신적이고 문화적인 것을 추구했으며 하늘을 두려워한 것에 대해선 별도의 관찰을 하지 못했다.

53 무덤형식에서도 고대 한국과 중국은 차이를 드러낸다. 고구려의 고분에서 고조선으로 이어지는 고대 한국의 무덤형식은 다른 세계에서도 보기 드문 적석묘로서, 땅을 파고 땅 아래에 시신을 안치한 중국의 토광묘와는 차이를 드러낸다(2005년 6월 10일의 KBS1, 역사스페셜 참조). 적석묘를 가진 전통은 많은 시사점을 제공하는데, 그것은 무엇보다도 세계 고인돌의 50% 이상을 갖고 있는 고대한국이 신석기와 청동기 시대로부터 내려오는 태양거석문화 Megaliterkultur의 흔적을 간직하고 있는 것으로도 추리해 볼 수 있는 것이다. 돌 위에 놓인 시신은 마치 제단 위에 놓인 제물로서 신에게 드리는 제사형식으로도 추측해 볼 수 있다.

54 안악 3호분의 고분벽화엔 고구려인들의 부엌살림과 식생활도 보여준다. 마치 실제의 부엌을 옮겨 놓은 듯 그 묘사가 정밀하다. 한 여인은 아궁이에 불을

사진 3-2
안악3호분의 벽화:
부엌과 푸줏간

(수레를 넣는 차고), 외양간(마구간), 샘과 샘물 퍼 올리기, 손님접대 (무용총의 접객도) 등등의 생활양상이 천연색의 파노라마로 펼쳐진다.

그들의 독특한 붉은 기와는 웅장함이나 열정적인 모습을 돋보이게 한다. 이러한 기와는 각종 꽃무늬를 새겨 장식미를 높이고 있다. 특히 그들의 건축양식에서 온돌은 후세에까지 이어온바, 한편으론 거주의 안온함을 증폭시켜 주고, 다른 한편으론 건축함이 거주함에 속한다는 것과 거주함으로부터 자신의 본질을 받아들인다는 것을 ─바로 하이데거의 논지와도 상응한다─ 엿볼 수 있게 한다. 인간의 안온한 거주함을 위하지 않고서는 결코 온돌은 건축되지 않을 것이다. 온돌의 따뜻하고 안온한 구들방에서 만족스럽게 체류할 수 있을 것이다.

거주함을 위한 건축양식에서 수막새는 독특한 역할을 수행한다. 이 것은 기와의 형태로 혹은 귀신얼굴을 한 판와板瓦의 모습으로 나타난다.[55] 이것이 있는 곳은 거주하는 특별한 장소임을 선포하는 것이다.

─────────────

지피고, 다른 여인은 큰 시루 앞에 서 있다.

86 제3장 생활세계의 철학·"거주함"의 철학적 지평

곧 이 특별한 장소가 모든 악귀를 물리치는 보살핌을 받는 거주지임을 밝히는 것이다. 이러한 수막새는 하이데거가 언급한 ―이미 200년 전에 있었던 슈바르츠발트의 한 농가― 옛날 거주지의 십자가와도 비슷한 역할을 수행한다. 물론 십자가상은 인간의 신적인 것에 대한 귀의를 시사하지만, 수막새는 반대로 초월적인 것의 인간에 대한 보살핌이다.

사진 3-3
고구려인들의 귀면판와.
지붕마루나 처마 끝에 달았던
귀신을 형상화한 것으로
나쁜 악귀를 물리치고
거주하는 사람을 보호하는 것이다.

바깥세상에서의 생활양상도 면밀하게 드러난다. 고분벽화엔 행렬도 (화려하게 치장된 수레를 타고 행차하는 모습)가 자주 등장한다. 여러 다양한 행차들이 빈번히 나타나는데, 이는 중요한 의식행위일 수도 있고 또 어떤 예술행위일 수도 있으며, 망자를 저승으로 보내는 한마당 행사일 수도 있고, 축제의 일환일 수도 있을 것이다. 안악 3호분의 행렬도는 규모가 대단히 크다. 높이가 2미터가량 되고 길이는 무려 10미터나 되는 대형 벽화이다. 그리고 이 행렬에 참여한 인원은 무려 500명 정도가 된다. 행렬의 맨 앞쪽엔 크고 작은 북과 뿔피리, 나팔 등의 악기를 든 악대들이 나타나 흥겨운 음악을 연주하고 있다. 또 경마기병을 비롯한 각종 병사들도 다양한 무기들을 들고 행사에 참가하고 있다. 이

55 《특별기획전 고구려!》, 173쪽 참조.

사진 3-4
수산리 고분:
교예놀이를 하는 고구려인들

러한 행렬도 외에도 사신들의 접견이나 예를 갖춘 모임, 나들이,[56] 수
레를 타고 가는 모습,[57] 각종 스포츠행사[58](수박희, 씨름[59], 무술, 활쏘
기, 오늘날의 서커스에 해당하는 교예 등), 경기에 구경꾼으로 나타나
흥미로운 모습을 한 사람들, 사냥(수렵도), 각종 놀이, 악기연주, 가무
(무용총)[60] 등등 그들이 거주하면서 삶을 영위하는 구체적인 모습들을

---

56 고분벽화엔 나들이 장면이 자주 나타난다. 덕흥리 고분벽화엔 아름다운 색동
　치마에 긴 저고리를 입고 허리띠를 맨 두 여인의 모습이 그려졌는데, 마치 인
　사라도 건네는 듯 바라보고 있다.
57 고분벽화엔 거의 집집마다 수레가 묘사되어 있다. 당시의 고구려인들에게서
　수레는(짐수레를 포함하여) 오늘날의 자동차와도 비슷한 필수품이었을 것이
　다. 이를 통해 고구려인들이 상당한 문명생활을 한 것으로 추정된다.
58 각저총에 잘 드러나 있다.
59 오늘날까지 전해지는 이 씨름경기는 우리 민족 고유의 스포츠행사이고, 이는
　또한 일본 스모경기의 원형으로 알려져 있다.

그려 놓았다.

심지어 인조 목발을 만들어 키다리 걸음을 하는 교예놀이를 하는 광경도 보인다. 그런데 이 놀이는 오늘날도 전 세계적으로 하고 있는 놀이가 아닌가! 지금으로부터 약 2000년 전에 고구려인들이 이런 놀이를 하였다니, 그들은 참 별난 놀이를 다 한 것으로 보인다. 그런데 우리로 하여금 더욱 놀랍게 하는 것은 그토록 침묵과 엄숙이 흐르는 사자死者의 공간에 어찌 이런 우스꽝스런 놀이를 그려 놓았단 말인가. 아니, 세상에 무덤에 이런 그림을 그려 놓았으니, 어쩌면 경망스런 웃음이 터져 나올 듯하다. 그들은 도대체 사자死者가 있는 엄숙한 공간에 포스트모던적 '해체'와 반란을 일삼았단 말인가? 물론 그런 것이 전혀 아닐 것이다. 그들은 인간의 살아가는 진솔한 모습, 즉 거주함의 본래적 모습을 담아 놓은 것이다.

장천1호 고분은 인간의 다양한 주거모습과 생활세계 등 풍부한 내용을 담은 벽화고분이다. 고분의 앞 칸에는 인물풍속도와 사신도가 그려져 있다. 또 실내와 야외에서 거행하는 각종 음악과 무용, 씨름, 교예, 사냥 등의 여러 가지 장면들과 여기에 등장하는 다양한 인물들이 그려져 있다. 앞 칸 왼쪽 벽엔 마부와 말, 개까지 거느린 인물이 나무 아래에 서 있다. 그 주위엔 교예를 하거나 씨름을 하며, 북을 치거나 현금을 타면서 춤을 추는 등 여러 가지 다채로운 행사들이 펼쳐지고 있다.

---

60 무용총의 벽화는 고구려인들이 춤을 즐긴 것을 볼 수 있다. 안무를 지휘하는 영무와 춤꾼, 가수가 무대 위에 나타나 있다. 말할 것도 없이 오늘날의 서구화된 춤들, 이를테면 관능만을 부추기고 욕망을 자극시키는 것들과는 다른, 소박한 예술혼이 들어 있는 춤이다. 이애주 교수에 따르면 여기에 "우리 춤의 원형이 잘 나타나 있다."("월드컵 특별기획 역사스페셜", 제2편 고분벽화, KBS 2002년 6월 8일 방송대담에서)

대지와 조화한 생활공간, 자연의 생리를 고려한 가옥들, 부지런하고 아기자기하게 삶을 일구어 가는 모습들, 또 아름다운 정원을 가꾸고 맛있는 음식을 요리하고, 손님을 접대하고 나들이를 하며, 음악을 연주하고 춤을 추고, 각종 스포츠 행사(또 이를 즐기는 구경꾼)와 축제 등 그들의 삶의 양식에서 평화로움과 자유로움, 보호함과 보살핌이, 즉 거주함으로 살아가는 모습이 확연히 드러난다. 위의 모습에서뿐만 아니라, 그들의 거주함에 응한 건축양식에서 우리는 하이데거가 말한[01] "부니안wunian, 즉 평화로이 있음, 평화롭게 됨, 평화 속에 머물러 있음"을 읽을 수 있고, 또 자유로움(das Freie, das Frye)이며 이 말과 동근원어인 프리이fry, 즉 "해악과 위협으로부터 보호함", 말하자면 무엇무엇으로부터 보호함을, 다시 말하자면 보살핌을 파악할 수 있다.

사진 3-5 무용총(춤무덤) 벽화의 손님 접대

사진 3-6 춤 공연을 펼치고 있는 고구려인들

　이미 그들의 건축양식에서 고구려인들이 거주함의 본질을 꿰뚫어 보고 있었음을 우리는 파악할 수 있다. 오늘날과는 달리 그들은 거주함을 전제로 건축했던 것이다. 그들의 거주 형태가 하늘과 땅이며 초월자와 신적인 것에 귀속하는, 말하자면 사방의 부름에 응답하는 방식으로 이루어졌음이 도처에 배어 있다.

61 M. Heidegger, *Vorträge und Aufsätze*, p.143 참조.

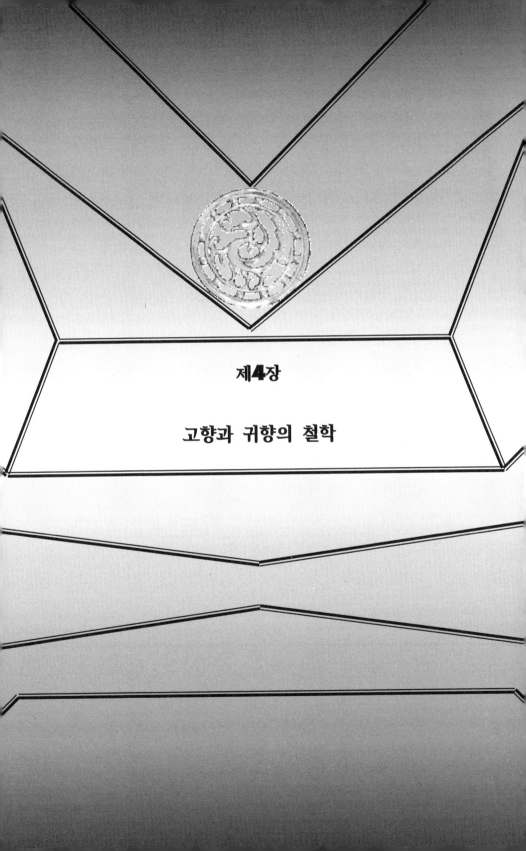

제4장

고향과 귀향의 철학

1. 고향을 찾아가는 인간의 본래성

고분은 지상에서 나그네 생활을 끝낸 망자의 안식처이고, 고분벽화는 이 망자의 궁극적인 고향, 즉 천향을 그려 놓았다. 따라서 고분은 천향으로의 귀향을 위한 예비 처소인 것이다. 침묵하고 있는 고분은 벽화를 통해 고향과 귀향의 철학을 펼쳐 놓은 것이다. 고구려인들의 고향과 귀향의 철학을 우리는 이 장의 제7절(고구려인들의 고향)에서 자세히 논의할 것이다.

고향은 신비의 영역이고 동시에 자연적 영역이다. 고향이 없이 지상으로 들어온 자는 아무도 없다. 그러나 그런 자연적 고향(내가 태어나고 자란 곳)은 역설적이게도 나의 자율적 선택에 의해서가 아니라, 타자에 의해서 혹은 신적인 섭리에 의해서 일종의 운명으로 주어진 것이다. 어떤 경로와 섭리를 통해서 주어졌든 그것은 합리적 해명의 범주를 뛰어넘는 신비의 영역이다. 그렇게 형성된 고향은 내 존재와 삶의 뿌리일 뿐만 아니라 결코 자의적으로나 타의적으로 변경할 수 없는, 어떠한 시간과 공간의 변화에도 변화되지 않는, 절대적인 영역이다. 그래서 이런 고향은 인간의 "제자리"이고 또 "원초적 갈망의 대상"이 되는 것이다: "진정한 의미에서의 고향에서의 정주定住는 우주적 및 사회적 질서에서의 조화이다. 그래서 고향은 단순히 지리적인 공간이 아니라 인간의 '제자리'이고, 따라서 고향에 대한 동경과 회귀는 인간의 '원초적 갈망'인 것이다. 그리고 이런 고향에로의 갈망은 그의 의식이 건강하고 정상적임을 보여준다."1

그런데 "고향은 떠나온 곳만 아니라 돌아가는 곳이다. 그리고 인간도 귀향적 존재이다. 인간이 행하는 모든 고상한 것은 자기의 귀향과

---

1 전광식, 《고향》, 문학과 지성사, 1999, 47쪽.

결부된 것이다."[2] 철학 자체를 아예 "고향에 머물고자 하는 향수병"과 충동으로 본 노발리스의 규명은 지극히 온당하지만, 플라톤과 하이데거에게서, 또 횔더린과 혜초에게서, 나아가 고구려의 고분벽화에서 고향을 향한 "원초적 갈망"은 더욱 두드러지게 드러난다.

세계의 어느 민족보다도 한국인은 고향의식故鄕意識이 강하다.[3] "호랑이도 자기 굴에 가서 죽는다"는 말은 인간의 삶을 마감하는 순간이야말로 고향에서만 가능하다는 것(그것이 본래적이라는 것)을 강조한 말이다. 자기 존재와 삶의 뿌리로서 고향 개념[4]은 그러나 산업사회 이후 급격한 변화를 맞았다. 일터 때문만이 아니라, 물질적 풍요를 위해 혹은 교육적 문화적 혜택을 위해 대거 도시로 이동현상이 일어나 이젠 옛날과 같은 고향 개념을 찾기 어려운 상태이다. 어쩌면 이토록 여러 가지 이유로 고향을 등지고 나온 것에 대한 미안함 때문에 명절과 같은 특별한 날을 택하여 고향나들이를 하는지도 모른다.

근대화와 산업화 이후 기계문명의 쇄도와 상업자본주의의 확산은 향토적 친화성으로 형성된 끈끈한 정情을 폐기처분하고, 그 대신 상업문화 대중문화, 물질문명, 오늘날의 정보문화 등을 양산해 내었다. 그 과정에서 인간은 비인간화와 물화物化현상에 시달리게 되었으며, 거대한 유령도시의 수많은 군중들 속에서 인간은 자기의 실존을 상실하고서 고독하고 소외된 존재로, "익명의 타자"[5]로, 정체성을 상실한 떠돌이로 전락되었다. 그래서 오늘날 수많은 사람들은 직·간접적으로 고향을 상실했을 뿐만 아니라 심지어 돌아갈 고향도 없는 실향민의 처지로 내몰

---

2 앞의 책, 127쪽.
3 한국인의 시와 음악엔 유달리 '고향'이나 '향수'와 같은 제목이 붙은 게 많다. 《조선지광》 65호(1927.3월)에 실린 정지용의 '향수'鄕愁는 광기에 가까울 정도의 애간장을 태우는 정을 불러일으킨다.
4 고향 개념에 관한 폭넓은 해석은 전광식, 앞의 책, 23~31쪽 참조.
5 "익명의 타자"는 하이데거가 말하는 '세인'(世人: das man)과 같은 개념이다.

리고 말았다.

현대인에게서 고향 파괴와 고향상실, 그리고 고향을 등지는 현상은 이제 일반화되었으며, 그런 실향민들과 고향을 등진 사람들이 대도시 사회의 대부분을 이루고 있으면서 삭막한 도시문화를 일구고 있다. 이런 삭막한 도시문화에서 삭막한 인간이 양산되는 것은 뻔한 현상이다. 현대인에겐 고향이 없다. 그는 고향에서 태어나 고향에서 삶을 마감하는 것이 아니라, 삭막한 도시의 병원에서 태어나 도시에서 유리하다가 병원에서 죽어간다.

그러나 이토록 처참한 실향현상 속에서도 고향의식은 완전히 말소된 것이 아니라, 어떤 특수한 경우에 되살아난다 —마치 고향의식이 유전자에 쓰여져 있기라도 하듯. 고유한 명절이 다가오면 "민족 대이동"이라는 용어가 말해 주듯 고향을 향한 대이동이 시작되는 것이다. "민족 대이동"으로 말미암아 "고향길이 고행길"로 변해 버린 상황도 개의치 않고 기어코 고향으로 향하는 한국인의 심성은 이성적으로는 설명하기 어려운 광기에 가깝고 또 세계에서 흔하게 찾아볼 수 없는 현상이다.

우리가 앞의 장에서 인간의 생생한 삶의 모습, 즉 인간이 이 땅 위에서 존재하는 방식인 "거주함"을 철학적 지평 위에서 해석한 것과 같이 "고향" 또한 저러한 지평 위로 초대해야 할 것이다. 철학이란 —앞에서도 강조했듯이— 인간의 생생한 삶의 모습이 펼쳐지는 곳에 더욱 가까이 거처하기 때문이다. '고향'은 실향이나 귀향과 함께 인간의 본질적 존재양식이다. 인생의 전 여정이 고향상실과 고향 회귀로 엮어져 있다. "철학은 본질적으로 귀향이다"라고 한 시인 노발리스의 지적은 예리하고 온당하다. 철학적인 고군분투는 결국 고향 찾기이고(그 고향이 지상이건 혹은 천상이건 혹은 알려지지 않은 미지의 어떤 나라이건) 고향 회복이며 본래성 획득이다. 고향은 말하자면 인간 실존의 근저根底이기 때문이다. 플라톤과 하이데거에게 고향은 존재론적 범주로 받아들여지고 있으며, 인간의 본래성, 삶의 본질과 근원Ursprung으로 해독되기도 한다.

얼마나 많은 시인들이 고향과 실향과 귀향에 관해 시를 읊었는지는 누구나 다 알고 있다. 정지용의 '고향'은 우리로 하여금 눈시울을 뜨겁게 하고 천상병의 '귀천'은 소름이 끼치도록 한다. 호메로스, 횔더린, 트라클, 노발리스, 릴케도 인간의 근원적 본래성을 고향 개념에서 찾고 있다. 호메로스의 《오디세이아》는 그야말로 귀향이 인간의 최종목표이고 정점이며, 고군분투하고 온갖 역경을 감수하면서 고향에 도착하는 것이야말로 구원이고 동시에 본래성의 회복임을 보여준다. 릴케는 인간을 이 세상 어느 곳에서도 정착할 수 없는 '방랑자'로 보면서 인간 존재의 근원 상실을 시적으로 표현하고 있다.

또 고향을 종교적 개념과 연결시킨 시인으로는 17세기 독일의 기독교 시인 파울 게르하르트Paul Gerhardt와 《천로역정》으로 잘 알려진 영국의 존 번연을 들 수 있다. 게르하르트는 지상에서 인간의 삶을 일시적 체류로 여겼으며, 그리하여 인간을 영원한 고향인 천성天城으로 향해 나아가는 순례자로 보았다. 또 고향의 개념을 신학적 종교적 차원으로 받아들인 교부 아우구스티누스Augustinus는 그의 대작大作《하나님의 나라》(Civitas Dei)에서 우리가 흔히 얘기하는 천국 또는 "하나님의 나라"를 그리스도교인들의 본래적인 고향으로 파악하고 있다.

노발리스는 —나중에 좀 더 논의하겠지만— "철학이 본질적으로 하나의 향수병이고, 그것은 전적으로 고향에 머물고자 하는 충동"이라고 하여 인간의 궁극적 염원이 고향과 관련되었음을 잘 드러내고 있다. 철학자 하이데거에게도 인간은 존재(본래성)로부터 벗어난 실향인이고 따라서 인간은 '고향상실증'Heimatlosigkeit을 앓고 있으며, 본래성으로 귀향해야 할 귀향자이다.

인생이 "나그네길"이라는 것은 흔히 듣는 말이고 또 인생이 어디론가 먼 바다를 건너 항해를 하는 것이라고 비유되기도 한다.6 그가 나그네라면 도대체 어디로부터 와서 어디로 귀향해야 하는 것인가. 인간은 어떤 경로를 통해서인지 알 수 없으나 우연히 특정한 순간에 지상으로 들어와 또 어느 특정하기도 하고 우연이기도 한 순간에 이 지상으로부터 작별을 고한다. 그가 이 지상으로 오기 전에 영적인 인간으로 존재했다는 피타고라스와 플라톤의 학설을 받아들이든 받아들이지 않든 인간은 여전히 어디로부터 와서 어디로 가는지, 혹은 그의 고향은 어딘지 알려지지 않았다. 그러나 그는 하이데거의 진술처럼 일단 "던져진 존재"Geworfensein이다.

'나그네'로서의 인간은 고향을 떠나 유리하는 자이고 언젠가는 고향으로 돌아가야 할 자이다. 또 인간을 종교적 색채를 띤 순례자로 볼 때에도 그는 자신의 순례를 끝내고 귀향해야 하며, 그렇게 고향에 도착하는 것이야말로 자기 인생의 목표라고 할 수 있다. 이토록 인생을 나그네나 순례자로 볼 때에 모든 인간은 고향에서 나와서 고향으로 귀향하는 —지상의 고향이든 천상의 고향이든 혹은 어떤 미지의 나라로서의 고향이든— 존재이다. 따라서 고향은 인생여로의 출발지이며 동시에 귀착지인 것이다.

인간이 지상의 고향이든 천상의 고향이든 혹은 제3의 어떤 미지의 고향이든 그런 고향으로 귀향한다면, 그는 더 이상 고향을 찾아 유리하는 떠돌이가 아닐 것이며, 자기이화自己異化현상이나 자기소외를 극복한, 말하자면 본래적인 자기정체성을 획득한 승리자가 될 것이다. 그러기에 귀향은 인간실존의 본래적 목표이다. 이 목표에 도달하지 못했다는 것은 곧 고향에 도착하지 못하여 여전히 서성이고 있다는 말이다. 만약

---

6 A. 테니슨의 시 〈사주를 건너며〉(crossing the bar)는 인생의 가없는 바다를 건너 고향으로 귀향하는 것을 읊고 있다. 불교에서는 인생을 '고해'에 비유하기도 한다.

인간을 플라톤이나 하이데거처럼 "실향민"Heimatlosigkeit으로 볼 때 귀향은 일종의 구원과도 같아서 그의 존재가 성취되는 것으로 보아야 할 것이다.

지혜로운 인간은 지상에서의 나그네길(삶 전체가)이 영원하지 않고 극히 짧은 줄 안다. 인생의 황혼기에 들어선 사람들의 한결같은 고백은 "인생은 일장춘몽—場春夢"이고 "반짝 빛났다가 사라지는 아침이슬"이며, "날아가는 창살과 같다"는 것이다. 말하자면 눈 깜빡할 사이에 인생의 삶 전체가 세상 밖으로 밀려난다는 것이다. 그렇다면 지상에 영원의 집을 건립하려는 일이나 영원으로 이어질 육체를 꿈꾸는 욕망은 허망을 가중시킬 따름이다.

인생의 평생이 이토록 찰나에 지나지 않는다면 그 나그네길을 현명하게 걸어가야 할 것이다. 순간을 영원으로 착각하지 말아야 하며, 그 순간을 전부라고 생각하고서 온갖 욕심을 쏟아 붓지 말아야 한다. 무엇보다도 여행의 짐을 가볍게 할 필요가 있다. 만약 3~4일의 등산을 위해 한 주일에 해당하는 식량을 갖고 간다거나 텐트를 두벌이나 준비한다면 그는 어리석은 사람일 것이다. 짐이 무거우면 여행이 고생길이 되고 만다.

2. 플라톤의 귀향의 철학

플라톤에게 인간은 본질적으로 육체가 아니라 영혼이고, 따라서 인간의 본래적인 고향은 이 세상이 아니라 저 세상에 있다. 인간은 낯선 지상에서 나그네로 존재하고 ―혹은 피타고라스적이고 플라톤적으로 좀 더 엄밀하게 말하면 천상에서 징계를 받아 지상으로 추방되어 육체에 감금된 상태로— 그의 본래적이고 영원한 본향인 천상에 다다르면서 드디어 안식을 얻을 수 있는 것이다.

피타고라스와 플라톤으로 이어지는 인간론에 따르면 이 세상에서 인간은 자신의 본래적인 모습인 영혼에서 탈선되어 이 세상에 정착하게 되었다는 것이고, 여러 가지 정화의 과정을 거쳐서 본래적인 영혼의 본향인 저세상으로 돌아가야 한다. 인간의 고향을 자기 정체성의 고유한 장소로 볼 때 플라톤에게 인간의 고향은 곧 영혼의 고향이고, 이는 신적이고 천상적이며 불멸하는 실재의 세계이다.

인간의 본래적인 고향이 지상이 아니라 천상이라는 것은 —비록 세부적인 부분에서 일치하지 않더라도— 기독교의 견해와도 일치한다.[7] 아리스토텔레스는 비록 그의 "목적론적 세계관"에서 플라톤에게 접근하지만, 그러나 궁극적인 행복(복락)을 지상에서 찾고 있기에 그의 스승과는 상당한 차이를 드러낸다. 플라톤은 그의 종말론적인 신화들과 《소크라테스의 변명》에서 밝힌 법정 증언 및 《파이돈》에서 피력한 사후세계에 대한 견해를 통해 우리 인간들이 죽은 후에야 비로소 궁극적이고 완전한 진리를 직관할 수 있고, 나아가 우리가 세상에서 의롭게 살아서 (즉 의로운 영혼이 된 상태에서) 한 치의 오류도 범하지 않는 저승의 정의로운 재판관들(미노스, 라다만티스, 아이아코스, 트립톨레모스)에 의한 심판[8]을 통과한 후에야 완전히 행복해질 수 있다는 신념을 천명한다.

완전한 진리와 아름다움 자체 및 선 자체가 펼쳐진 천상이 인간의 실재적 고향이고, 이곳에서 진리를 비롯한 원형으로서의 이데아의 세계

---

7 이런 맥락에서 아우구스티누스는 그의 《하나님의 나라》(8권 5장)에서 "아무도 플라톤주의자들만큼 우리들에게 가까운 자는 없다"고 하였다.
8 심판을 받는 것과, 못된 영혼에 대한 처벌에 관해선 플라톤, *Phaidon*, 107e, 108b 이하 참조, 특히 아주 못된 영혼들이 가는 타르타로스에서의 처벌에 관해선 112a 이하~114b 참조.

를 보았던 만큼 인간은 지상에서 회상을 통하여 그 희미한 像상을 일깨우는 것이다.⁹ 만약 천상에서 참된(영원한) 실재를 가장 많이 목격한 영혼은 지상에서 진리와 아름다움을 목격할 경우 그 감응이 대단하여서 거의 미치게 된다. 그러나 반면에 천상에서 진리와 아름다움 및 참된 실재를 제대로 보지 못했거나 혹은 구경조차 하지 못했다면 지상에서도 아름다움에 별로 관심이 없으며 경외심도 못 가질 뿐만 아니라 동물처럼 쾌락과 생식에만 탐닉한다.

플라톤의 인간론에 따르면 인간은 철저하게 영혼이고, 육체는 이 영혼이 바로 거기에(이 육체와 더불어) 존재한다는 것을 밝혀주는 푯말(sōma sēma)에 불과하다. 말하자면 육체는 영혼의 그림자에 불과하고 영혼을 위한 수레일 따름이다. 그에게는 아리스토텔레스의 견해와는 정반대로 세계 속에 이데아가 있는 것이 아니라 이데아 속에 세계가 있고, 또 육체 속에 영혼이 있는 것이 아니라 오히려 영혼 속에 육체가 있다. 영혼은 그러나 비가시적이고 비물질적이며 정신적이고 불멸하는 것이어서 이 세상을 넘어서 있는 실체이다.¹⁰ 그러나 육체는 영혼의 무거운 짐이며 영양 섭취와 욕구 충족(애욕 물욕 등등), 불안, 공포, 공상, 전쟁, 폭동, 싸움 등등으로 영혼을 부자유스럽게 한다.

플라톤에 따르면 이 세상에서 인간은 영혼과 육체의 복합체이다. 영혼과 육체는 지상적 삶에서는 서로 불편한 동거로 결합되어 있지만 — 피타고라스적 전통— 인간이 죽으면서 상호 분리되는 이질적인 요소들이다. 그러기에 인간존재는 서로 이질적인 것들, 즉 한쪽은 영적이며 이념적이고 다른 한쪽은 질료적이고 감각적인 것의 결합으로서, 이러한 결합과 내부적 관계는 원만한 조화를 이룬 것도 아니며 또한 영구

---

9 플라톤, *Phaidros*, 249c~249e 참조.
10 플라톤, *Phaidon*, 79a~79b 참조.

적인 것도 아니다. 영혼은 신적이고 영적이며 단일체이고 소멸되지 않으며 항상 자기 동일성을 유지하는 반면, 육체는 질료적이고 다형적多形的이면서 자기 동일성으로 머물지 못하고 소멸하는 속성을 갖고 있다.[11]

자기 동일성을 갖고 신적이고 불멸하는 속성을 갖는 플라톤의 '영혼'은 그러나 정적인 존재가 아니라 동적인 존재이다. 말하자면 영혼은 어떤 정체된 체류자가 아니라 동적인 실재인 것이다. 그리스 철학에서 '영혼'이라는 개념을 말하면, 이는 살아 있는 실재임을, 나아가 자발적인 운동을 일으키는 핵심적 요인으로 보고 있다. **영혼이 영원히 생동하는 실재이기에 세상으로의 진입과 천상적 본향으로의 귀향이 가능한 것이다.** 육체와 더불어 거주하기 이전의 순수한 영혼은 저세상에서 거주했으나 —이때 그는 불멸하는 실재로서의 이데아의 세계를 목격했다— 거기서 범한 죄로 말미암아 지상으로 추방되었으며, 육체에 갇히게 되었고 또 순환적 윤회에 던져졌다는 것이다.

지상의 인간은 영혼과 육체라는 서로 이질적인 요소로 결합되었지만, 그러나 서로 영향을 주고받는 상호작용을 한다. 불멸하는 실재로서의 영혼은 육체를 지배하고 유지시키며 언젠가 죽어야 하는 육체 또한 영혼에게 영향을 주는데, 육체는 영혼을 육욕이 가득한 지상의 삶으로 끌어내린다. 플라톤의 대화록 《파이돈》에서 소크라테스는 그의 대화파트너인 케베스의 질문, 즉 영혼이 육체에 의해 가장 심하게 구속되어 있는 상태에 관하여 다음과 같이 해명하고 있다: "그야 모든 쾌락과 고통이 마치 못과 같아서 영혼을 육체에다가 못박아 고착시켜 마침내 영혼을 육체와 닮게 하고서는 육체가 옳다고 하는 것을 따라 하도록 히기 때문이지."[12]

---

11 플라톤, *Phaidros*, 80a~80b 참조.
12 플라톤, *Phaidon*, 83d.

그러기에 육체가 영혼에게 영향을 주는 것은 대체로 부정적인 것으로서 결국 영혼이 천상으로 상승하지 못하도록 하고 영혼의 신적인 기원과 본향을 망각하도록 유도하는 것이다. 영혼은 비록 고상한 기원을 지녔지만 육체와 지상적인 삶 속에서, 그리고 감각과 욕망이 베푸는 일상성에 몰입하면서 점차 자신의 본래성을 상실해 가며 부자유와 타율적인 것에 사로잡힌다.[13]

영혼이 이토록 육체의 욕망에 사로잡힐수록 자신의 고향인 이데아의 세계를 망각하게 되는데, 이 망각의 늪에서 벗어나게 하는 것이 '회상' Anamnesis이다. 영혼을 망각의 늪에서 건져 올리는 이 회상의 힘은 이성의 혼Logistikon이 경험하는 무의식적 기억의 잔재이다. 말하자면 희미한 상像과 잔재로나마 남아 있는 그 기억은 곧 이성의 혼이 이 세상에 오기 전에 이데아의 세계에서 맛보고 목격했던 "아름다움에 대한 천상적 경험"인 것이다. 영혼은 천상에서 본래적이고 선천적인, 원형적이고 불멸하는 "아름다움 자체", 즉 "미의 이데아"에 대한 경험을 했다. 그 경험에서 비롯된 희미한 상像과 기억의 잔재는 지상의 아름다운 것에 대한 경험에서 그 미의 원형(이데아)이 환기되고, 이러한 경험의 훈련을 통해 인간의 영혼은 이데아의 세계에 대한 고향의식을 활성화시켜 점차 동질성을 회복해 가는 것이다.

---

13 플라톤의 대화록 《파이돈Phaidon》에서 소크라테스는 그의 대화파트너인 케베스에게 육체에 의해 더럽혀진 영혼을 다음과 같이 밝히고 있다: "그러나 더럽혀진 영혼, 육체를 떠날 때에 깨끗하지 못한 영혼, 늘 육체와 짝하고 육체의 노예 노릇을 하며 육체를 가지고 야단스럽게 굴며 또 육체의 여러 가지 욕망과 쾌락에 정신이 팔린 영혼, 그리하여 진리는 오직 만져볼 수 있고 눈으로 볼 수 있고 입으로 맛볼 수 있고 또 여러 가지 욕정에 이용할 수 있는 육체적인 것에만 있다고 믿는 영혼, 즉 육체의 눈에는 보이지 않고 오직 철학에 의해서만 도달할 수 있는 무형의 예지적인 것을 미워하고 두려워하고 회피하고 하는 영혼이 제대로 깨끗하게 되고 순수하게 되리라고 생각할 수 있을까?"(플라톤, 최명관 역, 〈파이돈〉, 《플라톤의 대화》, 종로서적, 1984, 81b).

인간의 영혼이 천상에서 추방되어 육체에 감금되고, 또 육체와 욕망의 영향력에서 자신의 본래성을 망각하고서 허우적거린다면, 본향으로의 회귀, 즉 귀향은 무엇보다도 영혼의 자유에 대한 의미가 강력하게 부각된다. 인식론적으로는 통념doxa으로부터의 자유이고, 존재론적으로는 육체의 갖가지 욕망과 충동으로부터의 자유이며, 또 형이상학적으로는 신들로부터의 징벌과 추방으로부터의 해방이다. 그래서 귀향은 영혼의 해방과 자유를 의미하며 인간의 본래성 획득이기도 하다.

이러한 자유는 본래적이고 근원적인 자유이고, 이러한 자유 가운데에 거하는 자기 자신만이 본래적인 자기 자신인 것이다. "본래적인 자기 자신과 자기의 고유한 위상으로의 회귀"가 플라톤 철학에서 고향 회복의 의미인 것이다. 이런 궁극적인 자유의 획득은 종교에서 말하는 구원과 해탈과도 유사한 의미를 갖는다. 특별히 경건한 생활을 한 사람들은 이 세상으로부터 "해방되고 자유롭게 되어", 청정한 천상에 올라가 살게 된다고 소크라테스는 말한다.[14] 플라톤의 대화록 《파이돈》에서 소크라테스는 선량한 영혼이 하데스에 다다르면 과오와 우매, 공포와 야욕 및 그 밖의 온갖 악에서 해방되어 큰 행복을 얻고 영원토록 신들과 함께 거주하게 된다고 피력한다.[15]

이리하여 플라톤의 철학에서 인간의 영원한 고향은 결코 이 세상이 아니라 불멸하는 실재로서의 신적인 천상임이 천명되어 있다. 육체와 함께 거주하는 영혼은 비록 천상으로부터 추방되었으나 그의 본래적 고향은 거기이며, 결국엔 거기로 귀향해야 하는 존재로 지상에서 살고 있는 것이다. 그의 영혼은 그러기에 여전히 신적인 속성을 갖고 있으

---

14 플라톤, *Phaidon*, 1144c 참조.
15 플라톤, *Phaidon*, 81a 참조.

며, 특히 영혼의 부분 중에서 이성의 혼Logistikon은 그때 천상에서 목격한 이데아의 세계에 대한 상像을 간직하고 있어 회상Anamnesis에 의해 올바른 인식을 하게 되는 것이다. 회상은 그러기에 플라톤의 철학에서 인간의 고향 회귀를 불러일으키는 전령인 것이다.

인간은 그가 이 세상으로 오기 전에 거하던 천상의 고향을 그리워하면서 나그네로 지상에서 살고 있다. 만약 그의 이성의 혼Logistikon이 강하고 순수하다면 그만큼 강한 귀향의식을 갖게 되며, 또 그런 만큼 이데아의 세계를 향하게 된다. 이성의 혼Logistikon은 그러기에 인간을 천상으로 향하게 하는 인도력을 가지며 인간으로 하여금 육체적이고 지상적인 것을 버리고 천상을 바라볼 것을, 그리고 천상의 본향으로 상승할 것을 충동질한다.

그러나 만약 육체적이고 지상적인 욕망에 사로잡힌 욕망의 혼 Epithymetikon이 너무 강하다면, 그래서 이성의 혼Logistikon이 이 욕망의 혼이 갖는 힘을 꺾지 못한다면 인간은 위와 같은 본향으로의 귀향을 이루어 내지 못한다. 플라톤의 《파이드로스Phaidros》에 등장하는 "영혼마차"Seelenwagen의 비유는, 이성의 혼Logistikon에 해당하는 마부가 날개를 단 두 말(기개의 혼과 욕망의 혼)을 잘 조종하고 인도하여 천상의 세계로 나아가는 것을 말하고 있다.

가시적인 것과 사멸하는 것, 순간적인 것과 일상적인 것에서 벗어나 불멸하는 실재의 세계로, 비가시적인 것과 영원한 세계, 즉 이데아의 세계로 방향을 돌리는 영혼의 지향성과 상승의지를 플라톤은 '에로스 'Erōs라고 한다. 이것이 소위 "플라토닉 러브"이고 "아카데믹 러브"인 것이다. 에로스는 우리의 영혼으로 하여금 고향으로의 회귀를 충동질하는 마력을 갖고 있다. 그러기에 에로스는 결코 어떤 소유욕이나 감정이 아니라 존재론적 역동성으로서 원초적이고 신적인 세계, 즉 영원한 본향으로 회귀케 하는 존재론적 상승운동인 것이다. 에로스는 고통스러울 정도로 향수병을 갖고 있으며 신적인 본향으로, 천상으로 귀향하고자 하는 마력을 갖고 있다. 그러기에 플라톤에게서 철학, 즉 필로조피아 Philosophia는 곧 에로조피아Erosophia이다.

3. 휠더린의 고향과 "미지의 나라"

휠더린의 '고향'은 파토스적인 의미를 잘 부각시켜 준다: "고향은 하나의 힘이며 신비이다. 우리는 간단히 고향으로부터 비틀거리며 뛰어나오지도 않으며 또 그렇게 고향으로 돌아가지도 않는다. 고향으로부터의 이탈은 한 막의 신화적 고별이다. 귀향은 걷잡을 수 없는 환희를 방랑자에게 퍼붓는 축제이기도 하다."[16] 이러한 귀향은 귀향자에게 하나의 거대한 존재론적 사건이 아닐 수 없다.

그런데 이와 반대로, 즉 환희와 축제를 맛볼 수 없는, 다시 말하면 귀향에 이를 수 없어 떠돌이로 종말을 고해야 하는 비참한 경우는 어떤가? 그것은 위에서 지적한 대로 하나의 "신화적 고별"인 것이다. 휠더린은 육체적으로든 정신적으로든 떠돌이로 살았다. 그래서 그는 늘 "신화적 고별"을 한 실향민으로 살았고, 환희를 퍼부어 주는 그런 귀향을 맛보지 못했다. 그러나 죽어서라도, 무덤의 벽을 부수고라도 돌아가고 싶은 그의 고향은 묘비에 쓰여 있다: "폭풍우의/ 가장 성스런 회오리 속에서/ 나의 무덤 벽은/ 붕괴되고 말 것이다.// 그리고선/ 지극히 자유롭고 영광스럽게/ 나의 영Geist은/ 아직 **알려지지 않은 미지의/ 나라**로 나아가리라."

그토록 불운하게 살았던[17] 시인 휠더린은 그러나 철학자 하이데거에

---

16 울리히 호이서만 지음, 장영태 옮김, 《휠덜린》, 행림출판사, 1980, 17쪽.

의해 전적으로 새롭게 조명되었다. 하이데거는 스스로 고백한다: "시의 본질을 규명하는 데에 나는 왜 횔더린을 택했는가. 어찌 나는 호메로스Homeros나 소포클레스며, 버질이나 단테, 나아가 셰익스피어나 괴테를 택하지 않았는가. … 그것은 횔더린이 '시인 중의 시인'[18]이기 때문이다."[19] 그것은 하이데거에 따르면 횔더린이 시의 본질에 입각하여 시작을 했기 때문이다.

횔더린은 하이데거의 후기 사유에서 결정적인 역할을 하게 된다. 하이데거는 서양의 합리주의나 관념론이며 형이상학과 근대의 이성으로서는 불가능한 "존재사유"로의 접근을 시적 통찰로써 시도했던 것이다. 횔더린은 하이데거의 고백대로 예사로운 시인이 아니었다. 그는 "시인 중의 시인"으로서 혹은 존재의 음성을 전달해 주는 "디오니소스의 사제"와 같은 시인으로 발견되었다.

횔더린에게 고향으로부터의 이탈과 실향은 하나의 존재론적이고 우주적인 사건이다. 인생길이 "나그네의 길"이라면 귀향 또한 존재론적이고 우주적인 사건이라고 하지 않을 수 없다. 고향으로부터의 이탈과 실향이 피눈물 나는 "신화적 고별"이라면, 이와 반대되는 경우는 무엇일까? 그것은 아마도 신화적 환희일 것이다. 그것은 본래성으로의 귀환일 것이고 또 그런 귀환은 귀향자에게 방랑을 멈추게 하는 하나의 역사적

---

17 필자의 생각으로는 횔더린이 하이데거의 《예술작품의 근원》에 등장하는 반 고흐(van Gogh)나 또 우리의 이중섭과 같이 당대에는 철저하게 고독과 불운과 외면 속에 살았던 것으로 여겨진다.

18 M. Heidegger, 《횔더린의 시작詩作-해석》(*Erläuterungen zu Hölderlins Dichtung*), 32, 44쪽. 하이데거는 이 저작 속에서 횔더린이 신들과 인간들 사이의 중간지대에 거주하는 사이-존재의 위치에 서 있었기에 "시인 중의 시인"이라고 한다(44쪽). 참고로 이 논문에서 하이데거의 저작은 저자의 이름을 생략한다.

19 위의 책, 31~32쪽.

인 사건일 것이다. 그런 귀향자는 축제를 벌이지 않을 수 없을 것이고 신명나는 기분Stimmung에 휩싸이지 않을 수 없을 것이다.

철학자 하이데거는 횔더린의 시를 해석하면서 '고향'의 의미를 철학적 '근원'과 '본래성'의 의미로 승화시켰다. 물론 이러한 해석의 가능성은 횔더린 시작詩作의 깊이에 놓여 있었던 것이다. 시인과 철학자는 여기서 오묘한 고향의 개념을 사용하고 있다. 사실 철학적 성찰의 노력은 본래성과 근원(그러니까 '고향')을 찾아가는 몸부림이다. 그러기에 시인 노발리스도 "철학은 본질적 의미에서 하나의 향수병이다. 그것은 전적으로 고향에 머물고자 하는 충동이다."라고 하여 날카롭게 철학의 본질을 통찰하고 있다. 물론 이러한 고향은 어떤 일정한 장소처럼 고정되어 있지는 않다. 그래서 고향은 '근원'으로 혹은 '본래성'으로 혹은 비밀스런 장소로 불리어진다.

하이데거는 횔더린의 시를 해명하면서 고향을 "근원에 가까운 곳"이라고 한다.[20] 따라서 '귀향'이라고 하는 것은 하이데거에게 "근원의 가까이로 돌아감"이다.[21] 하이데거에 따르면 시인은 "근원으로 가까이 옴으로 말미암아 고향으로 다가온다."[22] 이토록 그가 여러 가지 표현으로 고향과 근원을 연결 짓는 것은 고향이 곧 근원과 유사어임을 밝히는 것이다. 그렇다면 하이데거에게 인간의 "고향상실"Heimatlosigkeit이라는 용어는 곧 그가 자주 개탄하는 "존재망각"이며 "본래성 상실"과 유사어이고, 존재를 망각한 시대는 다름 아닌 "신神이 떠나 가버린 시대", 즉 신神 상실의 시대와도 궤를 같이한다.

시대의 변화에 따라 고향에 대한 의미도 달라지겠지만 그래도 여전

---

20 M. Heidegger, *Erläuterungen zu Hölderlins Dichtung*(횔더린의 시작詩作-해석), Klostermann: Frankfurt a.M. 1951, p.21 이하 참조.
21 위의 책, p.23.
22 위의 책, p.24.

히 "고향은 하나의 마법적 영역이다."[23] 그것은 "어머니 대지"에서 세상 밖으로 나온 곳이기도 하여 뿌리와 본래성에 대한 특별한 의미를 갖고 있기 때문이다. 고향은 결코 퇴색되지 않는다. 고향은 한 인간을 지상 으로 보낸 운명적 사건을 일으켰기에, 그 신비적 마력은 변함이 없다. 단지 현대와 같은 산업사회에서 사람들이 그 의미를 잃고 유랑할 따름 이다.

4. 하이데거의 귀향의 철학

4-1. 고향에 거주하는 인간의 본래성

앞의 제3장에서 우리는 하이데거가 건축함을 다름 아닌 고향을 건 축함을, 그리고 이 고향 안에서 인간은 본래적으로 거주할 수 있다고 하는 것을 파악했었다. 그런 고향은 그러나 아무렇게나 건립될 수 없으 며 또한 예사롭고 일상적인 거주함으로 성취되는 것도 아니다. 하이데 거에 따르면 인간이 그의 실존과 본래성에 걸맞게 혹은 "존재의 이웃" 으로 거주할 때 인간은 고향에 거주한다고 할 수 있다.

하이데거에 따르면 인간은 대체로 "비본래성"과 무실존으로 살아가 고 일상성 속에서 "퇴락존재"Verfallensein로 삶을 영위하기에, "존재의 이 웃"으로 살지 못하며, 따라서 고향에 거주하지 못한 채 떠돌이로 살고 있는 것이다. 더욱이 그에 따르면 현대는 고향상실의 시대인데, 그것은 현대에 이르러 인간의 "본래성 상실"과 "존재망각"이 절정에 이르렀기 때문이다. 그렇기에 고향을 건축한다는 것은 곧 본래성의 회복이나 망

---

23 앞의 책, 18쪽.

각된 존재의미를 "다시 길어내는"(Wieder-holen) 일이다.[24] 그리하여 "존재의 가까이"에 혹은 "존재의 이웃"으로 살게 될 때 인간은 고향에 거주하게 되는 것이다.

하이데거에게나 횔더린에게 인간의 모든 사유와 행위는 —그 삶의 유형이 어떠한 것이든— 고향에 거주하고자 하는 내적인 충동을 그 근원에서 갖는다. 그리고 이런 고향에 거주하고자 하는 내적인 충동을 갖는다는 것은 우리에게도 보편적으로 받아들여지는 사실이다. 삶이 힘들거나 멀리 떨어진 외진 곳이면 더더욱 고향은 그리워진다. 그것은 고향이 어머니의 품과 같은 역할을 수행하기 때문이다. 그것은 어떤 한 인간이 만약 타향에서 나그네로 살면서 승리에 가득 찬 삶을 살았다면 그 환희를 전하고 감사해야 하는 장소로서, 또 이와 반대로 실패와 파멸의 삶을 살았다고 해도 이 고달픈 삶을 치유하고 위로하는 의미로서, 또 최후로 돌아가야 할 본향으로서 존재하기 때문이다. 고향은 뿌리와 근원의 개념을 상징적으로 자세히 보여 준다.

그런데 이 세상에 존재하는 모든 사람들은 이미 고향 없이 태어난 이는 없으므로 고향은 이미 모든 이들에게 밝혀져 있고 증여되어 있다. 그러나 삶이 진행되는 과정에서 고향에서 유리되고 소외되어 고향상실의 현상에 처하게 된 것이 실향민의 처지이다. 고향은 그러기에 인간이 거기로 되돌아가 머물러야 할 곳이고 또 고향은 인간이 거기에 머물기 위해 존재하는 것이다. 어떠한 유형의 삶을 영위하든 인간의 현존은 고향과 귀향을 평생 동안 등질 수 없기에, 인간의 삶은 시적이면서 또한 철학적이기도 하다. 철학은 결국 고향에 대한 향수이며 거기로 돌아가는 귀향이기 때문이다. "귀향은 자기의 근원으로의 복귀이고 자기 동일성으로의 환원이다."[25]

---

24 M. Heidegger, *Wegmarken*, Frankfurt a.M., 1978, p.334 참조.

하이데거가 자주 언급하는 시인 노발리스는 "철학은 본질적 의미에서 하나의 향수병이다. 그것은 전적으로 고향에 머물고자 하는 충동이다"고 하여 예리하게 철학의 본질을 통찰했다.[26] 철학의 본래적 과제도 바로 이와 같이 존재의 의미를 밝혀 "존재의 진리"(Wahrheit des Seins)가 훤히 드러나는 곳으로 귀향시키는 노력일 것이다. 말하자면 철학의 과제는 인간 현존재가 일상성이나 형이상학 및 여타의 "비본래적인"uneigentlich 삶을 통해 상실해 버리고 망각해 버린 고향의식을 되살리고 회복하며 이 고향에서 거주하는 것이다.[27]

그러기에 하이데거에게 고향은 단순한 회귀적 공간을 의미하는 것은 아니다. 고향의 개념엔 시간적인 존재의미가 포함되며, 그 안에서 은폐되고 망각되어 버린 인간의 역사적 존재의미가 탈은폐되는 사건이 일어나는 시간-공간-놀이-마당인 것이다. 따라서 고향으로의 귀환은 하이데거에게 비본래성과 비진리lethe를 탈은폐시키는 투쟁으로서의 진리사건이다. 그러기에 고향에 거주한다는 것은 일상성과 비본래성이며 비진리를 뛰어넘는, 말하자면 본래적으로 거주함을, 존재의 이웃으로 거주함을 의미한다.

철학이 "본질적 의미에서 하나의 향수병이다"라는 노발리스의 말을 하이데거는 횔더린의 시 〈귀향Heimkunft〉을 통해 구체적으로 제시한다. 이 시를 해석하면서 그는 고향을 "존재 자체의 근저Nähe"[28]로, 또한 "근

---

25 전광식, 《고향》, 158쪽.
26 M. Heidegger, *Die Grundbegriffe der Metaphysik*(GA. 29/30), Frankfurt a.M. 1983, S. 7.
27 오늘날의 "고향상실"과 귀향의 문제를 하이데거의 철학에서 그 중요성을 지적한 저서로 박찬국, 《들길의 사상가 하이데거》, 제1장("지금 왜 하이데거인가?"), 동녘, 2004, 13~39쪽 참조; 전광식, 《고향》, 160~176쪽 참조; O.F. Bollnow, *Neue Geborgenheit*, Kohlhammer: Stuttgart, 1979, 169~172, 174~176쪽 참조.
28 M. Heidegger, *Über den Humanismus*, p.25 참조.

원에 가까운 곳"이라고 하였다.[29] 그렇다면 "귀향"이라고 하는 것은 하이데거에게서 "근원의 가까이로 돌아감"인 것이다.[30]

하이데거의 후기 사유에는 각별히 고향 회복 또는 귀향을 종용하는 메시지들이 자주 우리를 환기시킨다. 우선 하이데거는 전회Kehre 이후 후기 사유로 이르면서 인간실존의 해명을 존재 일반의 해명으로 전개시켜 나간다. 인간이 존재를 좇는 것이 아니라, 존재가 스스로 인간에게 드러나고 인간은 이 존재의 빛 속에 들어섬으로써 비로소 인간존재의 근거를 마련할 수 있는 "존재론적 전회"인 것이다. 이제 존재는 존재자와 대립되는 성격을 가진 것이 아니라, 빛과 같은 생기사건Ereignis으로 다가오는 것이다. 존재는 인간에게 말을 걸어오고 인간은 여기에 응답하는 것이 과제로 주어진다.

이 존재론적 전회에서 두드러진 것은, 인간이 주도적 역할을 수행하는 것이 아니라, 오히려 존재가 주도적이며 인간은 부차적이라는 것이다.[31] 인간주체중심주의에서 벗어나는 시도가 이 "존재론적 전회"에 담겨 있다. 하이데거는 근세의 주관주의와 또 후설의 현상학에 남아 있는 주관주의가 획득한 주도적인 지위를 박탈해 버린다.

그렇다면 주도적인 역할을 수행하면서 모든 존재자의 지평이 되는 존재란 무엇인가? 긍정적인 관점에서 존재는 드러나 있음, 감추어져 있지 않음(비은폐성)을 의미한다. 우리는 어떤 사실에 대해 그 사실과 그 사실이 놓여 있는 관계가 우리에게 드러나고 은폐됨이 없을 때, 그것이 "있다"고, 이렇게 혹은 저렇게 "있다"고 말한다. 따라서 "존재한다"(있

29 M. Heidegger, *Erläuterungen zu Hölderlins Dichtung*(《횔더린의 시작(詩作)-해석》), 21쪽 이하 참조, Klostermann: Frankfurt a.M. 1951. 앞으로 이 책의 제목은 한글로 표기한다.
30 앞의 책, 23쪽.
31 M. Heidegger, *Über den Humanismus*, 213쪽 이하, 19쪽 이하 참조.

다)는 것은 은폐되어 있지 않고 드러나 있는 것, 밝음 속에 있는 것, 빛 속에 나타난 것을 의미한다. "존재"는 바로 이러한 "밝힘"Lichtung의 과정이다.

그러기에 존재는 하나의 생기사건Ereignis이며 모든 존재하는 존재자들을 드러낸 "근본적인 사건"Grundgeschehen이다. 그것은 존재 안에서 존재자와 인간이 드러나게 되는 모든 것을 포괄하는 생기사건이기 때문이다. 존재는 생기하는 비은폐성이다. 존재가 생기한다는 의미는 존재가 존재자들을 다양한 방식으로 밝힌다는 것이다. 중요한 것은 이러한 "밝힘"Lichtung으로서의 존재가 역사적 인간에게 그리고 모든 존재자에게 스스로를 선사해 보내고 있다는 것이다.

4-2. 고향상실의 징후들

하이데거는 우리가 살고 있는 이 시대가 "고향상실"Heimatlosigkeit의 시대라고 한다. 인간이 거주해야 할 고향에서 떠나 밤의 심연에서 유리하고 있다는 것이다. 하이데거는 인간의 고향상실현상에 대해 거의 극단적인 첨예함으로 천착했다. 인간이 만약 아무런 보호도 없이 그리고 정처 없이 그에게 낯설고 위협적이며 섬뜩한 세계에 내던져져 있다면, 그는 고향을 상실한 자이다. 실존철학적 인간상은 G. 마르셀의 규명처럼 인간을 호모 비아토(Homo viator)라고 규명하는데, 이는 인간이 고향을 상실하고 정처 없이 떠도는 방랑자이고, 이를 좀 더 날카롭게 표현하면, 영원한 실향민인 것이다.[32]

이런 규명은 그러나 외부적이거나 내부적인 고향상실로 말미암아

---

32 Bollnow, O.F., *Neue Geborgenheit*, Kohlhammer: Stuttgart, 1979, p.170 참조.

(혹은 이들이 겹쳐져) 인간의 거처가 뿌리째 뽑혀 버린다거나 혹은 실존에 이르지 못한 인간의 안타까운 상황을 참작하면 무리한 표현이 아니다. 여기서 인간의 고향상실에 대한 근원적인 극복은 단순한 외부적 방편만으로는 이룩될 수 없음이 드러난다. 그렇다면 이토록 깊이 파고 드는 고향상실을 극복하는 것은, 오늘날과 같이 무실존의 시대에 긴급한 과제가 아닐 수 없다.

한편에선 오늘날과 같이 과학기술문명이 고도로 성장하고 경제가 발전 일로에 있는데, 그게 무슨 소리냐고 반문할지 모른다. 그러나 그런 반문은 이런 사회에서 인간이 소외되고 가치관의 주객전도현상에 놓여 있으며 과학기술문명에 아류로 전락되어 결국 자신의 고유한 본래성에서 이탈되어 있다는 사실을 모르는 불감증에서 나온 처사이다. 하이데거는 이처럼 과학기술문명 일변도로 변질된 사회 속에서 펼쳐지는 저속한 일상성의 생활공간은 우리가 거주해야 할 고향이 아니라고 한다. 20세기 이래로 현대인에게 지배적인 이데올로기로 군림하고 있는 것에 대한 폐해가 어떠한지는 깊이 생각지 않아도 자명하게 드러난다. 정치 이데올로기나 과학기술문명, 상업자본주의 등에서 인류의 삶의 거처가 오히려 황폐케 된 흔적은 자명하게 드러나 보인다.

인류는 과학기술문명이 행복을 가져다주리라고 기대했지만, 주객전도현상이나 기계 메커니즘의 지배, 기술에 대한 공포 등은 인류에게 위협으로 다가오고 있다. 인간은 과학기술의 주인이라고 자처했지만, 이제 기술은 인간의 통제에서 벗어난 상태이며 오히려 인간이 기술의 노예로 전락한 처지로 변하고 말았다. 첨단의 IT분야기술, 인간복제기술과 유전지 조작, 핵무기를 비롯한 각종 대량살상무기, 생태계의 파괴 앞에서 오늘날 인류는 갈피를 못 잡고 있다.

인류가 과학기술문명에만 탐닉하는 것은 궁극적으로 이미 존재망각과 고향상실에서 비롯된 것일 뿐만 아니라, 그러한 고향상실을 가속화시킬 따름이다. 인류는 존재를 망각하고 고향을 상실한 데서 비롯되는 공허감과 불안감에서 벗어나기 위해 끊임없이 기술을 개발하고 기술문명에 탐닉하며 물질적인 소비와 향락을 추구하지만,[33] 이러한 탐닉과 추구 또한 탈선을 가중시키며 고향상실현상을 심화시킬 따름이다.

고향상실현상을 심화시키는 것으로 상업자본주의와 물신숭배사상을 들 수 있다. 이들은 경제제일주의를 낳았으며 돈만이 인간에게 최고의 가치를 부여한다는 이데올로기를 강요하는 실정인바, 이는 오늘날 전 인류를 지배하고 있는 이데올로기이다. 돈은 신神보다 숭배를 받고 있으며, 돈 없는 자는 올 데 갈 데도 없는 처지에 몰린다. 제대로 정신이 있는 자라고 해도 돈 없어 발붙일 곳이 아무 데도 없는 빈자는 시대의 한가운데서 "이 암흑의 밤에 어디로 갈 것인가?"[34]하고 번민하지 않을 수 없다.

하이데거는 자신의 당대인 20세기를 이렇게 규명하고 있다: "지구의 정신적 몰락이 너무나 심화되어 여러 백성들은 그러한 몰락을 최소한 목격하고 추측하여 그것을 몰락이라 파악할 수 있는 마지막 정신력마저도 상실할 위험에 처해 있다. 이러한 시대규명은 문화에 대한 비관주의나 낙관주의와는 전적으로 무관하다. 왜냐하면 세계의 황폐화, 신단의 도피, 지구의 파괴, 인간의 대중화, 모든 창조적이고 자유로운 것에 대한 증오와 의심이 이미 전 지상에 만연되어 비관주의라든가 낙관주의와 같은 유치한 범주들은 일찍이 우스꽝스러운 것이 되고 말았기 때문이다."[35] 세계는 황폐해졌고 신들은 도피해 버렸으며, 대지는 파괴되어 가고 인간들은 정체성과 실존을 상실한 채 대중의 일원으로 전락해

---

33 박찬국, 《들길의 사상가 하이데거》, 23쪽 참조.
34 위의 책, 18쪽에서 재인용.
35 《하이데거 전집》(40), *Einführung in die Metaphysik*, Klostermann: Frankfurt a.M. 1983, p.41.

버린 시대가 곧 과학기술문명이 지배하는 현대라고 하이데거는 말하고 있다.

4-3. 퇴락존재

하이데거에 따르면 인간 현존재는 자기의 의지나 선택과는 상관없이 이 세상에 던져졌다. 이미 "던져진 존재"Geworfensein로서의 인간 현존재는 그러나 세계의 지평 속에서 자신의 유한한 삶을 영위하는 가운데 진정한(본래의) 자기 자신으로 존재하든지 혹은 그렇지 않든지의 방식을 취하고 있다. 자신의 "존재이해"를 통해서 특징지어지는 인간 현존재는 어떤 추상적이고 관념적인 인식행위를 통해서가 아니라, 세계 안에서의 현사실적이고 구체적인 삶을 통해 이 존재이해를 획득하는 것이다.

이와 같이 인간 현존재가 자신의 의지와는 상관없이 이 세상에 던져져 있지만, 그는 자신의 기투Entwerfen와 존재가능성Seinkönnen을 통해 앞으로 끊임없이 되어갈 수 있는 존재이다. 말하자면 그가 어쩔 수 없이 이 세상에 던져졌다고 하더라도, 그는 세계를 변형시키고 거기에 대한 관심과 교류를 통해 자기 자신을 재규정해 나갈 자유와 과제를 떠안고 살아가는 것이다. 그러기에 "던져진 존재"로서의 현존재의 실재성이 과거의 지평을 형성하고 있다면, 실존성은 미래의 지평을 구축하고 있다.

하이데거에 의해 독특하게 규명된 "세계-내-존재"(In-der-Welt-sein)는 비실존석 삶의 형태인 "퇴락존새"Verfallensein로서의 현존재가 비본래성의 늪을 빠져나가 자기의 본래성에 이르게 되는 도정으로서, 자신의 존재가능을 실현해 가는 현존재의 세계인 것이다. 인간 현존재는 이미

"세계-내-존재"이기에, 그는 세계 내에서 부단히 다른 존재자와 세계 및 자기 자신과도 교섭하면서 살아간다.

그는 이런 부단한 교류를 통해 실존할 가능성을 갖고 있지만, 그러나 그렇지 못할 가능성도 갖고 있다. 그래서 인간 현존재의 본질은 그가 자신을 어떻게 만들어 가느냐에 달려 있다. 물론 미리 주어져 있거나 굳어져 있는 현존재의 본질은 없다. 말하자면 현존재의 본질은 바로 자신의 실존에 놓여 있는 것이다.[36] 전기 하이데거의 "기초존재론"Fundamentalontologie은 우리로 하여금 마치 정언명법처럼 "너는 실존해야 한다"고 한다.[37] 어떻게 구체적으로 실존해야 하는지는 각자에게 맡겨져 있다.

하이데거는 그의 전기 사유에서 인간 현존재의 모습, 즉 '염려'Sorge의 본래적 의미를 분석하면서 인간 현존재의 현재적 존재방식을 "무엇보다도 그리고 대체로" 부정적인 '퇴락존재'Verfallensein라고 밝힌다. 물론 이때의 '퇴락존재'는 윤리적으로 부정적인 의미를 띤 것이 아니라, 아직 실존에 거주하지 못하는 현존재의 일상적인 모습을 가리킨다. 말하자면 '퇴락존재'야말로 인간의 일상적 삶의 **드러난** 모습인 것이다.

이토록 인간의 밖으로 드러난 일상적인 모습, 즉 '퇴락존재'를 하이데거는 인간의 '비본래적인 것'Uneigentlichkeit으로 규명하고서, 이 일상에 의해 은폐되어 버린 존재방식을 탈은폐시켜야 한다고 본다. 그렇지만 이토록 은폐된 것을 드러내기란 여간 어려운 일이 아니며, 경우에 따라선 이때까지의 익숙한 존재방식을 위협하는 것일 수도 있다. 그러나 하이데거는 불안이나 죽음과 같은 한계상황, 양심의 부름과 같은 것

---

36 이런 하이데거의 인간규명을 받아들여 사르트르는 "실존은 본질에 앞선다."고 했다.
37 이런 강조 포인트는 하이데거뿐만 아니라 다른 실존철학자들도 대체로 견해를 공유한다.

은 인간의 탈은폐된 모습, 즉 본래성Eigentlichkeit을 들여다볼 수 있는 계기를 마련한다고 본다.

퇴락존재의 양식에서 현존재는 일상적 삶을 영위해 가며 의식적으로든 무의식적으로든 현재적 편견과 관심 속에서 진정한 자기 자신을 상실해 있는 경향을 갖고 있다. 그가 퇴락존재임Verfallensein은 잡담과 호기심, 그리고 애매성과 같은 태도에서 잘 드러나고 있다.[38] 현존재가 우선 퇴락존재의 형태로 살아간다는 것은 비본래적인 삶을 영위하고 "혹자의 지배"(Herrschaft des Man)를 받고 있다는 것이다. 말하자면 "혹자의 지배"를 받고 있는 현존재는 존재망각Seinsvergessebheit 속에 묻혀 살다가 염려와 불안이며 무의 체험이나 죽음과 같은 한계상황 같은 데서 순수한 자기 자신과 맞설 수 있게 되는 것이다.

퇴락존재로서의 '혹자'(das Man: 무책임한 제3자, '세인')는 비본래적인 자기로서 모든 존재가능성을 평준화해 버리며 책임을 회피하는 특성을 갖고 있다. 이는 무책임한 대중생활의 소용돌이에 휩쓸릴 때 일어나는 존재망각의 증세라고 할 수 있다. 현존재는 일상성 속에 빠져 자신의 근원적인 본향인 존재를 망각하고, 또 그 망각한 것을 의식조차 하지 못하는 '혹자'로서 살아간다.

그렇다면 인간 현존재가 일상을 통해 망각하고 잃어버린 것은 무엇일까? 인간 현존재가 망각하고 상실한 것, 그러나 탈은폐의 가능성을 통해 본래적으로 거주할 수 있는 것은 다름 아닌 고향이다. 하이데거가 보는 인간의 일상성의 현실은 이처럼 퇴락존재이고, 이런 퇴락존재는 또한 인간이 아직 자신의 고유한 실존에 거주하지 못하는 "고향상실"이다.

따라서 고향상실의 극복은 무엇보다도 "퇴락존재"에서 벗어나는 길

---

38 M. Heidegger, *Sein und Zeit*, §35~§38 참조.

이다. 이 퇴락존재에서 벗어난다는 것은 곧 귀향하는 도정이며 무실존에서 실존으로의 이주라고 할 수 있다. 그렇다면 이러한 이주는 "존재의 빛 가운데 서는 것"인 탈존(Ek-sistenz)에 의해 가능하기에, 탈존이야말로 인간의 본질을 형성하는 근본요인이라고 할 수 있다. 인간 현존재는 탈존하면서 존재와 가장 가까이 있는 이웃으로("존재의 이웃": Nachbar des Seins)[39] 자기의 본래적 실존을 회복한다. "너는 실존해야 한다"는 하이데거를 비롯한 실존철학자들의 정언명법이다. 그렇다면 실존한다는 것은 인간이 '본래적'eigentlich으로 거주하는 것이고 그것은 곧 고향에 거주한다는 것과 같은 말이다.

4-4. 형이상학과 과학기술문명의 숭배에 의한 니힐리즘과 고향상실

하이데거에 따르면 고향상실의 현상을 야기한 것은 무엇보다도 서구의 형이상학[40]이다. 특히 근세철학은 "인간 주체성의 형이상학"을 전개하여 코스모스 안에서의 주체중심주의를 구축하고서 인간으로 하여금 자연적 전체와의 조화와 합일을 통해 그가 거주할 공간을 마련하지 않고, 오히려 자연을 정복하고 착취하여 결국 인간이 거처할 수 있는 자연으로부터 소외된 공간을 만들고 말았다. 인간중심주의가 자연 위에 군림하여 인간의 참된 고향을 상실해 버린 것이 현대 과학기술문명의 진정한 모습이라고 하이데거는 지적한다.

---

39 M. Heidegger, *Über den Humanismus*, p.29.
40 하이데거가 규명하는 형이상학의 개념은 우리가 고분벽화를 해석하고 논의하는 과정에서 말하는 형이상학과는 다른 개념이다. 그는 서구의 철학에서 존재자 중심의 세계관을, 존재를 망각한 존재자의 철학을, 존재와 존재자의 차이를 망각한 철학을 부정적인 의미로 형이상학이라고 했다. 특히 과학기술을 "완성된 형이상학"이라고 규명하기에, 우리가 말하는 형이상학 개념과는 차이를 드러낸다.

인간이 코스모스에서 인간중심주의를 형성하여 자연과 동료인간들을 지배하는 맹목적이고 인위적인 의지로 만든 세계 속에서 인간은 결국 고향에 거주하는 자로서가 아니라 실향민으로 떠돌이로 살아가는 것이 우리 시대의 실상이다. 이런 비정상적인 세계에서 인간은 하나의 기계적 기능이나 부품 내지는 노동력으로 환원되어 버리기에 그는 진정한 자유나 고향의 안온함이 보장된 존재의 이웃으로 살아가지 못한다. 하이데거에 따르면 인간이 돌아가고 거주할 고향은 "과학기술과 지배욕을 통해 인위적으로 만들어지지 않는다."[41]

하이데거는 기술공학과 실증학문으로 만개된 서구의 형이상학이 사물과 존재자의 세계에 그의 절대적 지배를 감행함으로써 인류정신사를 극단적인 '존재망각'Seinsvergessenheit의 세계로 굴러 떨어뜨리고 말았다[42]고 자주 경고했다. 실제로 근세 이후 인류는 과학기술문명이 인류를 해방시킬 것이라고, 인류를 유토피아로 이끌 것이라고 호언장담을 해 왔지만, 그것은 그러나 일종의 사기극과 유사한 망상으로 결론 났다. 인간의 과학기술에 의한 자연 점령은 비본래적이고 반자연적인, 노자가 표명한 작위作爲스런 행위와도 같다. 오늘날 세계의 일반적인 문명으로 되어버린 기술공학문명의 둥지에 인류가 안주하고 있지만, 이것은 하이데거에 따르면 인간의 자기소외이고 '고향상실'인 것이다.

인류는 동서양을 막론하고 마법에 홀린 상태로 기술문명을 절대화하고 또 보편화하고 있으며 더 나아가 신격화하고 있지만, 여기에 비례하여, 아니 여기에 못지않게, 인간의 불안정한 삶은 가속되고 인간은 자기 실존에서 유리된 소외의 삶을 살고 있다. 이런 비정상적인 현상은 근세에서부터의 과학숭배 또는 과학제일주의 및 기술과 기술문명숭배

---

41 전광식, 《고향》, 175쪽.
42 M. Heidegger, *Vortraege und Aufsaetze*, p.71 참조.

에서 파생됨을 우리는 알 수 있다.[43] 인류는 이런 암적인 부작용을 읽지 못하고 과학기술문명에 갈채만 보내다가, 또 맹신하고 숭배만 하다가 이 과학기술이 경우에 따라서는 인류를 파멸로 끌고 가는 위태로운 요소가 있음을 깨닫지 못했다.

기술이 지배하는 시대엔 "모든 것이 기능화된다. 모든 것이 기능하고, 이 기능은 더 확장된 기능을 쫓는다. 그리하여 기술이 인간을 (삶의 거처인) 대지로부터 내쫓고 떠내기로 만든다. … 우리는 이제 단순한 기술적 관계망 속에 있다."[44] 하이데거는 《슈피겔》지와의 대담에서 이제 전 지구를 규정하는 '기술'과 근세의 인간상[45]이야말로 우리가 극복하기 어려운 지경으로 되어 버렸다고 개탄한다.[46] 기술문명과 기술의 보편화로 말미암아, 기술의 절대적인 지배로 말미암아 각 문화가 갖고 있는 고유성은 상실되어 가고 의미의 원천들은 고갈되어 가며 고향의 친숙성은 예측불허의 무시무시한 미래로 미끄러져 가게 되어 결국 우리의 삶의 토대는 붕괴될 위기에 처하고 말았다.

결국 니힐리즘으로 이어지는 이러한 현상들은 결국 우리의 삶에 의미를 부여하였던 고유한 존재이해의 해체를 뜻한다. 따라서 우리는 기술과 기술문명이 존재망각과 내면적으로 밀접한 관계에 있는 것과 또 이것이 결국 인간의 고향상실로 이어지는 것임을 직시해야 한다. 그것

---

43 기술의 세계정복 내지는 '기술의 지배'와 그 위기에 대해서 하이데거는 《기술과 전향》(*Die Technik und die Kehre*)에서 집중적으로 논의한다. 또한 후설E. Husserl도 그의 《위기Krisis》에서 기술의 세계정복에 대해 심각하게 우려한다.

44 M. Heidegger, *Nur noch ein Gott kann uns retten*(하이데거의 《슈피겔》지와의 대담), p.206.

45 근세에서부터 자연과학의 절대화와 인간주체성의 극대화가 일어난 것을 말한다.

46 M. Heidegger, *Nur noch ein Gott kann uns retten*(하이데거의 《슈피겔》지와의 대담), pp.204~206 참조.

은 기술이 '완성된 형이상학'(die vollendete Metaphysik)[47]이기 때문이다. 우리가 앞에서 언급했던 기술공학과 실증과학, 기술문명과 물질문명의 세계지배를 하이데거적 용어로 바꾸어 보면 그것은 '존재망각을 통한 존재자 지배의 완성'이라고 볼 수 있다. 그는 서양철학사를 존재론의 역사 또는 형이상학의 역사로 규명하고, 이 역사의 주류는 '존재망각'Seinsvergessenheit과 '존재상실'Seinsverlorenheit로 특징 지워진다고 파악한다.

하이데거에 따르면 이 '존재망각' 내지는 '존재상실'의 존재론, 즉 형이상학의 본질은 니힐리즘이며, 또 이 니힐리즘은 현대의 과학기술에서 그 절정을 이룬다. 존재상실과 니힐리즘은 세계사의 운명과 내적 공속성을 갖는다: "지구 위와 그 주변에서 세계의 암흑화가 일어나고 있다. 이 암흑화의 본질적 사건들은 신단의 도피, 지구의 약탈, 인간의 대중화, 평균화(몰개성화)의[48] 우월이다. 우리가 세계의 암흑화를 말할 때의 세계란 무엇을 일컫는가? 세계란 항상 '정신적인'geistige 세계이다. … 세계의 암흑화는 가이스트의 무장해제를 내포하고 있고, 이 가이스트의 해체, 고갈, 곡해와 억압을 포함하고 있다."[49]

하이데거에 따르면 지구의 정신적 쇠망은 이제 인류가 최소한 이 쇠망을 들여다본다거나 어림잡을 수 있는 마지막 정신적 힘마저 상실해버릴 위기에 처했다는 것이다.[50] 그렇다면 이러한 암흑화와 황폐화,

---

47 M. Heidegger, *Vortraege und Aufsaetze*, p.76.
48 특히 키엘케고르를 비롯한 실존철학자들이 현대인의 질병으로 보는 것으로서 이러한 '평균화'das Mittelmaessige며 '수평화'Nivellierung를 지적한다. 이 평균화와 수평화로 말미암아 인간의 고유성과 개성, 특수성이 침몰되어 몰개성과 무실존의 증상을 드러낸다는 것이다. 이러한 인간의 비본래성에 처한 현존재를 하이데거는 '세인' 또는 '혹자'(das Man)라고 칭한다.
49 M. Heidegger, *Einfuehrung in die Metaphysik*, p.34.
50 위의 책, p.29 참조.

정신의 고갈과 상실에는 이미 니힐리즘이 깊숙이 들어와 있는 것이다. 그러기에 일방적인 과학기술문명의 숭배와 형이상학 및 니힐리즘은 한 통속이고 같은 연결고리에 꿰어 있다. 형이상학은 과학기술문명의 꽃이고 니힐리즘은 그 열매인 것이다.

형이상학은 애초부터 잘못된 사유의 길로 —이를테면 존재사유가 아닌 존재자사유— 들어섰기에, 원래 인간에게 가까이 있는 존재를 왜곡하고 망각하여 고향상실의 현상을 야기한 것이다. 말하자면 인류정신사의 특정한 지점에서 잘못된 길로 들어선 형이상학이 존재를 망각한 결과로 인간은 고향인 존재를 상실했다는 것이다. 이런 맥락에서 고향상실의 현상은 "세계의 운명"Weltschicksal[51]이 되어 있다. 그러기에 철학의 과제가 존재의미를 회복하고 밝히는 일이라면, 그것은 곧 "형이상학의 근원으로의 회귀"를 이루어 그 시원성Anfänglichkeit을 획득하는 것이다. 실제로 하이데거의 철학적 노력은 전·후기를 막론하고 시원적 사유를 획득하는 것이다.

하이데거가 전 생애에 걸쳐 자신의 철학적 과제로 삼은 "시원적 사유"(Anfängliches Denken)의 뜻은 "존재자의 진리"(Wahrheit des Seienden)가 아닌 "존재의 진리"(Wahrheit des Seins), 즉 존재의 "비은폐성"Unverborgenheit이 왜곡되지 않은 채 드러나고 생동하는 것이다.[52] 이 "시원적 사유"는 존재가 존재자로 대체되거나 왜곡되어서는 안 되는, 존재의 진리에 의해 존재자가 확연히 드러나는, 즉 "존재론의 차이"(Ontologische Differenz)가 적나라하게 드러나는 사유이다.

"시원적 사유"는 철저하게 존재자-중심의 사유에서 벗어난, 형이상학과 또 이 형이상학에 의해 꽃피워진 기술로 말미암아 망가지지 않은

---

51 M. Heidegger, *Über den Humanismus*, p.27.
52 하이데거는 "시원적인 것"(das Anfaengliche)을 "가장 큰 것"(das Groesste)이라고 한다(*Einfuehrung in die Metaphysik*, p.12 참조).

사유를 말한다.[53] 따라서 "다른 시원"의 필연성은 저러한 "첫째 시원"을 상실해 버리고서 형이상학과 기술의 지배로부터 니힐리즘으로 추락한 "가장 큰 위험"(hoechste Gefahr)에서 주어진 것이다. 온 지구를 휩쓰는 형이상학과 기술의 지배는 "존재망각"과 "존재상실"로 특징지워진 니힐리즘으로 만개되는데, 이는 곧 하이데거가 말하는 "궁핍의 시대"이다.

하이데거에 따르면 형이상학은 존재와 존재자 사이의 "존재론적 차이"를 읽지 못했다. 이러한 차이의 망각은 존재자에게만 의미를 두는 "존재망각"으로 이어졌고, 이는 곧 인간으로 하여금 눈앞에 전개되고 윤곽이 잡히는 사물에게만 의미를 부여하는 존재자 중심의 세계관을 형성하게 되었다. 형이상학은 존재자 중심의 세계관을 증폭시키고 또 첨예화시켰으며, 철학을 형이상학으로 거의 일원화시킨 근세의 사상엔 존재자만이 큰 의미를 지녔었기에, 존재망각과 고향상실증은 당연한 귀결로 주어진다.

존재자와 전혀 달리하는 존재의 존재방식을 서구의 전통 형이상학은 이해하지 못했다. 존재와 존재하는 것, 현존Anwesen과 현존하는 것Anwesende사이에는 엄연한 차이가 있다. 존재자를 존재하게 하는 (sein-lassen) 존재는 존재자와는 전혀 다른 존재방식을 취하고 있다. 존재 자체는 결코 존재하는 것(존재자)이 아니다. 어떠한 탐구이든 존재자를 찾아 나선 곳에서는 존재를 발견하지 못한다. 이들 탐구는 미리부터 의도 속에 존재자를 고집하기 때문에 늘 존재자만 만날 뿐이다. 존재는 결코 존재자에 속해 있는 어떤 내재하는 성질이 아니

---

53 기술이 지배하는 세계는 인간을 시원적이지 못하게, 본래직이지 못하게 그리고 형이상학적이게 다그친다. 기술의 본질은 "몰아세움"(Ge-stell)으로써 세계지배와 자연착취를 위해 도발하는, 또 어떤 지점에서 종결되는 목표도 없는 역학인 것이다. 그러기에 기술의 본질에서 세계몰락의 위험이 도사리고 있다.

다. 그러기에 "존재사유는 결코 존재자 속에서 어떠한 거처도 찾을 수 없다."[54]

하이데거에 따르면 형이상학은 존재자로서의 존재자를 문제 삼기 때문에 존재자의 차원에 머물러 있게 되고 존재로 방향전환을 하지 못했다.[55] 전래의 형이상학은 결코 존재의 '비은폐성'을 알지 못하기 때문에 '존재의 진리'에 대해 묻지 않는다. 이처럼 형이상학은 존재자를 존재자로서 표상하기 때문에, 비록 '존재'란 말을 하지만 그것은 대상화되고 개념화 된 존재자일 따름이고 경우에 따라선 '존재자 전체'(Seiende im Ganzen)를 나타내기도 한다.[56]

다시 말하면 형이상학은 존재를 묻는다고 말을 하지만,[57] 기실은 존재가 아니라 존재자의 존재성 또는 대상성과 현상만을, 또는 존재자로서의 존재자를, 존재자 그 자체를, 존재자 전체를, 전체로서의 존재자를 묻고, 존재자에 은폐되어 있는 존재 자체 또는 존재의 개시성을 묻지 않는다. 그런데 여기서 '은폐된' 존재는 존재자와 무관하게 숨어 있다는 뜻이 아니라, 바로 이 존재자가 존재자로서 드러나는 데에 이미 전제되었고, 이 존재자가 존재하는 데에 함께 현존하고 있는 것이다. 이러한 존재 자체, 즉 개시하고 밝히며 드러내는 존재를 형이상학이 못 본다는 것이다. 따라서 형이상학은 존재 자체를 사유하지 않는다. 그러기에 — 하이데거에 따르면— "세계사의 전 기원이 '존재'와 존재자를 혼동한 오류의 기원인 것이다."[58]

존재는 존재자가 존재자로서 드러나게 하고 (따라서 존재자가 존재자로 드러난 곳엔 이미 존재의 생기Ereignis가 활동하고 있는 것이다), 우

---

54 위의 곳, 45.
55 M. Heidegger, *Was ist Metaphysik?*, p.8 참조.
56 위의 책, p.11 참조.
57 이를테면 아리스토텔레스의 "ti to on?".
58 M. Heidegger, *Holzwege*, p.311.

리가 이 존재자를 존재자로 바라볼 수 있도록 열어주고oeffnen, 밝혀주는lichten 개방성이다. 존재자는 존재의 빛 속에서 존재자로서 비은폐되고 드러난다. 그러기에 존재자가 비은폐되기 위해서는 존재에 의존한다. 아니, "존재 없는 존재자는 있을 수 없다."[59] 또한 "존재의 현현은 드디어 존재자의 개시성을 가능하게 한다."[60] 그러기에 존재자가 무엇인지의 여부와 그리고 어떠한지의 여부는 존재로부터 그 가능성이 열린다.[61] 존재는 따라서 모든 사건과 사물, 사태와 실재, 존재자의 현존에 항상 전제되어 있다.

그런데 전통 형이상학이 찾는 진리는 존재자와 그러한 것의 전체에 관한 진리인 것이고[62] 존재의 진리는 은폐되고 말았다. 세상의 학문들도 오로지 존재자를 둘러싼 싸움이라고 해도 과언이 아닐 것이다. 탐구되어야 할 것은 오직 존재자이고 그 이외는 전혀 없다. 아니, 투쟁적으로 존재자에 우위를 설정하고서 존재를 '아무것도 아닌 것'으로 치부하여 의식적·무의식적으로 배척해 버린다. 더구나 형이상학은 존재와 존재자 사이의 차이를('존재론적 차이') 이해하지 못하기 때문에 존재자를 마치 존재인 양 혼동하고 있다. 그러기에 형이상학은 결코 존재 자체를 언어로 가져오지 못한다.[63] 형이상학은 그렇다면 '존재망각'에 놓이게 되고 존재의 진리에 대한 물음을 오히려 허물어뜨린 셈이다. 이토록 서구의 형이상학은 '존재하는 것', 즉 존재자만을 고찰의 대상으로 여겨왔고 존재 자체를 물음의 과제로 삼지 못했기에 "서구 사유의 역사엔 '존재의 진리'는 사유되지 않은 채 남아 있고 그 경험가능성은 거절되었다."[64]

---

59 M. Heidegger, *Was ist Metaphysik?*, p.41.
60 M. Heidegger, *Vom Wesen des Grundes*, p.13.
61 M. Heidegger, *Holzwege*, p.245 참조.
62 M. Heidegger, *Nietzsche II*, p.193 참조.
63 M. Heidegger, *Was ist Metaphysik?*, pp.7~10 참조.

존재자와 근본적으로 다른 존재방식을 취하는 존재 자체를 존재자처럼 다루는 데에서 존재는 더욱 가리워지고 만다. 물론 우리가 존재의 빛으로 말미암아 존재자를 연구할 수 있지만, 이 연구의 업적이 성공적이면 성공적일수록 존재 자체는 사유에서 더욱 미궁의 심연으로 가라앉아 버린다. 인간은 그러나 숙명적이게도 학문적으로 연구할 수 있는 것과 기술적으로 만들 수 있는 존재자를 알 뿐이다. 존재자의 저편에서 이 존재자를 존재자로 일으켜 세우고 의미를 부여하는 그 어떤 것도 상실되고 만다. 이 존재상실에서 바로 니힐리즘이 꽃피는 것이다. 존재상실에서, 존재 자체와 무관한 형이상학적 사유에서 니힐리즘이 꽃피었음을 하이데거는 밝힌다. 따라서 하이데거가 그토록 강조한 '존재론적 차이'며 '형이상학의 극복'이 심각한 의미를 갖는다는 사실이 여기에서 잘 드러난다.

하이데거에 따르면 니힐리즘의 극복은 이 형이상학의 시원으로 되돌아가서 이를 '감내하며 이겨내어야'verwinden하는 것이다.[65] 이는 형이상학의 근거로 되돌아가서, 존재를 오로지 '존재하는 것'으로 잘못 파악한 스캔들이 탄생된 장소로, 즉 형이상학 자신이 존재자의 지배와 기술·학문·논리의 미로로 끌려 들어간 지점을 찾아내어 이를 극복하고('형이상학의 종말') '다른 시원으로의 변환'(Uebergang zu einem anderen Anfang)[66] 을 성취하며 새로운 미래를 열어야 하는 것을 의미한다.

"궁핍한 시대"가 지배하는 오늘날의 역사적 현재는 존재자를 중심으

---

64 M. Heidegger, *Holzwege*, p.195 이하 참조.
65 M. Heidegger, *Wegmarken*, pp.408~411 참조.
66 M. Heidegger, *Vortraege und Aufsaetze*, p.79. 또 다른 곳에서 하이데거는 "우리의 역사적이고 정신적인 현존재의 시원을 다시-불러들여(wieder-holen) 이 시원을 다른 시원으로 변화시켜야 한다"(M. Heidegger, *Einfuehrung in die Metaphysik*, p.29)고 역설한다. '시원적 사유'에 관한 포괄적 논의는 *Beitraege zur Philosophie*(GA.65), §20~§31 참조.

로 하는 과학기술문명과 사물존재론Dingontologie만이 세계사의 무대를 장식하고 있기에, 현대인은 니힐리즘 가운데 침잠해 있으며 존재의 빛 안에서 삶을 경험하거나 계승하지 못하고 있다. 존재가 우리에게 걸어 오는 말을 듣지 못할 뿐만 아니라 들으려 하지도 않고, 그 부름에 응답 하지 못하는 처지에 놓여 있는 것이다. 존재에 응답하는 것이 철학의 과제라고 한다면, 형이상학은 그러나 이런 본질적인 과제에 응하지 못 하고 오히려 이 과제를 외면해 왔다.

그러기에 우리는 또 다른 중요한 물음을 떠올리지 않을 수 없다: 과연 인류는 "존재의 이웃"이 되는 그런 귀향을 시도하고 고향회복을 이루어낼까. 그건 결코 쉽지 않을 것이고 오히려 더 나빠질 수도 있을 것이다. 그것은 사람들이 "존재의 이웃"으로 거주하기보다는, 또한 "신 神의 가까이에" 거주하기보다는 더욱더 형이상학에 몰입하고 과학기술 만을 숭배할 것이기 때문이다. 하이데거도 사람들이 자연의 소리에 귀 를 기울이지 않고 "지구를 하나의 질서에 구속시키려고 헛되게 시도한 다"[67]고 지적하고 "현대인들에겐 오직 기계의 소음만이 들릴 뿐이며 그 들은 이 기계의 소음을 거의 신의 목소리로 여긴다"[68]고 한탄한다. 하 이데거는 그러나 이런 시대적 상황을 잘 알고서 분명한 희망과 대안의 길을 제시했던 것이다. 그 길을 선택할 것인지 혹은 외면할 것인지는 우리의 선택 여하에 달려 있다.

4-5. "신의 결여"

하이데거는 1946년 12월 릴케의 서서 20주기 기념강연[69]에서 횔

---

67 M. Heidegger, *Der Feldweg*, Vittorio Klostermann: Frankfurt a.M. 1953, p.4.
68 위의 책, pp.4~5.
69 릴케의 서거(1926년 12월 29일) 20주기에 행한 하이데거의 기념강연은

더린의 비가悲歌 〈빵과 포도주〉에 실린 "… 그리고 궁핍한 시대에 무엇을 위한 시인가?"를 해명하고 있다. 그는 휠더린의 시대는 물론 오늘날도 "궁핍한 시대"(dürftige Zeit)라 규명하였는데, 이런 시대란 옛날의 신들은 떠나버렸고 새로운 신들은 도래하지 않은 밤의 심연이 드리워진 시대라고 하였다.[70] 이런 신의 결여(Fehl Gottes)를 결여로서 심각하게 깨닫지 못하는 것이야말로 "가장 심각한 궁핍함"인 것이다.[71]

"궁핍한 시대"는 하이데거의 해명에서 신들이 도피해 버리고 난 뒤의 시간과 아직 도래해야 할 신이 오지 않은, 즉 이들 사이에 있는 시대이다. 말하자면 "궁핍한 시대"는 신들이 도피해 버린 과거와 아직 도래하지 않은 신神의 미래 사이에 위치하고 있는 역사적 현재로서 어둠과 니힐리즘이 지배하고 있는 시대이다. 따라서 두 겹의 결여와 부재不在가 지배하는 시대인 것이다: "도피한 신들이 더 이상 현존하지 않는다Nichtmehr는 것과 도래해야 할 신神의 아직 없음Nochnicht이다."[72] 도피해 버린 과거의 신들은 현재에 대해서 거부Verweigerung의 형태를 취하고 있고, 또 도래해야 할 미래의 신은 현재와는 먼발치에서 거리를 두고 있는 상황이 존재의 빛이 사라져 버린 길고 긴 역사적 현재인 것이다.

그러나 문제의 심각성은 여기서 그치지 않는다. 그것은 신들과 신이 아무런 흔적도 없이 자취를 감춰 버린 것뿐만 아니라, 신성의 빛마저도 세계사에서 꺼져 버렸다는 것이다. "세계의 밤"이 깊어지듯이 "궁

1950년에 출간된 *Holzwege*에 〈무엇을 위한 시인가?〉(*Wozu Dichter?*)란 제목으로 수록되어 있다.
70 M. Heidegger, *Holzwege*, p.265 이하 참조.
71 위의 책, p.266 참조.
72 M. Heidegger, 《휠더린의 시작詩作-해석》, p.44.

핍한 시대" 또한 더욱 궁핍해져, 이제는 "신의 결여"(Fehl Gottes)를 결여로 알아차리지 못하는 상태로 굳어져 버렸다.[73] 그러기에 이런 가혹하게 궁핍한 시대에 비범한 변화가 없고서야 희망이 없는 것이다.

존재해야 할 신들이 떠나가 버린 것은 그들이 거주할 수 있는 공간인 성스러움을 인간들이 박탈해 버렸기 때문이고 그들을 기피하고 쫓아냈기 때문이다.[74] 성스러움이 없는 곳에 신들은 거주하지 않는다. 바로 이 성스러운 것이야말로 "신성의 본질적 공간"(Wesensraum der Gottheit)[75]이기 때문이다.[76] 신성의 빛이 세계의 역사로부터 사라져 버렸기에, 인간의 세상엔 "세계의 밤"Weltnacht과 "궁핍한 시대"가 지배하고 있는 것이다. "세계의 밤이 지배하는 궁핍한 시대는 오래 지속되고"[77] 있으며 "이런 밤의 자정엔 시대의 궁핍함이 최고조에 이른다"[78]고 하이데거는 밝힌다. 만약 우리 인간이 이처럼 "궁핍한 시대"로 전락하고 "세계의 밤"에 침몰되어 있다면, 그것은 인간이 본래적으로 거주해야 할 고향을 상실하고서 궁핍과 어둠이 지배하는 곳에서 유리하고 있다는 것이다.

시인은 그러나 "세계의 밤"이 지배하는 공허 가운데서도 굳게 서 있다. 하이데거에게서 시인이라고 하면 도피해 버린 신들이 남긴 흔적을 뒤밟아 나서는 인간을 말한다. 시인은 공허 가운데서도 신들의 윙크를 붙잡아 이를 노래하면서 백성들에게 전한다. 그리하여 시인은 백성들을 "궁핍한 시대"로부터, 어두운 "세계의 밤"으로부터, 우매와 맹종과 방황으로부터 구출해야 하는 소명을 갖고 있다. 우리는 저들의 메시지를 전

---

73 M. Heidegger, *Holzwege*, p.265 참조.
74 위의 책, p.268 참조.
75 M. Heidegger, *Über den Humanismus*, p.26.
76 M. Heidegger, 《횔더린의 시작詩作-해석》, p.73 이하 참조.
77 M. Heidegger, *Holzwege*, p.266.
78 앞의 곳.

해 듣고서 신들이 존재하는 곳으로 "귀향"해야 하며, 신들이 우리 곁에 거할 수 있도록 성스러운 공간을 마련해야 한다.

그래서 횔더린의 "귀향"Heimkunft을 하이데거는 "존재의 근원으로의 근접"이라고 해명했다. 하이데거에게 횔더린은 도피해 버린 신들과 도래해야 할 신을 노래하고, 현재 이들이 부재하고 없음을 부재로 알고 또 이들의 낌새를 알아차려서 이를 언어로 가져온 시인이다.

시인은 신성을 붙잡는 자이고 떠나버린 신들의 낌새(성스러움)를 알아차리고서 그 흔적을 뒤쫓는 자이고 이를 백성에게 전하는 자이다. 시인은 궁핍한 시대에 디오니소스의 성스러운 사제司祭와 같다는 것이다. "궁핍한 시대의 시인"은 그러기에 그의 사명과 소명에 따라 진지한 태도로 주신酒神 디오니소스를 노래하면서 떠나가 버린 신들의 낌새를 알아차리고 그 낌새를 언어로 담아 자신과 동류인 인간에게 전하여, 인간으로 하여금 발걸음을 돌리도록(귀향하도록) 하는 것이다.

시인이 신들의 현재에 거처하는 데에 곧 그의 중간자 혹은 중매자로서의 사역使役과 존재방식이 드러난다. 하이데거도 철두철미하게 "시인 중의 시인"인 횔더린을 중간자로, 신과 인간의 중간지대에 거주하는 시인으로 파악했다.[79] 신들의 언어인 윙크를 붙잡아서 이를 자신의 언어로 담아내어 백성에게 전하는 시인은 바로 중간자이고 중매자이다. 횔더린을 "성스러운 불의 파수꾼"(F. 군돌프)[80]이라든가 "신의 사제와 같은 시인"이며 신들의 윙크를 붙잡아 백성에게 전하는 중매자와 같은 시인이라고 칭할 수 있는 것은 오히려 그의 시작詩作 곳곳에서 그 흔적을 찾을 수 있다.

"영원히 머무는 것"Bleibendes과 신적인 것을 언어로 붙잡고 이를 작

---

79 M. Heidegger, 《횔더린의 시작詩作-해석》, p.43 이하 참조.
80 Friedrich Gundolf, *Hölderlins Archipelagus*, p.16.

품으로 담아내는 것이 곧 그의 사명이고 존재방식이다.[81] 시인이 전하는 메시지는 인간들을 일깨워 망각하고 있던 존재의 부름을 듣게 한다. 그는 "존재망각"과 "존재로부터의 소외" 속에서 살아가는 사람들에게 존재의 빛이 비치는 고향에 대한 의식을 불러일으키고 귀향케 하는 사명을 갖고 있다.[82] 횔더린과 같은 시인의 시는 그러기에 하이데거에게 "하늘의 메아리"(Echo des Himmels)이고, 그와 같은 시인은 인간과 신 사이의 중매자이며, 나아가 "궁핍한 시대"에서 백성을 일깨우는 예언자이고 전령인 것이다.

말하자면 시인은 "궁핍한 시대"인 고향상실의 시대에 인간의 본래적 고향을 감지하고서 그 흔적을 이끌어내고 귀향의 길을 가르쳐 주는 전령이다. 시인의 이런 "신의 사제"와 같은 비범한 노력과, 또 이런 예언자적인 시인의 목소리를 듣고서 귀향으로의 발걸음을 옮길 때, 우리 인간에게 암울한 운명이 되어버린 "세계의 밤"은 "성스러운 밤"으로 변하며 망각되어진 존재의 도래를 기대하게 된다.

전 지구가 황폐화되고 인간의 거처인 고향이 상실되어 간 역사적 현재가 "세계의 운명"Weltschicksal[83]이 되어 버린 이 "가장 큰 위험"을 극복하는 존재회복과 귀향이야말로 바로 하이데거가 말한 "구제"(das Rettende)가 아닐 수 없다.[84] 어떻게 이 "구제"에로 다가갈까? 이 구제는 하이데거에 따르면 횔더린이 말한 "시적으로 거주함" 속에 놓여 있

---

81 M. Heidegger, 《횔더린의 시작詩作-해석》, p.38 참조. 또한 횔더린의 시 〈회상〉(*Andenken*)에서 마지막 시구, 즉 "그러나 영원히 머무는 것은 시인이 건립한다" 참조.

82 위의 책, p.27 참조.

83 M. Heidegger, *Über den Humanismus*, p.27.

84 이러한 "위험"에 대한 "구제"는 횔더린의 시구와 병치된다: "위험이 있는 곳에 구제도 싹트나니"(Wo aber Gefahr ist, waechst das Rettende auch) ("*Patmos*"에서).

다.[85] 하이데거는 이 "시적으로 거주함" 속에서 지상에서 인간의 본래적이고 온전한 거주의 가능성을 본다.[86] "시적으로 대지 위에 거주한다"는 것은 대지의 축복을 맞이하고, 또 그렇게 맞이하는 가운데 인간이 고향에 거주하는 정서에 젖게 되는 것을 의미한다.[87]

또한 "시적으로 거주함"이란, 신들이 생동하는 현재 가운데에 선다는 것이고, 나아가 사물의 본질 가까이에 다가간다는 것이다.[88] 신들이 생동하는 현재 가운데에 선다는 것은, "세계의 밤"Weltnacht[89]이 극복되고서 인간의 본래적 고향으로의 귀향이 성취됨을 의미하며, 그리하여 환한 존재의 빛이 만방을 비춘다는 것이다. 그에 따르면 횔더린의 "사유하는 시작詩作"이 도달하고자 하는 곳은 존재의 빛이 환하게 트이는 곳, 즉 "존재의 개시성"(Offenbarkeit des Seins)이다.[90]

시인은 신들의 윙크를 붙잡아 이를 자신의 언어로 옮기고서 백성에게 전하고, 이에 견주어 철인은 은폐하고 있는 "존재의 진리"를 경험하고서 이를 인간적인 언어로 풀어낸다. 그러기에 시인과 철인에게서 언어가 창조되는 것이다. 말하자면 시인의 시작詩作과 철인의 사유의 샘에서 "존재의 집"(das Haus des Seins)을 쌓는 언어가 창조되는 것이다. 그러기에 시인과 철인은 이 "존재의 집"을 지키는 파수꾼이다.[91] 시인과

---

85 하이데거는 횔더린의 "시적으로 거주함"을 그의 《횔더린과 시작詩作의 본질》의 논의에서 서두에 다섯 가지 주제 가운데 하나로 선별했다(《횔더린의 시작詩作-해석》, p.31, 39 이하 참조).

86 하이데거는 그의 강연 "… 인간은 시적으로 거주한다"(*Vortraege und Aufsaetze*, p.181 이하 참조)에서 "시적으로 거주하는 것"이 인간 존재의 하늘과 대지 사이에서의 본질적인 성취로 보고 있다.

87 M. Heidegger, *Vortraege und Aufsaetze*, p.187 이하, p.145 이하 참조.

88 M. Heidegger, 《횔더린의 시작詩作-해석》, p.39 참조.

89 M. Heidegger, *Holzwege*, pp.265~266 참조.

90 앞의 책, p.269 참조; *Einführung in die Metaphysik*, p.119 이하, p.130 이하 참조.

91 M. Heidegger, *Über den Humanismus*, p.5, 29, 45 참조.

철인은 그들만이 가진 특이한 고향의 개념을 갖고 있다. 철학적 성찰의 노력은 본래성과 근원을 찾아가 "존재 자체의 근저Nähe"[92]에서 "존재의 이웃"[93]으로 거주하기 위한 분투인 것이다.

하이데거의 〈사물〉(Das Ding)이란 소논문에서는 그의 고향 개념이 다소 친숙하게 들린다. "사방의 세계"가 친밀하게 어우러져 각자가 자신의 고유성과 본래성을 드러내면서 친밀하고도 성스러운 고향을 이루는 하이데거의 고향 개념은 다음과 같이 파악된다: "그에게 고향이란 모든 존재자가 자신의 존재를 드러내는 근원적인 세계로서 하늘과 대지, 죽을 자인 인간과 신이 어우러진 사방의 세계(das Geviert)이며, 그리고 모든 사물들이 각자의 고유성과 본래성을 드러내며 친밀하게 어우러진 성스러운 근원적 자연의 세계이다. 이것은 인간과 세계의 관계가 기술적인 주체와 대상을 이루어진 계산적이고 기능적인 관계가 아니라 서로의 존재를 보호하고 사랑하는 친밀한 이웃관계를 드러낸다."[94]

이와 같은 "사방의 세계"가 친밀하게 어우러져 각자가 자신의 고유성과 본래성을 드러내면서 친밀하고도 성스러운 고향을 이루는 세계를 하이데거는 고대 그리스인들의 폴리스적 공동체에서 그려보았다: "하이데거가 말하는 고향의 세계란 향토적이면서도 종교적인 공동체이다. 아테네인들이 아테네 신의 비호 안에서 자신들의 산하와 대지와 하나가 되고 이윽고 서로가 하나가 되었던 세계가 바로 하이데거가 그리는 세계이다. 그것은 하나의 공동체가 동일한 신 앞에서 함께 춤추고 노래하면서 축제를 벌일 수 있는 세계이다. 이런 의미에서 페겔러는, 하이데거가 민족의 전 구성원이 동일한 신을 함께 숭배하는 폴리스적 공동체

---

92 위의 책, p.25 참조.
93 위의 책, p.29.
94 강학순, 〈하이데거 사유의 종교철학적 지평〉, 《기독교철학》 창간호, 한국기독교철학회, 2005, 95쪽.

를 꿈꾸었다고 말하고 있다."[95]

그리스의 폴리스적 공동체에 못지않은 —비록 하이데거에겐 알려지지 않았겠지만— 고향의 세계는 고구려인들에게 더욱 선명하게 드러난다. 그들은 천손사상을 가졌었고, 이러한 바탕에서 고산高山에서와 대지 위의 삶터에서 하늘에 제사지내며 동시에 온 공동체가 동일한 신 앞에서 함께 춤추고 노래하면서 축제의 마당을 펼쳤던 것이다. 고구려인들뿐만 아니라 고대의 한국인들은 하늘에 제사지내는 제천의식(고구려의 동맹, 예의 무천 부여의 영고 등)과 축제를 겸하였다. 신에게 제사와 추수감사를 드리는 성스러움과 (그로 말미암아) 인간의 축제가 어우러져서는 "사방의 세계"가 친밀한 이웃관계와 성스러운 고향을 이룩한 것이다. 이러한 고향 개념은 고구려인들에게서 천상의 세계로까지 확대된다. 고분벽화에는 인간의 고향이 천상에 펼쳐져 있는 것을, 그리고 여기서도 "사방의 세계"가 친밀한 동화의 마을로 엮어져 있는 것을 목격하게 한다.

5. 성서의 귀향과 영원한 고향

물론 성서와 기독교는 고구려인들의 종교관과도 또 고분벽화에서 표명된 내세관과도 거리감이 있는 것임에 틀림없다. 그러나 고향과 귀향에 관한 세계관은 여러 각도에서 유사한 측면을 드러낸다. 그 어떤 종교보다도 기독교에는 고향과 귀향의 의미가 많이 부각되어 있다. 유교는 이 세상 내에서의 삶에 대한 교리나 가르침(이를테면 인·의·예·지)

---

95 박찬국, 《하이데거와 나치즘》, 문예출판사, 2001, 232쪽 이하.

을 강조하고 불교는 삶 자체가 고행이고, 그 가운데서 열반을 주목적으로 삼고 있다. 물론 불교도 인생의 삶이 정처 없는 것이어서 한갓 덧없는 나그네 길임을 밝히지만, 돌아갈 "영원한 고향" 같은 것은 전제로 하지 않는다. 그러나 기독교는 이 세상이 영원한 삶의 터가 아니고 그 과정이며, 영원한 고향이 따로 있다고 한다.

우선 예수의 승천에 관한 기사를 들여다보면 하늘나라로의 귀천이 역력하게 드러난다. 물론 이때의 하늘이 오늘날 현대인이 생각하는 그런 물리적 하늘이 아님을 분명히 할 필요가 있다. 부활사건 이후 예수는 세상에 얼마간 머문 후 어느 날 그의 제자들과 무리들이 보는 가운데서 하늘로 들어 올려져 하늘나라로 돌아가는 것이다. 신약성서의 한 대목을 인용해 보자:

> "이 말씀을 마치시고 저희 보는 데서 올리워 가시니 구름이 저를 가리워 보이지 않게 하더라. 올라가실 때에 제자들이 자세히 하늘을 쳐다보고 있는데 흰 옷 입은 두 사람이 저희 곁에 서서 가로되 갈릴리 사람들아 어찌하여 서서 하늘을 쳐다보느냐 너희 가운데서 하늘로 올리우신 이 예수는 하늘로 가심을 본 그대로 오시리라 하였느니라."96

이런 신약성서의 기사는 예수의 하늘나라로의 귀향을, 하나님 품으로의 귀천을 명시하고 있다. 물론 이때의 귀천은 물리적 공간으로의 하늘이 아니라, 인간들이 알 수 없는, 즉 1차원에서 4차원까지의 공간이 아닌 것이다. 또한 그가 하늘로 돌아갔다고 해서 세상에는 없다는 뜻이 아니다. 인간적인 공간개념으로는 계산할 수 없기 때문이다. 그가 돌아간 곳은 원래의 자리, 즉 하나님과 함께 있던 자리인 것이다. 구약성서

---

96 신약성서 사도행전 1장 9-11절.

에서의 에녹과 엘리아데의 귀천도 살아 있는 상태에서의 귀천이기에 위와 유사한 상황인 것으로 보인다.

성경은 인생의 이 세상의 삶을 나그네에 자주 비유한다. 나그네란 떠돌이이고 여행자이어서 언젠가 고향으로 돌아가야 하는 것을 전제로 한다. 그래서 성서에서의 인간상은 지상의 순례자이다.[97] 파울루스는 빌립보 교회에 보낸 편지에서 다음과 같이 쓰고 있다: "그러나 우리의 시민권은 하늘에 있습니다. 그곳으로부터 우리는 구주로 오실 주 예수 그리스도를 기다리고 있습니다."[98] 영원한 본향을 찾는 인간의 모습은 성서의 여러 곳에서 드러난다.

파울루스는 신약성서 히브리서에서 아브라함과 그의 무리들이 유랑한 것과 그들의 진정한 목표인 하늘의 고향에 대해 언급한다: "이 사람들은 모두 믿음을 따라 살다가 죽었습니다. 그들은 약속하신 것을 받지는 못했지만, 그것을 멀리서 바라보고 반겼으며, 땅에서는 길손과 나그네 신세임을 고백하였습니다. 이런 말을 하는 사람들은 자기네가 고향을 찾고 있다는 것을 나타내는 것입니다. 그들이 만일 떠나온 곳을 생각하고 있었더라면, 돌아갈 기회가 있었을 것입니다. 그러나 사실은 그들은 더 좋은 곳을 동경하고 있었던 것입니다. 그것은 곧 하늘의 고향입니다."[99]

나그네는 돌아갈 고향이 있어야 한다. 만약 돌아갈 곳이 없다거나 나를 반기고 기다리는 이가 없다면, 그는 불쌍하고 비참한 인간일 것이며 고단한 여행 뒤의 환희를 기대할 수 없다. 그는 이 세상의 그 어떤 패배자와도 비교될 수 없을 패배자일 것이고 인생의 의미를 송두리째

---

97 존 번연의 《천로역정》은 바로 천성을 향해 고군분투하며 나아가는 순례자의 상을 그린 소설이다.
98 신약성서 빌립보서 3장 20절.
99 신약성서 히브리서 11장 13-16절.

빼앗긴 패잔병일 것이다. 그 고향이 지상이든 천상이든 돌아갈 곳이 확실하게 자리 잡고 있어야 하는 것이 인간의 본래성인 것이다.

구약성서에는 고향을 잃고 유리하는 이스라엘 백성이 망향가를 읊은 곳이 쉽게 발견된다. 그들은 고향에서 내쫓겨 포로로 혹은 노예로 고단한 타향살이를 했었다. 이집트에서 오랜 종살이를 하면서 피라미드를 쌓아 올리는 강제노역은 얼마나 자유로운 고향을 그리워하게 했을까. 바빌론과 메소포타미아의 강대국에 포로로 끌려가 얼마나 울먹이며 타향살이를 했을 것인가. 그러기에 그들의 가나안과 시온은 "약속의 땅"이고 선조로부터의 고향이며, 돌아가야 할 고향이고 지상에서의 영원한 고향을 상징한다. 고향을 빼앗긴, 그래서 "신화적 고별"을 하며 한 맺힌 망향가를 부르는 다음의 시구 〈시온의 노래〉를 다시 한 번 읊어 보자:

"우리가 바빌론의 강변/ 곳곳에 앉아서,/ 시온을 생각하면서 울었다./ 그 강변 버드나무 가지에/ 우리의 수금을 걸어두었더니,/ 우리를 사로잡아 온 자들이/ 거기에서 우리에게 노래를 청하고,/ 우리를 짓밟아 끌고 온 자들이/ 저희들 흥을/ 돋우어 주기를 요구하며,/ 시온의 노래 한 가락을/ 저희들을 위해/ 불러 보라고 하는구나./

우리가 어찌 이방 땅에서/ 주님의 노래를 부를 수 있으랴./ 예루살렘아, 내가 너를 잊는다면,/ 내 오른손아,/ 너는 말라비틀어져 버려라./ 내가 너를 기억하지 않는다면,/ 내가 너 예루살렘을/ 내가 가장 기뻐하는 것보다도/ 더 기뻐하지 않는다면,/ 내 혀야,/ 너는 내 입천장에 붙어 버려라."[100]

구약성서의 예언자 이사야의 시온으로의 귀향에 관한 예언을 들어 보자: "주님께 속량받은 사람들이 예루살렘으로 돌아올 것입니다.

---

[100] 구약성서 시편 137편 1–6절.

그들이 기뻐 노래하며 시온에 이를 것입니다. 기쁨이 그들에게 영원히 머물고, 즐거움과 기쁨이 넘칠 것이니, 슬픔과 탄식이 사라질 것입니다."[101]

고대 로마황제의 통치하에서 그리스도인들은 고단한 삶을 살고 때론 순교를 당하기도 하였다. 그리스도인들은 기독교를 배척하는 다른 사람에 대해 늘 긴장관계에서 살았었다. 그들이 로마황제를 제식祭式으로 숭배하기를 거부하자, 범죄자로 내몰린 것이다. 그래서 그들은 고대 로마에서의 1세기에서부터 늘 쫓기고, 잡혀 들어가고 죽임을 당하기도 한 것이다. 이런 외부적 억압을 무릅쓰고 믿음을 지키게 한 힘은 이 세상에서의 삶과 대비되는 영원한 고향과 하나님에 대한 신앙적 관계였던 것이다. 2세기 말 어떤 작자미상의 기독교인이 불신자에게 보낸 편지에는 기독교인의 이 세상에서의 나그네 됨과 하늘에 고향이 있음을 밝힌 기록이 있다: "그리스도인들은 제각기 그들의 조국에 살지만, 그러나 나그네로서 살아간다. 모든 일에 다른 시민들과 똑같이 참여하지만, 그러나 그들은 국외자(나그네)로 체류한다. 그들은 지상에서 삶을 영위하지만, 그러나 하늘에 고향을 둔 사람으로 살고 있다."[102]

여기서 박해를 받으며 나그네로 살아간 그리스도인들은 천국의 본향을 늘 그리워했지만, 그러나 여러 악조건 속에서도 결코 피안주의를 고집한 것은 아니며, 시민의 도리를 다른 시민들보다 더 잘 지키고, 이들보다 더 세상의 법률과 질서를 잘 지켰음을 알 수 있다. 그들은 그들의 본향을 이 세상이 아니라고 했지만, 그러나 이 세상에 결코 소홀히 하

---

101 구약성서 이사야서 51장 11절.
102 W. Heilmann·K. Roeske·R. Walther, *LEXIS*, Teil I, Verlag Moritz Diesterweg: Frankfurt a.M. 1988, p.35 원문은 다음과 같다: Χριστιανοὶ πατρίδας οἰκοῦσιν ἰδίας, ἀλλ' ὡς πάροικοι· μετέχουσι πάντων ὡς πολῖται, καὶ πάνθ' ὑπομενουσιν ὡς ξένοι· ἐπὶ γῆς διατρίβουσιν, ἀλλ' ἐν οὐρανῷ πολιτεύονται.

지 않았다: "그들은 세상의 엄격하게 정해진 법률을 따르지만, 그들의 고유한 삶으로 저 법률을 능가하며 산다. 그들은 모든 것을 사랑하지만, 모든 것으로부터 박해를 당한다. … 그들은 가난하지만, 다수를 부유하게 하고, 모욕을 당하는 경우에도 그 모욕한 자들을 칭찬한다."[103]

기독교는 인간의 세상에서의 일생이 고단한 나그네 길임을 여러 방면에서 밝히고, 영원한 안식이 가능한 그런 고향은 하늘나라임을 천명한다: "괴로운 인생길 가는 몸이 평안히 쉬일 곳 아주 없네. 걱정과 고생이 어디는 없으리 **돌아갈 내 고향 하늘나라**. 광야에 찬 바람 불더라도 앞으로 남은 길 멀지 않네. 산 너머 눈보라 재우쳐 불어도 **돌아갈 내 고향 하늘나라**. 날 구원하신 주 모시옵고 영원한 영광을 누리리라. 그리던 성도들 한자리 만나리 **돌아갈 내 고향 하늘나라**."[104]

김두완님이 작곡한 〈본향을 향하네〉는 어두운 음조를 띠고 있지만, 퍽 감동적이고 외국에까지 잘 알려진 성가 합창곡이다. 이 합창곡은 이 세상에서의 인생살이가 고단한 순례의 길이지만 힘 있게 본향을 향하는 모습을 그려 내고 있다: "이 세상 나그네 길을 지나는 순례자/ 인생의 거친 들에서 하루 밤 머물 때/ 환난의 궂은 비바람 모질게 불어도/ 천국의 순례자 본향을 향하네/ 이 세상 지나는 동안에 괴로움이 심하나/ 그 괴롬 인하여 천국 보이고/ 기쁜 찬송 주 예수님 은혜로 이끄시네/ 생명 강 맑은 물가에 백화가 피고/ 흰옷을 입은 천사 찬송가를 부를 때/ 영광스런 면류관을 받아쓰겠네."

---

103 위의 글은 2세기 말 무명의 기독교인이 어떤 비기독교인에게 보낸 편지의 내용이다. 당시 기독교인들은 그들의 신앙 때문에 박해를 받으며 긴장 속에서 살았다. 그들이 로마의 황제를 숭배하지 않자 사회는 그들을 범죄자로 내몰았다. 그들은 1세기 이후로 끊임없이 박해를 당하고 형벌을 받았으며, 심지어 죽임을 당했다; W. Heilmann·K. Roeske·R. Walther, *LEXIS, pp.*35 ~36.
104 찬송가 290장.

성경은 천국을 인간이 거기로 돌아갈 고향이라고 한다. "우리의 고향은 그러나 하늘에 있습니다."[105]와 같은 구절은 성경의 여러 곳에서 발견된다. 사도 파울루스Paulus는 험난했던 선교사역을 거의 마친 황혼기에 티모테우스에게 보낸 편지에서 다음과 같이 말하고 있다: "나는 … 이미 세상을 떠날 때가 되었습니다. 나는 선한 싸움을 다 싸우고, 달려갈 길을 마치고, 믿음을 지켰습니다. 이제는 나를 위하여 의의 면류관이 마련되어 있으므로, 의로운 재판장이신 주님께서 그날에 그것을 나에게 주실 것이며, 나에게만이 아니라 주님께서 나타나시기를 사모하는 모든 사람에게도 주실 것입니다."[106]

6. 혜초의 망향가

《왕오천축국전》은 깨달음을 찾아 온 세계의 절반 이상을 돌아다닌, 이 세상과 이 세상을 넘는 피안의 세계까지 순례를 감행한, 그리고 한 맺힌 그리움으로 귀향을 꿈꾸던 한 사나이의 책이다. 혼과 애환이 서려 있는 이 책은 그러나 1908년 프랑스의 동양학자 폴 펠리오가 발견하기까지 약 1200년 동안 중국 돈황의 천불동에 잠자고 있었다.

《왕오천축국전》의 저자 혜초는 우리 인류문화사에서 독특한 위치를 점한다고 하지 않을 수 없다. 그 먼 옛날에 온 세계를 여행했으니, 그는 국제적인 감각을 가진 세계시민이었음에 틀림없고, 또한 무엇보다도 그 많은 나라들을 도보로 여행을 했으니, 이 또한 인류문화사에서 특기할 사항이 아닐 수 없다. 그러나 그의 여행은 우리들이 감행하는 범상

---

105 신약성서 빌립보서 3장 20절.
106 신약성서 디모데후서 4장 6-8절.

한 여행과는 차원이 다른 것이었다. 그는 목숨을 걸고 인도의 정글을 헤치고 "빠져나갈 수 없다"는 타클라마칸의 사막을 지났다. 단순히 뭔가를 보려고 이런 험난한 여행을 감행했을까?

우리들은 대부분 눈으로 어떤 사물을 목격하는 여행을 하지만, 그러나 그는 온 심신을 투입하여 시공과 시공을 초월한 세계를 보고, 사물과는 다른 뭔가를 찾는 여행을 감행했을 것이다. 그는 앞의 세계를 보면서도 뒤의 고향을 찾고 귀향을 꿈꾸었던 것이다. 그는 그러나 특정한 지역의 붙박이별을 찾아가는 그런 여행을 하지 않았고, 더욱이 깨달음과 득도得道가 예고된 것은 없기에, 그의 행보는 무겁고 외로우며 고달팠을 것이다. 그의 여행은 그러기에 이승의 시공을 초탈해 가는 구도여행이었을 것이다.

무엇보다도 두 발로 지구의 절반 이상을 걸어서 이 땅에서 저 땅으로, 이 나라에서 저 나라로, 이 대륙에서 저 대륙으로 중국과 인도의 군소 나라들과 티벳과 네팔, 아프가니스탄과 중앙아시아, 페르시아와 동로마에까지 닿았던 그의 순례는 차라리 시간과 공간을 무너뜨린 피안여행이라고 하는 것이 온당할 것 같다. 그는 그러나 결코 어떤 피안에 머물지 않고 끊임없이 유랑을 이어갔으며, 고향 서라벌을 그리워하고 귀향을 갈구하면서 발걸음을 옮겼다.

세계사는 콜럼부스가 1492년에 함대를 이끌고 아메리카대륙을 '발견한'(?)[107] 것을 획기적이고 거대한 사건으로 평가한다. 그러나 서구인의 그러한 여행은 결코 평화로운 친교를 위한 것이 아니라, 주로 함대와 병사와 무기를 앞세운 정복여행이었고 식민지를 개척하여 정복자 자국

---

[107] 엄밀히 말하면 콜럼부스의 발견은 세계사적 차원에서 발견이라고 할 수 없다. 그것은 이미 원주민들이 정착하여 오래토록 살고 있었기 때문이다. 그럼에도 '발견'이라고 억지 규명을 하는 것은 유럽중심주의와 백인중심주의를 표명하는 것이다.

自國의 막대한 경제적 이득을 위한 여행이었다.[108] 반면에 이보다 훨씬 이전인 서기 720년대에 혜초가 수없이 먼 대륙을 헤매며 깨달음의 여행을 한 것은 콜럼부스나 마젤란 등의 정복여행과는 비교할 수 없는 인류정신사의 값지고 위대한 업적이라고 할 수 있다. 이러한 평화의 순례 사절은 혜초보다도 약 100년 앞선 7세기에 이미 신라승려인 아리나발마며 혜엽, 현각과 같은 승려들이 담당했었고, 또 이보다 다시 백 년 이상이나 앞선 서기 526년에 백제의 겸익이 인도로 건너가 깨달음의 순례여행을 감행하였던 것이다.

우리들은 보통 일상의 가시적 세계에서 뭔가 이득이 되는 것을 얻고자 이리저리 바둥거리다가, 혹은 고작 정처 없는 이승에서 뭔가를 획득해 보겠다고 왔다 갔다 하다가 삶을 청산하지만, 저 순례자들은 수평선과 지평선이 허물어지는 저쪽에까지, 가시적 세계의 피안에서 시간과 공간의 모든 경계를 비웃으며 깨달음의 여행을 감행했던 것이다. 그러나 여기 이 모든 순례의 여행에서 고향을 결코 저버리지 않은 방랑자가 있으니, 곧 눈물로 고향을 그리워하고 귀향을 꿈꾸었던 혜초이다. 고향에 대한 피맺힌 그리움은 애절한 시구로 울려온다.

> 달 밝은 밤에 고향길을 바라보니
> 뜬 구름은 너울너울 고향으로 돌아가네.
> 나는 편지를 봉하여 구름편에 보내려 하나
> 바람은 빨라 내 말을 들으려고 돌아보지도 않네.
> 내 나라는 하늘 끝 북쪽에 있고
> 다른 나라는 땅 끝 서쪽에 있네.
> 해가 뜨거운 남쪽에는 기러기가 없으니

---

108 서구인들은 식민지 개척을 위한 정복여행을 미화하는 경향이 있다. 그러나 이는 엄연한 야만행위이기에 세계사는 새롭게 검토되어야 한다.

고향에 대하여 갖는 한없는 그리움은 그러나 끊어야 하는 인연이란 말인가? 그렇지는 않을 것이다. 아무리 인간과 인간세상이 불가佛家에서 실체가 없는 뜬구름과 같다고 하지만, 고향은 그러나 인연의 범주에 묶이기 전에 합리적으로 해명이 되지 않는 우주적 사건이 일어난 곳이고, 동시에 귀향해야 하는 귀착점이다. 이러한 고향을 누군가 인연의 굴레로만 묶는다면, 그는 준엄한 자연과 실상을 부인하고 허상을 좇는 자일 것이다.

혜초가 한번은 오랜 세월동안 수도修道에 정진하다가 고향으로 돌아가려던 중 병들어 쓸쓸히 죽어간 구법승求法僧의 이야기를 듣고서 "매우 슬퍼져", 이 낯선 만리타향에서 자신의 운명을 생각하며, 또 저 승려의 저승길을 애도하며 다음과 같은 시를 남겼다.

> 고향집의 등불은 주인을 잃고
> 객지에서 보수[110]寶樹는 꺾이었구나.
> 신성한 영혼은 어디로 갔는가?
> 옥 같은 모습이 이미 재가 되었구나.
> 아! 생각하니 애처로운 생각 간절하고,
> 그대의 소원 못 이룸이 못내 섧구나.
> 누가 고향으로 가는 길을 알 것인가?
> 부질없이 흰 구름만 돌아가네.[111]

---

109 혜초, 이석호 옮김, 《왕오천축국전》, 을유문고, 1984, 44쪽.
110 보물나무: 여기선 중국인 구법승을 비유한다.
111 혜초, 이석호 옮김, 앞의 책, 49쪽.

언젠가 혜초가 러시아와 아프가니스탄의 국경지대인 당시의 투카라 국Tuhkhara에 순례여행을 하고 있었을 때 서쪽 변방으로 가는 중국 사신을 만났는데, 그가 먼 여행길을 한탄했을 때, 이보다 더 멀리 떨어진 고향이 떠올라 또 다시 고향을 그리워하는 시를 남겼다.

> 그대는 서번西蕃이 먼 것을 한탄하나
> 나는 동방으로 가는 길이 먼 것을 한하노라.
> 길은 거칠고 굉장한 눈은 산마루에 쌓였는데
> 험한 골짜기에는 도적떼도 많도다.
> 새는 날아 깎아지른 산 위에서 놀라고
> 사람은 좁은 다리를 건너기를 어려워하도다.
> 평생에 눈물 흘리는 일이 없었는데
> 오늘만은 천 줄이나 뿌리도다.[112]

이토록 피맺힌 시를 순례의 길 위에다 흩뿌리며 귀향을 꿈꾸었지만, 혜초는 그러나 끝내 고향인 서라벌로 돌아오지 못한 채 쓸쓸하게 생을 마감하고 말았다. 그야말로 "신화적 고별"이라고 해야 할까. 이토록 외롭고 쓸쓸한 혜초의 여행은 우리에게 일파만파의 상념의 나래를 펼치게 한다.

이역만리 떨어진 세상의 나라들에서, 그 많은 대지 위에서 남겨 놓은 그의 발자국은 무엇이란 말인가. 그러나 여기와 저기로 오가는 중에 삶의 여로를 끝내고 말았으니, 그토록 그리던 고향은 또 무엇이란 말인가. 그의 여행이 결국 진정한 자신을 찾는 득도得道의 여행이었다고 한다면, 그가 그토록 그리던 서라벌 대신 그 어떤 피안에 당도했다고 여겨진다면, 우리로선 약간의 위안을 찾을 수 있을까.

---

112 앞의 책, 65쪽.

7. 고구려인들의 고향

하늘에 대한 의미는 단군신화에서도 확연하게 드러나는데, 고대의 한국인들은 그들의 선조가 하늘에서 내려왔다고 믿었고, 그러기에 그들 스스로를 '천손'天孫이라 칭했다. 이러한 천손의 의미는 고구려 광개토왕비의 비문에도 나온다. 비문의 첫머리에 고구려의 시조 추모왕(주몽)이 하늘신의 자손이라고 적혀 있다. 추모왕이 하늘의 자손이라면 그 후손인 고구려인들은 당연히 하늘의 자손인 셈이다. 그들은 특별한 자부심을 갖고 있었는데, 그것은 바로 천손의식이다.[113] 고대의 한민족이 그들의 축제문화에서 "하늘에 제사"를 드린 것은 당연한 귀결로 보인다. 부여의 '영고'며 고구려의 '동맹', 동예의 '무천'은 말할 것도 없고 남쪽의 삼한에도 이러한 "하늘에 제사" 드린 것이 역사적 기록으로 전승되었다.

고구려인들의 천향사상은 천손사상 및 경천사상과도 궤를 같이한다고 볼 수 있다. 하늘에서 내려온 환웅의 아들 단군은 ―앞에서도 언급했지만― 결국에 하늘로 돌아갔다고 하며, 고구려의 건국신화에서 고주몽도 천제의 아들로 묘사되어 있다. 하늘을 고향으로 여긴 고대 한국인들이 그들의 선조가 하늘에서 내려온 것뿐만 아니라, 이 세상에서의 삶을 마감하고 또 하늘로 돌아간다는 것이다. 우리나라에서는 오랜 옛날부터 사람이 사망하게 되면 '사망'이나 '죽음'이란 용어보다는 "돌아가셨다"거나 "돌아갔다", "세상 떠났다" 등으로 나타내었다. 만약 "돌아갔다"고 한다면, 어디로 돌아간단 말인가? 말할 것도 없이 하늘고향으로 돌아갔다는 말이다. 이러한 표현엔 인간의 죽음이 동시에 모든 것의 종

---

113 "월드컵 특별기획 역사스페셜", 제2편 고분벽화, KBS 2002년 6월 8일 방송에서 KBS와 전호태 교수와의 인터뷰 참조.

말이 아님을 역력하게 천명하는 내용이 들어 있는 것이다. 천상병 시인의 "귀천"과도 유사하게 우리는 "돌아갔다"를 아주 자연스럽게 말한다.

주지하다시피 단군은 하늘로 귀천했으며, 해모수 또한 유화를 지상에 남겨두고서 오룡거를 타고 하늘로 돌아갔다. 고구려의 시조 동명성왕도 하늘로 승천했다는 기사가 광개토왕비문에 드러나 있다.[114] 신라의 박혁거세도 천마를 타고 하늘세계를 오르락내리락했음을 고대의 역사책이 담고 있음을 우리는 잘 알고 있다. 이처럼 하늘세계는 고대 한국에서 친숙한 고향이고 또 귀향할 곳이다.[115]

고분벽화에서 신선들이 하늘을 비상하는 것도 고향마을로 일단 귀향한 것을, 그리고 불멸하는 하늘가족의 대열에 합류했다는 것을 드러낸 것이다. 단군도 그랬듯 높은 산의 정상에서 하늘에 제사('고산제사')를 지내고 또 조상을 섬긴 것에도 하늘이 고향이라는 사상이 깔려있는 것이다. 경천사상은 그 뒤에도 계속 이어졌다. 이를테면 한국의 고대 국가들에서는 제천의식이 범국가적 차원으로 거행되었던 것이다.

플라톤의 우주론에도 인간이 별들과 같은 수의 혼들로 창조되었으며,[116] 이 세상에서 올바르게 산 사람은 다시 그의 동반자인 별의 거주지로 되돌아가서 더 익숙하고 행복한 삶을 누리게 된다고 한다.[117] 여기서 "더 익숙한 삶"이란 표현은 인간이 원래의 고향인 별로 귀향한 것

---

114 고구려의 시조 동명성왕의 승천에 관한 기사와 당시의 장례문화, 적석묘 (돌무더기 성지) 등에 관해선 강윤동 지음(KBS 고구려특별대전 기획본부 엮음), 《고구려 이야기》, 범조사, 1994, 66~71쪽 참조.
115 이밖에도 〈나무꾼과 선녀〉에서 인간 나무꾼이 하늘로 올라가 자신의 가족을 만나는 얘기와, 〈해와 달이 된 오누이〉와 같은 동화며 〈북두칠성이 된 일곱 형제〉와 같은 동화에서도 하늘세계로 돌아가는 장면이 빈번하게 나타난다.
116 Platon, *Timaios* 41e 참조.
117 Platon, *Timaios* 42b 참조.

이기에, 말하자면 인간의 원래 고향이기에 익숙하다는 것이다.

하늘 개념은 고대의 한국인에게 특별한 의미를 갖는다. 서구인들에게서 하늘은 어디까지나 자연과학적이고 천문학적인 차원이 지배적이지만, 대부분의 동양인에게 하늘은 인격체인 성격을 갖는다. 엘리아데에 따르면 우리가 "하늘의 궁륭穹窿을 단순히 정관靜觀해 보는 것만으로도 이미 종교적 경험이"[118] 환기되어지는 것이다. 하늘이 동시에 초하늘이 되고 ―자연과학도 천문학도 하늘의 높이조차 잴 수 없다― 절대성을 갖는 것은 결코 어떤 관념론적 이론에 의해서가 아니라, 그야말로 하늘 그 자체에 내포된 신비와 위력 때문인 것이다. 이런 하늘을 엘리아데는 다음과 같이 설명한다:

> "하늘은 그 자체를 무한하고 초월적인 존재로서 보여주고 있다. 그것
> 은 인간과 그의 환경에 의해 표현되는 자질구레한 것들과는 탁월한 의미
> 에서 '전적으로 다르다.' 무한한 높이를 단순히 지각하는 것만으로도 초월
> 성이 계시된다. '가장 높은 것'은 저절로 신성神性의 속성이 된다. 인간이
> 도달할 수 없는 고지며, 별들의 영역은 초월적인 것, 절대적 실재, 영원의
> 무게를 획득한다. 거기에는 신들이 거주한다."[119]

별들의 세계가 이토록 경탄과 신비와 위력으로 다가오기에, 고구려 고분벽화의 별자리와 고조선 사람들의 고인돌에 새긴 별자리들, 첨성대에서 바라본 신라인들의 별들, 선사인先史人들의 별들, 동방박사들의 별들, 탈레스와 플라톤과 칸트와 같은 철인들의 별들, 시인 윤동주의 별들, 반 고흐의 별들, 알퐁스 도테의 별들은 바로 위와 같은 경탄과 숭경심에서 우러나온 것이다. 경탄과 숭경심에서 발원되어 별자리에 특별

---

118 M. 엘리아데, 이동하 옮김, 《聖과 俗》, 학민사, 1996, 104쪽.
119 위의 책, 104~105쪽.

한 의미를 부여한 고구려인들과, 고인돌에 별자리를 새긴 고조선 사람들에게 하늘은 신비로운 인격을 가진 하늘님으로 다가왔지, 결코 단순한 자연적이고 자연과학적인 현상이 아니었다.

고구려인들이 고분벽화에 수없이 많은 하늘의 별들을 그린 것만으로도 별들의 세계가 그들의 본향이라는 것을 표현한 것이라고 추리할 수 있다. 만약 무덤이 아닌 곳에서 별들을 그렸다면 위와 같은 추리를 하기 어려울 것이다. 왜 하필 망자의 무덤에 ―사람들에게 보이겠다는 회화가 전혀 아닌 무덤벽화에― 별들을 가득 그렸을까. 그것은 별들이 있는 하늘이 망자와 관련이 깊기 때문이다. 별들이 있는 하늘이 본향이라는 것은, 이미 고조선 때부터의 전승이라고 보는 것이 온당할 것이다. 망자의 집으로서의 고인돌 덮개돌(성혈고인돌)에 수없이 새긴 별들은, 곧 이 별들이 있는 곳이 본향이라는 것을 말해 준다.[120]

하늘은 고대 한국인들의 고향인 셈이고, 언젠가는 귀향해야 하는 곳이기도 하다. 《삼국유사》가 밝히듯 단군은 마침내 하늘로 돌아간 것이다. 하늘을 궁극적인 고향으로 받아들인 것은 《구약성서》의 고대 유대인에게도 드러난다. 그들은 사람이 죽으면 "열조에게로 돌아갔다"고 했다.

우리가 앞에서 파악했듯이 고구려인들에게 지상적인 삶은 결코 하찮은 것으로 받아들여지지 않았으며, 지상을 떠나는 것 또한 어떤 절대적인 무화無化나 비통한 파국으로 여겨지지 않았다. 그들의 천손사상과 신선사상은 죽음이 그들에게서 혼백을 빼앗아가고 모든 것을 끝장내는 그런 섬뜩한 사건이 아니라 귀향으로 받아들이게 했다. 그래서 그들에게서 죽음은 어떤 비통한 종말사건이 아니며 일종의 귀향이고 "귀천"인 것이다. 어쩌면 천상병 시인이 읊은 "귀천"歸天과도 같이 그토록 초연한 것인지도 모른다:

120 김일권, 《우리 역사의 하늘과 별자리》, 52쪽 참조.

나 하늘로 돌아가리라
새벽빛과 닿으면 스러지는
이슬 더불어 손에 손을 잡고

나 하늘로 돌아가리라
노을빛 함께 단둘이서
기슭에서 놀다가 구름 손짓하며는

나 하늘로 돌아가리라
아름다운 이 세상 소풍 끝내는 날
가서, 아름다웠더라고 말하리라

본향으로의 귀향과 귀천은 바로 고분벽화에 그대로 형상화되어 있
다. 진파리 1호 고분엔 "동화의 마을"과도 같고 고향마을과도 같은 마
을이 등장한다. 안 칸의 네 벽에는 온 코스모스와 인간을 보살피고 감
싸는 사신(청룡, 백호, 주작, 현무)이 그려져 있고, 천장에는 해와 달이
며 연꽃무늬와 구름무늬를 비롯하여 여러 가지 넝쿨식물이 그려져 있
다. 특히 아리따운 꽃과 소나무, 새들과 채색구름 등 아름다운 그림들
로 꾸며져 있다. 온갖 꽃들이 만발하고 상쾌한 바람엔 오색구름과 꽃향
기가 주변을 가득 채운다. 향기로 가득 찬 이곳은 무덤의 주인공이 도
착한 이상적인 마을을 연상시킨다.

여기서 주목할 만한 것은 사물의 상징어인데, 마치 하이데거가 반
고흐의 "농부의 신발"을 해석하듯 사물 속에 표현된 의미를 찾아내는
것이다. 이를테면 고분벽화에서 쉽게 찾아볼 수 있는, 신비스런 곡선의
형태를 취하는 연꽃덩쿨과 구름무늬며 당초무늬와 넝쿨식물무늬만 해
도 결코 여백을 채우기 위한 장식에 그치는 것이 아니다. 최근의 강우
방 교수는 이러한 장식무늬에서 "영기의 미학"을 지적하고 있다.[121] 영

기靈氣란 **우주의 신령한 기운**을 말한다. 강우방 교수에 따르면 영기의 구상화는 여러 가지 넝쿨식물과 구름무늬며 불꽃무늬, 사신도며 용의 그림 등 고분벽화에서 시작하여 금관, 비천상, 건축의 단청장식 등 다양한 변주 형태에까지 나타나고, 나아가 회화, 조각, 공예, 건축 등 한국미술사 전 분야로 확장되어 있다. 그는 이러한 독특한 미학의 기원을 고분벽화에서 찾고 있다.

강서대묘에는 신선의 마을을 연상시키는 천장벽화가 나타난다. 강서대묘는 생동감과 위용이 유감없이 드러나는 사신도의 벽화로 잘 알려졌다. 천장의 벽화도 이 사신도 못지않게 화려하게 그려져 있는데, 평행고임 첫 단의 옆면에는 인동넝쿨식물이, 둘째 단에는 비천飛天과 신선이 하늘세계로 나아간다. 또 셋째 단에는 천마와 봉황이 날아오른다. 비천은 연한 보랏빛의 얼굴에 미소를 머금고 불멸의 선약이 담긴 그릇을 들고 피리를 불면서 나아간다. 신선은 날개옷을 입고 구름 속으로 나아가는데, 그 주변엔 나무숲이 뒤덮인 아기자기한 동산이 있고 붉은색의 바위도 보인다. 영락없이 사자死者가 이러한 하늘식구들의 도움을 받아가며 영원한 고향마을과 낙원으로 나아가는 것을 형상화한 것으로 여겨진다. 벽화가 그려진 고분의 고임돌마다 활짝 핀 연꽃들과 봉황, 기린, 천마 등 상서로운 동물들이[122] 그려져 있고 천장의 중심에는 황

---

121 《동아일보》, 2005년 3월 23일자 20면 참조.

122 고분벽화에 그려진 동물들은 이른바 "상서로운 동물"로서 평범하게 이해되는 동물들과는 다르다. 그러나 그럼에도 불구하고 우선 동물에 대한 오늘날의 개념을 그대로 적용시키면 안 된다. 오늘날의 동물 개념은 근세에 형성된 것으로서 인간이 코스모스에서 주도권을 휘어쥐고 주인행세를 하면서부터 동물의 이미지는 전적으로 추락하였다. 오늘날의 동물은 인간에 의해 마음대로 처분될 수 있는 상황이다. 동물은 이제 실험동물이나 소비를 위한 산업적인 고기로 전락하였다. 그러나 고대와 원시로 올라갈수록 동물의 개념은 오늘날의 동물 개념과는 전적으로 다르게 받아들여진다. 심지어 보드리야르가 말하듯 "옛날에는 동물들이 인간보다 훨씬 성스럽고 신성한 성격을 지녔

룡이 기다리고 있다.

이러한 동화의 마을들은 무엇을 표명하고 있는가. 그것은 인간이 거주하는 영원한 고향을 나타내고 있을 것이다. 그들은 이웃들과 아름다운 동화의 마을을 일구고 때론 천의를 걸치고 별들을 방문하며 때론 악기로서 천상의 콘서트를 펼친다. 이 고향은 더 이상 멸망의 굴레를 덮어쓰지 않을 것이고 모든 시간의 공격을 이겨낼 것이며 더 이상 시간성의 소용돌이에 휘말리지 않을 것이다. 그러기에 본향 혹은 선향仙鄕에서의 시공은 마치 플라톤이 그의 대화록 《티마이오스》에서 설파한 "영원한 현재"123와 같은 영원성에 포근히 둘러싸였을 것이다. 그러나 우리 인간의 시간 개념인 과거와 현재 및 미래라는 것은 초월자들의 "영원한 현재"와는 어떻게 조화되는지 우리는 도무지 알 수 없다.

우리는 앞 장에서 인간의 '거주함'이야말로 곧 인간존재의 근본특징이고 인간이 삶을 영위하는 데에 본질적인 것이라고 했다. 그렇다면 하늘나라에 건립된 위와 같은 동화의 마을은 무슨 의미를 내포하고 있을까. 그것은 인간이 하늘나라에서도 거주하는 양식으로 존재함을 표명하는 것이다. 그러기에 '거주함'은 "땅에서와 같이 하늘에서도" 본래적이라는 것을 보여준다.124 인간의 거주공간은 성스러운 초월자의 영역으로

다."(장 보드리야르, 하태환 옮김, 《시뮬라시옹》, 민음사, 2004, 213쪽)고 하는 이들도 있다. "아무튼 동물들은 항상, 우리에게서까지도, 모든 신화들이 그 자취를 밟고 있는 신성한 혹은 제물적인 고상함을 가지고 있었다."(위의 책, 214쪽).

123 Platon, *Timaios*, 29a 이하, 37d 이하, 38a~39e 참조. "영원한 것"(to aidion), "한결같은 상태로 있는 것", "언제나 존재하는 것"(to on aei)(28d), "영원한 존재"(aidion ousia) 등은 같은 바리에이션이다.

124 '거주함'이 "땅에서와 같이 하늘에서도" 본래적이라는 것은 〈나무꾼과 선녀〉에서도 자명하게 드러난다. 하늘나라의 백성인 선녀는 인간세상에서 남편인 나무꾼과 자식들이며 시어머니와 함께 거주했으며, 또 나중에 나무꾼이 천상으로 올라갔을 때도 한 가정을 이뤄 거주했던 것이다.

사진 4-1 영원한 천향을 드러낸 장천 1호분

확장되어, 결국은 온 코스모스가 성스러운 **한 누리**임을 드러내 보인다.

그런데 이 장천 1호분에는 생명수生命樹이면서 '세계수'인 큰 나무가 아름다운 정원을 장식하고 있으며 동화의 마을을 펼쳐 보이고 있다. '세계수'는 원시의 신화시대 때부터 신과 인간을 매개하는 나무이며, 선별된 자가 이 나무를 따라 하늘로 올라가고 또 내려온다. 이 벽화에서 '세계수'로 쾌활한 날갯짓을 하며 날아드는 봉황은 마치 신의 메시지를 물고 오는 것 같다.

'세계수'는 그러나 여기서 신화적이고 초자연적인 의미 외에도 쉼과 평화와 생명을 부여하는 생명수生命樹임을 적나라하게 드러내고 있다. 그것은 새가 활기차게 이 나뭇가지로 날아들고 있고, 많은 사람들이 이 나무 아래로 모여들고 있으며, 주먹만한 과일이 가지 끝에 맺혀 있는 데다, 그중에 일부는 아래로 주르륵 떨어지고 있어, 생명을 부여하는 나무임을 유감없이 드러내고 있다. 마을사람들이 모여들고 봉황이 쾌활한 몸짓을 하며 마치 어떤 메시지를 전하려고 하는 듯이 마을사람들이 모여드는 정원으로 오고 있다. 과연 동화의 마을이고 생명의 과일이 있는 낙원이다.

8. 고구려인들의 경천사상[125]

앞의 장에서 논의했듯이 고구려인들의 고향이 하늘이고 죽음이란 이 고향으로의 귀천歸天이라면 경천사상은 당연한 귀결인 것이다. 고래로부터의 경천사상을 증빙하는 역사적 유물도 많이 전승되고 있는 편이다. 이를테면 고조선에서 이미 건립된 마니산의 참성대와 같은 곳은 천문사상에 입각해 하늘을 관측하는 곳이기도 하고 하늘에 제사를 올리는 곳이기도 하였다. 하늘에 제사를 지내는 '천제단'이라는 곳은 역사적 유물로도 발굴되고 있다. 고대 한민족이 거처한 곳엔 어김없이 '천제단'이 존재했다는 것이 오히려 사실인 것으로 보인다. 최근에 중국 우하량 지역에서 발굴된 고대 동이족의 홍산문명은 세계4대 문명권(이집트, 메소포타미아, 인더스, 황화)보다 최소한 1∞2천 년 앞선, 그야말로 인류의 시원문명이라고 할 수 있는데, 여기에서도 천제단이 발견되었다. 여기에서 발견된 유물 가운데는 고조선의 역사라고 할 수 있는 각종 옥玉장식, 석관묘, 빛살무늬 토기 등이 있었고, 특히 우하량에서 발견된 천제단의 유적은 인류 제천문화의 고향이라고도 할 수 있는 증거로 보인다.[126]

---

125 이 절은 필자의 졸저 《선사시대 고인돌의 성좌에 새겨진 한국의 고대철학 －한국고대철학의 재발견》의 제2부 제3장(고인돌의 성혈에 새겨진 경천사상)을 수정하고 보완한 것이다.

위에서 언급된 내막들을 참조해 볼 때 오래전부터 전승된 "경천사상"이라는 것은 자연스럽게 형성된 것으로 보인다. 과연 동양학문의 원형이 하늘이라고 규명한 《음양오행으로 가는 길》의 저자들(어윤형, 전창선)의 진술은 진실인 것으로 여겨진다: "수많은 계곡에서 발원한 물들이 결국은 한 바다에 이릅니다. 동양의 세계를 헤매다 보면 어김없이 다다르는 곳도 역시 하나입니다. 그곳은 바로 하늘입니다. 거대한 하늘〔昊天〕을 운행하는 수많은 별들, 그 별들이 수를 놓는 하늘무늬가 동양의 바탕이었던 것입니다. … 음양오행은 뿌연 안개로 뒤덮인 동양의 바다를 항해하는 나침반이라 했습니다. 고대의 賢者가 만든 나침반이 음양오행이라면 하늘의 별들은 神이 만든 나침반입니다. 동양학문의 원형은 모두 하늘에서 내려왔기 때문입니다."[127]

《음양오행으로 가는 길》의 저자들이 동양학문의 원형을 하늘로 규명

사진 4-2 홍산문명권의 우하량에서 발견된 천제단

---

126 북한의 사회과학원 고고학연구소에서는 〈룡성구역 화성동에서 발견된 고대제단〉이라는 제목의 기사에서(《조선고고연구》, 2003–2, 49쪽) 최근에 발견된 제1호와 제2호의 천제단 사진을 싣고 있다.
127 어윤형·전창선, 《음양오행으로 가는 길》, 도서출판 세기, 1999, 6~7쪽.

한 것에 상응하게도 《삼일신고》와 같은 고서古書에는 온통 하늘과 하느님, 하늘나라[天宮], 하늘과 관계된 누리[世界]에 관한 잠언들로만 가득 찼다. 정사正史니 야사野史니 하는 카테고리와 무관하게 고래로부터 전승된 역사서들도 대동소이하게 하늘에 관한 기사들로 가득 차 있다는 것은 놀라운 일이 아닐 수 없다.

고대 동양의 천문사상엔 하늘의 뜻을 묻는 행위가 중요한 관건이었다. 하늘의 뜻을 묻는 행위는 곧 천문天文을 묻는 행위이기에, 천문이란 곧 하늘의 뜻을 의미하는 것이다. 그만큼 하늘은 절대적인 존재로서 정치적으로나 종교적으로, 윤리적으로나 인간의 생업(농업)과도, 나아가 인간의 운명과도 깊은 관련이 있다고 여겼기 때문이다. 그러기에 위에서 언급한 마니산의 참성대뿐만 아니라 현존하는 최고最古의 천문대로 여겨지는 신라의 첨성대도 하늘세계를 관측하고 하늘의 뜻을 묻는 행위, 곧 천문天文을 묻는 장소였던 것이다.

그런데 하늘이 베푸는 은총을 이해하는 것은 결코 어려운 일이 아니다. 하늘이 베푸는 은총으로 인간을 비롯한 모든 생명체들이 살아가기 때문이다. 그러기에 《규원사화》에서 현자들이 "하늘의 뜻을 체득하여 백성을 다스렸다"[128]거나 "언제나 하늘의 도대로 만물을 사랑해야 하는"[129] 행동원리를 천명하였는데, 여기서의 하늘은 마치 칸트에게서 "규제적 원리(Regulatives Prinzip)로 작동하는 양심보다 더 자명한 척도를 제공해 준다.

중국 길림성(지린성) 집안(지안현)에, 옛 고구려의 도읍지인 국내성에 있는 피라밋 형태의 소위 장군총將軍塚도 알려진 바와는 다른 뜻을 갖고 있을 것으로 여겨진다. 장군총이란 단어가 의미하는 것은 고구려

---

128 북애, 고동영 옮김, 《규원사화》, 63쪽.
129 위의 책, 78쪽.

때의 어떤 장군의 돌무덤으로 해석되지만, 그렇게 보기는 적잖은 의혹을 갖는다. 그것은 첫째로 무엇보다도 고구려의 전형적인 고분과는 너무나 다르다는 것이다. 물론 창의적인 발상에 의한 장의문화의 변경이라고도 할 수 있겠지만, 당대의 적석총과는 많은 차이를 드러낸다.

둘째로 음양사상과 관련되는 의혹이다. 말하자면 음양사상에 입각하면 망자의 시체는 음陰에 속하기에, 묘실과 석상石床은 땅 아래로 들어가야 하는 것이다.[130] 그러나 '장군총'의 경우는 그렇지 않다. 지상에 묘실과 석상이 있기에, 응당 고분으로 보일 수 있다. 그러나 시체가 도난당하지 않았다면 발견되어야 할 텐데, 시체의 흔적이 없는 데다 문헌에도 남아 있지 않다. 그러기에 고구려가 국내성으로의 천도를 한다거나 이와 비슷한 이동이 있었을 때 임시로 모신 빈소로 생각할 수도 있는 것이다.

고구려의 고분들은 거의 다 이러한 음양사상에 입각해 있다. 음양사상에 따르면 밝은 것, 드러난 것, 억세고 강한 것, 명확한 것, 위에 있는 것, 살아 있는 것 등은 양陽에 속하고, 어두운 것, 감추어진 것, 은폐된 것, 유순한 것, 명확하지 않은 것, 아래에 있는 것, 죽은 것은 음陰에 속하는 것이다. 이러한 음양사상을 어느 민족보다도 철저하게 꿰뚫고 있는 고구려인들이 이를 무시하지는 않았을 것이다.

셋째로 장군총이 무덤이라면 고분벽화가 있어야 할 텐데, 벽화가 없다는 것이다. 물론 모든 고구려의 고분에 벽화가 있어야 하는 것은 아니다. 그러나 '장군총'의 규모를 참조할 때, 특히 '장군총'이 장수왕의 무덤이라면, 응당 고분벽화가 있어야 하는 것이다. 고구려의 왕을 비롯해 일반 귀족의 고분에도 벽화가 있는데, 장수왕릉에 벽화가 없다는 것

---

130 손수호 교수와 김혜길 교수는 〈벽화무덤을 통해 본 고구려사람들의 음양사상과 그 표현〉(《조선고고연구》, 2013-2, 10~13쪽 참조)에서 고분과 고분벽화를 음양론에 입각하여 풀이하고 있다.

사진 4-3 장군총

은 납득되기 어렵기 때문이다.

위의 세 가지 이유에서 추리해 볼 때 '장군총'은 임시적으로 사용된 빈소와 이 건축물의 평평한 윗면(臺)에서 하늘에 제사를 지냈던 장소인 것으로 보인다. 천원지방天圓地方의 우주관에 입각해 아래는 네모꼴이고, 윗면은 하늘을 나타내는 원형이어서 천제단의 성격을 잘 드러내고 있다. 물론 이 외에도 다른 용도도(이를테면 하늘의 별을 관측하는 장소) 있을 수 있다.

이 유물이 우스꽝스럽게도 장군총이라 불린 것은 어떤 역사적 고증이나 문헌에 따른 것이 아니라 청나라 말기에 생계를 위해 이 지역으로 들어온 중국인들과 거기에 있던 조선인들이 저 건축물을 대단한 장군의 무덤인 줄 여기고 '장군총'이라고 불렀던 것이다.[131] 그리고 역사

---

131 http://blog.daum.net/arishu/11466274(〈고구려 장군총의 신비로운 숫자와 敬天사상〉 참조.

가들도 아무런 고증작업이나 검증도 없이 '장군총'이라고 부르는가 하면 장수왕의 능이라고까지 한다. 그러나 이런 태도는 너무나 불성실한 것으로 보인다.

더욱이 '장군총' 옆에는 소위 '장군총의 곁무덤'이라는 고인돌이 있어 더욱 의혹스럽다. 고인돌 곁에다 이 '장군총'을 건립한 것인지, 아니면 이 '장군총'이 직접적으로 고인돌과 관련이 있는 것인지. 여러 측면에서 '장군총'이라고 칭해지는 유물은 많은 고증과 탐구가 필요한 것으로 보인다.

그런데 우리가 이 '장군총'에서 목격할 수 있는 것은 고구려인들이 하늘을 우러르고 하늘의 뜻을 살피며 따르는 경천사상이다. '장군총'은 7층의 거대한 돌계단으로 되어 있고, 맨 위엔 평평한 대臺로 되어 있다. 이는 하늘을 찌를 듯한 뾰족한 이집트의 추형錐形 피라미드와는 다른, 평평한 평면의 평안과 평화 및 하늘의 뜻을 받아들이는 겸허함이 근간이 되는 고구려인들의 경천사상이라고 할 수 있는 것이다. 하늘의 뜻과 기氣를 받아들이고 하늘의 순리를 따르며 하늘이 베푸는 것과 같은 덕을 실천하는 것이야말로 단군과 고조선 이래로 천자天子라고 칭해졌던 통치자들이 가졌던 덕망이고 과제였다. 경천애민敬天愛民사상은 고대에 이미 정립된 것으로 보인다.

경천사상은 그야말로 하늘을 두려워하고 공경하며 하늘의 도리〔天道〕를 따라 살아가려는 사상이다. 두려움과 공경의 대상으로서의 하늘은 우주만물을 생성 화육하는 근본이면서 ─만물을 보살피는 사랑의 개념이 이미 내포되어 있다─ 윤리의 표준으로 파악된다. 이런 경천사상은 ─단군신화나 선사시대의 고인돌 성좌도, 홍산문명의 유적들,《규원사화》를 비롯한 역사서들, 고분벽화, 중국인들에 의한 각종 〈동이전〉, 고산제사를 지낸 천제단 등등의 증거를 통해서─ 고대 한민족의 기원과 함께 시작된 것으로 보이며, 수많은 우여곡절과 외세에 의한 왜곡, 나아가 정치와 종교 도그마의 역사 속에서도 의식적, 무의식적으로 전승된 것으로 여겨진다.

북애 선생의 《규원사화》 조판기肇判記에는 하늘의 천제(한 큰 주신: 一大主神)인 환인과 환웅천황이 온 우주를 열었으며, 대주신인 환인은 환웅천황에게 명하여 "무리를 이끌어 인간 세상에 내려가 **하늘을 이어받아 가르침을 세우고**, 만세토록 후손의 모범이 되게 하라."132고 기록되어 있는데, 여기서 "하늘을 이어받아 가르침을 세우라"는 것은 경천사상의 근간을 각인하고 있는 것이다.

북애 선생은 또한 환웅천황이 세상에서의 과업을 완성하고서 천향으로 귀천한 것을 기록하고 있다: "천황의 말년에는 공들인 일들이 모두 완성되고 **사람과 사물이 즐겁게 사는 것을 보고** 태백산에 올라갔다. 천부인 3개를 연못가 박달나무 아래 돌 위에 두고 신선이 되어 구름을 타고 하늘로 올라갔다. 그 못을 조천지朝天池라 한다."133

《규원사화》에서 환웅천황은 신시神市의 백성들과 함께 "하늘의 은혜가 넘침"134에 감사하고, **백성들은 순박한 태도를 지녔으며 즐거워하면서** 살았다. 그의 아들인 단군은 단연 천자이다. 천자인 그는 "항상 하늘을 공경하여 제사 지냈고"135 또 종말에는 환웅천황과 유사하게 하늘

---

132 북애, 고동영 옮김, 《규원사화》, 18쪽.
133 북애, 고동영 옮김, 《규원사화》, 55쪽. 《규원사화》를 옮긴 고동영 선생은 인용문의 조천지朝天池를 백두산 천지의 원래 이름이라고 하며 "하느님을 배알하는 못이라는 뜻"이라고 덧붙이고 있다. 놀라운 것은 천지연이란 이름에도 경천의 의미가 있다는 것이다. 이 인용문에서 또 놀라운 것은 " … 공들인 일들이 모두 완성되고 사람과 사물이 즐겁게 사는 것을 보고 … "에서도 드러나듯이 환웅이든 또 그 이후의 단군에서든 백성을 보살피고 수호한 사상이 확연하게 드러나 있는 것이다. 사수도와 사신도의 보살핌의 철학과 상통되는 것으로 여겨진다.
134 위의 책, 34쪽.
135 위의 책, 57쪽. "하늘을 공경하는" 인간의 태도는 《규원사화》(57, 62~63,

로 돌아간 것이다.

《규원사화》에는 하늘에 제사 지내고 조상에게 보답하는 예가 단군으로부터 시작되었다고 한다.[136] 단군은 백성들과 함께 "공손히 하늘에 제사 지냈으며,"[137] 역대 임금들도 경외심을 갖고 하늘에 제사 지냈다고 《규원사화》는 전하고 있다.[138] 제천은 신을 공경하는 예로 받아들여졌으며, 하늘을 경외하는 것은 삶의 중요한 부분이었던 것이다: "… 신을 공경하는 예에 있어서 제천하는 것보다 큰일이 없었다. 때문에 이 풍속이 오랜 세월을 거치면서 사방에 퍼져서 하늘을 두려워할 줄 모르는 사람이 없었다."[139]

더욱이 성인은 "하늘의 뜻을 체득하여 백성을 다스렸다"[140]고 하는데, 이는 하늘과 땅 및 인간세상이 서로 무관한 것이 아니라는 천문지리天文地理의 사상을 바탕으로 한 것임을 읽을 수 있는 대목이다. 하늘에 제사 지내는 곳은 태백산(백두산)과 마니산뿐만 아니라 삼천여 곳이나 된다고 한다.[141]

그런데 위에서 "하늘의 뜻을 체득하여 백성을 다스렸다"에는 무엇보다도 백성과 만물을 사랑하는 것이 근본임을 《규원사화》는 천명하고 있다: "너희는 범을 보라. 사납고 신령스럽지 못하다. **너희는 그처럼 사납지 말며 사람을 상하게 하지 말고 언제나 하늘의 도대로 만물을 사랑해야 한다.**"[142] 여기서 하늘의 도道가 만물을 사랑하는 것임을 밝히고 있다. "홍익인간 재세이화"의 사상이 단순한 이념이나 슬로건이 아님을

64, 68, 78~79, 95쪽 이하, 105, 172, 180, 198쪽 등등)에 자주 등장한다.
136 위의 책, 62쪽 참조.
137 위의 책, 62쪽 이하 참조.
138 위의 책, 62쪽 이하 참조.
139 북애, 고동영 옮김, 《규원사화》, 62~63쪽.
140 위의 책, 63쪽.
141 위의 책, 72~73, 76쪽 참조.
142 위의 책, 78쪽.

엿볼 수 있다. 사신도와 사수도의 시스템도 이와 같은 연결고리를 갖고 있는 것이다.

"언제나 하늘의 도대로 만물을 사랑해야 하는" 행동원리는 마치 칸트의 도덕률인 양심의 거울보다 더 자명한 척도를 제공해 준다. 하늘이 만물을 사랑하고 모든 생명에게 절대적인 은혜를 베푸는 것은 이론으로 따지지 않아도 적나라하게 드러난다. 플라톤의 《국가》에서 "태양의 비유"는 그런 절대적인 태양의 존재를 비유로 잘 밝혀 준다.

성역인 하늘에 대한 경천사상엔 하늘과의 지속적인 교류는 신화의 형식으로도 전해지고 있다. 우리에게 잘 알려진 해모수는 오룡거(다섯 용이 끄는 수레)를 타고 하늘에서 내려왔다고 하는데, 해모수의 후예들은 당연히 하늘의 후손이라고 여기면서 하늘을 경외하는 사상을 갖게 되었다. 신라의 혁거세도 천마를 타고 하늘을 오갔다. 광개토왕비엔 고구려의 시조 추모왕이 하늘의 아들임을 명시해 놓았고, 그는 또 황룡을 타고 하늘로 올라갔다고 새겨 놓았다.

북애 선생이 《규원사화》에서 언급한 "하늘의 뜻"과 "하늘의 도"라는 거울에 비춰볼 때 왕이나 군장이나 그 어떤 지도자의 존재는 유교에서 처럼 권력과 계급으로(상명하복), 혹은 봉건적 시스템으로 지배하는 위계가 아니라, 하늘의 도道와 "홍익인간"으로 보살피고 사랑하고 수호해야 하는 위치인 것이다. 북애 선생은 저런 근본정신을 망각한 왕이 선인으로부터 책망당하는 장면을 기록하고 있다:

"후세에 가락국 방등왕房登王 때 암시선인嵒始仙人이란 사람이 있었다. 칠점산七點山으로부터 와서 초현대招賢臺에서 왕을 뵙고 '왕이 자연스럽게 다스려야 백성도 자연스럽게 풍속을 이룰 것입니다. 백성을 다스리는 방법이 예부터 있었는데 왕은 어찌 그것을 체득하지 않습니까?'하니 왕이 큰 소를 잡아 대접했으나 받지 않고 돌아갔다. 이것이 옛 성인을 알아버

위에서 "왕이 자연스럽게 다스려야" 하는 것은 후세에 노자와 장자의 무위정치無爲政治 사상의 시원을 엿보게 하고 있으며, 권력이나 위계로 지배하거나 군림하는 것이 아니라, "언제나 하늘의 도대로 만물을 사랑해야 한다"는 것을 천명하는 것이기에, "홍익인간"의 정신을 실현하지 않는 왕의 소행에 대해 따끔한 질책을 내포하고 있다. 이런 질책엔 성인聖人과 선인仙人의 권위가 —마치 고대 유대의 대제사장처럼— 왕의 위에 있음을 엿보게 한다.

자연과 하늘의 도道를 따르고 "언제나 하늘의 도대로 만물을 사랑해야 한다"는 것은 —북애 선생의 《규원사화》에서도 잘 드러나듯— 한민족의 역사시원에서 발원한 사상으로 볼 수 있는데, 우리가 이념으로만 잘못 알고 있는 "홍익인간 재세이화"의 사상이다. 단군신화에서 하늘은 인간세계를 따뜻하게 보살펴 주는, 신격화된 존재자로 표현되고 있으며, 단군은 곧 "홍익인간弘益人間 재세이화在世理化"의 이념으로 세상을 다스렸다고 한다.

제천의식(잘 알려진 부여의 영고, 고구려의 동맹, 예의 무천, 삼한의 추수감사제는 제천의식이면서 동시에 전 국가적인 축제행위)과 고산제사를 통한 신앙행위는 경천사상의 실질적이고 실천적인 내용을 이루었던 것이다. 경천사상은 말할 것도 없이 성혈고인돌의 성좌도를 통해서도 드러나며, 고구려의 고분벽화에 수없이 많은 하늘세계와 별자리들, 그리고 천향의 신비로운 세계로 나아가는 인간의 모습에도 표현되어 있는 것이다.

그런데 상고시대에서부터 전승되었던 경천사상은 오랫동안 유교정치

---

143 앞의 책, 79쪽.

에 물들고 왜곡됨으로 말미암아 ─불교의 경우에도 거의 대동소이한 것이다─ 저 "홍익인간 재세이화"의 시원마저 망각되고 만 것이다. 이 무시무시한 전락과 본래성 상실의 심각성을 오랜 역사는 깨닫지 못하고 있으며 현대인들도 까마득하게 모르고 있다. 본래적인 고매한 문화와 사상에 대한 처절한 망각현상이다.

이토록 본래성을 상실한 후세는 안타깝게 저 가르침을 전승하지 못하고 권력지향적인, 권력으로 질서를 잡는(상명하복), 인간을 높낮이로 나누는, 지배와 복종의 봉건주의와 전제주의의 유교정치로 전락하고 말았다. 이런 권력유전자는 오늘날까지 아무런 반성 없이 전승되고 있으며, "신의 아들", "장군의 아들", "어둠의 자식"과 같은 표현들, 나아가 "금수저", "은수저", "흙수저"와 같은 용어들, 슈퍼갑질-갑질-을질 등의 괴상망측한 용어들에도 드러나고 있다. 그런가 하면 오늘날의 상업자본주의시대에서 돈을 많이 가진 부자들도 권력행세를 하는 대열에 끼어들었다.

권력은 오직 "홍익인간 재세이화"의 원리에 따라 백성을 사랑하고 보살피며 수호하고 이화理化하는 데에서만 그 정당성을 획득할 수 있음은 오늘날에도 설득력을 갖고 있으며 모든 정치구현에 모범이 될 수 있다. 그러나 오늘날 안타깝게도 정치 나부랭이들과 재력을 휘어잡은 이들이 위계적이고 봉건적인 유전자를 갖고서 권력을 향유하고 갑질하는 세상을 만들어가고 있다.

물론 저러한 경천사상은 선사시대의 고인돌과 삼국시대의 고분벽화에 성좌도의 형태로 나타난다. 별자리신앙이 산악신앙과 신선사상과 함께 원시도교의 주요 내용이라는 것은 이미 주지의 사실이다. 고인돌의 덮개돌에 별자리를 새겨 놓은 것은 말할 것도 없이 경천사상과 하늘을 동경하는 그런 사상 혹은 본향의식 등이 농축되어 있을 것으로 여겨진다. 김일권 교수도 진단하듯 고인돌의 덮개돌에 별자리를 새겨 놓은 것은 하늘을 경외하고 동경하는 "별자리 신앙의 한 갈래가 바위 문화로 전개되었을 것이다."[144] 고인돌의 별자리 성혈은 그러기에 경천사상을 구체적으로 드러낸 하나의 역사적 자료인 것이다.

오늘날 우리는 선사시대부터 각인된 고매한 사상문화를 망각한 사실(본래성 상실)을 뼈저리게 반성해야 하고 "이토록 하늘을 경외하여 밤하늘의 별자리를 새긴 천문의 역사가 숨쉬고 있다는 사실을 우리 스스로에게 되살려"[145] 보아야 한다. 물론 반성이 필요한 것은 단순히 선조로부터의 전승된 역사이기 때문이 아니라, 그 속에 고귀한 정신적 원형과 철학이 숨 쉬고 있기 때문이다.

고인돌의 성혈에 새겨진 경천사상엔 —고분벽화에 그려진 천문도도 성혈고인돌의 성좌도와 유사한 성격이다— 천문에 대한 지향과 하늘이 우리의 본향이라는 의식, 나아가 하늘을 끌어안으려는 회귀문화가 반영된 것으로 보이는데, 김일권 교수도 이를 잘 드러내고 있다: "태곳적부터 천문에 대한 지향성이 고인돌 문화로도 발현되었고, 그것이 지금에 전해져 별자리 암각화의 주제로 부각되고 있을 따름이다. 천문에 대한 지향은 예나 지금이나 크게 다르지 않다. 하늘이 우리의 본향이라 믿는 고대적 사유 속에서 고인돌의 덮개면이라든가 자연 암면에 별자리를 새기는 것은 그 하늘을 지상으로 끌어안으려는 본연의 회귀성이 반영된 문화이자, 인간이 자신들의 시간 개념을 위하여 천체 운행에 관심을 기울였던 흔적이라 이를 수 있을 것이다."[146]

선사시대의 성혈고인돌이 경천사상 및 본향사상의 구체적인 표현이라면, 이러한 내용을 주요 골자로 하고 있는 《삼일신고》와 같은 고서적은 최소한 내용상 신빙성이 있는 유물로 보인다. 이들은 무리 없이 선

---

144 김일권, 《우리 역사의 하늘과 별자리》, 51쪽.
145 위의 책, 51쪽.
146 김일권, 《우리 역사의 하늘과 별자리》, 52쪽.

사시대의 세계관을 잘 반영하고 있는 것으로 보인다. 글로 전승된 《삼일신고》에는 경천사상과 본향사상 외에도 교육적이고 윤리(학)적 의미도 잘 각인된 것으로 보인다.

짧게 엮어져 있는 《삼일신고》[147]에는 거의 다 '하늘'과 '하느님' 및 '하늘나라〔天宮〕'에 대한 내용들로 가득 찼다. 마치 시구처럼 '하늘'과 '하느님', '하늘나라', '누리〔世界〕', '참된 길〔眞理〕'로 제목이 붙여져 있다. 그런데 '누리〔世界〕'로 붙여진 제목 아래 쓰여진 문장엔 "너희는 총총히 널려 있는 저 별들을 보아라"와 '하느님'의 이름이 두 번 나오며, 태양계와 햇빛 등이 나오기에 결국 하늘과 직접적인 관련이 있는 것으로 채워져 있다. 또 '참된 길〔眞理〕'이란 제목이 붙여져 있는 대목도 그 첫째 문장이 "사람과 사물이 함께 하늘에서 삼진三眞을 받았으니 곧 성性과 명命과 정精이니라"고 하여 하늘이 언급되고 있다.

선사와 고대의 사람들은 지구상의 어느 지역이었느냐에 관계없이 하늘을 숭상했다고 한다면 무리한 주장은 아닐 것이다. 선사와 고대의 사람들에겐 하늘뿐만 아니라 대자연 또한 숭배와 불가사의의 대상이었기 때문이다. 그러나 천문학자 나일성 박사가 지적하듯이 "그럼에도 불구하고 한반도에 살았던 고대인이 남긴 흔적들에는 좀 색다른 것이 있다."[148] 나일성 박사가 《한국천문학사》를 쓸 당시에는 알려지지 않았는지 몰라도, 선사시대의 성혈고인돌에 새겨진 것이 (석각)천문도일 뿐만 아니라 한반도 전역과 옛 고조선의 영토에서 자주 발견된다는 것이다. 오늘날 고구려의 고분벽화에서와 마찬가지로 쉽게 발견되는 성혈고인돌의 석각천문도에는 해와 달을 비롯해 북두칠성과 남두육성, 북극성, 카시오페이아, 삼태성, 좀생이별[149], 오행성, 은하수 등등 수없이 많다.

---

147 여기선 북애 선생의 《규원사화》(한뿌리, 2005)를 옮긴 고동영 선생이 부록으로 실은 《삼일신고》를 참조.
148 나일성, 《한국천문학사》, 6쪽.

놀라운 것은 고대 한국인들이 태곳적부터 하늘과 성좌들의 세계를 각별한 숭경심으로 바라보았지만,[150] 동시에 —한국천문연구원장인 박석재 교수가 지적하듯— "태곳적부터 우주와 하늘을 관찰하여 온 민족"[151]이라는 것이다. 강화도 마니산의 정상은 하늘에 제사 지내는 천제단이면서 동시에 참성단塹星壇으로도 불렸다.[152] 더욱이 참성단을 관리하는 일은 중앙관청이 맡아 왔는데, 이를테면 《서운관지書雲觀志》 3권 고사古事에는 다음과 같은 기록이 있다: "강화 마니산이 진동하고 울렸다. 이로 인해서 참성단의 동쪽 봉우리의 돌이 무너졌다. 주서 장후張厚와 서운관정書雲觀正 박념朴恬에게 가서 자세히 살펴보라고 명했다."[153]

이러한 기록은 마니산의 참성단이 천문활동도 행해진 곳이라는 사실을 저절로 밝히는 것이다. 다음의 대목은 마니산 참성단이 천문 관측을 전문으로 하는 곳이라는 것을 확연하게 밝혀 준다(《서운관지》 2권 측후 10): "만약 (혜성)이 하늘가로 옮겨서 관측하기 어려울 때는 경험이 있

---

149 이 좀생이별(묘수)도 예부터 사랑받는 별자리로 알려졌는데, 그것은 대보름날에 그해의 풍년과 흉년을 점치는 별이었다고 한다(안상현, 《우리 별자리》, 현암사, 2000, 299쪽 참조).

150 김유신 장군의 이름이 '유신庾信'으로 지어진 내력엔 지극한 경천사상이 깔려있다. 김부식의 《삼국사기》〈열전〉편 "김유신전"에는 그 내력을 소상히 알려준다. 김유신의 부친 김서현이 경진庚辰일 밤에 화성과 토성이 자기에게 내려오는 꿈을 꾸었다. 또 모친 만명 부인도 신축辛丑일에 한 동자가 금빛 갑옷을 입고 구름을 타고 하늘에서 내려와 집안으로 들어오는 꿈을 꾸었다. "내가 경진일 밤에 좋은 꿈을 꾸고 이 아이를 얻었으니 마땅히 경진으로 이름할 것이나, 해와 달과 별의 이름으로 사람의 이름을 짓는 것은 예의에 어긋나기에, 경庚은 유庾 자와 모양이 비슷하고 진辰은 ('신'으로도 읽혀) 신信 자와 소리가 같으므로 이름을 유신庾信이라고 합시다." 이리하여 김유신 장군의 이름은 경진에서 유신으로 된 것이다.

151 박석재, 《하늘을 잊은 하늘의 자손》, 18쪽.

152 참성단을 비롯한 고대의 천문 관측대에 관해선 박창범, 《하늘에 새긴 우리 역사》, 김영사, 2004, 144~153쪽 참조.

153 여기선 나일성, 《한국천문학사》, 9쪽.

는 관측자 2명을 뽑아서 목멱木覓이나 마니摩尼에 오르게 하여 그 (혜성) 흔적을 찾아보게 한다."154

마니산뿐만 아니라 대부분의 천제단이 하늘에 제사 지내는 곳인 동시에 하늘을 관측하는 곳이었을 것이다. "하늘에 제사 지내는 의식은 고대 사회에서는 가장 중요하게 행한 의식의 하나인 동시에 천문 활동의 큰 활동 가운데 하나이기도 했다. 오늘날의 시각으로 보면 비과학적인 행위로 볼지 모르나 실은 제천의 의식은 분명히 그 시대의 과학인 것이다."155

예부터 고대의 한국인들이 하늘을 관측해 왔다는 것은 국보 제225호인 천상열차분야지도만 보아도 그 근거를 충분히 제시할 수 있다. 고구려에서 처음 만들어진 것을 탁본하여 조선시대에 새로 만들어진 것이다. 그런데 고구려에서 처음 만들어진 데에는 또 그 이전 고조선에서부터 전승된 천문자료가 단연 바탕이 된 것이라고 우리는 추리할 수 있다.

그러나 우리에게서 태초부터 전승되어 와서 고구려와 고려에까지 이어 온 천문과 경천사상은 ―김일권 교수도 지적하듯이― 조선시대에 이르러 거의 종말을 고하고 만다: "고구려식 별자리는 조선이 등장하면서 사라지고 만다. 조선시대는 별자리 벽화무덤 자체가 발견되지 않는다."156 그야말로 "잃어버린 하늘"157이 되고 만 것이다.

---

154 여기선 나일성, 위의 책, 9쪽. 인용문에 나온 목멱木覓은 서울 남산의 옛 이름이고, 마니摩尼는 강화도의 마니산이다.
155 나일성, 위의 책, 8쪽.
156 김일권, 《고구려 별자리와 신화》, 159쪽.
157 위의 책, 170쪽. "잃어버린 하늘"에 대한 뼈아픈 반성과 비판은 김일권 교수의 《우리 역사의 하늘과 별자리》(361쪽)에도 지적되고 있다: "고려와 조선에서 하늘을 바라보는 관점에 큰 변화가 일어난 까닭은 무엇보다 제천 의례 혁파에서 찾을 수 있다. 명나라의 제후를 자처한 조선은 천자만이 하늘을 독점할 수 있다는 전근대 성리학 질서론에 편입되고자 하였고, 건국 직후부터

김일권 교수에 따르면 "조선이 들어서고 불과 몇백 년 사이에 인간이 하늘과 유리되고 하늘의 천공 속을 자유로이 노닌다는 사유 자체가 불가능하게 되었다"[158]고 하는데, 그 자세한 이유를 그는 다음과 같이 설명하고 있다: "성리학적 중화질서에 편입되면서 제천 의례를 혁파하여 하늘과 교통하던 통로를 스스로 봉쇄한 후, 고구려 이래 시대를 거듭하면서 확장의 일로를 걸어오던 제천의 전통이 단절되는 곡절을 경험하였다. 매년 시월 하늘에 제사를 지내는 국중대회를 열어 주기적으로 사회 통합을 도모하였고, 하늘과 인간의 소통을 되풀이하였던 공적 제천의 역사가 더 이상 사회 표면에 등장하지 못하고 지금까지 음지화되어 버렸다. 마니산 천제가 거행된다 한들 이 잃어버린 정서를 되살릴 수 있을까."[159]

명나라의 제후를 자처한 조선의 존명사대주의에는 말할 것도 없이 명나라의 천자만이 하늘을 독점할 수 있다는 유교적 질서론에 편입하여 유사 이래부터, 까마득한 선사시대부터 이어져 온 제천의례는 종말을 고하게 된다. 우리의 긴 역사의 거울에 비춰볼 때 이를 "혁명에 가까운 문화 변동"[160]이라고도 표현할 수 있겠지만, 이보다는 비굴한 본래성 상실이라고도 말할 수 있을 것이다.

중화사상에 도취된 조선시대의 "잃어버린 하늘"에 대한 김일권 교수의 지적은 온당한 것으로 보인다. 심지어 괴상망측한 법전을 만들어 자유롭게 천문을 못 배우도록 한 흔적도 보인다: "《대명률직해》라는 조선

조선의 위정자와 유자들은 수천 년을 이어온 기존 제천례를 혁파할 것을 스스로 제기하였다. 태종, 세종 연간을 거치면서 이미 하늘의 상제에 대한 제천례가 분명한 존화종법적 자의식에 의거하여 국가 공식 의례에서 배제되었고, 건국 시조의 제천 배향조차 허락되지 않았다."

158 위의 책, 171쪽.
159 김일권, 앞의 책, 171~172쪽.
160 김일권, 《우리 역사의 하늘과 별자리》, 367쪽.

시대 법전에는 '하늘의 모습을 그린 기구나 물건, 천문에 관련된 도참을 몰래 감춰두는 자는 곤장 1백 대에 처하고, 사사로이 천문을 배우는 자도 그렇게 한다. 이를 고발하는 자에게는 은 열 냥을 상으로 준다.'는 조항이 있었던 것이다."[161]

그러나 예외적으로 천문사상에 비상한 관심과 노력을 기울이며 갖가지 천문에 관한 기구들을 제작하는 데 심혈을 기울인 세종대왕과 장열실을 비롯한 천문관리들을 우리는 기억할 필요가 있다. 물론 이런 노력은 국가적 차원에서였고 사회적이고 개인적인 영역에서 자유롭게 이루어진 것은 아닌 것으로 보인다.

그런데 조선시대 이후에서부터 과학기술문명과 상업자본주의가 지배하는 오늘날에 이르기까지는 저러한 천문사상은 더더욱 망각되고 업신여겨져 갔음에 틀림없다. 이것 또한 본래성 상실인 것이다. "현대사회에서는 하늘과 분절된 경험이 더욱 심화되어 현재의 우리를 지배하고 있다. 우리가 하늘을 잃어버린 것인가, 아니면 하늘을 잃어버린 시대를 살고 있는 것인가."[162]

과연 한국천문연구원장이신 박석재 교수의 저서 《하늘을 잊은 하늘의 자손》이란 제목이 지적하듯 오늘날의 한국인들은 하늘을 잊은 것이나 다름없게 하늘과의 내밀한 관계를 지녀온 역사를 모르고 살아가고 있다. '천손'天孫이란 말을 수없이 듣곤 하지만, 과학이 지배하는 세상에서 이를 신화적 표현이라고 터부시해 버리는 것이 현대인의 심리이다. 더욱이 현대인의 "앞만 보고 살아가는 삶"엔 하늘을 우러러보는 여유도 없을 것이다.

오죽했으면 애국가에 '하느님', 즉 '하늘님'이 등상하고, 또 "하늘이

---

161 안상현, 《우리 별자리》, 287쪽.
162 김일권, 《고구려 별자리와 신화》, 171쪽.

열린 날에 대한 절기"인 '개천절'開天節을 공휴일로 할 만큼 하늘을 숭상하면서 살아온 백성인가. 그런가 하면 1만 원권 지폐의 뒷면엔 천상분야열차지도와 혼천의까지 디자인되어 있지 않은가! 그런데 도대체 누가 이런 것들을 세심히 들여다보며 그 역사에 얽힌 사연을 곱씹어 보는가. '천손'이란 하늘의 뜻과 섭리를 읽고 따르는〔天文〕 정신을 갖고 있지만, 그러나 위의 박석재 교수가 지적한 대로 우리는 "하늘의 자손"도 또 하늘의 존재의미도 망각하며 ─줏대정신의 상실이라고 할 만큼─ 살아가고 있다.

오늘날 인류는 ─코페르니쿠스가 지구 중심적 세계관을 적확하게 부인했음에도 불구하고─ 지나치게 지구 중심적이고 현세적인, 눈앞에 전개되는 세계관에 처박힌 삶을 살아가고 있다. "너무도, 너무도 거대한 우주"[163]에 대해서도, 또 그 가운데 분명히 존재하고 있는 인간 자신의 모습도 사유하지 않는 것이 현대인의 실상이다.

---

[163] 박석재, 《하늘을 잊은 하늘의 자손》, 99쪽. 북애 선생도 《규원사화》에서 광대무변한 우주를 언급하고 있다: "우주 공간에 늘어서 있는 별자리를 보니 아득히 멀고 찬란하고 빛이 밝은데, 도대체 그 크기가 얼마나 되는지를 어떻게 눈으로 헤아릴 수 있겠는가. … 구만리 먼 하늘을 우러러 보면 별빛이 촛불 같으니 그 크기가 얼마나 되며 그 빛은 얼마나 밝겠는가. 그런데 땅과 하늘의 거리가 구만리밖에 안 되겠는가."(북애 지음, 고동영 옮김, 《규원사화》, 162쪽).

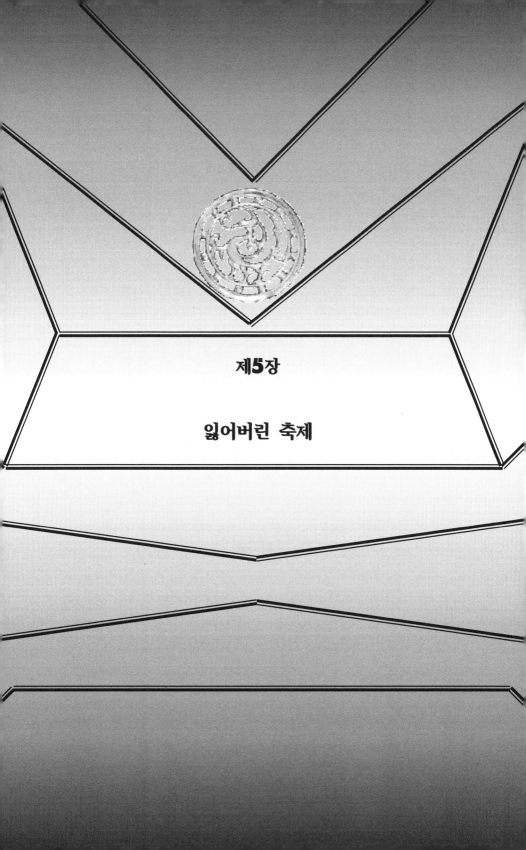

제5장

잃어버린 축제

1. 귀향으로부터의 축제

우리는 앞의 장에서 휠더린의 '고향'과 귀향의 의미를 다시 한 번 떠올릴 필요가 있다: "고향은 하나의 힘이며 신비이다. 우리는 간단히 고향으로부터 비틀거리며 뛰어나오지도 않으며 또 그렇게 고향으로 돌아가지도 않는다. 고향으로부터의 이탈은 한 막의 신화적 고별이다. 귀향은 걷잡을 수 없는 환희를 방랑자에게 퍼붓는 축제이기도 하다."[1]

고분벽화의 천장에 그려진 고구려인들의 귀향은 바로 "걷잡을 수 없는 환희를 퍼붓는" 귀향이다. 이런 환희야말로 "신화적 환희"일 것이다. 이보다 더 큰 환희는 없을 것이고, 이보다 더 큰 존재론적이고 우주적인 사건은 없을 것이다. 어찌 축제를 벌이지 않을 것이며 어찌 신바람 나는 기분Stimmung에 휩싸이지 않을 것인가. 이제 이들의 먼 방랑은 끝나고 영원한 고향에 도달한 것이다. 어찌 갖가지 악기로 천상의 세계를 울려 퍼지게 하지 않을 것인가! 이제 본향에 도착한 이들은 천의天衣를 걸치고서 구름을 타고 천상의 세계를 비행하며 신비로운 별들의 세계를 방문한다.

2. 고대 한국인들의 축제— 인간과 초월자의 한마당

고대 중국의 역사가들은 동이東夷에 관한 역사적인 기록을 남겼는데, '중화사상'과 중원 중심적인 문화에 입각하여 이웃나라를 낮게 기술한 부분이 역력하지만, 그러나 그 독특한 축제문화를 빠뜨리지 않은 것은 큰 다행이라 여겨진다. 이러한 뚜렷한 문화적 차이는 고래로부터 중국

---

1 울리히 호이서만 지음, 장영태 옮김, 《휠덜린》, 행림출판사, 1980, 17쪽.

과 한국이 서로 다른 문화권임을 더욱 분명하게 한다. 부여의 영고나 고구려의 동맹이며 동예의 무천舞天, 나아가 남쪽 삼한의 나라들에 있는 축제문화인 것이다. 하늘에 제사 지내는 이러한 축제문화의 연원은 최근의 정보에 따르면 고조선과 상고시대에까지 거슬러 올라간다.

이 새로운 최근의 정보는 이른바 돈황문서인 《토원책부兎園策府》라는 역사기록이다. 2005년 6월 10일 인천시립박물관의 윤용구 학예연구실장이 《토원책부》의 제1권에서 발견한 바에 따르면, '무천'舞天은 "고조선의 풍속으로서 10월에 제천행사인 무천이 열렸다"고 밝힌다.[2]

상고시대로부터 고대 동이족의 나라들에게까지 전승된 축제문화엔 오늘날 우리들이 잃어버린, 경우에 따라선 흉내도 낼 수 없는 문화유산이 있다. 축제라면 여느 축제와도 비슷한 부분이 있겠지만, 그러나 전적으로 다른 부분이 있는 것이다. 그것은 위의 모든 축제들에 들어 있는 내용인바, "하늘에 제사 지내는 것"이다. 또한 그때의 축제문화에서 "가무를 즐겼다"고 규명하고서 이를 오늘날의 축제문화와 연계시키는 것도 합당하지 않다. 그 순수성과 소박성, 예술성에서 오늘날의 저질 놀자판인 축제문화와는 그 차원이 전적으로 다르기 때문이다. 하늘에 제사를 지낸 사실은 역사적 기록으로도 또 아직까지 남아 있는 흔적으로도 분명하다. 강화도의 마니산이나 태백산 등 크고 높은 산에 그 흔적이 남아 있다. 유가적 엄숙주의와 형식주의에 이러한 축제문화는 낮설지 않을 수 없었을 것이다.

유교를 국교로 숭배한 조선시대에선 디오니소스적 예술문화는 천대시되어 결국 한국 고래의 본래성이 수난과 상처를 입게 되었다. 따라서

---

2 2005년 6월 11일자 주요 일간지(중앙일보, 조선일보, 동아일보 등)는 "제천행사 무천은 고조선 풍속"이라는 기사를 쓰고 있다. 그 전거는 1907년 마크 아우렐 스타인(1862~1943)이 둔황에서 영국으로 반출한 "돈황문서" 중의 하나인 《토원책부》이다.

이러한 예술문화는 그 존립이 흔들리게 되었고, 사회의 하류층이나 '상놈' 가문을 중심으로 그 명맥이나 흔적만 이어졌다. 근엄한 엄숙주의가 지배하는 사대부 집안에서 춤을 추고 날뛴다는 것은 도저히 받아들여질 수 없는 경망스러운 짓으로 낙인찍혔다. 심지어 양반은 (시급한 일이 있어도) 뜀박질을 해서도 안 된다는 것을 습관화했다. 그러기에 춤과 가무며 탈춤과 같은 예술문화는 천한 것으로 받아들여졌으며, 그 결과 주로 '천민들'에 의해 전승된 것이다.

디오니소스적인 성격을 가진 이러한 축제문화는 유가적 성격과는 대조를 이룬다. 이러한 대조 또한 고래로부터의 한국이 중국의 전통과는 그 문화양식이 다르다는 것을 시사한다. 그들에게 저 디오니소스적인 축제는 퍽이나 생소하게 보였을 것이다. 그러나 안타깝게도 이러한 전통은 언제부턴가 유교뿐만 아니라 불교가 지배하면서부터 사라져 버리고 말았다. 유교가 지배하기 이전, 즉 불교가 국교로 되어 오랫동안 지배할 때부터 그 성스러운 축제문화가 잠식되기 시작했을 것이다.

불교는 주지하다시피 "하늘에 제사   지내는 것"이 아니라, 법당에서 부처님께 예불을 드리니 그 대상 자체가 다르게 된 것이다. 그리하여 상고시대로부터 내려오던 고산高山제사3의 문화도 잠식되고 말았다. 태양거석문화와 고인돌의 문화를 간직한 상고시대로부터의 전통은 유교와 불교의 지배로 말미암아 자꾸만 상실되어 갔다. 유가적 전통은 집안에서 제사 지내게 하고 조상에게만 제사 지내게 하는 풍습을 남겼다.

동이의 나라들에 있었던 **"하늘에 드리는 제사"**를 역사적인 기록을 통해 검토해 보자. 《후한서後漢書》 제85권 〈동이열전〉 제75에는 고대 부여의 **'영고'**에 관한 기록이 있다: "사람들이 무일 땐 몸을 깨끗이 하고

---

3 구약성서에 나타나는 아브라함의 모리아 산상의 제사나 엘리아와 갈멜산 위의 제사, 나아가 노아의 아라랏산 위에서의 방주 짓기도 태양거석문화시대의 고산 제사와도 관련될 것이다.

경의를 표하면서 서로 절하고 윗자리를 양보한다. 섣달에는 **하늘에 제사**를 지낸다. 여러 날 동안 연속해서 먹고 마시고 노래하고 춤추는 것을 '**영고**'라고 한다. 이 기간에는 형벌을 주지 않고 감옥에도 보내지 않으며 죄수를 석방한다. 군사에 관한 일이 있을 때도 역시 소를 잡아서 **하늘에 제사**를 지낸다."[4]

부여의 '영고'에 관해서는 진나라의 진수가 쓴 《삼국지三國志》 위서 오환선비동이전 제30권에도 위와 유사한 기록이 나온다: "은나라 달력으로 정월에 하늘에 제사를 지낸다. 나라에서 대회가 열리면 연일 먹고 마시며 노래하고 춤을 춘다. 이를 '**영고**'라고 한다. 이때 감옥에서는 형벌을 다스리지 않고 죄수들을 풀어준다. 흰옷을 좋아하여 국내에서는 흰 베로 만든 소매가 넓은 도포와 바지를 입고 가죽신을 신는다. 그러나 외국에 나갈 때에는 비단옷에 수를 놓아 입기를 좋아하고 어른들은 여우나 삵쾡이 또는 흑포잘피로 만든 갑옷을 즐겨 입고 금은으로 장식한 모자를 쓴다."[5]

위의 《후한서後漢書》의 같은 곳에서 고구려의 '**동맹**'에 관한 언급도 있다: "(그 나라의 사람들은: 필자 첨가) 신과 사직과 용의 신인 영성신에게 제사를 지낸다. 10월에 **하늘에 제사**를 지내는 큰 모임이 있는데 이를 '**동맹**'이라고 한다. 그 나라의 동쪽에는 '수신'이라고 하는 큰 굴이 있고 여기에서도 같은 달에 제사를 지낸다. 그들이 공적인 행사가 있어서 모일 때 입는 의상은 모두 비단과 금은으로 장식하였으며…"[6]

《후한서》의 이러한 기록은 《삼국지》 위서 오환선비동이전 제30권에도 유사하게 나타난다: "그 나라 백성들은 노래와 춤을 좋아해서 밤에도 모든 촌락에는 남녀가 무리로 모여 노래하고 논다. … 사람들은 깨

---

4 김재선·엄애경·이경, 《한글 동이전》, 서문문화사, 1999, 32쪽.
5 위의 책, 57~58쪽.
6 앞의 책, 37~38쪽.

끗한 것을 좋아하고 음식을 저장할 줄 알며 술을 잘 담근다. … 10월에 **하늘에 제사**를 지내는 '**동맹**'이라는 큰 모임이 있다. 그들은 공적인 일로 모일 때 모두 비단과 금은으로 장식한 옷을 입는다."[7]

또 위의 《후한서》는 동예의 무천에 관해서도 짧게 서술했다: "해마다 10월이면 **하늘에 제사**를 지낸다. 이때는 밤낮으로 술을 마시고 노래를 부르는데 이를 '**무천**'이라고 한다."[8] 이러한 기록은 《삼국지》 위서 오환선비동이전 제30권에도 나타난다: "10월이면 **하늘에 제사**를 지내고 밤낮으로 술 마시고 노래 부르는데 이를 '**무천**'이라고 한다."[9]

또 고대 한국의 남쪽(삼한)에도 이러한 문화가 있었음을 위의 역사 기록은 전하고 있다: "항상 밭갈이가 끝나는 5월에 **신에게 제사** 지내면서 주야로 술 마시고 놀며 무리를 지어 노래하고 춤춘다. 춤출 때 한 사람이 춤을 추면 수십 명씩 따라서 춤을 춘다. 농사일이 끝나는 **10월에도 또 이와 같이** 논다. 여러 나라의 마을에서는 **천신에게 지내는 제사**를 한 사람이 주관하게 하는데 이를 '**천군**'이라고 한다."[10]

---

7 앞의 책, 62~63쪽. 고구려의 '동맹'에 관한 이러한 기록은 당나라의 요사렴이 편찬한 《양서梁書》에도 거의 같은 내용으로 나타난다: "그 사람들은 깨끗한 것을 좋아하고 술을 잘 빚으며 무릎을 꿇고 절할 때에는 한쪽 다리를 뻗고 걸어갈 때에는 모두 부지런히 걷는다. 10월에 하늘에 제사를 지내는 큰 모임이 있다. 그들은 공사의 모임이 있을 때 모두 금은으로 장식한 비단옷을 입고 대가와 주부는 머리에 책과 비슷하나 뒤가 없는 관을 쓰며, 소가는 고깔과 비슷한 형태의 절풍을 쓴다."(앞의 책, 112쪽). 이러한 기록은 당나라의 이연수가 저술했다는 《남사南史》 제79권 "열전 제69 이맥하"에도 거의 똑같은 양식으로 등장한다(앞의 책, 152쪽 참조). 또 위의 역사서와 같이 북제의 위수가 기록했다는 《위시魏書》 제100권(열진 제 88)에도 고구려인들이 10월에 하늘에 제사를 지내는 큰 모임을 전하고 있다(앞의 책, 127쪽 참조).

8 앞의 책, 46쪽.

9 앞의 책, 74쪽.

10 앞의 책, 50쪽. 또 당나라의 방현령과 저수 등이 지은 《진서晉書》 제 97권 (열전 제67)에도 마한의 축제문화에 관해 유사한 기록이 나온다: "또 그들은

삼한의 축제에 관한 이러한 기록은 《삼국지》 위서 오환선비동이전 제30권에도 나타나는데, 농사일과도 잘 연계된 모습을 보여 주고 있다: "해마다 5월에 씨뿌리기가 끝나면 **신에게 제사**를 지내고 무리가 모여서 노래하고 춤추며 밤낮으로 술을 마신다. 그들의 춤은 수십 명이 땅을 밟으며 낮추었다 올렸다 하기도 하고 손과 발을 서로 맞추는데 그 박자와 리듬이 마치 탁무와 같다. 10월에 농사일이 끝나면 또 이와 같이 한다."[11]

삼한시대 이후 신라에도 **천신신앙**이 오랫동안 유지되었으나, 법흥왕 이후 신라 6부족에게 있던 천신신앙은 쇠퇴하기 시작한다. 법흥왕은 왕권강화를 위해 이차돈과 사전모의를 하는데, 이것이 소위 이차돈의 "순교사건"이다. 당시의 왕권은 6부족장의 권위를 압도하진 못하였다. 6부족장들은 그들의 천신신앙을 통해 하늘에 제사를 하고 왕에겐 절대권력을 인정하지 않았다. 그러나 당시 중국의 북위에서 고구려를 통해 전수된 불교는 왕이 곧 부처라고 하여 왕에게 절대권력을 부여했다. 그러기에 불교가 국교로 되면 왕의 권위가 자연스레 강화될 수 있는 여건이 마련되는 것이었다. 법흥왕은 당시 이미 불교도였기 때문에 이차돈의 순교를 통해서 불교도가 되었다는 것은 맞지 않다.

법흥왕은 절대권력을 쥐기 위해 불교라는 종교를 이용했다고도 볼수 있다. 이는 마치 고대 로마의 콘스탄티누스 황제가 당시 네 명의 권력체계에서 여타의 권력을 무력화하고 자신의 권력을 굳히기 위해 기독교를 이용한 것과도 유사한 양상이다. 법흥왕은 이차돈의 죽음을 통해 일종의 승부수를 띠운 것인데, 이는 그러나 사전에 이차돈과 모의된

해마다 5월에 밭갈이가 끝나면 모여서 노래하고 춤추며 신에게 제사를 지낸다. 10월에 농사일이 끝나면 또 이와 같이 하였다."(김재선·엄애경·이경, 《한글 동이전》, 88쪽).
11 위의 책, 78쪽.

정치쇼였던 것이다. 이차돈은 당시 불교의 승려가 아니었고, 법흥왕의 궁정에서 일하는 관리였다.

이차돈은 왕과의 사전모의에 의해 천신신앙의 요지인 천경림(天鏡林: 하늘의 거울이라고 일컫는 곳)에 절을 세운다. 당연히 6부족장들이 달려와 왕에게 항의한다. 그런데 법흥왕은 이차돈으로 하여금 천경림에 절을 세우라고 명하지 않았다고 응한다. 그리고서 왕은 이차돈을 당장 잡아오라고 명한다. 마치 왕의 명령인 양 가장하여 절을 세운 이차돈에게 왕명거역죄를 적용시켜 당장 칼로 치라고 명한다(물론 여기까지도 이차돈과 사전 모의했던 것이다).12

절을 지으라고 명령하지 않은 법흥왕을 의심했던 6부족장들은 수치를 당한 데다, 왕실에서 관리의 일을 하고 있는 이차돈을 단호하게 죽이는 법흥왕 앞에 그들의 체면은 말이 아니었고, 그들의 입지도 수축될 수밖에 없었다. 이 사건 이후로 왕의 권위는 확대되었고, 6부족의 영향력은 줄어들기 시작했으며 불교는 공인을 받고 국교로 된다. 법흥왕은 법흥대왕으로 등극한다.

다시 위의 "하늘에 드리는 제사"와 축제로 방향을 돌려보자. M. 엘리아데가 탁월하게 지적하듯이 평범한 고대의 축제에도 특별한 종교적 의미가 내포되어 있는데, 하물며 고대 한민족에게서 "하늘에 드리는 제사"가 각별한 의미로 첨가되었다면, 종교적 의미는 더더욱 증폭되었을 것이다. 단군신화에도 들어 있듯이 그들 스스로를 '천손'이라고 여겼던 그들은 하늘에 제사를 드리지 않을 수 없었을 것이며, 또한 농작물의 수확과 인간의 먹고 사는 것도 결국 하늘에 계신 하느님과 각별한 유내관계가 있기에, 세사와 축세를 마련할 동기 부여가 충분했을 것이다.

---

12 법흥왕과 이차돈에 관한 기사는 2005년 9월 2일 방송된 KBS 1TV의 "역사 스페셜"을 참조할 것.

엘리아데에 따르면 축제는 어떤 종교적 사건을 기념하는 데 머물지 않고 초월자와 맺었던 원초적 사건을 재연하는 데까지 이른다: "축제는 단지 신화적(따라서 종교적)인 사건을 기념하는 행사로 그치지 않으며, 그 사건을 재연하는 데까지 나아가는 것이다."[13] 여기서 축제의 참가자들은 비일상적인, 즉 성화聖化된 시간을 만나게 되며 초월자와 맺었던 관계를 회복한다. 엘리아데에 따르면 이러한 시간이야말로 "존재론적, 파르메니데스적 시간이다."[14] 여기서 파르메니데스적인 시간이란 생성소멸의 굴레에 떨어지지 않는 영원한 현재(과거도 미래도 없는)이다.

축제를 통하여 사람들은 "거기서 태초(ab origine)에, 그 옛날에(in illo tempore)에 나타났던바 그대로의 거룩한 시간의 최초의 출현을 만난다."[15] 엘리아데가 파악한 이러한 시간 개념은 "종교적 인간"(Homo religiosus)이 두 종류의 시간 속에서 살게 됨을 지적한다. 그것은 거룩한 시간과 세속적인 시간인데, 이 중에서 "더 큰 중요성을 갖는 거룩한 시간은 순환적이고 가역적可逆的이며 회복가능한 시간이라는 역설적 양상 아래서 나타난다. 그것은 제의라는 수단에 의해 주기적으로 회귀하는 일종의 영원한 신화적 현재이다. 시간에 대한 이러한 태도는 종교적 인간을 비종교적 인간으로부터 구별시키는 데 모자람이 없다. 전자는 현대적 용어로 역사적 현재라고 불리우는 것 속에서만 살아가는 것을 거절한다. 그는 어떤 시각에서 볼 때 영원과 동일시될 수 있는 거룩한 시간을 회복하려고 시도한다."[16]

이러한 엘리아데의 지적은 "종교적 인간"이야말로 "원초적 시간"[17]

---

13 M. 엘리아데, 이동하 옮김, 《聖과 俗》, 72쪽.
14 위의 책, 62쪽.
15 위의 곳.
16 앞의 책, 62~63쪽.
17 앞의 책, 79쪽.

혹은 "근원의 시간"[18]과 성스러운 시간을 회복하고 또 그러한 시간 속에서 초월자와의 유대를 갖지 않으면 살 수 없다는 것을 천명한다.[19] 그러기에 하늘에 드리는 제사와 축제는 각별한 종교적 의미를 내포하고 있으며, 또 역으로 이러한 종교적 의미는 축제마당의 동기 부여인 것이다. 오늘날의 축제가 이러한 종교적이고 정신적인 의미를 상실하고서 육체적이고 관능적인 재미에만 심취하는 것은, 사람들이 본래성을 상실하고서 형이하학적인 세계로 전락되었다는 것을 말해 준다.[20]

하늘에 드리는 성스러운 제사와 신바람 나는 축제, 그리고 일하는 인간은 하나로 융합되어 있다. 이러한 세 영역의 융합 형태는 인간의 본질 규명인 "종교적 존재"(Homo religiosus)와 "놀이하는 존재"(Homo ludens)며 "일하는 존재"(Homo laborans)를 한꺼번에 드러내고 있는 것이다. 오늘날 현대인들에게 이해되기가 쉽지 않은 부분이, 하늘에 드리는 제사와 인간적인 축제가 융합을 이루고 있는 것이다. 현대인은 모든 종교적 의미를 배제해 버리고 오직 인간적 축제만, 그것도 관능적이고 육체적인 축제만 갖고 있을 뿐이다. 그러나 하늘에 드리는 제사와 인간적인 축제가, 성스러움과 인간의 예술문화가 융합된 형태를 우리는 — 나중에 논의하겠지만— 다윗왕이 펼치는 축제에서도 뚜렷이 엿볼 수 있다.

옛 축제 가운데서 사람들은 신바람 나는 기분을 폭발시킨다. 범국가적 축제이니만큼 그 규모가 상상 이외일 것이다. 물론 "하늘에 제사"가

---

18 앞의 책, 76쪽.

19 제천의식을 통해 인간이 신과 일체감을 이루는 체험을 신영훈님도 엘리아데와 유사하게 "제천의식 중에서 사람이 신과 교합"한다는 표현을 쓰고 있다 (신영훈, 《고구려》, 26쪽).

20 오늘날 현대인들, 특히 서구인들은 성탄절이나 부활절과 같은 종교적 축제마저도 성스러운 시간을 회복하는 종교적 의미보다는 저들의 잘 먹고 즐기며 노는 데에 더 큰 관심을 둔다.

형식적이지 않은 만큼 욕망만을 분출하는 인본 위주의 축제는 아니었을 것이다. 그런데 이런 축제가 3일 밤낮이나 계속되고 음주가무飮酒歌舞까지 대동되었다니 현대인들의 축제를 뺨치는 격이 아닌가. 어쩌면 노래하고 춤추는 소질이 아직도 유전적이기도 하듯 오늘날 세계의 음악계를 리드하는 한국인이 유달리 많다. 다른 분야는 턱없이 빈약하지만 음악만큼은 그렇지 않다.

거대한 축제의 자유롭고 열린 분위기를 통해 사람들은 서로 벽을 허물고 인사를 나누며 커다란 일체감을 획득하게 된다.[21] 이러한 인사와 교류는 그러나 인간들 사이에만 이루어지는 것이 아니라, 하늘에 대한 제사를 통해 인간과 초인간 및 초월자와의 사이에도 이루어지는 것이다. 그들에게 하늘에 드리는 제사는 일상성을 벗어난 성스러운 행위인 것이다. 무엇보다도 축제의 한마당이 하늘에 드리는 제사와 함께 시작된다는 것이 오늘날 전혀 흉내 낼 수 없는 현상이다.

그러기에 이러한 축제는 마치 양쪽 강변을 잇는 다리와도 같이 인간과 초인간의 세계를 연결해 주는 역할을 수행한다.[22] 엘리아데의 인간규명인 "종교적 존재"(Homo Religiosus)가 그대로 드러난다. 인간은 초월자, 초인간, 신적인 것과의 교류가 없이는 살아갈 수 없다는 것이다. 축제의 다리 위에서 서로의 교류와 이행을 통해 인간은 초인간적이고 반신적인 것Halbgott을 경험할 수 있는 것이다.[23] 그리고 이러한 예사롭지 않은 교류에 신바람 나는 놀이축제가 따른다는 것은 당연하고 자연적인 귀결이다.

---

21 M. Heidegger, *Hölderlins Hymne 'Andenken'*, Frankfurt a.M. 1982, p.71 참조.
22 위의 책, p.97 참조.
23 앞의 책, 98쪽 참조. 하이데거적으로 말하면 이러한 경험을 통해 인간은 자기만의 세계에 갇힌 개체를 떠나(Ek-sistenz) 존재의 그물망 안으로 나아가는 것으로 파악된다.

이러한 축제를 통하여 인간은 개체로서의 자신으로부터 벗어나 초월적 능력을 경험하게 된다. 이러한 축제의 본질은 초월이며 망아적 체험이다. 노래와 춤, 맛있는 음식과 막걸리에 축제가 익어가고 사람들은 자기 자신에게 갇힌 세계에서 혹은 일상의 카테고리에서 벗어나 자기가 꿈꾸는 세계로 나아간다. 일하면서 노래하는 것은 우리의 상실해 가는 시골문화에서 찾을 수 있다. 보리타작이나 모심기며, 또 바닷가에서 어장을 끌어올릴 때 흥겨운 노래가 자연스레 따른다. 그래서 디오니소스적 축제문화는 마치 유전자에 심어져 있기라도 하듯이 고대 한민족에게서부터 배어 있었다.

또 아직까지 전승되어 온 탈춤문화에도 독특한 것이 배태되어 있는데, 그것은 모든 경직된 합리주의를 극복하는 비밀이다. 탈춤을 추고 노래하면서 하고 싶은 말과 욕설, 비판과 비꼬는 것 등을 신명나는 놀이와 융합시킨 것이다. 거기에도 해방과 카타르시스가 존재하며, 더 나아가 일상으로부터의 탈출과 초월도 내재한다. 더욱이 욕설과 비판의 대상이 된 저 경직된 합리주의며, 또 이 합리주의가 만들어 놓은 부당한 제도나 억압이며 비리 등을 비꼬고 몰아붙이는 것은 희망하고 추구하는, 또 구현되어야 하는 올바른 로고스의 세계가 있다는 것을 시사한다.

구약성서의 다윗왕도 디오니소스적 인간상이다. 그는 십계명이 새겨져 있는 법궤를 다윗성으로 옮기면서 특이한 축제를 펼친다. 신적인 성스러움과 인간적인 축제가 한마당을 이루고 어우러지는 것이다. 다음의 성서구절이 잘 밝혀 준다:

"누군가, 오벳에돔의 집에 하나님의 궤를 보관하였기 때문에, 주님께서 오벳에돔의 집과 그에게 딸린 모든 것에 복을 내려주셨다는 소식을, 다윗왕에게 전하였다. 그리하여 다윗은 기쁜 마음으로 가서, 하나님의 궤

를 오벳에돔의 집에서 '다윗 성'으로 가지고 올라왔다. 궤를 옮길 때에 그
는 큰 축제를 벌였다. 다윗은, 주님의 궤를 멘 사람들이 여섯 걸음을 옮
겼을 때에 행렬을 멈추게 하고, 소와 살찐 양을 제물로 잡아서 바쳤다.
그리고 다윗은 모시로 만든 에봇만을 걸치고, 주님 앞에서 온 힘을 다하
여 힘차게 춤을 추었다. 다윗과 온 이스라엘 가문은 환호성을 올리고, 나
팔 소리가 우렁찬 가운데, 주님의 궤를 옮겨왔다. … 다윗은 번제와 화목
제를 드리고 나서, 만군의 주님의 이름으로 백성에게 복을 빌어주고, 그
곳에 모인 온 이스라엘 백성에게, 남녀를 가리지 않고, 각 사람에게, 빵
한 덩이와 고기 한 점과 건포도 과자 한 개씩을 나누어 주었다. 그런 다
음에 온 백성이 각각 자기들의 집으로 돌아갔다."[24]

위의 기록은 다윗왕과 그의 백성들이 법궤를 다윗성으로 옮겨가는
가운데 일어난 행사와 축제에 관해서 전하고 있다. 하나님께 예배와 찬
송을 드리면서도 인간적인 축제와 융합되어 있는 모습이 다윗왕의 경
우에 잘 드러난다. 성스러움과 축제가 공존하는 것이다. 그는 온몸과
마음으로 신에게 영광을 돌리고 찬양하면서 동시에 온몸과 마음으로
춤춘다. 그가 악기를 잘 다루고 탁월한 음악적 감수성을 갖고 있으며
가무에 능하다는 것은 잘 알려져 있다.

고대 한민족의 경우가 이와도 유사한 면이 보인다. 그것은 하늘에
제사를 지내면서, 이와 더불어 인간적인 축제를 펼치는 것이다. 그들은
성스러운 행사를 거행하면서 동시에 음주와 가무로서 축제를 펼친다.
이 양자 사이는 전혀 무관한 것인가? 결코 그렇지 않다. 축제를 펼치
는 (혹은 펼칠 수 있는) 것은 신적인 것, 하늘로부터의 축복과 직접적
인 관련이 있기 때문이고, 또한 전자로부터도 또 후자로부터도(디오니
소스적 예술의 특징) 초월적인 것과 초인간적인 것을 체험할 수 있기

---

24 구약성서 사무엘기하 6장 12-19.

때문이다. 인간은 "종교적 존재"(Homo religiosus: M. Eliade)이면서 "놀이 하는 존재"(Homo ludens: J. Huizinga)이다.

일반 백성에게까지 심어졌던, 그리고 성스럽기도 하고 디오니소스적 이기도 했던 고대한국의 축제문화는 그러나 안타깝게도 거의 사라져 버렸다. 오늘날의 축제는 지성인들의 모임인 대학의 축제에 이르기까지 가짜이고 위선이다. 축제를 할 수 있는 동기 부여도 되어 있지 않다. 드물게는 스트레스를 풀겠다는 축제이고, 대부분은 그냥 놀자판을 벌이 겠다는 것이며, 그러한 놀자판을 이용해 돈을 벌겠다는 기생충 같은 상 업마인드의 개판문화뿐이다.

이러한 보도는 이미 일찍부터 있어 왔다. 다음의 기사도 혼돈스런 대학축제의 한 단면을 보여준다. "'정신'은 없고, 웃고 즐기고 취하는 '육체'만 가득"[25]이라는 타이틀을 붙인 이 기사는 그러한 현주소를 잘 지적하고 있다: "'대학축제에 대학정신이 없다.' 공동체 정신과 사회 비 판의 혼도 찾기 어렵다. … 파편화하고 개인주의적 성향을 부추기는 대 중문화 행사만 크게 늘었다. 연예인 초청행사도 경쟁적으로 이뤄지고 있다. … 대학문화 정체성의 혼돈 시대로 부르는 전문가들도 있다."[26]

이토록 대학문화의 혼돈은 어느새 저질문화로 굳어져 가고 있다. 이 제 대학은 지성을 추구하거나 비전을 키우는 그런 터전이 아니다. 한국 의 대학이 취업 준비의 학원으로 전락되었다는 것은 어제 오늘의 지적 이 아니다. 취업에만 매달리다 보니 눈앞에 보이는 이득이나 상품가치 가 나가는 것 외에는 별로 신경 쓰지 않는다. 이미 고등학교 때부터 입 시에만 매달리고 소위 명문대학 간판에만 매달렸지 지성의 꿈을 키우 는 교육은 받지 않았다. 정신문화니 지성이니 교양이니 하는 것은 빈

---

25 《문화일보》 2005. 5. 20일자 신문.
26 위의 곳.

깡통 소리와도 같다.

위의 신문기사가 지적하듯이 오늘의 대학축제엔 '문화 표출'은 사라지고, 그 대신 연예인과 육체놀이 하는 데만 심혈을 쏟는다. 전체 축제 비용의 70%가 "연예인用"이라니 어처구니가 없다. 모 대학은 연예인을 초청하여 공중파 TV의 개그 프로그램과 같은 무대를 마련하였는데, 그 비용이 1000만원이라고 한다. 결국 등록금이나 학생회비를 그런데 쓰는 모양이다. 대학의 "축제가 '대중문화' 일색으로 바뀌고, 대학마다 인기 가수와 개그맨을 초청해 벌이는 행사는 발 디딜 틈이 없을 정도로 환영받고 있다."[27] 연예인이 이토록 영웅시되다 보니 모 가수는 "5월 한 달 동안 대학 31군데서 노래를 했다. 하루에 행사 4곳을 뛴 적도 있다."고 한다.

그런데 축제문화를 장악한 "연예행사"의 다른 한편에선 시끌시끌한 장터가 널려 있다. "돈을 벌고, 술 마시며 흥청망청 노는 주점행사는 갈수록 기승을 부리고 있다. 그 결과 축제가 끝나는 저녁에는 넘쳐나는 쓰레기로 대학 캠퍼스가 몸살을 앓을 정도다."[28] 아무리 "혼돈의 축제"라고 하지만, 본래성의 상실과도 같이 축제문화를 잃어버리고 마냥 저질 대중문화와 육체문화, 껍데기문화, 놀자판문화, 연예인문화에만 심취하니 안타깝기보다는 서글퍼진다. 그러나 대학축제는 이미 이러한 문화에 중독되어 버렸다.

"잃어버린 축제"는 "하늘에 드리는 제사"나 "신에게 드리는 제사"며 고산제사, 성스러움의 상실 외에도 여러 곳에서 발견된다. 놀라운 일은 축제문화에서의 가무 자체에도 분명히 드러난다. 우리는 흔히 한국인 몸속에 가무 체질이 흐르고 있다는 얘기를 듣는다. 그런데 안타까운 것

---

27 위의 곳.
28 위의 곳.

은 "어떤 가무인가"에 대해 묻지 않는다는 데에 있다. 단지 가무를 즐겼다고 해서 그때의 가무가 오늘날의 것과 별반 차이가 없다고 하면 넌센스 중에 넌센스다. 다음은 고은 님의 "세상월령가 9월"의 〈노래하는 동이족〉에 나오는 한 토막이다:

" … 게다가 한국인의 기본감정인 한과 흥은 축제를 얼마든지 확대재생산할 것이다. 지금 옛 동이족 이상으로 사회 전체가 연예화되어 가고 있다. 전국에 노래방이 몇십만 군데가 넘으며 심지어 가정에도 노래방 시설이 현란하다. 어떤 노래잔치에서는 초등학교 2학년짜리가 온몸을 흔들어대며 어른들의 농익은 노래를 불러댄다. 이에 질세라 70노인도 야한 몸짓을 서슴지 않는다. 바야흐로 한국은 가무 해일의 나라가 되어 가고 있다."29

과연 오늘날의 가무 해일의 문화나 연예문화, 노래방 문화를 그 옛날 노래하는 동이족 문화와 연결시킬 수 있을까. 그때의 가무문화를 오늘날의 연예문화와 같은 맥락에서 보고 있는 것은 위험한 발상이라고 하지 않을 수 없다. 그냥 가무라고 해서 한통속으로 보는 것은, 마치 색깔이 비슷하다고 똥을 된장이라고 하는 것과 유사한 소치일 것이다. 동이족의 가무는 수천수만의 변화와 조작과정으로 말미암아 거의 본래성 상실에 처한 것이다.

혹시나 전래의 민요에서 그 흔적을 찾아볼 수는 있을 것이다. 그러나 우리는 일본으로부터 식민지 지배를 받으면서 고유문화를 많이 상실했으며 음악 또한 마찬가지다. "가요 반세기"라는 말 속에는 일본으로부터 받은 가요문화가 뿌리박고 있으며, 멜로디 또한 마찬가지다. 노래방문화는 일본의 가라오케문화이며, 이를 동이족의 가무문화와 관련

---

29 《중앙일보》 2004. 09.09: 〔고은의 세상월령가 9월〕, 〈노래하는 동이족〉.

짓는다는 것은 창피스런 일이다.

식민지문화의 지배가 끝나고 난 후로는 줄곧 미국문화의 영향을 받았다. 그래서 오늘날의 대중문화는 오래전부터 미국의 대중문화에 의식화되어 왔다. 관능적인 것, 육체적인 것, 노골적으로 성적인 것, "섹스어필", 말초신경적인 것 등은 다 유럽에서 유래한 것들이다. 정신적인 것, 영적인 것, 인간성을 승화시키는 것, 숭고미, 조화미, 예술의 본래적인 것은 몽땅 상실되고 저질의 동물적인 것, 성적인 것, 상업자본주의적인 것 등으로 변질되고 조작되어 갔다.

분명하게 알 수 있는 것은, 고대의 가무나 시가 등 문화의 전 영역에 배어 있는 순수미純粹美와 소박미와 같은 것을 오늘날의 저질문화에서는 흔적도 찾아볼 수 없다는 것이다. 일본의 식민지 문화와 잡스런 서구문화의 영향을 적게 받은 우리 할아버지와 할머니의 축제엔, 그리고 그들의 노래와 춤엔 ─전승된 축제의식이 어느 정도 있다고 판단할 때─ 그래도 자연미와 순수미 및 소박미 같은 것이 어느 정도 들어 있었다고 여겨진다.

물론 전승되어 온 단오제나 정월 대보름축제, 농악, 사물놀이, 강강수월래 등에는 그때의 가무를 어느 정도 짐작할 수 있는 흔적이 남아 있다. 그러나 그저 유럽의 육체파적인 것, 온갖 음탕한 동작으로 말초신경을 자극하고 짝짓기놀이나 부추기는 저질 대중연예를 '무천'이나 '영고'며 '동맹'과 연결 짓는다는 것은 신성모독과도 같은 것이며, 본래성 상실일 따름이다.

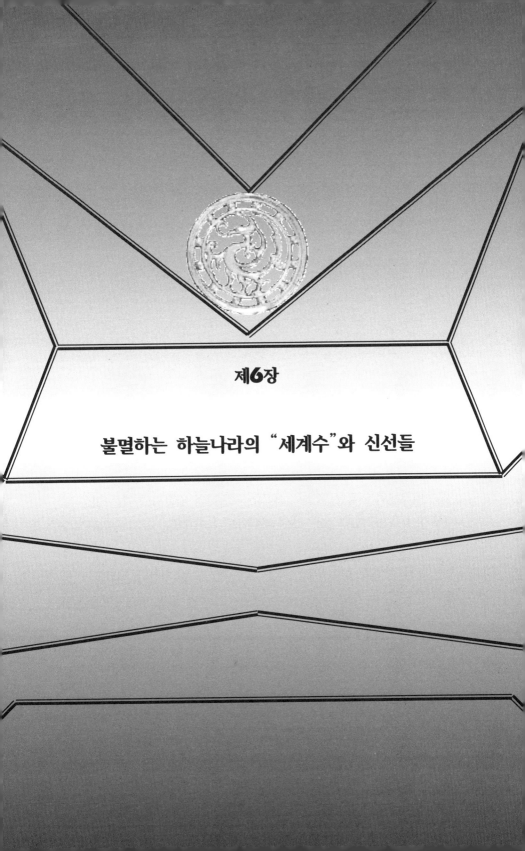

제6장

불멸하는 하늘나라의 "세계수"와 신선들

1. 세계수가 있는 낙원

황금의 왕관에 위로 꼿꼿이 세워진 '山'자 모양의 조형물은 무엇을 상징한 조형물인가? 그것은 하늘을 치솟아 있는 나무의 모형이다. 왜 하필 그 비좁은 공간에 이런 조형물이 등장하는가. 그것은 하늘과의 유기적 관계를 염원하는 뜻이 들어 있다. 나무는 하늘을 향해 자란다. 왕을 '천자'라고 한 데서도 저런 조형물의 존재를 추론할 수 있다. 특히 신라의 시조 박혁거세는 하늘로부터 오고 또 긴요하고 필요한 일이 있을 때 천마를 타고 하늘을 오갔으니, 신라의 왕관에 '山'자 모양의 조형물에 대한 발상은 거의 자연스러웠을 것이다. 놀라운 것은 단군신화의 환인桓因, 환웅桓雄, 단군檀君의 존칭에 예외 없이 나무 '목'木자가 들어 있어 나무의 의미가 대단히 큰 중량을 가짐을 추론할 수 있다. 나무는 고분벽화에도 큰 의미를 갖는다.

고분벽화가 그려진 좁은 고분에는 그러나 수많은 나무들이 신비롭고 비밀스런 초자연적 의미를 함축한 채 그려져 있다. 특히 장천 1호분(각저총, 무용총 등에도)에는 세계의 여러 신화에 등장하는, 땅과 하늘을 잇는 매개체로서 혹은 하늘로 오르는 사다리의 역할로서 자색 빛을 띤 나무가 우뚝 서 있다. 성스러운 분위기를 자아내면서도 아름다운 모습을 하고 있는 나무는 주위를 압도할 정도로 의젓하게 서 있다. 뿌리는 든든하게 대지에 박혀 있고, 미끈하고 긴 줄기와 하늘을 떠받드는 듯 충만하게 옆으로 뻗은 가지들은 꼭대기가 하늘에 닿아 있어 저러한 '세계수世界樹'를 상징하기에 충분하다. 나무 밑에는 무덤주인으로 보이는 사람과 그의 동료가 앉아 있다— 지금은 천상의 정원에 거주하는 주민으로.

엘리아데에 따르면 저러한 '세계수'는 "거룩한 기둥"(Kauwa-auwa)으로서 신화적 존재가 카오스적 혼돈 상태를 코스모스화하고 난 뒤 이 기둥을 타고 하늘로 올라갔으며, 따라서 백성들은 제의로서 그러한 일을 반복한다고 덧붙이고 있다.[1] 이 거룩한 기둥은 저들 원시 원주민의 전승에서 우주의 축을 나타내고 하늘나라와의 영속적인 교섭을 가능하게 해 주는 수단으로 여겨졌으며, 제의적으로도 중요한 기능을 수행하는 것이라고 한다. 유랑하는 과정에서 그들은 언제나 저 '거룩한 기둥'을 갖고 다녔으며, 이것이 기울어지는 방향에 따라 그들이 취할 진로를 선택했다고 엘리아데는 지적한다.[2]

사진 6-1
생명의 근원인
'세계수'
(장천 1호분)

---

1 엘리아데, 《성과 속》, 30쪽 이하 참조. 엘리아데는 특별히 세계수로서의 '거룩한 기둥'에 대한 특별한 제의를 행하는 오스트레일리아의 원주민이며 유랑의 부족인 아룬다 부족의 예를 든다.
2 위의 책, 31쪽 참조.

단군신화에서 신단수神檀樹는 곧 '세계수'이다. 신단수神檀樹는 신단神 壇의 나무로서 신성한 나무라는 말이다. 하늘신의 아들 환웅은 바람을 다스리는 신인 풍백風伯과 비를 내리게 하는 신인 우사雨師, 구름의 신 운사雲師를 비롯하여 천상의 무리 삼천 명을 이끌고서 태백산太伯山 정 상에 있는 신단수 아래로 내려왔다. 환웅은 이곳을 신시神市라고 부르 고 세상을 다스릴 근거지로 삼았다. '세계수'이자 신성한 나무인 신단수 는 곧 하늘신이 살고 있는 하늘로 올라가는 통로였을 것이다.

또 무엇보다도 환웅을 비롯하여 그와 함께 세상으로 내려온 사람들 은 바로 이 신단수 아래에서 하늘에 제사를 지내고서 좋은 세상을 만 들겠다고(홍익인간, 재세이화) 다짐했을 것이다. 환웅과 웅녀의 결혼식 은 아마도 이 신단수 아래에서 거행되었을 것이다. 하늘과 땅, 동물과 식물이 모두 한마음으로 기뻐하고 축복하는 등 우주가 하나 되는 축제 가 펼쳐졌을 것이다. 삼국유사엔 웅녀가 아기를 갖고 싶어 매일 신단수 아래로 와서 빌었다고 전한다.

그런데 상상을 초월하는 '세계수'도 있다. 북유럽 신화에 나오는, 온 세상을 덮고 또 온 세상을 지탱하는 세계수인 이그드라실은 거대한 물 푸레나무이다. 이 세계수의 뿌리는 세 갈래로 갈라져 있는데 하계인 니 플헤임과 거인족들이 사는 외툰헤임, 신들이 사는 아스가르드로 각기 뻗어 있다. 이 '세계수'는 물론 모든 나무 가운데서 가장 크고, 우르드 의 샘 위에 솟아나서 온 세계 위에 가지를 뻗고 있으며, 신들은 매일 이 세계수 밑에서 회의를 하고 재판의 판결을 내린다고 한다.[3]

그런데 저 장천 1호분에 있는 '세계수'는 이러한 신화적이고 초자연 석인 의미 외에도 안식과 평화와 생명을 부여하는 농화의 마을과 파라 다이스의 상을 유감없이 드러내고 있다. 세계수는 보통 하늘을 오르내

---

3 이경덕,《우리 곁에서 만나는 동서양신화》, 사계절, 2006, 93~96쪽 참조.

리는 상징으로 그려질 수 있고, 또 단군신화에서처럼 신단수神檀樹로서의 의미를 갖지만, 여기선 이뿐만 아니라 사람들을 쉬고 놀게 하려고 불러 모으며, 생명의 과일을 안기고, 봉황이 유쾌한 날갯짓을 하며 이리로 날아오게 하는 등 생명수의 역할까지 담당하고 있다. 세계수이자 생명수인 이 나무가 중심이 되어 낙원과 동화의 마을을 그려 내고 있는 것이다.

이 생명수는 천장(하늘)에 닿지만 균형미를 갖춘 크기로 주변에 대한 기준 축을 이루고, 압도적인 분위기를 만들어 내며 많은 실과들을 품은 채 주위의 생명체들을 불러모으고 있다. 더욱이 봉황새가 활기차게 이 나뭇가지로 날아들고 있고, 많은 사람들이 이 나무 아래로 모여들고 있다. 여기에 모여드는 사람들은 그러나 후세의 도교에서 말하는 백발의 신선들이 아니라, 동화의 마을에 사는 평범한 사람들로서 아롱다롱한 의복에 젊은이와 아이들도 함께 있다. 모두가 이 낙원의 주민들이다.

이 마을의 분위기는 환웅이 신단수 아래에서 낙원을 이뤘던 신시神市를 형상화한 것으로 추정된다. 신단수에 세계수로서의 의미 외에도 생명수로서의 의미를 부가하고 또 낙원과 동화의 마을의 분위기가 나는 색채(얇은 자주색과 황갈색이 섞인)를 덧입힌 것이 특징이다. 세계수이면서 생명수로 보이는 나무엔 굵직한 과일이 풍성하게 맺혀 있는데에다, 몇몇 과일들이 아래로 주루룩 떨어지고 있어, 생명을 부여하는 나무임을 직설적으로 드러내고 있다.

마을사람들이 생명수가 있는 곳으로 모여들고 봉황이 활기차게 날며 이쪽으로 오고 있다. 과연 안식이 서려 있는 동화의 마을이고 생명의 과일이 있는 낙원이다. 이토록 생명의 힘을 부여하는 나무를 —한편으로 쉼과 평화와 양식을 부여하고 또 다른 한편으로 인간으로 하여금 하늘나라로 안내하는 사다리의 역할을 하는— 어찌 성스러움을 불러일으키는 나무라고 하지 않을 것인가.

따라서 우리는 고구려의 고분벽화를 통하여 불멸하는 인간뿐만 아니라, 성스러운 분위기를 자아내는 나무들과 초자연적이고 상서로운 짐승들, 하늘과 하늘의 신들이며 해와 달과 별들, 바람과 구름 등등 모두가 서로 유기적 관계를 갖는 성스러운 코스모스의 가족이라는 것을 염두에 둘 필요가 있다.

무엇보다도 우리 인간이 영원한 멸망이나 종말로 빠져버리는 것이 아니라, 이러한 가족의 일원으로 유기적 관계를 가지며 천상의 삶을 갖는 것에 놀라지 않을 수 없다. 그런데 그러한 인간의 삶은 단순한 상상의 산물이거나 황당한 꿈에 불과한 것인가? 결코 그렇다고 단정지을 수 없는 것이 인간의 숙명인 것이다. 실증과학만을 만물의 척도로 삼겠다는 태도가 오히려 황당한 일이다. 실증주의에 중독된 현대인은 그러기에 심히 불행하다. 그러나 실증주의적인 잣대로는 형이상학적인 문제를 해결할 수 없고 오히려 그 앞에 좌절할 뿐이다. 영원한 형이상학의 미스터리는 지상에서 다 해결되지 않을 것이다.

2. 원시도교原始道教의 향연

고구려 고분벽화만으로도 충분히 원시도교의 향연을 흘러넘치도록 엿볼 수 있게 하는 요인들이 가득하다. 여기서 우리는 고분벽화를 통해 펼친 향연을 한국의 고대철학으로 확대할 수 있다. 우선 우리는 결코 종교가 아닌, 철학의 지평에서 고분벽화의 원시도교에 접근하고자 한다. 만약 우리가 신선神仙에 대한 단순한 숭배와 신앙의 차원에 머물러 있다면, 그것은 물론 종교(경우에 따라선 미신이라는 비하된 명칭으로)

에 귀속될 것이다. 그러나 벽화의 신선들은 결코 숭배나 신앙을 요구하지 않고 또 신앙의 대상으로 그려져 있지도 않다.

그 대신 우리가 이 신선과 하늘나라의 초월자들에 관하여 의미 부여 행위를 한다거나 그들에 관하여 사유·해석·분석·판단하는 것은 엄연하고 부인할 수 없는 철학적 행위인 것이다. 더욱이 특별한 의미와 내용을 담고 있는 고분벽화가 무엇에 관한 진술인지를 사유·해석·분석·판단하는 것은 명백하게 철학의 지평에 속한 것이다. 더 나아가 우리는 벽화에 그려진 신선들과 하늘의 초월자들에 관한 형이상학적인 메시지에 동의하고 확신을 갖는 단계로까지 나아갈 수 있을 것이다. 우리는 이런 측면에서 원시도교를 철학의 지평 위로 데려오며, 여기서 우리는 그토록 갈망하는 한국고대철학의 향연을 펼칠 수 있는 것이다.

오랜 세월동안 도교가 자생적이냐 혹은 중국으로부터의 수입에 의해서냐는 논쟁이 학계에서 끊임없이 있었다.[4] 물론 수입이 되었다고 해서 대단한 것일 수 없다는 결론도 지당하고, 또 만약 긍정적인 영향을 미쳤다고 여겨지면 그런 수입도 바람직하다고 할 수 있다. 이 장에서 우리는 여러 측면에서(심지어는 상고시대로부터!) 원시도교가 명백하게 자생적이었고 전승되었음을 밝힌다. 그런데 바로 이 고구려의 고분벽화야말로 이때까지의 논쟁을 불식시키는 —그 부질없고 무모한 논쟁에 일침을 가하는— 획기적이고 원대한 계기를 제공한다. 고분벽화의 규모 면에서 보든 내용 면에서 보든 심오한 철학과 형이상학 및 원시도교의 원초적 모습이 적나라하게, 총천연색으로 그리고 풍부하고 다양하게 펼쳐져 있기 때문이다.

우리는 고구려의 고분벽화를 통하여 원시도교적인 바탕에서 고구려

---

4 이를테면 정재서 교수의 《한국도교의 기원과 역사》(이화여자대학교출판부, 2006)는 이런 논쟁의 관점을 잘 다루고 있다.

인들에게 자유롭게 펼쳐진 하늘세계와 천인들 및 신선들의 세계를 엿본다. 고분벽화에 드러난 신선들과 천인天人들은 후대의 도교에서 말하는 신선의 모습과는 판이하게 다르다. 불로장생한 백발노인의 모습이라기보다는 인간적이고 초인간적인 천인天人들의 모습이다. 고분벽화에서의 신선들과 천인들의 모습은 너무나 고고하고 초연한, 초인간적이고 초자연적이며 신적인 모습을 하고 있다. 신선의 형태로 불멸하는 인간의 모습이다. 그러기에 벽화에 그려진 신선들과 천인들의 모습은 결코 후기 도교에서 장생하는 백발노인의 모습은 아니다! 나이를 구분하기 어려운 하늘인간들은 온갖 악기들을 연주하고, 때론 춤을 추면서 하늘세계의 가족들과 노닐고 있다.

그리하여 하늘세계는 신선들과 선녀들을 비롯한 여러 천인天人들과 신들, 신들의 왕, 해와 달이며 신비스런 별들, 신령한 새들과 초지상적 짐승들, 신비스런 식물들이 서로 어우러져 "천상의 협화음"을 만들어내고 있다. 초월자와 인간의 친밀한 만남에서 곧 인간의 궁극적인 문제가 풀리는 것이다. 이렇게 **인간이 초월자와 만난다는 것은 형이상학과 종교의 궁극적 완성**이라고 할 수 있다. 덕흥리의 고분은 이러한 조화로운 하늘세계의 일면을 보여주고 있다.

고분벽화에 그려진 신선은 대체로 천의天衣를 걸치고서 상서로운 학이나 봉황, 용이나 기린과 같은 짐승을 타고 악기를 연주하거나, 노래하며, 불을 지피거나, 글을 쓰며(통구사신총), 불사약을 제조하거나 이를 손으로 받쳐 들고 있고, 하늘을 비상하여 별을 방문하는 것으로 나타나 있다. 신비스런 "천상의 협화음"이다. 신선은 하늘세계에서 코스모스의 가족들과 불멸의 삶을 영위하고 있다. 신의 속성(imago Dei)을 갖고 있는 존재로서의 인간의 모습이 ―서구의 철학과 종교에서 그렇게 규명하듯― 이토록 천의를 걸치고 비상하고 활보하는 것으로 형상화되었다.

그런데 이 그림을 자세히 들여다보면 우리로 하여금 놀라움과 동시에 주의를 요하는 것이 있다. 여기서 우리는 원시도교와 후대의 도교를 엄연히 구분해야 하는 필연성과 당위성을 포착하게 된다. 그러한 차이는 결코 단순한 외형적 차이가 아니라, 원시도교의 본래적인 모습과 퇴락되고 변질된 후대의 도교를 구분 짓는 중요한 요인이 된다. 그뿐만 아니라 도교를 마치 중국의 전유물로 파악하는 종래의 그릇된 태도를 시정할 필요가 있는 것이다.

　그 차이는 우선 천의를 걸친 신선의 모습이 너무나 특이하여 후대의 도교에서 말하는 신선들의 모습과는 아주 다르다는 것이다. 문명을 창조하는 신(天人)들은 젊고 힘 있게 보이며, 악기를 연주하는 각종 천인天人들은 신비로운 의복을 입은 신들과도 같다. 춤추는 이들 또한 그 역동성과 천의天衣가 어울려 마치 황홀경에 도취된 듯이 보인다. 장천1호분의 세계수가 있는 곳(동화의 마을)에 모여든 이들은 화려한 색동옷을 입은 채 어린이를 포함한 마을사람들로 그려져 있다. 늙어서 돌아간 백발노인의 모습이나 또 그와 비슷한 신선의 모습을 한 이는 없고, 지상의 평범한 사람들의 연령대로 구성되어 있다.

　고구려 고분벽화에는 후대에서 일컫는 도교가 아니라, 원시도교 혹은 시원도교의 바탕이 깔려 있다. 왜 그냥 도교가 아니고 원시도교인가? 그것은 철학적 지평에서 너무나 중요한 차이를 드러낸다. 만약 후대의 중국에 의해 수입된 도교라면, 그래서 작위적作爲的으로 불로장생이나 추구하고 관방도교官方道敎나 펼치며, 나아가 마술과 연금술, 주술, 잡술雜術, 방술方術, 미신, 선술仙術, 방선도方僊道로 일관된 그런 도교라면 고분벽화에 대한 철학적 시도는 그만큼 빈약과 후진성을 면하기 어려울 것이다. 그러나 고구려 고분벽화는 이런 도교를 바탕으로 하고 있지 않다!

　주지하다시피 유교와 불교가 중국으로부터 유입되어5 고려시대와 조선시대를 오랜 기간 동안 지배해 왔다. 물론 그런 유입이 결코 부정적일 수 없다. 게다가 이런 유교와 불교를 독자적으로 재생산 및 재해석한 흔적도 역력하게 드러난다. 그러나 도교의 경우는 좀 다르다. 물론 중국의 도교도 잘 알려졌듯이 고구려 말기 영류왕 7년(624년)에 일차적으로 들어오고,6 또 이차적으로 보장왕 2년(643년)에7 연개소문의 건

---

5 고구려의 고분벽화에 드러난 신선사상의 경우는 불교나 유교와는 무관하고 고대 한국에서 기원한 원시도교와 직접적으로 연관된다. 불교는 신선사상과 직접적인 관련이 없다고 할 수 있다. 이를테면 불교는 인생의 실체를 인정하지 않고, 삶에 큰 중량을 두지 않으며, 죽는 것을 백팔번뇌가 있는 사바세계를 떠나서 열반하는 것으로 생각하기에, 사후의 세계에까지 신선의 형태로 불멸한다는 불멸사상을 견지하는 원시도교와는 거리감이 있기 때문이다. 더더욱 유교는 원시도교의 신선사상과 무관하다. 유교는 사후에 관한 고민을 아예 하지 않는다. 그 대신 현세의 삶에 충실하라고 한다. 그래서 비현실적이고 비경험적인 신神의 영역은 유교의 관심영역이 아니다. 《논어》의 〈술이述而〉편에 나오는 "子不語怪力亂神"이란 구절에 따르면 공자는 인간의 현실적인 영역을 벗어나는 것에 대해선 언급하지 않았다는 말이다. 더욱이 〈선진先進〉에 등장하는 공자와 그의 제자 계로季路와의 문답을 통해 공자는 초인간과 사후의 세계에 대해선 관심 밖이라는 사실을 확인시켜 준다. 계로가 귀신 섬기는 일에 대하여 묻자 공자는 "사람을 섬기지도 못하거늘 어찌 귀신을 섬길 수 있겠느냐"(未能事人, 焉能事鬼)고 답하였고, 또 계로가 감히 죽음에 관하여 묻자 공자는 "삶도 알지 못하거늘 어찌 죽음을 알 수 있겠느냐"(未知生, 焉知死)고 응했다. 이토록 유가는 초인간과 초자연 및 사후의 세계를 외면하고 회피했지만, 불멸의 이름을 남기라는 철저한 유명론을 펼쳤다. "호랑이는 죽어서 가죽을 남기고 사람은 죽어서 이름을 남긴다"는 속담은 유가적 사상을 잘 반영하고 있다. 도대체 아무런 실체도 없는 그 이름이 무슨 의미가 있느냐고 물으면 별로 의미 있는 대답이 주어지지 않는다. 유가儒家엔 따라서 인간의 사후세계와 영혼불멸에 관한 궁극적 물음이 별로 의미 없다. 인간은 그러나 지당하게도 "형이상학적 존재"(ens metaphysicum)이고 또 초월자와의 교류가 없으면 살 수 없는 "종교적 존재"(Homo religiosus)로서 궁극적인 문제를 결코 포기하지도 또 회피하지도 않는다.

6 김부식, 신호열 역해, 《삼국사기》I, 〈고구려본기〉, 영류왕 편, 동서문화사, 1978 참조.

7 위의 책, 〈고구려본기〉, 보장왕 편 참조.

의에 의해 수입되어, 중국에서의 교단도교 및 관방도교, '도사'와 각종 의례와 교리 등이 함께 들어왔다.[8] 그래서 이른바 유·불·도라는 삼각구도를 갖추어 오랫동안 한국사회를 지배해 왔다.

그러나 연개소문과 보장왕은 고구려 말기의 사람들이다. 그러기에 고구려의 고분벽화는 대부분 중국으로부터 도교가 유입되기 전에 그려진 것이다. 따라서 고분벽화에서의 도교적 성격은 후대의 도교적인 것이 아니라, 오히려 자생적인, 선사와 고조선으로부터 이어지는 원시도교적 바탕이라고 보는 것이 온당하다. 별자리에 부여된 문화적이고 철학적인 의미와 신선과 천인天人에 부여된 의미들은 원시도교적 바탕인 것이다. 고분벽화에 그려진 수다한 별들과 신선 및 천인天人의 원시도교적 바탕을 통해, 후대의 수입된 도교가 아닌, 자생적이고 고유한 원시도교가 고대에 자리 잡고 있음을 확실하게 확인시켜 준 것이다.

원시도교의 자생적인 근거는 단군신화에도 자명하게 드러나 있기에, 별다른 증거를 들이대지 않아도 명백한 것이다.[9] 이미 중국으로부터 교

---

8 당나라에서 도교가 도입되어서 당唐에서 보내진 도사道士들에 의해 도교의식 儀式이 집행되었는데, 사서엔 고구려인의 도사가 언급조차 되지 않고 전혀 나타나지 않기에, 중국의 도교가 그리 영향력을 행사하지 못한 것으로 여겨진다 (차주환, 〈한국 도교의 공동체관〉, 《도가사상과 한국도교》, 국학자료원[《도교문화연구》 제11집], 1997, 22쪽 참조).

9 정재서 교수도 한국의 자생적인 도교문화를 적절하게 언급하고 있다: "한국의 도교학자들은 대부분 한국의 도교가 특정한 시기에 중국으로부터 수입된 것이 아니라 중국과 마찬가지로 한국에서도 본래부터 지니고 있던 고유한 문화라고 믿고 있다."(정재서, 《한국도교의 기원과 역사》, 25~26쪽). "도교와 도가사상 은 우리나라에서 자생自生한 사상이 아니요, 儒·佛과 마찬가지로 대륙으로부터 수용된 사상이었다."는 송항룡 교수의 지적은 그러기에 온당하지 않는 것으로 보인다(송항룡, 〈한국 道敎·道家사상의 特質〉, 《한국사상의 심층》, 조명기 외 지음, 우석출판사, 1994, 414쪽).

단도교가 수입되기 이전에, 고래로부터 하늘에 올리는 고산제사高山祭祀, 산악숭배와 신선神仙사상, 성수聖宿신앙 등 원시도교의 문화가 자생自生하고 있었던 것이다.[10] 고분벽화에서의 신선도神仙圖와 천인도天人圖는 곧 고대 한국의 신선사상과 연결되며, 이 사상은 상고와 고대의 한국 고유사상에서 전승된 것이라는 결론이다.

고구려의 고분벽화에서 수많은 하늘세계의 그림과 별자리들, 나아가 선사시대의 고인돌 덮개돌에 각인된 성좌도의 성혈들도 원시도교의 확실한 증거가 된다. 더욱이 《환단고기》나 《삼일신고》 등 고서古書들에는 천문사상으로 수를 놓고 있는데, 이런 고서들이 그 진위 여부를 떠나 천문에 천착하고 있는 것도 성수聖宿신앙의 계승이라고 하지 않을 수 없는 것이다.

실로 동양의 세계는 ―오늘날엔 퍽 변질되었지만― 하늘과 별들을 등지고 철학할 수는 없다. 앞에서도 언급했지만, 동양철학의 한의학자들이 다음과 같이 동양학문의 원형을 서슴없이 하늘이라고 하는 것도 지극히 정당한 것으로 여겨진다. "동양의 세계를 헤매다 보면 어김없이 다다르는 곳도 역시 하나입니다. 그곳은 바로 하늘입니다. 거대한 하늘〔昊天〕을 운행하는 수많은 별들, 그 별들이 수를 놓는 하늘무늬가 동양의 바탕이었던 것입니다. … 음양오행은 뿌연 안개로 뒤덮인 동양의 바다를 항해하는 나침반이라 했습니다. 고대의 賢者가 만든 나침반이 음양오행이라면 하늘의 별들은 神이 만든 나침반입니다. 동양학문의 원형은 모두 하늘에서 내려왔기 때문입니다."[11]

왜 이토록 원시도교와 후대의 도교를 엄격하게 구분하느냐고? 거긴 엄청난 철학적 자이가 있기 때문이다. 이 밖에노 역사석 줄처마서노 다

---

10 정재서, 《한국도교의 기원과 역사》, 28쪽 참조.
11 어윤형·전창선, 《음양오행으로 가는 길》, 6~7쪽.

르기에 후대의 중국도교와는 여러 각도에서 차이를 드러낸다. 한국의 고유한 원시도교가 독자적으로 전승되고, 특히 신선사상의 경우 고대 한국의 고유사상으로부터 전승되어 —비록 그 사이에 많은 변천을 겪었지만— 오늘날까지 존속하고 있기에, "도교와는 별도로 독립시켜서 다룰 수도 있는 성질의 것"12이라고 차주환 교수는 타진한다.

더 나아가 차주환 교수는 중국의 도교가 오히려 한국으로부터 전파된 것으로 파악하는데, 이런 견해는 결코 무리한 주장이 아닌 것으로 여겨진다: "한국 신선가神仙家의 전승에 따르면, 신선도 내지 신선술은 본래 한민족에서 시작되었고, 그것이 중국에 전파되어 본래의 정신과는 크게 괴리乖離된, 미신과 잡술에 가까운 형태로 전락해 버린 것이다. 이 문제에 대한 시시비비는 보류한다 하더라도 중국도교의 시원을 한국 신선사상에서 구해야 한다는 견해가 견지되어 온 이상 한국 신선사상을 도교적인 문화현상으로 받아들이고 고찰해야 할 충분한 의의는 있다고 하겠다."1314

---

12 차주환, 〈한국 도교의 공동체관〉, 7쪽.
13 차주환, 위의 곳. 정재서 교수는 그러나 차주환 교수와는 입장을 조금 달리하여 원시도교를 고대의 한국과 중국이 "공유하였던 문화 형태로 보아야 한다는 견해"를 피력한다.(정재서, 《한국도교의 기원과 역사》, 29, 85쪽, 정재서, 《不死의 신화와 사상》, 민음사, 1995, 68~69쪽 참조).
14 북애는 당대의 학자들이 선교의 유래를 알지 못한 채 이것이 황노(黃老: 황제와 노자)의 줄기에서 나왔다고 주장하는 것을 꾸짖고, 신시시대부터 있던 신교神敎로부터 비롯되었다고 밝힌다(북애 지음, 고동영 옮김, 《규원사화》, 64쪽 참조). 북애는 《규원사화》에서 선교仙敎와 도교가 고대 한국에서 기원했음을 지적한다: "선교仙敎가 황제와 노자로부터 나온 것은 아니다. 신시시대 제14세 환웅인 치우천황(蚩尤天皇. BC 2807-2599) 때 자부선생紫府先生이 지은 삼황내문경三皇內門經에서 비롯되었다. 치우천황과 싸우다 지친 황제 헌원은 자부선생을 찾아갔을 때 삼황내문경을 받았다. 헌원은 이것을 바탕으로 하여 황제내경黃帝內徑을 펴냈고 도교道敎의 기초를 이루었다. 도교는 노자를 거치면서 더욱 체계화되어 발전했다. 이처럼 선교는 원래 우리의 고유한 도에

일단 우리는 앞에서 언급했듯 중국으로부터의 도교 수입 이전에 고래로부터의 원시도교가 있었음을 단군신화와 고분벽화를 통해서 증거를 제시할 수 있다. 그뿐만 아니라 선사시대로부터 내려오는 고산제사와 산악신앙 내지 성수聖宿신앙과 신선사상은 원시도교적인 문화현상이고 동시에 원시도교의 기원이라고 할 수 있다. 더 나아가 별자리에 부여된 원시도교적인 바탕을 통해서도 증거를 제시할 수 있다.

말하자면 북두칠성과 남두육성 및 삼성(오리온자리)과 묘성(플레이아데스성단), 해와 달을 비롯하여 별들의 세계는 원시도교적이고 도교적인 의미를 갖고 있다. 이러한 별자리에 각별한 의미 —이를테면 이생에서의 생명과 사후의 영혼을 관장하는 별자리들— 가 부여된 것은 선사의 석기시대와 청동기시대부터다. 물론 이러한 별자리들에 각별한 의미가 부여된 것은 몇몇 사람들에 의한 자의에서가 아니라, 많은 사람들에 의해 공감과 공명 및 공통감(sensus communis: 칸트)에 의해 구축된 것이다.

우리에게 이 시대의 유물들인 선바위와 고인돌의 덮개에 그려진 북두칠성과 남두육성은 이미 각별한 의미를 갖고서 새겨져 있다. 더욱이 고인돌과 청동기의 문화는 중국문화와 구별 짓는 주요한 단서가 되는데, 이는 역사적인 정설로 여겨진다. 이 문화의 흔적은 대부분 한반도와 요하강 유역[15]까지이므로, 원시도교적 바탕은 훨씬 이전에 시작되었

서 나왔다."(북애, 위의 책, 122쪽).

15 고대의 요하 유역은 물론 차이나로 불리는 중국이 아니었으며, 오히려 동이족의 영역이었고 또 오랫동안 고조선과 고구려의 영토였다. 물론 고대에는 오늘날과 같은 엄격한 배타적 영토 개념이나 국가 개념을 갖지 않았었다. 그런데 역사가 흐르면서 이 지역을 중국이 소유하게 되었는데, 중국이란 국가개념이 형성되기 이전의 이 지역 문화권을 마치 당연한 것이기라도 하듯 은연중에 중국의 고대문화권으로 환원하고 편입시키는 것은 부당한 것이다. 오늘날 역사적 유물의 발굴에 의해 요하문화가 중국의 황하문명보다 2000년 이전에

고 그 중심은 고대 한국이었던 것이다. 그리하여 선사시대부터 시작된 원시도교는 고조선과 부여 및 고구려로 이어진 것이다.

이토록 증거를 제시해 가며 원시도교와 도교를 구분하는 것은 물론 진실 그 자체를 위해서도 대단히 중요하지만, 고유하고 자생적인 원시도교를 부인하거나 망각하지 않는 것도 주요 과제이다. 그것은 무엇보다도 그 철학적인 차이와 중요성 때문이다. 원시도교의 철학적 깊이와 순수성을 망각해서도 안 되며 또 훼손해서도 안 되고 후대의 도교와의 차이를 결코 무시해서도 안 된다. 여기서 후대의 도교란 중국 쪽으로부터의 유입에 의한 것이든, 국내에서의 자생에 의한 것이든 본래적이고 원형적인 원시도교의 상실에 기인한 것으로 여겨진다.

중국 도교에 큰 기여를 한 갈홍葛洪의 《포박자抱朴子》에는 불로장생술과 연단술에 관한 내용들이 소개되어 있는데, 그러나 그것은 유감스럽게도 불로장생과는 반대 방향으로 치닫게 되고 있다. 이를테면 갈홍은 이 저서에서 불로장생의 약이라고 하는, 주성분이 진사辰砂인 약에 대한 금단의 효능을 설명하고 있다. 갈홍에 따르면 "금단을 발에 바르면 물 위를 걸을 수 있고, 손에 바르면 원하는 모든 것을 얻을 수 있으며, 한 알을 다 먹으면 하늘에 올라가 신선이 되고 반 알만 먹으면 영원히 살 수 있다"[16]는 것이다. 우리로 하여금 어리둥절하게 하는 황당한 진술은 이뿐만이 아니다. 갈홍은 "또 하늘에 올라가면 먼저 온 선

시작되었다는 보고가 자주 들린다. 우실하 교수는 《고조선문명의 기원과 요하문명》(지식산업사, 2018)에서 중국에서 진행되고 있는 발굴을 중심으로 요하문명론을 제기한다. 황화문명과는 전혀 다른 유물들이 출토됨에 따라 동이족이 선진문명(요하문명)을 일구고 그 문물을 중국에 전했다는 요지이다. 또 신용하 교수는 '요하문명'이 고조선 '아사달문명'의 일부라는 사실을 밝힌다(《고조선문명의 사회사》, 제3장 고조선문명 탄생의 기원(Ⅱ), 지식산업사, 2018 참조).

16 김교빈, 《한국철학 에세이》, 동녘출판사, 2003, 113쪽.

배 신선들이 너무 많아 인사를 하느라 머리를 들고 다닐 수조차 없기 때문에 그냥 지상에서 불로장생을 누리는 편이 낫다"[17]는 것이다.

이런 어처구니없는 주장을 연단술이라고 늘어놓고 그러한 금단을 먹으며 불로장생을 꿈꾸었다니 참으로 기가 막힐 노릇이다. 아무리 과학이 없는 시대라고 하지만 이토록 인간을 중금속 중독으로 미리 죽게 하는 것을 불로장생의 연단술이라고 하니 안타까울 따름이다. 물론 금단을 만든 당사자들은 그런 중금속의 중독을 몰랐을 것이고, 또 이것이 불로장생의 효능이 있으리라 믿었을 것이다. 그러나 함부로 불로장생의 황당한 주장을 늘어놓는 것은 딱하기 그지없는 처사인 것이다.

저 금단의 주성분인 진사辰砂는 수은과 유황의 혼합물이기에 많은 사람들이 연단술을 행하다가 독한 중금속 중독으로 죽어 갔을 것이고, 연단술과 불로장생의 이름 아래 오히려 생명을 단축하고 말았던 것이다. 진시황도 유별나게 불로장생과 불사신의 대열에 끼어들고자 갈구했지만, 죽기 전에 이미 중금속 중독으로 정신이 혼미했으며 급기야 49세의 젊은 나이로 생을 마감하고 말았다.

주지하다시피 진시황과 한무제는 도교를 숭배했고 불로장생을 위해 신선을 찾고자 애썼다.[18] 그들의 도교는 도대체 무엇인가. 그들은 상상을 초월할 정도로 전쟁광인들이고 무수한 인간들을 잔인하게 죽인 장본인들이다. 인간들의 생명을 초개 같이 여긴 그들이 자신들은 불로장생하겠다니 얼마나 우스꽝스러운 노릇인가. 작위作爲스런 방식으로 불로장생하겠다는 인간의 욕심은 도대체 무엇이며, 신의 대열에 끼어들겠다는 것은 또 얼마나 괴팍한 심보인가. 그런데 그런 식으로 그들은 불로장생했단 말인가?

---

17 위의 곳.
18 사마천, 《사기》, 〈秦始皇本紀〉와 〈孝武本紀〉 참조.

진시황은 지나치게 잔인하며 인격파탄자라고까지 불릴 정도로 포악한 군주였다.[19] 무력으로 이웃나라들을 다 진압하고, 끌고 온 포로들을 일말의 예외도 없이 마치 살인을 즐기듯 직접 시범을 보이고서 단칼에 다 목을 자르게 했다. 권력에 도전하는 낌새가 보이면 잔인하게 죽였으며, 존속살해도 일삼았다. 또 만리장성의 건립에 동원한 노예들의 경우는 어떤가. 약 백만 명에 이르는 노동자가 만리장성의 축조에 끌려갔고, 그들의 대우는 노예 수준이었으며, 노동하는 중에 죽어 간 노동자도 부지기수였으며 대부분 평생을 강제노동에 시달리다가 죽어 갔다. 사료에 따르면 끌려간 노동자들 중에서 한 집 건너 한 집은 못 돌아왔다고 하니 그 노동이 도대체 얼마나 잔인했을까.

이런 진시황이 자신은 영원한 생명을 획득하기 위해 불로장생술에 탐닉하고, 마술과 연금술에 관심이 많아 불로장생하게 해 준다고 여긴 연금술사와 마술사를 찾기 위해 전국을 순회했다고 한다. 또 이런 마술사와 주술사를 계속 조정에 불러들이자 유가들은 이를 못 마땅하게 여겼고 주술사들의 주술에 사기성이 많다고 하자 유가들 460여 명을 처형했다고 한다.

진시황은 죽기 싫어 도사 서복(徐福 서시, 서불이라고도 칭함)을 시켜 동남동녀 3천 명을 대동케 하고 동이(東夷; 고대한국)의 삼신산(봉래산, 영주산, 방장산)[20]으로 보냈으며, 사료에 따르면 이들은 남해의 금산과 제주의 서귀포에 이르기까지 불로초를 구하러 다녔다고 한다.

---

19 브리태니커 백과사전 참조.
20 이런 삼신산은 중국의 고대에선 잘 알려진 편인데, 심지어 《사기》의 〈봉선서 封禪書〉에도 기록되어 있다: "제나라 위왕·선왕과 연나라 소왕이 사람을 시켜 바다로 가서 봉래·방장·영주를 찾게 하였다. 이 세 개의 신산은 발해 가운데에 있다고 전해지는데, 인간세상에서 멀지 않다. … 일찍이 그곳에 간 자가 있는데, 모든 선인과 불사약이 다 거기에 있다. 그곳의 사물과 금수는 모두 하얗고 궁궐은 황금과 백은으로 되어 있다."

그러나 그들은 불로초를 결국 구하지 못했으며, 고국으로 돌아간들 더 이상 희망이 없다고 생각한 나머지 어딘가로 사라져 버린 것이다. 진시황은 산과 바다에서 하늘을 우러러 소리치며 자신은 죽지 않게 해달라고 애걸했다. 그러나 그는 49세의 짧은 나이로 죽고 말았다.

이런 도교의 문화를 우리는 철학의 지평으로 끌고 올 생각은 전혀 없다. 그런데 도대체 그러한 문화를 만든 도교는 무엇이란 말인가. 도교의 문화엔 위에서도 언급된 불로장생술이나 마술과 연금술, 주술 외에도 잡술雜術, 방술方術, 미신, 선술仙術, 방선도方僊道[21] 등등 죽지 않으려는 욕망을 근간으로 하는 작위作爲스런 술術들이 수없이 많다. 고대 중국 진·한 시기의 숱한 제왕들이 그들의 절대권력을 영원토록 거머쥐기 위해 신선사상을 믿으면서 방사를 육성하고 불로장생과 장생불사를 위하여 온갖 노력을 기울였지만, 그 욕망과 꿈, 장생과 불사를 성취한 이는 아무도 없었다. 그러나 중국으로부터 수입되지 않은 원시도교엔 이런 모습이 드러나지 않으며, 특히 고구려의 고분벽화엔 이런 술[22]들이 자리 잡고 있지 않다.

무덤의 벽화에 신선들과 천인들을 그려놓은 것은 사후의 천향 세계를 일컫기에, 작위스런 방식으로 인간이 이승에서 불로장생을 획득하는 게 아니라는 강력한 시사점이 들어 있다. 죽음은 인간의 작위가 더 이상 존재할 수 없는 그런 상태이다. 그래서 고구려인들은 죽음을 회피하거나 욕망의 분출에 의해 작위스런 꾀를 끄집어내는 것이 아니라, 죽어서 선향으로의 귀향을, 그리고 거기 본향에서 주민으로 사는 것을 고분의 벽화에 드러낸 것이다.

더욱이 천인天人과 신선의 등상은 바로 천인과 신선과 선향仙鄕으로

---

21 정재서, 《不死의 신화와 사상》, 31~32쪽 참조.
22 도교의 잡다한 기복신앙적인 측면에 관해선 송항룡, 〈한국 道敎·道家사상의 特質〉, 《한국사상의 심층》, 418쪽 이하 참조.

의 귀향이 인간의 작위와 인위적 욕심에 의해서가 아니라, 더없이 높은 초월자로부터의 증여에 의해 가능함을 드러내는 것이다. 인간은 갈망할 수 있을 따름이고 사후에 선향仙鄕과 신향神鄕이 확실히 존재할 것이라는 확고한 믿음을 표현한 것이다. 이런 태도는 인간의 겸허함이 드러난 철학이고 종교라고 할 수 있다.

말하자면 천인天人과 신선 및 선향으로의 귀향이 결코 작위나 욕망 및 인위적인 방식에 의해 획득되는 것이 아니라, 초인간적인 초월자로부터의 증여에 의해 이루어질 수 있다는 통찰을 해 볼 수 있다. 이들 세계는 결코 현실세계도 아니고, 현실세계에서 실증적으로 존재하는 것이 아니다. 인간은 결코 신이 아니고, 신선과 선녀가 걸치는 날개옷도 갖고 있지 않다. 그러나 형이상학적 물음과 답변에서, 우주적 섭리에서, 존재하는 것의 신비에 대한 물음에서, 영혼이 결코 멸할 수 없다는 불멸의 사상에서, 저러한 사후의 세계는 "존재할 수 있다는 희망"(Sein-Hoffen)과 "존재해야 한다"(Sein-Sollen)는 당위가 파악되는 것이다.

고분벽화에서 신선과 천인天人이 불사약을 들고 있는 것은 결코 불로장생술이 아니라, 불멸함을 상징적으로 보여주는 것이다. 이는 마치 암브로시스가 불멸하는 신들의 음식이라는 그리스 신화와도 유사한 형태이다.

송항룡 교수는 현세적 축복이나 이익을 추구하고 기복종교로 치우친 도교에 관하여 언급하는데, 우리는 이를 통하여 도교와 원시도교를 엄격히 구분해야 할 필요성을 강하게 느낀다: "도교의 기복현상은 수련도교가 수련에 의한 장생불사의 추구였던 것처럼 기원에 의한 장생의 추구가 그 원래의 목적이기 때문에 사후의 세계나 영혼보다는 살아 있는 인간의 삶의 문제와 생명에 관련된 것만이 기복의 내용이 된다는 점에서의 현세이익사상이다. 그러므로 도교에서의 기복의 중심내용은 주로 연년익수를 요구하는 것이며 질병을 물리치거나 예방하는 것이요, 그리고 삶과 관련한 여러 가지 현세적 축복을 비는 것이요, 결코 사자死者를 위한다거나 또는 사후의 일을 위해 기도한다거나 하는 영혼구제를 목적으로 하지는 않는다."[23]

고분벽화에 그려진 원시도교는 바로 현세이익사상이나 현세적 축복, 현세에서의 불로장생, 질병치료 및 현세적 삶의 문제와 같은 것이 전혀 아니다. 이미 죽은 사람의 시체가 안치된 무덤인데, 이런 현세적 기복을 기원한다는 것은 앞뒤가 맞지 않다. 그것은 오히려 앞에서 지적한 도교가 추구하는 것과 반대현상, 말하자면 사후의 세계나 영혼문제며 사후의 일을 위한 기도와 영혼구제가 주요 문제이고 테마이기 때문이다. 더욱이 그들은 현세적 복락에 별로 미련을 두지 않았으며, 또 그렇다고 현세적 삶을 외면하는 피안주의를 꿈꾸지도 않았다. 그런 왜곡된 도교를 그들은 아예 갖고 있지 않았다.

고분벽화를 통해 고구려인들은 큰 귀향[大歸]을 기본원리로 보았으며, 이는 단군신화에서부터 이미 천명된 것이다. 《삼국유사》나 《제왕운기》보다 원시도교적인 것을 좀 더 기록한 《규원사화》는 환웅천왕의 하늘로의 귀향을 언급한다: "천황의 말년에는 공들인 일들이 모두 완성되고 삶과 사물이 즐겁게 사는 것을 보고 태백산에 올라갔다. 천부인 3개를 연못가 박달나무 아래 돌 위에 두고 신선이 되어 구름을 타고 하늘로 올라갔다."[24]

차주환 교수는 이 《규원사화》의 〈단군기〉 속의 "대고"大誥에서 그 첫머리 5항을 인용하는데, 이 중에서 2~5항엔 신의 고장에 관한 기록이다. "대단히 길하며 상서롭고 대단히 빛나며 밝은 곳이 신의 고장이다."[25] 제3항은 환웅의 귀향을 언급한다: "위대한 천제天帝는 하늘의 궁

---

23 송항룡, 앞의 글, 418~419쪽.
24 북애 지음, 고동영 옮김, 《규원사화》, 55쪽.
25 차주환, 〈한국 도교의 공동체관〉, 10쪽.

전에서 내려와 3천의 집단을 이끌고 우리의 위대한 조상이 되어 공업功業을 완수하기에 이르러 신의 고장으로 돌아갔다."[26]

그뿐만 아니라 일반 사람들이 하늘의 고장에 올라가는(들어가는) 것에 대해서도 언급한다. 이를테면 뭇사람들은 "오직 하늘의 법도를 본받아 온갖 선을 돕고 온갖 악을 없애고 본성에 통달하여 공업을 완수하여야 하늘로 올라간다."[27] 또 제5항은 "하늘의 법도는 오직 한결같고 그 문을 달리하지 아니한다. 너희들은 오직 순직하게 성실하고 너희들의 마음을 한결같이 하여야 하늘로 올라간다."[28] 위에서 언급된 하늘 고장으로의 귀향을 차주환 교수는 한국 신선사상의 핵심으로 본다: "한국 신선사상의 핵심은 유일신 신앙과 성통공완性通功完하여 천계로 올라가 신향神鄕으로 돌아가는 데에 있다."[29] 이리하여 신향은 인간이 궁극적으로 지향하는 곳이 되었다.

그런데 신향 혹은 선향으로의 큰 귀향[大歸]이란 도대체 어떤 의미일까. 우선 그런 귀향은 결코 이승의 삶에만 집착하는 현세주의도 아니고 또 현세도피의 피안주의도 아닌 고구려인들의 건강한 세계관에서 출발한다. 또 그들은 결코 중국적인 도교의 교단주의나 종교적 의식에도 얽매이지 않았다. 그러나 그들의 유래가 하늘이며 인간이 본래부터 불멸하는 영혼의 소유자임을 터득하고 있었다. 그러기에 죽음은 결코 영원한 종말이 아니며, 무화無化도 아니고 저주는 더더욱 아니다. 그것은 선향으로의 큰 귀향[大歸]이며, 이런 귀향은 코스모스cosmos와의 작별이 결코 아닌 것이다.

세계수이면서 생명수가 있는 장천 1호분의 벽화를 다시 언급해 보자.

---

26 차주환, 위의 곳.
27 차주환, 위의 곳.
28 차주환, 위의 곳.
29 차주환, 위의 글, 9쪽.

이 벽화는 마치 환웅천황의 신시神市를 형상화한 것처럼 보인다. 이곳은 이상적인 동화의 마을이고 본향이며 선향仙鄕으로서 생명과 평화와 아름다움이 흘러넘치는 곳으로 사람들이 모여들고 있는 것을 드러내었다. 그런데 이곳은 우리 인간들과 전적으로 단절된 그런 세상이 아니다. 말하자면 어떤 음침하고 고약한 하데스Hades와 같은 곳도 아니며, 또 거기에 모여든 유령과 같은 사람들이 모여든 곳도 아니다.

말하자면 큰 귀향에 의해 도달한 선향은 본향이고 다름 아닌 동화의 마을로서 인간의 또 하나의 (이상적인) 거주지인 것이다. 우리가 이쪽에서 보면 그곳이지만, 그쪽이 본향이라서 그쪽에서 보면 그곳은 바로 이곳이 되는 것이다. 이곳과 그곳은, 그리고 여기와 거기는 공간적으로는 동일한 코스모스 안에서 또 시간적으로는 동일한 영원 안에서 조그마한 변화의 운동에 불과한 것이다. 똑같은 존재의 집이고 똑같은 우리가 함께 이 존재의 집에서 거주한다. 고대 그리스의 철학자 헤라클레이토스Herakleitos는 "올라가는 길과 내려가는 길은 하나이며 동일하다."30고 했다. 이는 우주의 순환과정에서 그 운동방향이 다른 것도 결국 하나이며 동일하다는 것이다. 삶과 죽음은 각각 다른 운동방향으로서 동일한 우주적 차원에 있다. 또 "원의 수레바퀴에서 시작과 끝은 함께 만난다."31

이런 헤라클레이토스의 운동 개념은 니체Nietzsche의 영원회귀의 사상과 만나게 된다. 죽음은 영원히 계속되는 존재의 세월 속에 참여하여 끊임없이 재건되는 존재의 집으로 돌아가는 것과 같은 이치이다. 영원의 길이란 곡선이기에 '순간'이라는 출입구에서 들어가 영원과 만나는 것은 존재에 대한 지극힌 긍정의 의미를 내포한다: "모든 것이 가고

---

30 H. Diels: *Die Fragmente der Vorsokratiker*, Rowohlt: Hamburg, 1957, p.27(Frag. 60).
31 H. Diels, 위의 책, p.29(Frag. 103).

사진 6-2
동화의 마을 같은
천향을 드러낸
장천 1호분의 벽화

모든 것이 되돌아온다. 존재의 수레바퀴는 영원히 회전하는 것이다. 모든 것이 죽고 모든 것이 새롭게 태어난다. 존재의 세월은 영원히 계속되는 것이다. 모든 것이 파괴되고 또 새롭게 결합된다. 똑같은 존재의 집이 영원히 재건되는 것이다. 모든 것이 헤어지고 모든 것이 다시 만난다. 존재의 수레바퀴는 영원히 자신에게 충실하다. 존재는 매순간마다 시작된다. '저곳'이라는 공은 모든 '이곳'의 주위를 회전하는 것이다. 중심은 모든 곳에 있다. 영원의 길은 곡선이다."[32]

그러기에 죽음은 —앞에서 언급한 것처럼— 영원한 종말도 아니고 (그럴만한 이유가 없다) 갑작스런 무화無化도 아닌, 귀향일 따름이다. 단지 존재의 지평과 존재의 방식만을 달리한 —그러나 전체와 영원의 관점에서 보면 이런 구분도 지워지고 동일한 존재의 집에 거주하는— 부단한 생성불식生生不息의 우주적 차원에 참여하는 행위인 것이다. 따

---

32 니체(Nietzsche, F.W.), 사순욱 옮김, 《짜라투스트라는 이렇게 말했다》, 홍신문화사, 2007, 294쪽.

라서 죽음은 영원히 계속되는 존재의 세월 속에서 순간이 일으킨 작고도 큼직한 존재의 사건인 것이다.

3. 불멸을 밝히는 별무리들

별들의 세계에 대하여 특별한 의미를 부여한 것은 동양이나 서양이나 마찬가지다. 마음을 가다듬은 자세에서 밤하늘의 별들을 보면 신비로움과 경이감은 말할 것도 없고, 이런 현상을 존재하게 한 근원에 대한 어떤 원초적 동경심을 갖게 된다. 사람들은 별의 빛남에서 살아 있고 절대적인 능력을 가진 신神을 떠올리고 경외심 가득한 눈길을 보냈던 것이다. 또 별과 별자리는 우리 인생의 짧은 생애와는 달리 영겁을 꿰뚫고 영원히 변하지 않는 듯하여, 이들에게 우리 인생의 삶과 죽음을 의탁했는지도 모른다.

고대인들은 별과 별자리에 대한 동경심과 경이감을 현대인보다 훨씬 더 강하게 가졌을 것이며, 또 그런 면에서 일찍이 천문天文을 태동시켰을 것이다. 그 옛날에 만들어진 별자리가 아직도 그대로 빛나고 있으며, 영겁의 시간을 가로질러 아직도 그대로 영감의 원천이며 경이감의 대상인 것이다.[33] 이런 맥락에서 별들과 하늘세계에 대한 천문지리天文地理와 형이상학 및 신화와 종교의 탄생은 퍽 자연스럽고 당연한 것으로 받아들여진다. 말하자면 관념론의 탄생보다는 훨씬 우리에게 친근한 것이다. 이를테면 누가 또 어느 민족이 보아도 일곱 개의

---

[33] 냉철한 합리성에 엄격할 것을 요구한 칸트조차도 별들에 대한 경탄을 금치 못했던 것이다. 그의 묘비명엔 별에 대한 경탄이 쓰여져 있다: "나로 하여금 경탄케 마지않는 것이 둘 있으니, 하나는 저 하늘에 빛나는 별이요, 또 다른 하나는 내 마음 속의 도덕률이다."

별이 함께 움직이며 붙박이별을 중심으로 돌고 있는 것을 목격한다면, 서로 차이가 나겠지만 특별한 의미를 부여하게 되는 것이다.

화가 반 고흐는 특별히 별들에 관한 그림을 많이 그렸다. 〈론강 위의 별이 빛나는 밤〉(1888)에는 북두칠성이 화면의 중앙상단을 차지하고 있다. 북두칠성을 그린 것뿐만 아니라 강력하게 부각시킨 것은, 이 별자리가 특별한 철학적 의미를 내포하고 있다는 것을 시사한다. 이런 맥락에서 자연스럽게 인간들은 별과 별자리에 특별한 의미를 부여하(였)고, 또 그런 방식으로 선사시대와 태곳적부터 별들에 의미가 부여되어 온 것이다.

고흐의 이 그림은 천상의 황홀함과 신비로움을 지상에서 보게 하는 듯하고, 이 그림 속에 등장하는 두 사람은 "영원에 근접하는 남자와 여자"[34]일 것이다. 광휘를 발산하는 선명한 색채를 가진 별은 고흐에게서

사진 6-3 〈론강 위의 별이 빛나는 밤〉

희망의 표현임과 동시에 영원의 표현이다.[35] 이러한 별들은 그가 지상에서는 너무나 형편없는 생애를 이어갔던, 궁핍과 외면당함, 고뇌와 병고, 절대고독, "최하", 그리고 최악의 조건으로 구차한 삶을 살았던 것을 위로하고 포용하며 끌어안아 주는 메시지를 던지고 있다.

이러한 별들의 세계엔 고흐에 따르면 (영원과 동경의 대상이지만) 살아 있는 상태로 갈 수 없고 죽어서 귀향하는 고향과도 같다: "지도에서 도시나 마을을 가리키는 검은 점을 보면 꿈을 꾸게 되는 것처럼, 별이 반짝이는 밤하늘은 늘 나를 꿈꾸게 한다. 그럴 때 묻곤 하지. 프랑스 지도 위에 표시된 검은 점에게 가듯 왜 창공에서 반짝이는 저 별에게 갈 수 없는 것일까? 타라스콩이나 루앙에 가려면 기차를 타야 하는 것처럼, 별까지 가기 위해서는 죽음을 맞이해야 한다. … 늙어서 평화롭게 죽는다는 건 별까지 걸어간다는 것이지."[36]

살아 있을 뿐만 아니라, 신비의 힘과 생명을 부여하고 무한한 수수께끼의 메시지를 방사하는 별들은 고흐의 별들이다. 별들에 색의 마력을 입혀 영원과 천상의 세계를 드러내었다. 푸른색과 노란색의 조합(에메랄드, 연초록)을 그는 "천상에서나 볼 수 있을 듯한" 색이라고 한다. 〈론강 위의 별이 빛나는 밤〉에서의 별들은 진한 노란색과 그린색을 띠고 있고 ─늘 고흐가 신비로운 색채에 매료되었듯이─ 신비로운 광채를 발하고 있다.

별들과 별자리에 대해 동경심이나 경이감을 넘어 형이상학 및 신화와 종교가 탄생되는 것이 퍽 자연스러운 것이라고 언급했던바, 고흐는 동생 테오에게 보낸 편지에서 다음과 같이 쓰고 있다: "나는 종교에

---

34 빈센트 반 고흐 지음, 신성림 옮김, 《반 고흐, 영혼의 편지》, 예담, 2001, 195쪽.
35 위의 책, 195~196쪽 참조.
36 위의 책, 177~178쪽.

사진 6-4 고흐의 〈별이 빛나는 밤〉

대해 처절한 욕구를 갖고 있다. 그런 밤이면 나는 별을 그리러 밖으로 나간다." 그런데 한 가지 놀라운 것은 고흐가 별을 그릴 때 동심원 모양― 특히 〈별이 빛나는 밤〉에서 ―을 그려 넣은 것이다. 이런 별의 모습은 우리의 고인돌에 새겨진 별의 문양과도 흡사하다는 것이다.[37]

이리하여 우리는 예나 지금이나 별자리에 특별한 의미를 부여하게 되고, 이는 철학적·문화적·예술적 의미를 갖게 되는 것이다. 그리고 이런 의미 부여 행위는 다소 형이상학적이지만, 그러나 퍽 자연스러운 것이다. 무엇보다도 그들은 자연에 대한 한없는 경탄과 숭경의 태도를 가졌고, 그런 태도에서 특별한 의미를 부여하였지 어떤 합리적 주장을 하

---

37 여기선 박창범, 《하늘에 새긴 우리역사》, 91~93쪽 참조. 박창범 교수는 고흐의 〈별이 빛나는 밤〉에 그려진 동심원과 경남 함안의 도항리에 있는 고인돌 및 울산 천전리 암각화(국보 재147호)에 새겨진 동심원을 비교하고 있다.

기 위해서가 아니었다는 사실을 우리가 망각해서는 안 된다. 그러기에 선사시대부터 북두칠성과 남두육성에 부여되었던 철학적·문화적·예술적·형이상학적 의미는 인간들에게 호소력이 있는 것이다.

물론 지금 당장 실증적으로 그렇게 부여된 의미가 일리 있는 것인지 검증될 수도 없고 또 검증되어야 할 필요성도 강요되어서는 안 된다. 천국과 극락 및 하데스와 지옥의 존재를 실증적으로 그리고 단도직입적으로 검증할 수 없는 소치와도 같다. 이들을 지금 당장 검증하거나 경험하지 못한다고 해서 우리 인간에게 아무런 의미가 없다고 한다면, 그런 태도야말로 실증주의의 질병이라고 하지 않을 수 없다. 거의 모든 형이상학적 물음에 대한 답변이 지금 당장 주어지지는 않는 편이어서 대체로 잠정적인 답변의 유형을 취한다. 그러기에 별자리에 부여된 의미에 대하여 칸트식의 "물자체"론을 들이대면 물론 긍정도 부정도 할 수 없다.

그러나 그렇다고 다짜고짜로 부정해서도 안 되고 또 무의미하다고 판단해도 안 된다. 인간은 "형이상학적 존재"(ens metaphysicum)[38]로서 본질적으로 형이상학적이고 궁극적인 문제를 추구한다. 그것은 인간의 궁극적인 문제가 자연과학적이고 실증적이며 현실적인 것으로 충분하지 않다는 것을 적나라하게 드러내고 있는 것이다. 그러기에 인간의 궁극적인 문제를 실증과학의 잣대로 재고서 지금 당장 시간과 공간 앞에 이 문제를 끌고 나와 "검증 가능성"(신실증주의)이나 "경험 가능성"(칸트)을 제시하라고 한다면, 이런 요구 자체가 넌센스인 것이다. 형이상학적 응답이란 대체로 명확한 혹은 일치된 대답일 수 없고 잠정적일 수밖에 있는 것은 거의 확실하다.

무엇보다도 우리는 별자리에 부여된 의미에 대하여 검증과 질문과

---

38 칸트와 쇼펜하우어의 인간 규명이다.

답변의 구도를 넘어 순수무구하고 숭경의 대상이 되는 자연 그 자체를, 인간의 소박한 희망과 꿈을, 그리고 무한한 경이와 영감의 원천이 되는 것을 터부시해서는 안 된다. 그리고 존재하는 것의 신비는 단순한 경탄만으로 끝나는 것은 아니다. 도대체 왜 존재하며 또 어떻게 존재하게 되었는가. 존재한다는 것 자체는 합리성으로는 풀리지 않는, 상상을 초월하는 기적으로 둘러싸여 있기 때문이다. 특별히 별들에겐 그러한 기적의 일환으로 의미가 부여되었을 것이다.

그러기에 선사인들이 별들에게 특별한 의미를 부여한 것에 대해 다소 신뢰되는 부분도 없잖아 있는 것이다. "아무 이유 없이 존재하는 것은 없다"는 아리스토텔레스와 스토아학파의 "목적론적 세계관"을 반영할 때, 그리고 이런 세계관을 좀 더 긍정적인 방향으로 확대시키면 — 마치 태양이나 달의 존재에 대한 절대적인 위력을 참조로 하여— 수긍이 되는 부분이 있기 때문이다.

그러나 무엇보다도 우리의 선사인들과 고구려인들은 **훨씬 자연스런 방식으로** 그런 독특한 별자리에 의미를 부여하였을 것이다. 이를테면 해와 달의 존재는 인간에게 거의 절대적이다. 이들 없이 인간의 삶을 전제로 하기는 만무한 것이다. 이런 방식으로 남두육성과 북두칠성 및 북극성에도 얼마든지 의미를 부여할 수 있다. 그래서 이들 별자리에도 해와 달에 못지않은 큰 의미를 부여했을 것으로 추정할 수 있다.

태양과 달, 남두육성과 북두칠성 및 삼성과 북극성 등 모두가 이런 맥락에서 큰 의미를 갖고서 우리 인간들에게 방향점과 이정표를 제시하는 유기체로 거듭나는 것이다. 이런 의미 부여 행위는 그러기에 자연스러울 뿐만 아니라 자연에 대한 겸허한 태도이고 자연을 경탄스럽게 여기는 실천적 태도가 된다. 우리의 선조들은 고대 그리스인들이 북두칠성과 남두육성에 단순히 북극곰자리와 궁수자리라고 부여한 것보다 **훨씬 깊고 고매한** 의미를 부여한 것으로 여겨진다.

만약 우리가 별들에게 단순한 신앙행위를 한다거나 숭배를 한다면, 그리고 또 우리가 산신이나 신선을 숭배하고 신앙행위를 한다면, 그것은 철학이기보다는 종교에 가깝지만, 그러나 이들에게 각별한 의미를 부여한다거나 특별한 사유의 대상으로 삼아 별자리로 구축하고, 또 이들에게 상징적 의미를 부여하는 것은 여전히 철학의 지평 위에 있는 것이다. 의미를 부여하는 행위 자체와 사유하는 행위 자체는 부인할 수 없는 철학적인 행위이기 때문이다.

동양에서는 아주 이른 시기부터 별들의 세계에 특별한 의미를 부여했는데, 우리의 경우는 선사시대부터이다. 박창범 교수는 암각화 그림과 고인돌 및 고인돌 속의 부장품, 선바위(선돌) 등에 새겨진 그림을 통해 고대 한국의 천문자산이 석기시대부터 시작되어 청동기와 철기시대로 이어져 왔음을 현대의 과학적 자료들로 증명하고 있다.[39]

박교수에 따르면 함경남도 함주군 지석리와 평안남도 평원군 원화리에 있는 고인돌의 덮개바위에 새겨진 별자리들은 기원전 30세기와 25세기 무렵에 세워졌다고 추정된다.[40] 또 충북 청원의 아득이 마을에서 발굴된 선사시대의 돌판에 그려진 별자리들도 함남 지석리의 것과 유사하다고 한다.[41] 이런 선사유물에 이미 북두칠성(큰곰자리)과 작은곰자리, 용자리, 카시오페이아자리 등이 등장하는 것이다. 이러한 고래로부터의 천문자료를 통해 추론할 수 있는 것은, 우리 민족이 오래전부터 독자적인 천문 시스템을 구축하였고 별자리에 특별한 문화적·철학적 의미를 부여한 점이다.

그뿐만 아니라 우리의 선사인들이 "하늘을 사랑한 민족"[42]이고, 이에

---

39 박창범, 《하늘에 새긴 우리역사》, 19쪽 이하, 28쪽 이하, 78쪽 이하, 81쪽 이하, 89쪽 이하, 124쪽 이하 참조.
40 위의 책, 94쪽 참조.
41 위의 책, 103쪽, 167쪽 참조.

대한 증거가 선사시대로부터 고인돌이나 선바위, 암각화 등 돌판에 새겨져 있으며, 문자로 기록할 수 있던 때는 사료에 기록되어 있다는 것이다. 과학칼럼니스트 이지유 기자는 박창범 교수의《하늘에 새긴 우리 역사》에 대한 서평(동아일보 2007년 9월 6일)에서 이 책의 내용을 인용해 가며 중요한 정보를 제공해 주고 있다. 역사적 기록에 있는 것만도 놀라운 사실을 알려 준다:

> "《삼국사기》와《삼국유사》에 240여 개,《고려사》에 5000여 개,《조선왕조실록》에는 무려 2만 개. 우리 조상이 하늘에서 일어난 일을 기록해 놓은 수치다. 2만 건은 놀라운 수효다. 여러분이 날마다 하늘을 한 번씩 본다면 54년 하고도 10개월 가까이 봐야 2만 번 하늘을 본 것이 된다. 더 놀라운 것은 기록의 수만이 아니라 질이다. … 1604년에 터진 초신성에 대한 기록만 해도 그렇다. 조선의 천문학자들은 7개월에 걸쳐 130회에 이르는 관측기록을 남겼는데 초신성의 광도 변화 자료는 케플러가 관측한 기록과 복사한 듯이 들어맞는다. … 우리 고대 사서에는 무려 700개에 달하는 오로라에 관한 기록이 있다. 이는 유럽에 남아 있는 기록보다 많고 체계적이어서 이 기록을 모두 도표에 표시하면 1000년 간 나타났던 오로라의 변화를 알아볼 수 있을 정도다."[43]

석기시대부터 시작된 천문사상은 후대로 이어졌다. 앞에서 언급한 천문기록들이며, 현존 세계 최고의 천문대인 첨성대(633년) 및 세계에서 가장 오래전 밤하늘의 모습을 담은 천상열차분야지도(고구려의 천문도를 옮겨 새긴 것) 등등을 고려해 봐도 "하늘을 사랑한 민족"은 적합한 칭호이고 우리 선조들은 고대 천문의 선구자라고 할 수 있다.

---

42 박창범, 앞의 책, 77쪽.
43 이지유,《동아일보》2007. 9. 6., A33.

"태양거석문화"Megalithkultur가 지배적이었던 신석기와 청동기시대에 고인돌의 덮개에 새겨진 북두칠성과 남두육성을 비롯한 수다한 별들은[44] 결코 어떤 장식이 아니라, 특별한 문화적이고 형이상학적 의미를 갖고 있었던 것이다. 북쪽 하늘의 별 일곱 개와 남쪽 하늘의 별 여섯 개가 각각 하나의 작은 성단으로 구성되어 이들이 우주의 북방과 남방을 방위하고 또 인간의 생명을 보살피는 별들의 위치를 갖는 데까지는 많은 시간이 소요되었으리라고 사료되고, 또 말할 수 없이 차원 높은 문화적이고 철학적인 의미를 함의하고 있는 것이다.

그러기에 김일권 교수는 별과 별자리는 "별개의 범주"[45]이고, "인류 역사에서 별이 별자리로 전환되는 계기가 결코 가벼운 사건은 아니며, 문명사적으로 또 다른 도약을 이루는 과정"[46]이라고 예리하게 지적한다. 말하자면 별이 별자리로 구성된 데에는 어떤 천문天文의 문화적·우주적·형이상학적 의미를 이미 획득했다는 것을 전제로 한다. 이를테면 오리온과 북두칠성의 별자리는 이미 이런 의미를 갖고 있는 것이다. 고구려의 고분벽화에는 별자리로 형성된 것을 명확하게 표시하기 위해서 이 별자리의 별들을 선으로 연결시킨 것이 상당히 많다(북극 3성, 남두육성, 북두칠성 등등).

이를테면 고대 그리스인들에게 북두칠성에 해당하는 큰곰자리는 칼리스토의 신화와 관련되어 있다. 우리에게 북두칠성이 갖는 의미에 견주어 훨씬 명예롭지 못하지만, 그래도 문화적이고 신화적이며 형이상학적인 의미를 갖고 있다. 제우스의 애인인 칼리스토는 제우스의 아내 헤

---

44 박창범 교수의 저서 《하늘에 새긴 우리역사》는 선사시대의 고인돌에 새겨진 별자리를 추적하고 또 그 의미를 터득하는 등 획기적인 업적이라고 할 수 있다.
45 김일권, 〈벽화천문도를 통해서 본 고구려의 정체성〉, 《고구려 정체성》, 고구려연구회 편, 학연문화사, 2004, 1039쪽.
46 김일권, 위의 곳.

사진 6-5 남두육성(오회분 4호묘): 남두육성의 별자리 표시로서 붉은 선으로 연결되어 있다. 남두육성은 사람의 생명을 관장하는 별자리이다. 그림의 왼쪽에는 신선이 불사약이 든 그릇을 받쳐 들고 공작과도 비슷한 새를 타고서 남두육성으로 다가오고 있다. 별들 위에 둥근 표시는 필자가 임의로 그려 넣은 것이다.

라의 질투와 저주로 말미암아 곰의 모습으로 변하고 말았는데, 제우스가 이를 측은히 여겨 별자리로 만들었다는 것이다. 인도 신화에서 북두칠성의 별자리('Saptarshi Mandalam'으로 불린다)는 일곱 현자로 여겨진다. 영국에서는 북두칠성의 별자리를 쟁기로 여겼다.

또 우리에게 삶과 생명을 관장하는 남두육성이 서구에서는 그저 궁수자리로 칭해진 것 —물론 이렇게 별자리로 칭해진 데에서 이미 문화적이고 역사적인 의미를 갖는다—은, 우리에 견주어 별자리의 문화적이고 형이상학적인 의미가 약하다고 할 수 있다. 남두육성은 우리에게 남쪽의 방위신이면서 삶과 생명에 축복을 쏟아붓는 수호신의 상징이다.

고구려의 고분벽화는 하늘의 세계를 옮겨 놓았다고 할 수 있을 정도로 별들의 세계로 가득 찼다. 그토록 엄밀하고 제한된 무덤의 공간에 이런 별들을 옮겨 놓은 것은 결코 장식을 위해서가 아닌 것이다. 특별히 해와 달과 북두칠성과 남두육성은 각별한 의미를 갖고 있어 많은

사진 6-6
덕화리 1호분:
정면 중앙 아래에
엄청난 크기로 그려진
북두칠성 별자리가
선으로
연결되어 있다.

고분에 그려져 있다. 이들은 우주의 네 방위를 담당하여 살아 있는 유기체로서의 코스모스를 방위하고 인간의 삶과 운명에 직접적으로 관여하며 보살피는 별들이다.

형이상학적으로 특별한 위상을 갖는 이 별들의 천문적 의미는 보살피고 지키며, 삶을 부여하고(특히 남두육성) 죽은 자의 영혼을 관장하며 보듬는(북두칠성) 것으로서 온 우주와 인간에 대하여 이타주의 철학의 기본모델로 정립되어 있다. 인간의 영혼을 파라다이스와 같은 동화의 마을로 초대한 것이, 바로 고구려의 고분벽화가 그려 내고 있는 것이다.

고인돌과 선돌(선바위) 능 "태양거석문화"Megalithkultur가 중심이었던 신석기와 청동기시대부터 고조선을 거쳐 고구려의 고분벽화에 이르기까지 고대 한국인들은 저 보살피고 지키며 불멸을 보듬는 이타주의 철학을 간파하였기에, 우리는 선사와 상고 때부터 내려오는 수많은 비밀들 중에 하나를 통찰한 셈이다. 왜 우리는 이토록 아름답고 심오한 고유의 철학을 가꿔 오지 못하였을까. 이런 천문의 철학을 우리가 현실 세계에 적용해 왔다면 얼마나 아름다운 세상을 만들었을까.

덕흥리의 고분은 신비로운 천상의 세계를 담아낸 천장벽화로 잘 알려졌다. 60여 개의 별자리, 견우와 직녀를 비롯해 신화와 전설상의 존재로 가득 찬 하늘의 세계를 그림으로 드러내었다. 고구려인들의 천문학은 형이상학적인 우주론과 융합되어 있다. 그렇게 융합된 것은, 이를테면 해와 달이며 북두칠성과 남두육성 및 견우와 직녀의 성좌가 천문(지리)학[47]의 차원에만 머물러 있는 것이 아니라, 잘 알려져 있듯이 특별한 철학적 메시지를 담고 있기 때문이다.

오회분의 5호분에서 북두칠성과 남두육성[48]이 서로 마주보고 있으며, 해와 달도 그 가운데에 신비스런 하늘나무를 두고서 서로 마주보고 있다. 장천 1호분에는 널방이 온통 하늘의 큼직한 사방세계를 형상으로 드러내고 있다. 4각형의 벽면은 대각선으로 나뉘어져 있고, 각 방에는 해와 달이 서로 마주보고 있으며, 또한 북두칠성과 남두육성이 서로 마주 보는 것으로 장식되어 있다. 이로서 널방주인이 하늘세계에 거주하고 있는 것을 나타내고 있다. 사후의 세계를 관장하는 북두칠성과 현실세계에서 삶과 수명을 관장하는 남두육성이 서로 마주 보고 있는 것은, 인간의 삶과 죽음이 별개의 세계가 아니라, 서로 이어져 있다는 것과 이 두 세계를 축으로 하는 변화와 운동이 영원성과 맞닿아 있다는 것을 시사한다. 그러기에 땅에서의 삶이 끝나면 스스로를 천손으로, 즉

---

47 고구려인들은 〈석각천문도石刻天文圖〉와 〈천상열차분야지도〉 등을 통해 별들의 배치 상태라든가 천문지리를 파악하는 등 우수한 천문학을 발전시켰다. 덕화리 2호 고분에서는 이러한 고구려인들의 천문학을 엿볼 수 있다.
48 덕화리 2호 고분을 비롯한 수많은 고분벽화에서도 남두육성이 발견된다. 오늘날 현대인들은 이 별자리의 존재의미를 거의 망각한 편이다.

사진 6-7
장천 1호분:
온 누리를
수호하고 보살피는
이른바
일월남북두의 사수도
(해, 달, 남두육성,
북두칠성)

신의 자손으로 여겼던 그들은 신의 나라인 하늘고향으로 돌아간다고 믿었던 것이다.

고분벽화의 무덤칸 천장고임에는 해와 달과 함께 여러 가지 별자리들이 드러나 있고, 특히 남두육성과 북두칠성이 해와 달의 비중 못지않게 그려져 있다. 그것은 사방세계의 각별한 의미도 있겠지만, 코스모스의 조화를 염두에 두는 고구려인들의 우주관과도 관련된다. 즉 말하자면 해와 달이 마주 보며 동과 서를 관장하는 존재자라면, 북두칠성과 남두육성은 남쪽과 북쪽을 연결 짓는 별자리인 것이다. 북두칠성은 한국의 선사시대로부터 신선사상의 모체가 될 정도로 신격화되어 왔다. 그래서 칠성각의 유래는 아주 오래된 것이다.

북두칠성을 "칠성신"이라고도 했는데, 이 칠성신은 인간의 수명을 맡아보고, 또 인간의 만사에 만능의 영향력을 미친다고 하여 소원성취의 대상이 되기도 했다. 그래서 "칠성님께 비나이다"와 같은 주문은 우리에게 익히 알려져 있다. 이밖에도 우리는 "칠성바우"나 "칠성부락" 및

"칠성마을"이란 이름을 흔히 들으며,[49] 심지어 아이 이름을 '칠성'으로 하는 이도 있다. 그만큼 북두칠성이 우리에겐 친근한 문화로 자리 잡은 것이다. 더욱이 북두칠성이 나그네와 항해자의 길잡이인 것처럼, 하늘로 여행하는 자의 길안내를 맡을 것으로도 여겨졌던 것이다. 따라서 북두칠성은 인간의 죽음을 관장하기에, 고구려의 고분벽화에는 무려 20차례 이상으로 등장하고, 특히 덕화리 1호분과 2호분에는 엄청난 크기로 (무려 내부 피라미드의 4계단을 차지) 뚜렷하게 그려져 있다.

인간이 이 세상을 떠날 때, 관 속에 넣는 칠성판이라는 것을 염두에 봐도 북두칠성의 의미가 얼마나 큰지 짐작할 수 있다. 칠성판은 죽음을 관장하는 신이 북쪽 하늘 너머의 어딘가에 있다는 믿음에서 비롯되었는데, 오랜 옛날부터 전승되어 왔다. 말하자면 죽음을 관장하는 신이 거처하는 곳인 저승이 바로 북두칠성이라고 생각하여, 이 세상을 떠난 이의 영혼이 저승인 북두칠성으로 잘 돌아갈 수 있도록 염원하는 의미에서 유래한 것이라고 한다.

그래서 죽는 것을 "칠성판 짊어지고 간다"라고 하였는데, 이는 죽음

사진 6-8
인간이 관 속에서
등에 지고 떠나는 칠성판

49 북두칠성이 새겨진 선돌이나 선바위 및 고인돌이 적은 규모에서 제법 큰 규모에 이르기까지 실제로 있는 편이다.

이 영원한 종말이 아니라, 오히려 망자의 영혼이 고향별인 북두칠성으로 잘 돌아가라는 염원이다. 이런 장례풍습은 세계에서 지극히 보기 드문 경우로서 아주 오래전부터 내려오는 원시도교의 전승인 것이다. 고인돌의 덮개에 북두칠성을 새겨놓은 것도 이런 망자의 귀향을 염원하는 뜻이 담겨져 있을 것이다.

이에 견주어 남두육성은 인간의 삶을 주관하고, 장수를 다스리는 별자리로 알려졌다. 이 별은 여름밤 남쪽하늘에서 발견되는 국자 모양의 별자리로서 서양의 궁수자리에 해당한다. 고구려인들은 그들 스스로 관측하여 천문지리를 만들었으며, 여기 천장의 벽화에 북두칠성과 남두육성에 특별한 형이상학적 의미를 부가하여 그려 놓았다. 남두육성의 역할은 오회분 4호묘에 엄청난 크기로 나타난 형상을 통해서도 알 수 있다. 한 신선이 두 손에 약사발을 받쳐 들고 공작 같기도 하고 봉황 같기도 한 새를 타고서 남두육성으로 다가온다. 이 약사발에는 붉은 색의 약이 선명하게 보이는데, 이는 말할 것도 불사약인 것이다. 남두육성의 역할이 이와 같은 상징어를 통해 밝혀진 것이다.

그런데 우리는 별들의 천문적 의미를 일상생활에서도 놀이를 통해 구현하고 있다. 우리가 명절 때에 그리고 일상생활에서 여가를 즐길 때 놀이로 하는 윷놀이는 상고시대로부터의 문화유산이고, 이것이 천문天文과 관계있다는 것은 놀라운 일이다. 물론 윷놀이와 윷판에 대한 해석은 여러 가지이지만,[50] 그래도 그중에서 특정한 별자리와 이 별들의 움직

---

50 혹자는 윷놀이가 별자리와는 아무런 상관이 없다고 주장한다. 그 대신 윷놀이가 농사와 관련이 있다는 것이다(참조: http://cafe.daum.net/illuwha). 또 어떤 이는 부여의 관직제를 모의한 사출도에서 유래했다고 하고, 어떤 이는 우주의 안과 밖이 연결된 "뫼비우스의 띠(통로)의 구조"로 보기도 한다: "우주는 안과 밖이 연결된 뫼비우스의 띠(통로)의 구조이다. 이 통로를 따라 우리 몸의 피에 해당하는 빛이 흐르고 있으며, 지구를 비롯한 12개의 행성들이 나선형 궤도를 그리며 돌고 있다. 윷판은 뫼비우스의 띠(통로)를 평면적으로

임을 형상화했다는 것이 지배적인 해석이다.

윷판 모형이 지방에 따라 원형을 취하는 곳과 네모를 취하는 곳이 있는데, 이 네모의 모양은 후대로 전해 내려오는 가운데 변형된 것으로 여겨진다. 고대 암각화 및 전래되는 문헌에 등장하는 윷판은 거의 모두 네모가 아닌, 둥근 원형을 취하고, 또 안쪽은 예나 지금이나 + 모양을 취하고 있는데, 이런 모형은 하늘은 둥글고 땅의 방위는 모나다(天圓地方)는 우주의 구조를 윷판에 부여한 것으로 여겨진다. 또 윷가락의 수가 네 개인 것은 땅의 네 방위를, 윷가락을 던져 나오는 행마가 다섯 가지인 것은 오행을 형상화한 것으로도 볼 수 있다.

또 다른 해석도 일리가 있는 듯한데(이중 삼중적인 의미가 들어 있는지 정확히는 알 수 없다), 이를테면 윷판 정중앙은 대개 붙박이별인 북극성으로 일컬어지며, 나머지 28개의 자리는 동양의 천문에서 중요한 위치를 가진 별들인 28수宿를 나타낸다는 해석이 있는가 하면 또한 북극성을 중심으로 돌아가는 북두칠성(사계에 따른 칠성의 위치 변화)으로 보는 해석도 있다. 28수의 위치가 윷판의 원형과 일치된다고 볼 수 없다면, 후자가 더 관련성이 깊은 것으로 여겨진다. 물론 우리가 굳이 확정할 필요가 없다면 두 가지 모두 의미가 있다고 보인다.

또 어떤 이는 윷판을 천부원본天符原本과 관련지어 해석하기도 한다: "윷판으로 천부원본의 원리를 정착시켜서 일반에게 널리 유포하기 시작한 것은 삼국시대로 본다. 가운데(방여)자리는 북극성이고 각방에 7개씩 있는데 이는 사방에 있어서 4×7=28개가 된다. 이것이 바로 하늘의 28수宿이며 윷판을 구성하는 점들에 해당한다. 사목四木은 사신四神[東靑龍. 西白虎. 南朱雀. 北玄武]을 상징하고 가운데 중심점은 북극성北極星이고 나머지 28개의 점은 28수를 의미한다."51

표현한 것이다."(http://cafe.daum.net/jinin22/5zjs/2191 참조)

고대 한국인들만큼 별들에 큰 의미를 부여한 나라는 아마도 없다고 한다면 지나친 주장일까? 고대의 동양에서 천문학이 크게 발달하여 이집트나 그리스로 흘러들어 갔다고 하는 것이 문화사의 지배적인 견해다. 예수가 탄생했을 때 동방박사들이 큰 별의 안내를 받아 유대나라로 떠나 아기 예수에게 경배하고 돌아갔다는 기사가 성서에 실려 있다. 이때 동방박사들에게 별은 결코 어떤 자연과학적인 의미를 가진 것이 아니라, 그야말로 천문天文의 의미를, 인간의 운명과도 직접적인 연관이 있는 것으로 파악된다.

고대 그리스에서도 천문에 일찍 눈을 떴다. 그리스 신화에도 별들에 관련된 이야기가 수다하다. 은하수를 제우스의 궁전으로 향하는 길목에 뿌려진 꽃가루로 여겼으니, 그들도 신비로운 별들의 세계를 그렸다. 오늘날 통용되는 태양계의 행성들에 대한 명칭들은 그리스 신화에서의 신들의 이름이다. 이 명칭들을 간단한 도표로 만들면 표 6-1과 같다.

그런데 특이한 것은 태양과 달에 각각 두 명의 신들이 들어 있는 점이다. 헬리오스와 셀레네는 제우스 이전의 신들, 말하자면 거인족 신들인 티탄들Titanen이 세계를 지배할 때의 명칭이고, 아폴론과 아르테미스는 제우스가 거인족들을 물리치고 신들과 인간 세계의 왕이 되면서 그 주인들이 바뀐 것이다. 그런데 제우스가 태양이 아니고 목성인 까닭은 목성이 태양계의 천체 가운데서 가장 큰 행성이기 때문이다. 또한

표 6-1 태양계와 신들

태양	헬리오스, 아폴론	목성	제우스
수성	헤르메스	토성	크로노스
금성	아프로디테	천왕성	우라노스
달	셀레네, 아르테미스	해왕성	포세이돈
화성	아레스	명왕성	하데스

51 http://cafe.daum.net/HSilverToun/1pN4/7980 참조.

천왕성과 해왕성 및 명왕성은 비록 신들의 이름을 갖고 있지만, 고대 그리스인들에 의해 발견되지 못해 훗날에 붙여진 명칭들이다.

그런데 이러한 행성들 외에는 그 명칭의 유래가 가혹한 것들도 — 이를테면 오리온은 전갈에 찔려 죽는데, 그 이후 별자리를 획득하였다 — 있는데, 신들의 저주를 받고 별로 변해 버린 이들도 수다하게 많다. 그러나 그들에게서 별들의 이름은 대체로 동물들이거나 사물들의 이름이 많지만, 우리의 수호신과 방위신으로서의 북두칠성이나 남두육성처럼 철저하게 인간의 운명과 관련된 별들은 플라톤 학파에 의한 프레세페성단 외에는 거의 없다.

탈레스가 신비로운 별들을 관찰하다 시궁창에 빠졌다는 일화는 우리에게 잘 알려져 있다. 그리고 철학을 하려면 탈레스처럼 눈앞의 것에 어두운 것도 나쁠 것이 아니라고 플라톤은 훗날에 덧붙였다. 도대체 왜 별들이 하늘에 존재하고 또 빛을 발하고 있는가. 이런 물음은 곧 경이의 체험으로 이어지고, 이런 물음은 또한 철학의 탄생과도 직접적인 관련이 있는 것이다. 탈레스 이후 그리스의 천문학은 퍽 자연과학적인 형태로 발전하여 서양 천문학의 기반이 되었다.

그러나 플라톤에게서는 자연과학적인 천문학보다는 동양적 의미의 천문天文에 가까운, 때론 신화적인 성격을 띠고 있는 것을 목격한다. 하늘세계가 인간의 본향이라거나 별들이 인간의 정신세계를 고양시키는 것, 나아가 각자는 각자의 별을 갖고 있다는 플라톤의 우주론은 퍽 동양적이고 신화적인 성격을 갖는다.[52] 그런데 플라톤 이후 소위 플라톤 학파에서 프레세페 성단[53]을 인간이 탄생할 때 그 영혼이 하늘나라에서 내려오는 출구로 보았는데, 이는 상당히 신비스런 천문적 의미를 부여

---

52 Platon, 《티마이오스》(*Timaios*), 41d 참조.
53 프레세페 성단에 관해선 인터넷을 통해서도 간단하게 확인할 수 있다. 또한 이경덕, 《우리 곁에서 만나는 동서양 신화》, 103쪽 참조.

사진 6-9
프레세페 성단

한 것으로서 우리의 선조들이 북두칠성과 남두육성에 부여한 형이상학적 의미와 유사하게 보인다.

프레세페 성단을 벌집성단이라고도 하는데 게자리에 있는 수천 개의 별로 된 산개성단을 말한다. 맨눈으로는 작은 얼룩으로 보이며, 이것이 별들의 집단이라는 것은 갈릴레오 갈릴레이가 처음으로 구별했다. 이 성단은 알려진 항성목록 중에서 최초인 히파르코스의 항성목록(BC 129)에도 실려 있다. 프레세페('요람' 또는 '구유'라는 뜻)라는 이름은 히파르코스 시대 이전부터 사용되었다.

이 성단은 이미 그리스 시대에도 알려져 있었다. 기원전 260년쯤에 아라투스는 이 성단을 '작은 안개'처럼 보인다고 말했고, 기원전 130년에 천문학자 히파르코스는 '우주의 빛나는 구름'이라고 표현했다.

고구려의 고분벽화에서 천상의 별들은 결코 무덤의 장식을 위해 존재하는 것이 아니다. 거기에는 엄청나게 심오한 천문적이고 형이상학적인 의미가 결부되어 있나. 득빌히 해와 달이며 북두칠성과 남두육성의 의미는 강력하게 부각되어 있다. 그런데 더욱 놀라운 것은, 북두칠성과 남두육성뿐만 아니라 다른 많은 별들도 성단의 독특한 의미를 띤 채 고구려 이전부터, 즉 고조선과 "태양거석문화"Megalithkultur의 시대부터 전승되어 온 것이다. 그것은 고인돌의 덮개에 새겨진 북두칠성과 남두육성 및 여타의 별들을 통해 확실한 추론을 할 수 있다. 말하자면 고인돌의 덮개에 북두칠성이 새겨진 것은 확실한 형이상학적이고 천문사상적인 의미를 내포하고 있는 것이다.

4. 하늘나라에 건립된 유토피아

우리가 고구려에 관해 받는 인상은 일상적 통념과는 전혀 다르다. 고구려는 정복전쟁이나 일삼고 '광개토廣開土'에만 매달린 것은 결코 아니다. '광개토'보다는 오히려 '다물多勿'에 가까운 것으로 중국에 빼앗긴 영토를 되찾는 것에 다름없는 것이다. 그러기에 '광개토'는 다름 아닌 다물인 것이다. 까마득한 신석기의 선사시대에서부터 시작한 발해만 북쪽, 요서와 요하지방, 홍산문명에서 일구어낸 동이족의 시원적 역사를 되찾는 것이었다. 안타깝게도 현대인은 고구려 이전의 동이족과 고조선의 역사를 까마득하게 망각하고 삼국시대와 조선사 및 현대사에만 치중하는 편이다. 더욱이 사대주의 역사관이나 식민주의 역사관에 중독된 이들에 의해 선사시대와 고대사가 제대로 조명되지 않는 것이 안타까울 따름이다.

동서양을 막론하고 하늘의 별들의 세계는 신화나 문학, 예술, 문화 등을 통해 대체로 신비를 불러오는 영원의 세계로, 무궁한 동화의 나라로, 동경의 대상으로, 혹은 우리가 귀향하는 영원한 고향으로 표현되기도 한다. 지상에는 ―우리가 이 장에서 지상에 건립한 유토피아나 동화의 마을을 언급해 보겠지만― 영원한 고향도 영원한 유토피아도 찾을 수 없다. 그야말로 영원한 고향은 고구려인들과 플라톤 및 성서가 표상하듯 하늘 어딘가에 있을 것이다. 그러나 지상이든 천상이든 찾아가는 이상향이 있다면, 이는 말할 수 없이 영화로운 일이다. 그것은 나그네로 하여금 약동할 수 있는 동기를 부여하기 때문이다.

우리가 '유토피아'라고 할 때 실제로는 존재하지 않는 이상적인 낙원을 일컫기도 하지만, 그러나 이 '유토피아'의 개념을 이와 같이 한 가지 뜻으로만 읽으면 안 된다. 이 유토피아, 즉 Utopia를 그리스에서 유래한 말인 Outopia로 읽을 때는 실제로는 없는 no-place를 말하지만 Eutopia로 읽을 때는 아주 좋은 곳이란 의미의 good-place로도 읽을 수 있기 때문이다. 그래서 유토피아가 단순한 꿈에만 그치는 곳이 아님을 염두에 둘 필요가 있는 것으로 보인다.

우리에게 잘 알려진 구약성서의 "약속의 땅"인 가나안으로의 여정은 우리 인간들이 본래적-본질적으로 추구하는 과정이라고 할 수 있을 것이다. 그런데 이 "약속의 땅"으로의 여정이야말로 우리 인간들로 하여금 삶의 추진력이라고 해도 될 것이다. 그러한 삶의 의미가 부여될 때 우리는 어떤 원초적 추진력을 획득하기 때문이다. 가야할 곳, 가고 싶은 곳이야말로 우리의 집념과 의지를 불태울 수 있기 때문이다.

그런데 이 "약속의 땅"으로 가는 과정은 결코 쉽지 않을 뿐만 아니라 지극히 험난한, 생존투쟁이 걸려 있는 여정이다.[54] 구약성서에서 약속의 땅 가나안까지의 거리는 도보로 걸어 봐야 일주일 내지 열흘 정도의 거리이지만, 광야를 거치며 온갖 우여곡절과 시련을 맛보면서 걸린 시간은 40년이었고, 게다가 중간에서 낙오한 사람들은 또 얼마나 많았던가. 낙원은 결코 쉽게 주어지지 않는다. 그런데 그러한 여정을 가야 하는 것이 인간의 운명이고 본래성일 것이다. 그러나 "약속의 땅" 가나안은 파라다이스로 상징될 수 있지만, 영원한 고향은 아니었던 것이다.

---

54 구약성서, 출애굽기 참조.

"나는 고향으로 가고 싶다. 하늘, 혹은 천국은 신의 고향이다. 나는 오래전부터 내 단 하나의 진실한 로맨스는 신과의 로맨스라는 걸 알고 있었다. 나는 신과 함께 있고 싶다. 난 신의 품안에 머무르고 싶으며 죽은 뒤에는 그렇게 되기를 소망한다."[55]는 스콧 펙의 소망은 대체로 인간들의 보편적인 소망이며 고구려인들의 소망이기도 한 것으로 보인다. 우리 인생의 삶은 펙의 지적처럼 "지상에서 천국으로의 여정"[56]일 것이다.

고구려인들은 현명하게도 하늘에다 영원한 고향을 건립하였다. 지상의 그 어떤 유토피아나 동화의 마을도, 이른바 무릉도원이나 삼신산, 별천지, '상그리아'라고 칭해지는 곳, 나아가 그리스의 신화에 등장하는 아카디아나 혹은 그 어디든지 지상의 유토피아는 그야말로 지상적이고 시간적인 것으로서 영원으로 이어지지 못하는 것이다. 영원한 고향은 성서와 철인 플라톤도 천명하듯이 하늘에 있는 것이다.

지상에 유토피아가 건립되기 어려운 것은 구약성서의 창세기에 나오는 에덴동산에서도 뚜렷하게 목격할 수 있다. 세상에 이보다 더 좋은 곳이 어디 있으랴마는 안타깝게도 아담과 이브는 결국 선악과를 따 먹고서 이 낙원에서 추방당하고 만다. 더욱이 죄를 지은 아담과 이브가 생명의 나무에 달린 과일을 따 먹고 신처럼 영생을 누릴까봐 염려한 끝에 야훼 하나님은 낙원에서 인간을 내쫓았다:

"'보아라, 이 사람이 우리 가운데 하나처럼, 선과 악을 알게 되었다. 이제 그가 손을 내밀어서, 생명나무의 열매까지 따서 먹고, 끝없이 살게 하여서는 안 된다.' … 그를 쫓아버신 다음에, 에덴동산의 동쪽에 그룹

55 스콧 펙, 김훈 옮김, 《거석을 찾아서 내 영혼을 찾아서》, 고려원미디어, 1996, 37쪽.
56 위의 책, 142쪽.

들[57]을 세우시고, 빙빙 도는 불칼을 두셔서, 생명나무에 이르는 길을 지키게 하셨다."[58] 이리하여 죄와 죽음, 고통과 슬픔, 노동과 질병 등이 없는 이 낙원은 인간이 더 이상 거주할 수 없는 곳이 되고 말았다.

《길가메쉬의 서사시》에서 길가메쉬는 영생에 목말라 고난이 없고 죽음이 없는 곳을 향해, 온갖 고난을 극복하고, 신들의 정원인 "딜문동산"에서 영생을 누리고 있는 우트나피쉬팀을 만나러 길을 떠난다. 그는 천신만고 끝에 "죽음의 바다"를 건너 우트나피쉬팀을 만나지만 영생의 기회를 얻지 못하고 발길을 돌렸다. 그를 가엾게 여긴 우트나피쉬팀의 아내가 불로초를 선물로 주지만, 사막을 건너올 때 더위를 식히려고 샘물에 들어가 목욕하는 사이에 뱀이 물고 가버리고 만다.

유토피아에 대한 사유는 동양과 서양에서 동시에 목격된다. 그만큼 유토피아가 인류의 보편적인 동경과 희망이 됨을 시사하는 것이다. 동양에서는 유토피아 개념을 낙토樂土 혹은 낙원樂園, 즉 기쁨이 넘치는 땅으로, 혹은 복지福地, 즉 축복받은 땅(복을 누리며 살 수 있는 땅)으로, 혹은 승지勝地, 즉 선택받은 땅으로, 혹은 선경仙境, 즉 신선들이 사는 선향 등등으로 불러왔다.

서양에서 유토피아의 유형은 환락의 나라인 코케인cockaygne 유형과 목가적인 아르카디아Arcadia 유형, 기독교의 에덴동산과 "젖과 꿀이 흐르는 가나안" 및 천년왕국(千年王國, Millenium), 토머스 모어의 유토피아, 캄파넬라의 "태양의 도시", 베이컨의 "신 아틀란티스", 생시몽과 푸리에 및 칼 맑스의 공상적 유토피아 등이 있다.

---

57 천사들로 규명할 수도 있겠으나, "표준 새번역" 성서(창세기 3장 24절)의 각주엔 "살아 있는 피조물, 날개와 얼굴을 가지고 있는 것으로 생각됨(에스겔 1:5-12; 10: 21)"으로 기술되어 있다.

58 구약성서 창세기 3장 22-24절(표준 새번역)

이에 비해 동양에서는 고대 동이계에서 전승된 《산해경》 유형, 도연명의 《도화원기》에서 유래한 무릉도원 유형, 삼신산 유형, 대동사회 유형, 허균의 《홍길동전》에 그려져 있는 율도국 유형 등이 있다.

그러면 이들 동서양의 유토피아 유형에 대해 좀 더 밝혀 보기로 하자. 우선 오래된 동이계의 신화집인 《산해경》을 들여다 보면 도광야都廣野라든가 옥야沃野, 평구平丘, 개유산蓋有山, 남류산南類山 등의 유토피아가 등장한다. 이들 모두 각별한 땅으로서 풍요로움과 불사의 생명력뿐만 아니라 자연과의 친교와 공존이 펼쳐지는 곳이다. 이를테면 도광야라는 들판의 모습은 온갖 곡식이 절로 자라고 겨울과 여름에도 씨를 뿌릴 수 있으며, 난새59가 다섯 가지 음색깔로 노래 부르고 봉새가 절로 춤추는 곳이다. 그뿐만 아니라 불로초인 영수靈壽가 꽃피고 온갖 초목과 짐승이 서로 무리지어 사는 곳이다.60

도연명의 《도화원기》에 나오는 무릉도원은 무릉 땅에 사는 어부가 체험한 유토피아이다. 그는 어느 날 강물을 따라 산으로 깊숙이 들어갔는데 복숭아꽃이 만발한 곳을 지나자 산의 막다른 곳에서 큰 동굴을 하나 발견하였다. 조심스레 이 동굴을 들어가 보니 기상천외의 별천지가 나타났는데, 진秦나라 때 전란을 피해 피란 온 사람들이 옹기종기 모여 기름진 밭을 가꾸면서 행복하게 살고 있었다. 어부는 이들로부터 환대를 받고 돌아오면서 나중에 다시 찾을 요량으로 이곳의 위치를 표시해 두었다. 그러나 그가 후일에 이곳을 찾으려고 갔으나 표식은 사라져 버렸고, 더 이상 이 무릉도원을 찾을 수 없었다.

이런 무릉도원 유형의 유토피아는 규모가 작은 향촌으로 보이지만, 욕심도 또 빈부 간의 차이도 없는, 평화롭고 안정된 이상사회로 여겨진

---

59 상상의 새로서 모양은 닭과 비슷하고 털빛은 붉은 바탕에 다섯 가지 빛깔이
  섞였으며 울음소리 또한 오음五音이라고 한다(국어사전 참조).
60 정재서 역주, 《산해경》, 민음사, 2017, 329쪽 이하 참조.

다. 이 유형은 큰 동굴을 중심으로 현실세계와 유토피아가 이어지지만, 동시에 단절이기도 하여 다시 찾을 수 없는 특징을 갖고 있다. 그러기에 무릉도원은 현실과는 교점이 없는, 그러나 특별한 자연조건에서 소박한 이상사회를 가꾸어 가는 모습을 보여주고 있다.

다음은 삼신산 유형의 유토피아인데, 이 삼신산은 봉래蓬萊, 방장方丈, 영주瀛洲라고 부르는 고조선, 발해의 지명들인데, 바다 한가운데의 섬에 위치한 낙원이다. 이곳은 평범한 인간에게는 닫혀 있는, 불사의 경지에 도달한 신선들이나 천신들이 거처하는 선경이다. 사마천의 《사기史記》〈봉선서封禪書〉는 이 선향을 다음과 같이 기록하고 있다:

> "이 삼신산이라는 곳은 전하는 말에 의하면 발해 한가운데에 있는데 속세로부터 그리 멀지는 않으며 금방 다다랐다 생각하면 배가 바람에 밀려 가버린다고 한다. 언젠가 가본 사람이 있었는데 여러 신선들과 불사약이 모두 거기에 있고 모든 사물과 짐승들이 다 희며 황금과 은으로 궁궐을 지었다고 한다. 이르기 전에 멀리서 바라보면 마치 구름과 같은데 막상 도착해 보면 삼신산은 도리어 물 아래에 있다고 한다. 배를 대려 하면 바람이 문득 끌어가 버려 끝내 아무도 도달할 수 없다고 한다."61

이 삼신산 유형의 유토피아는 영원한 생명과 금은보화의 풍요가 흘러넘치지만, 불사의 경지에 이른 신선들과 천인들의 선향이다. 말하자면 평범한 인간으로서는 거주할 수 없는 선별된 곳이라는 것이다. 이런 삼신산 유형의 유토피아는 앞에서 언급한 《산해경》 및 무릉도원의 유형과 함께 다분히 도교적 성격을 바탕에 두고 있다.

대동사회 유형은 이늘과는 성격을 좀 달리하는 것으로시 공자의 《예

---

61 정재서, 〈동·서양의 유토피아, 서로 다른 길일까〉, 《동·서양의 가치는 화해할 수 있을까》(김교빈, 김시천 엮음), 웅진지식하우스, 2007, 63쪽.

기《禮記》〈예운禮運〉편에 그 내용이 소개되고 있다. 이 대동사회는 성군聖君의 덕치에 의해 공평하게 잘 다스려지는 이상사회로서, 능력 있는 사람이 그에 걸맞는 일을 하고, 사회적 약자들인 노인과 과부 및 홀아비와 병자들이 보살핌을 잘 받으며, 도둑과 같은 사회악이 없어 문을 닫지 않아도 되는 그런 도덕사회인 것이다.

이러한 덕치에 의해 구현되는 이상사회는 자연상태로의 회귀와 초월적 존재의 전제와 같은 도교적 성격이 약한 반면, 요순堯舜과 같은 성군에 의한 태평성대가 뚜렷한 것으로 보인다. 그런데 이러한 대동사회는 인간의 노력에 의해(특히 도덕에 의해) 인위적으로 달성되는 낙원이라는 점에서 칸트의 "목적의 왕국"이나 허균의 율도국과도 유사한 성격을 갖고 있다.

허균은 결코 청소년들만을 위해《홍길동전》을 쓴 그런 단순한 소설가가 아니다. 그는 선각자이고 스케일이 큰 철학자이다. 그는 율도국을 통해 유교를 신봉한 조선시대의 치부를 그대로 드러내었다. 그의 사상을 당대가 받아들여 그 치부를 수선했더라면, 우리나라는 서구의 어느 나라 못지않게 일찍 민주주의를 태동시킬 수 있었을 것이다. 그러나 워낙 뿌리 깊은 유교의 봉건주의와 교조주의는 오히려 허균에게 역적이라는 화를 씌우고 말았다.

허균은 홍길동으로 하여금 억눌린 피지배층의 고통, 탐관오리들의 부도덕, 사회적 불평등과 신분차별 등등 온갖 불의와 부조리와 맞서 싸우게 하고 결국 율도국을 건설하게 한다. 홍길동은 그러나 싸우는 데만 그치는 것이 아니라 사회적 모순을 해결하고 봉건계급을 타파하며, 탐관오리들을 응징하고 빈민을 구제하며 호민론을 펼치면서 이상적인 율도국을 건설한다. 율도국은 민본주의와 민주주의 평등사상이 인간의 인위적인 노력에 의해 구현, 달성된 이상국가로, 플라톤의《국가》와 칸트의 "목적의 왕국" 및 원시유교의 대동사회와도 그 성격이 유사하다.

서양에서도 동양과 유사한 유토피아들이 등장한다. 호메로스와 동시대인인 헤지오도스의 서사시 《일과 나날》(Werke und age)에 이미 특이한 낙원이 묘사되어 있다. 태초에 올림퍼스의 불멸의 신들은 유한한 생명을 가진 황금의 종족을 만들어 냈다. 이들은 크로노스가 지배하던 시대에 신과 비슷한 생활을 하였는데, 늙지도 않고 그 어떤 고생이나 불행을 모르는 평화로운 시대를 향유하였다. 그리스신화에선 이를 "황금시대(Golden Age)"라고 칭하는데, 기름진 들녘에는 씨를 뿌리거나 경작하지 않아도 곡식과 과일이 주렁주렁 열렸다.[62] 그들은 아무 걱정도 없이 노동도 하지 않고 슬픔도 겪지 않았으며, 축제의 즐거움을 누리면서 그야말로 신처럼 살았다. 이토록 좋은 것들로만 가득 찬 땅에서 평화롭게 살았지만, 그러나 그들의 황금시대는 판도라가 온갖 악이 들어 있는 상자를 여는 순간 갑자기 종말을 고하고 만다.

이외에도 그리스신화는 목가적인 이상향인 아르카디아에 관해 전하고 있다. 이 아르카디아는 그리스 서쪽 지방으로서 이오니아해를 사이에 두고 이탈리아와 그리스가 마주 보고 있는 지역 이름이지만, 이곳이 목가적인 파라다이스가 된 것은 사냥꾼인 알페이오스와 님프인 아레투사 사이에 있었던 짝사랑사건 때문이다.

어느 날 알페이오스는 목욕하고 있는 님프 아레투사를 보고 마치 감전이 된 듯한 격한 전율을 느꼈다. 아레투사는 처녀의 부끄러움에 빠져 알페이오스를 피하여 도망 다녔다. 그녀는 물론 알페이오스를 싫어해서가 아니라 심한 부끄러움이 그녀의 발목을 잡았던 것이다. 급기야 그녀는 이오니아해를 건너 시칠리아까지 도망쳤다. 거기서 그녀는 아르테미스에게 빌어 샘이 되었다.

---

62 Hesiod, *Erga*, *Deutsch von Walter Marg*, Artemis Verlag: Zürich 1968, p.5 이하, 특히 p.9 이하 참조.

이렇게 아레투사가 사라지자 알페이오스는 이오니아해를 바라보며 깊이 고민하다가 끝내 스스로 강물로 변하고서 이오니아해를 지나 시칠리아까지 흘러들어 갔다. 그리고선 샘이 된 아레투사와 만나게 된 것이다. 그 이후 아르카디아 지방에는 사랑의 환희가 넘치는 강이 흘러 풍요로운 목가가 탄생된 것이다. 아르카디아는 그리스인들에게 목가적이고 낭만적인 파라다이스의 대명사가 되었다.[63]

이와 같은 아르카디아 유형과 유사한 파라다이스의 원형은 《구약성서》〈창세기〉에 나오는 에덴동산일 것이다. 아니, 이 세상의 그 어떤 유토피아보다도 월등한, 그야말로 낙원의 대명사이고, 환희의 파라다이스가 에덴동산이라고 해도 될 것이다.[64] 아무런 원죄도 없이, 지극히 아름다운 자연환경에 온화한 기후가 감돌고, 고된 노동이나 질병도 없는, 나아가 영생불멸을 가능하게 하는 생명나무가 있는 곳은 그야말로 지상에서 찾아볼 수 없는 낙원임에 틀림없다. 그러나 안타깝게도 원죄로 말미암아 인류는 이 에덴동산에서 추방당하고 만다. 다시는 이 생명나무의 과일을 따 먹지 못하게 불칼을 든 천사가 지키도록 되어 있다. 에덴동산 외에도 구약성서는 40년 동안이나 광야에서 유랑하다가 들어간 "젖과 꿀이 흐르는 가나안 땅"이라거나 "약속된 땅"을 통하여 파라다이스를 그려 내고 있다.

《신약성서》〈요한계시록〉의 지복천년至福千年의 개념에서 유래된 "천

---

63 M. Stapleton und E. Servan-Schreiber, *Lexikon der griechischen und römischen Mythologie*, übersetz von R. Schubert, Xenos Verlag: Hamburg, 1978, p.46(Alpheios), p.62('Arethusa'); 이경덕, 《우리 곁에서 만나는 동서양 신화》, 184~187쪽 참조.

64 에덴동산(Garden of Eden): 에덴이라는 단어는 페르시아어 '혜덴Heden'에서 유래한 히브리어로 "환희의 동산", "태고의 정원"이란 뜻을 가지고 있는데(인터넷 위키백과, '에덴동산' 참조), 구약성서의 창세기에는 "야훼의 동산"이라고도 불린다.

사진 6-10 루카스 크라나흐의 〈에덴동산〉

년왕국Millennium"은 미래의 이상세계를 묘사하고 있다. 언젠가 세계의 종말이 도래하고 그리스도의 재림과 더불어 "최후의 심판"이 이뤄지며, 구원을 받는 자들과 함께 새로운 지상천국이 건설된다는 것으로 신적인 질서가 완벽하게 구현되는 이상세계이다.65 아우구스티누스의 《신의 나라》(*Civitas Dei*)는 이러한 기독교의 목적론적 역사관을 잘 반영하고 있다.

　서구의 근대 유토피아의 사상 가운데 토마스 모어의 《유토피아》엔 근대인의 현실적, 과학적 세계관도 그려져 있다. 그는 당대 유럽과 영국사회의 병폐를 풍자하고 현실의 부조화와 모순을 극복하고서 새로운

---

65 신약성서, 요한계시록, 20장 6절 참조.

이상사회를 건설한다. 그는 유토피아라는 가상의 국가를 세워 이상적인 정치·경제·사회·교육제도를 기획하여 과학과 이성에 기반을 둔 이상사회를 그려 내고 있다. 초승달 모양의 섬에는 같은 말과 풍습 및 시설과 법률을 가진 54개의 도시로 구성되어 있는데, 성인들은 남자든 여자든 누구나 성실하게 일을 해야 한다. 그들의 일과는 매일 6시간의 노동으로 제한되고, 8시간 잠자며 남은 시간은 자유로운 여가시간을 보낸다. 모두 똑같은 집과 똑같은 옷, 선출된 공직자 등의 근대적 색채가 뚜렷하다. 여기서는 사유재산이라는 것이 없기에 모두가 공공의 임무를 열심히 해야 한다. 토마스 모어는 인간의 이성에 의한 진보의 낙관과 과학적인 수단을 통한 근대적 유토피아를 설계한 것이다.

프랜시스 베이컨의 《뉴아틀란티스》도 토머스 모어와 유사하게 근대인의 과학적 세계관을 펼쳐 보인다. 과학기술의 발전에 의한 욕망충족의 사회를 만드는 것이 목적이기에, 뉴아틀란티스는 과학적 유토피아라고 할 수 있다. 이 책은 페루에서 중국으로 항해 중이던 배가 조난당해 뉴아틀란티스라고 불리는 벤살렘섬에 당도하면서 전개된다. 이 섬에는 최고 권위기관으로 솔로몬 학술관이 있다. 이 학술관에서 세계의 발전된 과학기술을 배우고 또 이 과학기술을 적용하기 때문에 과학기술로 지배되는 그런 세계라고 할 수 있다. 과학기술의 발전에 의해 풍요가 주어지고, 그런 풍요를 앞세워 욕망충족의 사회를 만들자는 것이다.

그러나 이런 유토피아는 퍽 조야한 것으로 보인다. 오늘날 과학기술에 의해 만개된 물질문명의 풍요는 그야말로 욕망 충족의 쾌락주의를 지향하지만, 환경파괴와 정신문명의 고갈현상을 가져와 인간으로 하여금 고매한 정신의 이정표는 상실하게 하고 짐승처럼 혹은 욕망의 노예처럼 변해 가는 것을 조장하고 있다.

말하자면 토마스 모어의 《유토피아》나 베이컨의 《뉴아틀란티스》 등 과학과 진보를 앞세운 유토피아는 오늘날 오히려 사기극과 비슷한 결과를 초래하고 만 것을 현대인들이 자각하고 있다. 오웰(George Orwell)의 《1984년》과 헉슬리(Aldous Huxley)의 《멋진 신세계》는 그야말로 근대 이후의 불행한 귀착점이 유토피아가 아니라 디스토피아Dystopia임을 여실히 드러내고 있다. 과학기술문명이 만개된 오늘날의 상황을 하이데거는 니힐리즘으로, "고향상실"로 규명하고 있다.

그런데 우리가 이때껏 동서양의 유토피아를 논의해 보았지만, 과연 이러한 유토피아가 이 세상에 현실적으로 존재하는지 곱씹어 볼 필요가 있는 것으로 보인다. 물론 유토피아나 이상국가며 낙원은 인류의 보편적인 꿈과 소망을 주 내용으로 한다. 그런 곳이 언젠가는 존재해야 한다(sein sollen)는 존재론적 갈망에서든 종교적이고 신화적인 갈망에서든, 혹은 사회개혁적인 의지나 과거에로의 복귀 및 미래지향적인 발상에서든 유토피아의 중심 주제는 소망과 이상에 기반을 두고 있다.

유토피아는 상상력에 의해 구성된 픽션의 성격이 강하기에 문학적, 신화적, 종교적 형식을 취하고 있다. 이러한 유토피아와 낙원은 현실적으로 존재하는 것이 아닐 뿐만 아니라 영생불멸이나 영원한 고향 및 지복至福과 엄청난 거리를 두고 있다. 우리가 그러한 유토피아를 꿈꿀 수는 있으나, 멀쩡하게 살아 있는 현실의 세계에서 엄연하게도 우리는 목격하지 못하고 있다.

우리가 이때껏 언급한 유토피아들과는 대조적으로 고구려인들은 하늘나라(天空)에 유토피아를 건축하였다. 인간의 죽음은 엄연한 현실이고, 인간의 영혼은 불멸한다는 철학적 신념에 바탕을 둔 것이다. 그러기에 이러한 유토피아는 단순하게 실현 불가능한 문학적 상상력의 소산이 아니고 존재해야 하고(영혼이 불멸한다면) 또 존재하리라 기대할 수 있는 철학적 신념에 밀착되어 있는 것이다.

장천1호분이나 덕흥리 고분, 집안 오회분 등 몇몇 고분벽화만 확인해도 하늘에 건립된 유토피아를 쉽게 목격할 수 있다. "고구려 하늘에 새긴 천공의 유토피아"라는 제목 아래 김일권 교수는 고구려인들이 천공에 유토피아를 건설한 것과 또 그들의 하늘이 그토록 많은 사연과 깊은 이야기를 담고 있는 것을 간파하여 그들의 유토피아를 다음과 같이 나타내고 있다.

"하늘이 늘 푸르고 높기만 하여 영원토록 한결같은 줄 알았는데 1500년 전 고구려 천공의 별자리와 밤하늘은 우리가 알던 여느 하늘이 아니었다. 깃발을 높이 든 옥녀가 천공을 유영遊泳하고, 백학을 탄 선인이 달세계로 날아가며, 푸른 공작을 탄 선인이 별세계로 날아가고, 태양을 머금던 불새가 불꽃을 밟으며 허공을 거닐던 신화의 하늘이자 비선飛仙의 하늘이 거기에 있었다. 북쪽 하늘에 높이 걸린 북두칠성 별자리에 걸터앉아 춤을 추고 악기를 연주하는 모습은 천상의 풍류를 꿈꾸고 천공에 유토피아를 건설한 고구려인의 높다란 이상을 유감없이 보여주었다. 뭇별의 중심인 북극삼성이 천공을 호령하는 가운데 동쪽 하늘의 심방육성(전갈자리)과 서쪽 하늘의 삼벌육성(오리온자리)이 봄가을을 지렛대 삼아 시소놀이를 하고, 국자 모양을 이룬 남두와 북두가 남북으로 호응하여 생과 사를 넘나들던 모습은 천공과 지상을 통합하고 생사일여生死一如의 선경세계를 세우려 한 고구려 천문의 정수를 보여주는 것이었다."[66]

이토록 천공에 건립된 유토피아에서 —우리가 집안 오회분의 4호묘와 5호묘만 봐도 직접 확인할 수 있겠지만— 김일권 교수는 특히 고구려인들이 천공에서 각종 악기로 웅장한 향연을 펼치는 광경을 다음과 같이 쓰고 있다: "고구려 벽화에는 천공에 걸린 별자리들 사이로 유영을 하고 춤을 추고 악기를 연주하는 선인들이 가득하다. 집안 오회분 4호묘의 천장 고임돌에 묘사된 북두칠성 그림이 압권이다. 거문고의 일

---

66 김일권, 《고구려 별자리와 신화》, 4쪽.

종인 사현금四絃琴을 퉁기는 선인과 불춤을 추는 선인 사이에서 장구의 일종인 요고腰鼓를 두른 선인이 놀랍게도 대형 북두칠성을 배경으로 삼아 천상에 풍류를 수놓고 있다. 우리 역사에서 이토록 밤하늘의 별자리와 더불어서 노닐던 시대가 또 있었던가? 말 그대로 하늘과 인간이 하나로 어우러져 혼연일체를 추구하던 이 상상력은 왜 지금의 우리에게는 전해져 있지 않았을까? 고려와 조선의 하늘은 왜 그렇게 달라졌던 것일까?"[67]

그야말로 하늘의 별세계에서 사람들이 천인들과 함께 풍류 한마당을 펼치고 있는 것이다. 저토록 화려하고 웅장한 북두칠성의 주변에서 펼쳐지는 향연과 풍류는 마치 북두칠성으로 돌아온 인간들을 거대하게 환영하는 환영축제라는 것을 일깨워 주는 것처럼 보인다. 하늘에서 펼치는 음악의 향연과 풍류 한마당엔 심상찮은 천공의 유토피아가 그려져 있다.

우리가 앞에서도 언급했지만, 장천1호분의 고분벽화에 그려진 동화의 마을은 천공의 유토피아를 적나라하게 드러낸다. 생명수로 다가오는 봉황과 마을사람들, 생명의 과일이 주렁주렁 열려 있는 이 나무는 다름 아닌 세계수이면서 생명수인 것이다. 이는 마치 구약성서의 에덴동산에 영생불멸을 가능하게 하는 생명나무와 유사한 것으로 보인다. 이 동화의 마을에서 마을 사람들은 생명수의 과일을 먹고 영원히 낙원에 머물 것으로 보인다. 그러나 이와 대조적으로 저 에덴동산은 인간의 죄로 인해 실낙원失樂園이 되어 버리고, 이 생명나무의 열매는 따 먹을 수 없도록 천사들로 하여금 불칼로 지키는 형국이 되고 만다.[68]

---

67 김일권, 《우리 역사의 하늘과 별자리》, 4쪽.
68 구약성서 창세기 3장 22-24절 참조.

제7장

문명의 창조

좀 극단적인 표현인지 몰라도 문명의 창조는 인간에게 자연적이고 필연적이며 숙명적이라고 할 수 있다. 그것은 인간이 지상에서 존재하는 것 자체가 문명과는 결별할 수 없기 때문이다. 인간은 야생동물도 아니고 또 그렇게 살 수도 없다. 구석기시대부터 돌도끼며 주먹도끼, 나아가 돌칼을 사용했다는 것은 문명의 행위이고, 따라서 문명에 대한 부정적인 태도를 가질 수 없다. 불의 사용 또한 마찬가지다.

놀랍게도 고구려의 고분벽화는 문명을 창조하는 신들의 모습을 벽화에 담아 놓았다. 문명은 인간에게 본질적이어서, 이를 등지고 살 수 없음을 간파한 것이다. 누군가 펄쩍 뛰며 문명과 문화가 자연과는 상반되는 개념이라고도 할 수 있을 것이다. 특히 오늘날 자연과 친화적이지 못하고, 오히려 자연 파괴적인 문명이나 문화[1]일 경우 더욱 그렇게 보일 것이다.

그러나 그럼에도 불구하고 이러한 부정적인 현상이 빚어지기 이전에 이미 인간은 어떤 형태로든 문명이며 문화와 관련을 맺고 있는 것이다. 즉 인간은 문명과 문화의 긍정적이고 부정적인 판단이 나오기 전에 이미 저들의 카테고리와 연결고리를 갖고 있다는 것이다. 이런 맥락에서 고구려인들이 그들의 고분벽화에 문명을 창조한 신들을 그렸다는 것은, 문명이 인간에게 자연적이고 필연적이며 숙명적이라는 것을 통찰한 혜안이라고 할 수 있다.

박이문교수는 문화의 개념(S. 헌팅턴에게서처럼 좁은 의미의 문명이라고 하자)을 규명하면서 —비록 그 개념정의가 애매모호하고 불투명할지라도— 우선 무엇보다도 그 가장 "근원적 의미는 자연과 배치되는 인간의 존재양식이다."[2] 이러한 규명이 다소 불친절하게 들릴시라도 엄

---

1 문명과 문화의 개념을 거의 같은 뜻으로도 사용할 수도 있고, 또 서로 다르게 쓸 수도 있다. 여기서는 서로 비슷한 개념으로 받아들인다. S. 헌팅턴의 표현대로 "문명은 넓게 본 문화"라는 것이다.

밀하게 고찰하면 부인할 수 없는 사실이다. 이러한 규명은 인간의 존재양식이 자연적이지만 않고 인위적이라는 부분을 필연적으로 갖는다는 것이다. 인간은 어떤 형태로든 물질적이거나 정신적인 것을 만들어 내며 고안하고 변형·개조한다. 인간의 거주는 말할 것도 없고 모든 제도나 관습도 마찬가지다.

이 모든 것들엔 인간의 인위성이 가미된 것이고 따라서 문명 및 문화의 영역에 인간은 어떻게든 들어와 있는 것이다. 박이문교수가 지적하듯 "인위성은 '주어진 여건을 자신의 지식과 기술을 동원하여 자신의 어떤 목적을 가장 효과적으로 수행하기 위해 의도적으로 고안된 변형/개조'로 정의할 수 있다."[3] 우리가 앞에서 문명의 창조를 인간에게 자연적이고 필연적이며 숙명적이라고 규명한 것은 바로 인간이 어떤 형태로든 저러한 인위성을 부인할 수 없기 때문이다.

인간의 인위성, 즉 자연과 배치되는 인간의 존재양식은 한편으로 자연적이고 필연적이며 숙명적이지만, 그러나 다른 한편 자연친화적이고 공존적이라면 인간은 얼마든지 자연과 화해하며 자연과 이웃으로 존재할 수 있다. 즉 자연친화적인 문명과 문화를 떠올릴 수 있을 뿐만 아니라, 실현가능할 수도 있다는 것을 전제로 하면, 위의 개념들 자체가 이미 불친절한 개념일 수는 없을 것이다. 그러기에 문명과 문화는 태생적으로 비자연적이거나 자연과 친화적이지 못하다는 식으로 굳혀서는 안된다.

문명과 문화의 개념은 태생적으로 중립적일 수 있다. 즉 말하자면 긍정적이고 자연친화적인 방향으로 나아갈 수 있고 그러한 방향으로 전개시킬 수 있다는 것이다. 문명과 직접적인 연관이 있다는 과학기술

2 박이문,《자연, 인간, 언어》, 철학과 현실사, 1998, 48쪽.
3 위의 책, 48쪽.

과 과학적인 지식은 결국 인간에 의해 탄생된 것이기에, 궁극적인 문제는 인간 자신에게 놓여 있다. 인간이 긍정적이고 자연친화적인 방향으로 전개시키면 당연히 그런 긍정적이고 자연친화적인 문명과 문화를 인류는 갖게 되는 것이다.[4]

만약 우리가 인류문명의 발전과 전개를 "메소포타미아 문명, "인더스 문명", "홍산문명", "황하문명" 등으로 나타낼 때, 이는 아직 부정적인 문명의 개념으로 볼 수는 없는 것이다. 오히려 인류가 그의 역사를 그런 방식으로 꾸려온 것을 밝히는 것으로, 인류역사의 자화상으로 받아들일 수 있을 것이다. 또 이보다 훨씬 이전에 인류문명의 발달을 구석기시대에서 신석기시대로, 또 이어서 청동기시대와 철기시대며, 수렵시대에서 유목과 농경시대로의 변화 또한 마찬가지 방식으로 이해할 수 있을 것이다.

인간은 인간으로서의 삶을 영위하는 한 어떤 형태로든 최소한의 문명을 창조해야 한다. 말하자면 인간은 그가 지상에서 거주하는 형태로 존재하는 한 문명을 등지고 살 수 없다. 그것은 인간이 자연의 일부로만 존재하는 것이 아니라, 자연에 대해 영향력을 미칠 수 있는 자유로운 존재이기도 하기 때문이다.[5] 그러기에 인간은 자연과 이중적인 관계를 유지하고 있다. 한편으로 인간은 생물적인 요소를 가진 존재로서 자연의 법칙과 섭리에 일부로서 존재하고, 또 다른 한편으로는 이와 대조적으로 그의 의지와 자유며 지적이고 기술적인 능력 및 이성으로써 자연에 변화를 일으키거나 조작하는 역량을 가진 존재이기도 하다.

이 후자에 속하는 것을 —혹자는 이를 부정적으로 파악할 수도 있겠지만— 다짜고짜로 부정힐 수는 없다. 동식물이나 무생물의 경우는

---

4 박이문, 앞의 책, 20~24쪽 참조.
5 인간은 인과율이 지배하는 자연법칙과 또한 자유로운 도덕법칙에 속한 이왕국적 존재라는 칸트의 규명을 떠올릴 필요가 있다.

전적으로 전자의 영역에 속해 있다. 인간도 자연의 법칙에 따르는 한 이러한 양상을 부인할 수 없다. 그러나 인간은 이러한 것만으로 살아가지 않는다. 인간은 자연적으로 그리고 필연적으로 저 후자와 더불어 삶을 영위한다.

만약 누군가 문명을 외면하고 등을 돌리겠다고 하면 거기에도 저 후자의 모습이 역력히 드러난다. 그것은 그의 의지가 명백하게 드러나기 때문이고, 그에 따른 인위적인 행위나 태도 또한 동반하기 때문이다. 또 누군가 거꾸로 "자연의 섭리에 따르라"(헤라클레이토스, 스토아, 노자)고 한다고 해도 거긴 저 후자의 경향이 들어 있다. 그것은 분명하게 어떤 철학적 신념과 의지로서(따라서 자연과는 다른!) 인위적인 요소와 행위를 규명하기 때문이다.

자연에 등을 돌리겠다는 것이 거의 불가능한 것만큼 문명에 등을 돌리겠다는 것 또한 마찬가지다. 그러기에 인간은 필연적으로 문화적인 존재이고 문명과 더불어 살아야 하는 것이다. "인간은 문화의 창조자이고 또 이 문화의 피지배자이다"라는 란트만(Michael Landmann)의 인간 규명은 온당하다. 또 "역설적이지만 인간은 자연적으로 문화적 존재이다"는 박이문 교수의 규명 또한 옳다.6 문명과 문화는 인간의 선택사항이 아니라 보편적 속성에 속한다고 할 수 있다. 이 같은 속성이 아무리 증오스럽고 저주스럽더라도 부정할 수는 없다. 그런 부정은 인간부정과 맞물려 있기 때문이다.

그런데 자연에 변화를 일으키거나 조작하는 행위가 어떠하냐에 따라 문명과 문화의 승패 및 인류의 미래가 결정될 것이다. 그러한 행위가 지나치거나 부정적일 때 그것은 노자가 경고하는 '작위'作爲의 차원으로 전락될 것이다. 물론 우리의 이러한 테제These는 인간이 자유를 남용하

---

6 박이문, 앞의 책, 54쪽.

여 자연을 지배해서는 안 된다는 것을 전제로 한다. 자연을 지배하고 억압한다는 것은 곧 부자유한 것이고 비자연이기 때문이다. 인간은 자신의 의지와 자유를 갖고 있으며, 이러한 의지와 자유로서 삶을 영위해 나간다는 것은 곧 문명의 창조라는 구체적인 형태로 드러나는 것이다.

인간은 식물이나 동물과는 달리 세계를 창조해야 하고 또 그러한 세계 내에서 삶을 영위한다.[7] 인간은 문명을 외면하고 자연으로 돌아갈 수는 있다.[8] 아니, 아무리 문명을 등지고 원시의 숲속으로 들어간다고 해도 어떤 형태로든 (소규모의) 문명을 일구고 살아가는 것이 인간의 삶이다. 그는 문명에서 완전히 벗어나거나 문명을 완전히 등질 수는 없다. 중요한 관건은 오히려 인간이 이룩하는 문명이 자연과 얼마나 조화를 이루느냐에 달려 있을 것이다. 그 어떠한 완강한 문명 반대자라도 완전히 문명을 버리고 동·식물처럼 살 수는 없다. 그것은 가장 기초적인 의·식·주의 생활도 문명의 산물일 뿐만 아니라, 문명의 형태로 실현되기 때문이다.

인간은 구조상 동·식물과는 달리 자신의 세계를 창조해야 된다. 20세기 독일의 철학자인 A. 겔렌(Arnold Gehlen)은 전래의 철학자와는 달리 인간이 다른 동물에 견주어 결핍된 존재임을 명쾌하게 지적했다. 그는 인간의 본질을 "결핍된 존재"Mängelwesen와 "문화적 존재"Kulturwesen로 규명했다. 또 우리의 논의를 위해선 M. 란트만이 규명한 "문화의 창조자이면서 동시에 피지배자로서의 인간"(Der Mensch als Schöfer und Geschöpf der Kultur)과 H. 베르그송의 "공작인"(Homo faber: 工作人)도 상

---

7 엘리아데의 지적처럼 "인간은 코스모스를 창건해야 한다."(《聖과 俗》, 27쪽 이하, 30쪽 이하, 45쪽 이하 참조).
8 박이문 교수의 지적대로 루소가 "자연으로 돌아가라"고 할 때, 혹은 "문명이 도덕을 타락시킨다"고 할 때, 이는 볼테르의 해석과는 달리 "원시생활로 돌아가라"는 뜻이 아니다(박이문, 앞의 책, 17쪽 참조).

당히 고무적이라고 할 수 있다. 그것은 인간의 본질적인 한 측면을 잘 드러내었기 때문이다.

겔렌에 따르면 인간은 애초부터 다른 동물에 견주어 결핍된 상태로 태어나며, 또 이 결핍된 부분은 문화적인 것이 아니고서는 극복할 길이 없다. 이를테면 많은 동물은 인간보다 훨씬 뛰어난 시각과 청각이며 후각과 촉각을 갖고 있으며, 새들은 하늘을 날고, 치타를 비롯한 많은 동물은 인간보다 훨씬 빨리 뛰고, 사자를 비롯한 맹수들의 이빨은 그 자체로 무기이다. 이들의 탁월성에 견주어 인간의 신체적 구조와 조직은 도저히 저들을 추적할 수 없다. 이외에도 초원에서 이동 중에 새끼를 낳는 동물들과 인간의 경우를 비교하면 도무지 비교가 안 된다.

그러나 이 모든 결핍된 부분을 인간은 문화와 문명으로써 극복하는 것이다. 그는 고속철도나 자동차를 제작하여 치타의 속도를 능가하며, 비행기로써 새의 날개를 대신한다. 고성능의 전자현미경이나 쌍안경 및 망원경으로 그의 결핍된 시각을 보완하여 동물의 시각능력을 능가하고 압도해 나가는 것이다. 또 총과 같은 무기로서 맹수의 이빨에 대응하는 등 그 결핍된 부분을 극복하고 능가해 나가는 것이다.

고분벽화에는 문명을 창조하고 개척해 나가는 신들이 등장한다. 이들은 마치 카오스에서 로고스로의 전향을 영도하는 것 같다. 집안 오회분 4호 무덤과 5호 무덤, 통구 사신총은 문명의 창조를 적나라하게 펼쳐 보인다. 특히 이 고분들엔 문명을 창조한 신들이 역동적인 행위의 모습으로 제 역할을 드러내어 보이고 있다. 여기에 등장하는 신들은 그저 이름만을 가지고 이러저러한 역할을 한다는 고대 그리스의 신화와는 대조적이다. 그것은 문명창조와 하늘의 협화음, 사방으로 파악된 코스모스의 역동적 관계, 인간의 운명과 위상 등이 총체적인 회화로 형상화되었기에, 이는 고대 그리스와 로마의 신화에도, 또한 세계의 알려진 벽화에도, 돈황이나 중원지역에도 그 유례를 찾아볼 수 없다. 고구려인들은 천손사상을 가졌던바, 그들이 각종 신들의 보살핌을 받는 민족이라는 자부심을 갖고 있었다.[9]

우선 위에서 지적한 고분들에는 반인반룡의 모습을 한 해신(복희)과 달신(여와)이 각각 머리에 해와 달을 이고 날쌔게 비천하고 있는데, 이는 이 세계가 흑암에서 광명의 세계로 나오는, 말하자면 "천지가 조판肇判되는 태초의 광명을 상징"[10]하고 있는 것이다. 그것은 다름 아닌 이 세계에 빛을 가져오는 거대한 사건, 즉 카오스에서 코스모스로의 전향을 형상화한 것이다.

불의 신[11]은 신비한 나무들이 있는 정원에서 오른손에 불꽃이 이글거리는 막대를 쥐고서는 하늘을 날며 춤을 추는 모습을 하고 있다. 그의 긴 옷자락과 불꽃이며 길게 늘어뜨린 머리카락이 함께 어울려 춤추는 듯 하늘세계를 비행하고 있다. 곡식의 신(고대 동이계의 신농. 고대 그리스신화에서 데메터: Demeter)은 (소머리의 탈을 쓴 채) 눈을 크게 뜨고 오른손에 곡식이삭을 잡고서 구름을 휘저으며 앞으로 나아간다. 그의 옷고름과 아래옷의 자락이 바람에 휘날려 역동감을 더해 준다. 그는 불씨를 든 불의 신과 마주하고 있는데, 농경과 불씨는 그야말로 인류문명 발전사에서 신석기시대의 혁명적 사건인데, 고분벽화는 이 거대한 사건을 형상화하고 있는 것이다.

쇠를 단련하는 쇠부리 신(단야신鍛冶神. 고대 그리스신화에서 헤파이스토스)은 왼손으로는 부젓가락으로 제련할 쇠를 단단한 모루 위에 고정시키고, 오른손으로는 망치를 높이 들어 곧 내리치려는 모습을 하고

---

9 "월드컵 특별기획 역사스페셜", 제2편 고분벽화, KBS 2002년 6월 8일 방송.
10 김일권, 《고구려 별자리와 신화》, 151쪽.
11 고대 그리스신화에서는 프로메테우스가 제우스의 궁전에 있는 불을 훔쳐 인간에게 주었다.

있어 역동적으로 쇠를 단련하고 있다. 또 이와 유사하게 수레바퀴의 신 (제륜신)은 수레바퀴의 바퀴살을 꼼꼼히 다듬고 있으며, 망치로서 바퀴 살을 견고하게 하고 있다. 단야신과 제륜신의 등장은 인류문명사에서 철기시대의 문명이 정착된 것임을 고지하고 있는 것이다. 숫돌의 신(마 석신)은 숫돌을 갈고 있는데, 이를 통해 농경에서뿐만 아니라, 일상생 활 전반에 걸쳐 도구의 중요성이 부각된다.

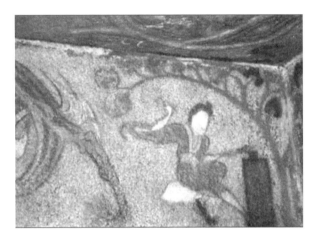

사진 7-1
쇠부리 신의
제련하는 모습
(집안 오회분 4호묘)

한편 통구 사신총에는 오회분 4호 고분과 5호 고분에 없는, 특이하고 획기적인 장면도 등장한다. 그것은 인류의 문명생활에 필수적인 문자문 명의 탄생을 알리는 것으로서, 어떤 신선神仙이 글씨를 쓰고 있는 것을 형상화해 놓았다.

이리하여 우리는 문명을 일으킨 역동적인 신들의 모습을 벽화를 통 해 엿보았는데, 불의 사용과 경작, 바퀴 제조며 쇠의 제련, 문자 사용 등이 문명을 일으킨 근본이라고 한다면, 오늘날도 이를 여전히 부인할 수 없을 것이다. 그런데 최초로 문명을 일으켰다는 의미는 인류를 생존 케 한 근원이므로, 이는 곧 카오스에서 로고스의 세계로 안내했다고도

사진 7-2 오회분 4호묘에서 수레바퀴를 만드는 신의 역동적인 모습

할 수 있다. 따라서 고분벽화를 그린 고대의 한국인들은 **문명의 탄생**에 대한 철학적 의미를 이미 통찰했던 것이다.

북애는 《규원사화》의 〈태시기太始記〉에서[12] 천황, 즉 신시씨神市氏가 무엇보다도 문명의 창조에 힘썼음을 잘 기록하고 있다. 신시씨는 역리 易理의 근본을 만들고, 치우씨에게 명하여 사람이 살 수 있는 집을 짓게 하였으며, 고시씨에게 명하여 농사짓고 수확하는 방법을 가르치게 했다. 또 소·말·개·돼지·수리·범 등의 짐승을 사육하게 하였다. 천황은 신지씨神誌氏에게 글자를 만들라고 하여 신지씨는 사슴의 발자국을 통하여 문자 만드는 법을 터득하였는데, 이것이 옛 글자의 시작이라고 한다.

고시씨가 불을 발견하는 것은 더욱 놀랍다. 그는 어느 날 숲속에서 생각에 잠겨 있었는데, 갑자기 한 마리의 범이 으르렁거리며 달려들었다. 이때 "고시씨는 큰 소리로 꾸짖으며 범을 향해 돌을 세게 던졌으나 맞지 않고 바위 모서리에 맞았다. 그때 불이 번쩍 일어났다.

---

12 북애 지음, 고동영 옮김, 《규원사화》, 24~29쪽 참조.

고시씨는 너무 기뻐 집에 돌아와 다시 돌끼리 쳐서 불을 얻었다. 이 때부터 백성들은 익혀 먹게 되었다. 뿐만 아니라 쇠를 달구어 연장을 만드는 기술도 생기게 되었으며 기술은 점점 발전했다."13 《규원사화》의 이러한 문명창조에 관한 지적은, 문명이 인간의 삶에 필수적일 뿐만 아니라, 이를 등지고 인간은 결코 살 수 없다는 것을 천명한 것이다.

---

13 북애, 앞의 책, 25쪽.

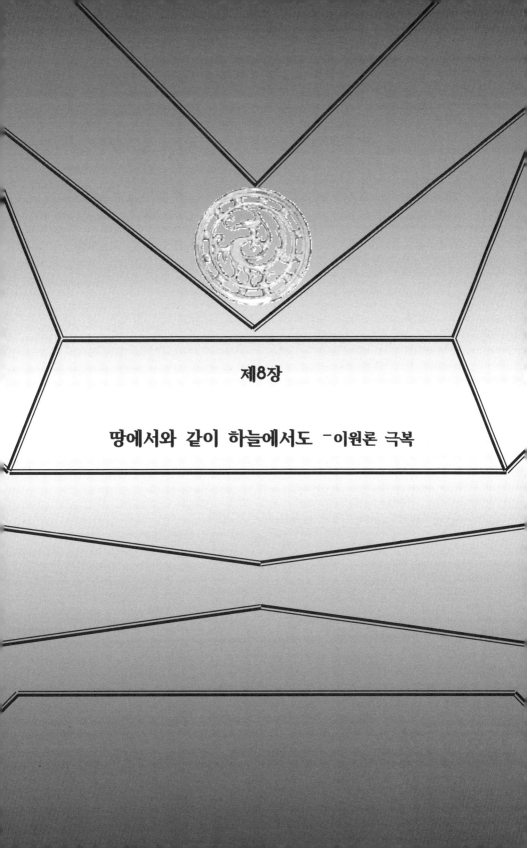

제8장

땅에서와 같이 하늘에서도 -이원론 극복

고분이 있는 엄밀한 공간, 그것도 공간을 마련하기가 쉽지 않은 곳에 마치 살아 움직이는 동영상과 같은 벽화가 그려져 있다. 시신이 안치된 공간에 어찌 내세에서의 불멸이나 영원, 구원과 같은 절대적으로 절박한 표현만이 아닌, 일상적 생활세계와 거주함, 일과 나날, 부엌살림, 외출, 행차, 방문, 초대, 축제와 가무, 연주, 스포츠와 놀이, 사냥 등등이 대단한 의미를 함축한 채 그려져 있을까. 누군가 훗날에 볼 수 있도록 전시를 해 놓은 것인가? 그럴 리가 만무하다. 어떤 방식으로든 무덤을 침입하지 못하도록 섬뜩한 모습을 한 수호신의 형상이 여기저기에 있고, 이런 방식은 고래로부터의 확고한 관습이다.

분명한 것은, 지상의 생활세계와 거주함이 천상의 삶과 단절되지 않은 ―그래서 이원론에 빠지지 않은― 현상을 드러내고 있는 것이다. 하늘과 땅도 또 인간과 하늘의 존재자도 하나의 코스모스에 속해 있다. 어디를 보나 인간과 그의 지상의 삶이 천시되거나 도외시되지 않고 있으며, 천상적인 것에 견주어 하찮은 것으로 치부되지 않는다. 고대의 한국인은 이처럼 코스모스를 이원론으로 분리하거나 대립시키지 않았으며, 더욱이 단절과 경계지움으로 폐쇄시키지 않았다. 지상적인 것과 천상적인 것, 인간(신선)과 초인간(신들)은 대립과 갈등이 아니라, 공존과 융화로서 그 유기체적 관계를 이루고 있다.

이미 단군신화에서부터 신과 인간 및 동물의 세계와 하늘과 땅이 서로 배타적 성격을 갖는 것이 아니라, 서로 융화하고 하나의 전체를 이루는 모델이다. 환웅의 아버지 환인은 아들의 뜻을 긍정하고 귀하게 여기며, 또 아들 환웅은 하늘 아래의 땅을 극진히 사랑하고 땅 위에서 이상적인 낙원인 신시神市를 일구어 나간다. 홍익인간과 광명이세光明理世의 이념은 신과 인간 및 세계가 융화와 이타주의적 사랑으로 점철되어 있다. 신시의 모습과 신시에서 살아가는 사람들의 모습이 얼마나 좋았기에 동물들이 몰려와 부러워하고 사람이 되기를 청하였을까.

이 신시에서의 융합과 평화로운 공존은 곰과 호랑이의 공존을 통해서 잘 드러난다. "곰과 호랑이가 한 굴에 살았다"는 단군신화의 구절은 이들이 서로 앙숙관계가 아닌 공존의 방식을 하고 있다는 것을 시사한다. 어떻게 먹고 먹히는 앙숙의 관계가 한 울타리 안에서 평화롭게 공존해 간다는 것인가. 이런 평화로운 공존은 그러나 마치 에덴동산에서 그랬던 것처럼 원초적 세계의 모습일 것이고, 신시에서의 이상적 사회는 바로 이런 사회를 드러내고 있는 것이다. 앙숙관계를 취하지 않는다거나 이를 극복하고 한 집에서 거주한다는 것은, 전쟁과 불행이 없으며, 먹고 먹히는 관계라거나, 약육강식 및 승자와 강자의 일방적인 독식이 아니라 화해와 조화가 마련된 원초적 공동체를 말한다.

이런 이상적 사회에서의 동물들의 모습을 구약성서 속의 예언자 이사야는 다음과 같이 밝히고 있다: "그때에는, 이리가 어린 양과 함께 살며, 표범이 새끼 염소와 함께 누우며, 송아지와 새끼 사자와 살진 짐승이 함께 풀을 뜯고, 어린 아이가 그것들을 이끌고 다닌다. 암소와 곰이 서로 벗이 되며, 그것들의 새끼가 함께 눕고, 사자가 소처럼 풀을 먹는다. 젖먹는 아이가 독사의 구멍 곁에서 장난하고, 젖뗀 아이가 살무사의 굴에 손을 넣는다."[1]

단군의 탄생 자체가 천상적인 유래와 지상적인 유래의 만남으로 이루어진 것이다. 단군의 아버지인 환웅은 하늘적인 존재이고 곰에서 변화한 웅녀는 땅적인 존재를 상징한다. 그러기에 단군은 땅적인 존재와 하늘적인 존재의 결합과 만남에 의한 존재이다. 인간의 생명은 땅적·육체적·물질적인 요소와 신적이고 영적·하늘적인 요소로 이루어져 있다는 것은 오래전부터 종교와 철학에서도 인정하는 바이다. 그러기에 인간은 하늘과 땅에 근원을 두고 있으며, 이 둘을 가진 생명체이다.

---

1 구약성서, 이사야서 11장 6–8절.

신적이고 영적인 요소와 땅적이고 육체적인 요소로 이루어진 생명체는 구약성서의 인간 창조에서도 잘 드러난다. 하나님께서는 다른 사물들처럼 말씀만으로 인간을 창조하신 것이 아니라, 손수 창작을 하신 것이다. 흙으로 손수 만드시고 "생명의 기운" 즉 영적인 것을 불어 넣으셨다. 그래서 인간 아담에겐 영적이고 신적인 요소와 땅적이고 육체적인 요소가 함께 있는 것이다.[2]

고대 그리스의 신화도 하늘 우라노스와 땅 가이아의 만남이 인류의 기원이라고 한다. 그러나 우라노스와 그의 아들 크로노스, 또 크로노스의 아들 제우스 사이엔 상상을 할 수 없을 정도로 배타적이어서 살인(친족살해)과 전쟁을 일삼았다. 신들의 세계와 인간들 사이엔 주인과 노예의 관계 이상으로 살벌하다. 신들은 인간들을 오직 제단을 쌓아 그들에게 제사나 지내라고 살려 두었다고 신화는 전한다.

제우스는 인간들을 실제론 사랑하지 않으며 홍수를 일으켜 몰살시키기도 하고 강도 강간 절도도 예사로 저질렀다. 인간을 추위와 굶주림에서 해방시키려 프로메테우스가 불을 훔친 것을 용서할 수 없어, 그를 코카수스 산장에 결박하여 독수리에게 끊임없이 간을 쪼아 먹히게 한 것이 제우스의 소행이다. 그런가 하면 신들은 트로이 전쟁과 같은 전쟁을 일으켜 많은 인간 영웅들을 죽이려고 했다고 호메로스의 《일리아스》는 밝히고 있다.

그리스신화에서는 인간을 신들과 구분하기 위해 인간의 "죽어야 하는 운명"을 강조한다. 아폴론 신전의 출입문 위에는 잘 알려져 있듯 "너 자신을 알라"라는 글귀가 쓰여 있는데, 이 글귀 아래엔 죽은 인간의 뼈다귀만 남은 송장의 문양을 통해 신들과는 철저하게 구분되는, 죽어야 하는 인간의 운명을 적나라하게 드러내고 있다. 어찌할 수 없는

---

2 구약성서, 창세기 2장 7절 참조.

것이 죽음의 운명이고, 인간에게 이런 죽음의 운명이 들이닥치면 신들이라도 죽음에서 구해내지 못한다고 한다.[3]

서양의 중세 기독교도 신과 인간 사이의 갈등관계를 더욱 크게 벌였다. 로마 가톨릭에 의해 주도된 중세 기독교는 평범한 인간들에게 오히려 공포의 대상이었다. 종교재판과 마녀사냥은 일상이었고, 이 때문에 죽어간 사람들도 부지기수였다. 사제들은 세상의 권력을 휘어잡고 만백성들을 종교라는 틀(가축의 우리와도 같은)에 가두고 자유를 박탈했다. 이런 가혹한 종교에서는 신의 사랑을 찾아보기 힘들다.

유럽의 사유세계에서 이원론은 오래전부터 뿌리박아 정신문화를 지배해 왔다: 천당과 지옥, 빛의 세계와 어둠의 세계(마니교의 이원론), 이데아와 현상, 신국과 지상의 나라(아우구스티누스), 정신과 물질, 유심론과 유물론, 연장적 실체(res extensa)와 정신적 실체(res cogitans)(데카르트), 본체계와 감성계(칸트), 아폴론적인 것과 디오니소스적인 것(니체) 등등.

근세 이후로는 주지하다시피 다윈의 진화론과 헤겔의 역사변증법이 서구 사유의 모델을 잘 반영하고 있다. 헤겔의 역사철학과 다윈의 진화론에 각인된 서구 변증법의 원리는 대체로 대립과 갈등이 점층되어 종합되고 해소되는 과정을 거쳐 역사의 발전을 추구하지만, 그러나 이와 같은 역사의 발전은 도래하지 않고 오히려 "역사의 종말"이나 "전 지구의 종말", "생태계와 인간성의 위기"와 같은 섬뜩한 구호들만 난무하고 있다. 그런데 저 변증법을 이루는 요소들엔 이미 온갖 대립과 갈등, 전쟁과 분열 등이 고스란히 받아들여지고 있어, 결과적으로 '종합'되기보다는 오히려 파괴와 멸망이며 쇠퇴로 이어지는 경우가 다반사라는 것을 헤겔은 읽지 못했다.

---

3 호메로스, 《오디세이아》, 3장 참조.

변증법의 원리가 활성화되기 위해선 정립과 반정립 사이에 원리적으로 투쟁과 갈등이 고조되어야 한다.[4] 그러나 그는 이런 투쟁과 갈등 이후에 발전된 양상의 종합Synthese만 보았지 파멸과 쇠락은 보지 못했다. 다윈의 진화론에 대한 해명도 마찬가지다. 동물의 세계에 있는 적자생존의 원리를 마치 보편적인 법칙인 것처럼 확대하여 역사변증법에 적용시킨다는 자체가 무리수인 것이다. 이들에게서 드러난 변증법의 특징은 —마치 서구사유의 근간을 이루는 것이기라도 하듯이— 대립과 충돌, 갈등과 분열이다.

그러기에 그들의 변증법은 분열 변증법이다. 물론 변증법의 원리에 드러난 것처럼 종합이 이루어지는 경우도 있을 것이다. 그러나 그런 경우를 역사가 보여준 것은 결코 흔치 않다. 안타까운 것은 오늘날의 자본주의와 신자본주의 체제에 등장한 "무한경쟁의 시대"에 수단방법을 막론하고 강자의 독식을 부추기며 약자의 도태를 정당화하고 있다는 것이다. 서구에서 발원한 이러한 사조는 국제화며 세계화 시대에 즈음하여 온 세계를 지배하는 이데올로기로 군립해 가고 있다.

그러나 고구려의 고분벽화가 표명하는 사방세계(하늘과 땅, 인간과 초인간)는 대립과 분열을 바탕으로 한 "역사의 발전"이 아니라, 공존과 융화를 바탕으로 한 유기체적 조화이다. 여기서 사방세계는 다 포용되고, 다 코스모스에서 제각기 근원적 영역을 갖고 있다. 분열 변증법적인 "발전신앙"은 융화의 원리에 무슨 발전이 있겠느냐고 반문할 수도 있을 것이다. 그러나 **융합의 원리**는 —마치 핵융합의 원리가 핵분열의 원리보다 더 위력적이듯— 거시적 안목으로 보았을 때 더 위력적인 것이다.

---

4 헤겔은 고대 그리스의 철인 헤라클레이토스에게서 "만물의 아버지"라 칭해지는 투쟁Polemos을 변증법의 원리로 받아들인다.

제9장

'사방'으로서의 코스모스
-플라톤과 하이데거 및 고구려 고분벽화의 사방세계

동서양에서 코스모스를 총체로 이해하고 '사방'의 거울-놀이로 표현한 것에 주목한다. 우리는 여기서 플라톤과 하이데거의 철학 및 고구려 고분벽화에 드러난 코스모스에 대한 사유를 파악하고자 한다. 고분벽화에 드러난 고대 한국인의 하늘과 땅, 초월자, 인간 사이의 영원한 '거울-놀이'는 인간의 위상이 크게 부각된 데에서 ―그렇다고 인간중심주의가 결코 아니다― 하이데거의 논의와는 다소 차이를 드러낸다.

사진 9-1 오회분 4호묘: 고분벽화의 천장중심부

코스모스가 '총체'로 이해되고 또 '사방'으로 표현된 것은 이미 동서양의 고대에서부터였다. 일찍이 플라톤은 자기 이전 고대 현자들의 견해에 따라 코스모스를 '총체'(to Holon; das Ganze)로 파악하고, 이를 '사방', 곧 하늘과 땅 및 신과 인간의 유기적·공동체적 관계로 기술했다[1] '사방'의 유기적 관계는 하이데거에게서 곧 '사방'의 "거울-놀이"(Spiegel-

---

1 플라톤, 《고르기아스》, 508a.

사진 9-2 오회분 4호묘에 그려진 신들과 천인들

Spiel)로 첨예화된다. 고구려의 고분벽화에도 코스모스는 총체이고, 이는 '사방'으로 표명되었으며 네 방위의 수호신이 유기적으로 온 누리를 지키고 있다.

또 인간(신선)과 천상의 신들(초월자)이며 땅과 하늘의 유기적 관계에서 그 '사방'의 '거울-놀이'를 엿볼 수 있다. 수학의 집합론에서 전체(총체)를 Universum의 약자인 'U'로 표시하고, 이를 4각형으로 나타내는 것도 위와 같은 맥락과 일치한다. 고대 로마에서 문두스mundus는 '세계'를 의미함과 동시에 네 부분으로 나뉘어진 원형의 참호였다. 문두스는 코스모스를 뜻함과 동시에 인간의 거주지를 위한 시범적 모델이 되었다.[2] 사계절(봄, 여름, 가을, 겨울)은 시간적으로 분류된 네 가지 리듬일 것이다. 우리는 고구려의 고분벽화, 특히 강서대묘의 벽화를 중심으로 고대 한국인들의 우주관, 특히 코스모스를 사방으로 사유하고 또 그 속

---

2 M. 엘리아데, 이동하 옮김, 《聖과 俗》, 42~43쪽 참조.

에서 조화롭고 유기적인 관계를 간파한 흔적을 추적해 본다.

고대 그리스의 사상, 특히 플라톤의 코스모스는 올림푸스와 총체(τὸ ὅλον: to Holon)의 동의어이고, 신 데미우르고스에 의해 만들어져 통일적인 질서를 통해 운행된다. 그러한 코스모스는 플라톤에 따르면 가장 아름답고 완전한 생명체이고, 만물을 포괄하며, 유일무이하고(총체이기에) 영혼을 갖고 있으며, 소멸하지 않는 신적인 것이다.3 그에게서 코스모스는 **하나와 전체의 통일체**이고 또한 존재와 생성의 통일체이다. 만물은 이 코스모스에서 생성하고 또 소멸하지만, 그러나 코스모스 자체는 생성하지도 소멸하지도 않는 것이다. 이러한 코스모스는 결코 사물이나 자연만이 아니라, 정신의 영역도 포괄하고 있다. 이러한 코스모스는 그러기에 결코 인간에게 구속되지도 소속되지도 않고 또 그의 소유물도 아닌 것이다(그러므로 인간 중심주의는 말도 안 된다). 오히려 이와는 반대로 인간은 코스모스로부터 와서 여기에서 살다가 여기로 돌아가는 것이다.

플라톤의 "가장 완전하고 또 가장 아름다운 생명체"인 코스모스는 영혼을 갖고 있으면서 만물을 포괄하고, 또 총체와 질서 잡혀진 것이면서 존재와 생성의 통일체이기에, 이 코스모스에는 이른바 '사방'이라는 하늘과 땅, 신들과 인간들의 공동체에 의한 유기적 활동이 전개되고 있다. 플라톤은 그의 대화록4에서 옛 현자들이 코스모스에 대한 사유를 '사방'(하늘과 땅이며 신들과 인간)의 공동체에 의한 유기적 활동이라고 한 것을 언급한다: "오, 칼리클레스여, 옛 현자들은 그러나 주장하기로 하늘과 땅이며 신들과 인간들이야말로 공동체에 의해 존립하는데, 말하자면 '사방' 간 서로의 친밀과 어울림(상응)이며 사려 깊음과 올바름을

---

3 플라톤,《티마이오스》, 29a 이하와 92c 참조.
4 《고르기아스》(508a).

통해서일세. 그러기에 친구여, 코스모스를 하나의 총체와 조화로운 것
으로 고찰하고, 이것이 혼돈과 제 멋대로의 망나니가 아님을 알게."

플라톤의 코스모스가 영혼을 가진 생명체로서 이러한 유기적이고 조
화로운 역할을 하고 있다면, 그가 앞에서 했던 주장에 대해 어느 정도
의 근거를 제공한 셈이다. 그러나 오늘날 자연과학과 실증주의에 중독
된 우리에겐 여전히 생소하게 들릴 것이다. 그러나 자연과학과 실증주
의 내지는 인간 중심주의가 코스모스의 척도가 아님은 자명한 것이고,
우리도 이러한 전제에서 우주론과 존재론이며 존재론의 장을 여는 것
이다.

이토록 코스모스가 영혼을 가진 것으로, 만물을 포괄하는 것으로,
존재와 생성의 통일체로, 신적인 것으로, 그리고 사방의 공동체와 유기
체로 파악된 것은 하이데거에 의해 다시 포착되고 심화된다. 물론 전기
하이데거의 세계개념은 후기와는 많이 다르다. 전기에서는 인간 현존재
가 세계를 여는erschließen 열쇠를 가진 것과 대조적으로, 후기엔 그러나
이러한 인간 현존재가 '죽을 자'라는 이름으로 '사방'의 코스모스에서
한 영역을 담당하게 된다.

그의 전기 세계 개념은 현존재에 의해 '개시된 차원'Offenbarkeits-
dimension이 본질적이었기에, 현존재가 곧 세계를 열고[5] "세계를 형성하
는"weltbildenden[6] 역할을 수행한다— 마치 세계의 존재가 현존재에 의
해 허가되어져야 하는 것처럼. 그래서 세계는 결국 "현존재 자신의 성
격"(ein Charakter des Daseins selbst)을 갖게 된다.[7] 하이데거는 그의 전·
후기 사유에서 근세의 세계 개념을 비판했다. 근세의 '세계'는 지나치게

---

5 M. Heidegger, *Sein und Zeit*, 84, 86; *Vom Wesen des Grundes*, p.36 이하,
   p.39.
6 M. Heidegger, *Vom Wesen des Grundes*, p.39.
7 M. Heidegger, *Sein und Zeit*, p.64.

"연장적인 것"(res extensa)인데, 이는 데카르트에게서 분명하게 드러나고 칸트도 데카르트의 세계 개념을 따른다고 한다.[8][9]

하이데거는 그의 후기 사유에서 세계 개념을 독특하게, 그러나 고대 그리스의 세계관에 입각하여 풀이해 나간다. 그는 〈사물〉(das Ding)이라는 논문에서 세계를 인간과 신들이며 하늘과 땅이 거기에 속하는 아주 독특한 것으로 규명한다. 세계는 말하자면 하늘과 땅이며 신적인 것과 죽어야 할 자들(인간)로부터의 '사방'(四方, das Geviert)[10]인 것이다. 그는 이 '사방'에서의 각 영역을 그 본질에 상응하게 규명한다:

> "대지는 건축하면서(세우면서) 토대를 이루는 것이고, 영양공급을 제공하면서 과실을 맺게 하는 것이며, 바다와 강이며 암석뿐**만** 아니라, 온갖 식물과 동물들을 품고 있다. **만약** 우리가 대지를 말한다면, 우리는 벌써 다른 세 영역을 '사방'의 단일성으로부터 함께 생각하는 것이다.
>
> 하늘은 태양이 지나는 길이며 달의 행로이고, 성좌의 광채가 빛나는 곳이며, 일년의 계절들과, 낮의 빛과 어스름이며, 밤의 어둠과 밝음, 날씨의 호의와 황량함, 구름의 흐름, 파란 에테르의 심층인 것이다. **만약** 우리가 하늘을 말한다면, 우리는 벌써 다른 세 영역을 '사방'의 단일성으로부터 함께 생각하는 것이다.
>
> 신적인 것은 신성의 윙크하는 사자(使者)인 것이다. 이 신성의 은폐된 섭리로부터 신은 자기의 본질 가운데 현현하는데, 그는 그러나 현전하는 것Anwesenden과의 그 어떤 비교로부터도 벗어나 있는 것이다.[11] **만약** 우

---

8 위의 책, 24쪽 참조.
9 G. Schmidt는 근세의 세계 개념이 "영혼이 없고 차가우며 계산되어지는 것"이라고 한다(*Platon*, p.131).
10 M. Heidegger, *Das Ding*, in *Vortraege und Aufsaetze*, p.166 이하 참조.
11 신성의 성스러움이 —하이데거에 따르면 철학자의 '존재'는 시인의 '성스러움'과 동질적인 말이다— "그의 감춤 속으로 스스로 물러난다entziehen"는 것은 하이데거의 존재 개념 같이 스스로 은폐하는 속성을 갖고 있다. 또 이러한

리가 신적인 것을 칭한다면, 우리는 벌써 다른 세 영역을 '사방'의 단일성으로부터 함께 생각하는 것이다.

죽을 자는 인간이다. 인간은 죽을 수 있는 자이기 때문에 '죽을 자'로 칭해진다. 죽는다는 것은 죽음을 죽음으로 받아들일 줄 아는 것이다. 그러기에 오직 인간만이 죽는 것이다. 동물은 (죽지 않고) 그냥 삶을 마감한다. 동물은 결코 자기 앞에서도 자기 뒤에서도 죽음을 죽음으로서 가질 수 없다. 죽음은 無무의 상자인바, 이 무는 그러나 어떠한 측면에서도 결코 적나라한 존재자[12]일 수는 없다. 더욱이 이 무는 동시에 존재 자체의 비밀로 현성하는west 것이다. 죽음은 無무의 상자로서 자체 내어 존재의 현성하는 것(das Wesende)을 품고 있다. 죽음은 無무의 상자로서 존재의 비호지대Gebirg인 것이다. … 죽을 자는 그러나 죽을 자로서 존재의 비호지대 속에 현성하고 있는 것이다. 그는 존재로서의 존재로(zum Sein als Sein) 현성하는 관계를 갖고 있다."[13]

하늘과 땅이며 신적인 것과 죽을 자(인간)는 결코 자기 자신만을 위한 혼자가 아니라, 자기네 스스로에 의해 서로 일치하는 '사방'으로부터의 단일성 속에서 체류한다.[14] 그들은 단일성으로 서로 신뢰된 자들의

존재 개념은 헤라클레이토스가 '자연'physis을 "스스로 은폐하기를 좋아한다"(단편 123)고 한 것과 일맥상통한 내용이다.

12 하이데거에게 '존재자'는 '존재'와 엄격한 구분을 하고 있다. 이것이 소위 그의 "존재론적 차이"이다. 존재자는 사물적이거나 구체적이고 은폐되어 있지 않다. 이에 비해 '존재'는 철저하게 은폐되어 있고verborgen 비가시적이다.

13 M. Heidegger, *Das Ding*, in *Vortraege und Aufsaetze*, pp.170~171.

14 앞의 책, p.170 참조. 하이데거는 저서 *Vortraege und Aufsaetze*(《강연과 논문》) 속에 포함된 소논문 〈건축함 거주함 사유함〉(*Bauen Wohnen Denken*)에서도 사방의 유기적 관계와 단일성을 강조한다: "하지만 '이 땅 위에서'란 이미 '하늘 아래'를 의미한다. 이 양자는 '신적인 것들 앞에 머물러 있음'을 더불어 말하며, '인간이 서로 상호 간에 귀속해 있음'을 포함한다. 근원적인 통일성으로부터 사방이, 즉 땅과 하늘, 신적인 것들과 죽을 자들이 하나로 귀속한다."(p.143).

존재사건이 일어나는ereignende '거울-놀이'(Spiegel-Spiel)로서 현성한다 wesen. 이러한 '사방'은 각자 자신의 고유한 방식대로 나머지 다른 영역을 반영하고 또 각자는 '사방'의 단일성 내에서 다른 여타의 영역을 되돌려 반영한다. 하이데거는 (고대 그리스에서와 같이) 하늘과 땅이며 신적인 것과 '죽을 자'(인간)로부터의 단일성의 존재사건이 일어나는 반영놀이를 세계라고 칭한다.15 이렇게 하여 하이데거의 '사방'으로서의 세계 개념은 고대 그리스적 세계관의 시적이고 신화적인 요소를 잘 반영하고 있고, 더더욱 플라톤의 코스모스에 관한 '사방'을 존재론적으로 풀이하고 있다.

'사방'의 유기적이고 조화로운 관계는 **"하늘과 땅의 결혼"**에 극명하게 드러나 있다. 이는 고대 그리스의 서사시인 헤지오도스Hesiodos에게서 잘 드러나는데, 그의 《신통기》에는 하늘 우라누스Uranus와 땅 가이아Gaia가 결혼하여 인류의 처음을 이루었음을 읊고 있다. 하이데거는 이러한 **하늘과 땅의 결혼**을 현대적 의미로 풀이하고 있는데, 이를 통해 우리 인간이 잊고 있는 부분을 들춰내고 있다. 그것은 우리가 일상 속에 파묻혀 살면서 하늘과 땅의 유기적 협조와 활동을 망각하기 때문이다.

한 알의 곡식과 한 송이의 포도도 다 이러한 하늘과 땅의, 그리고 이들을 최초로 존재하게 한 창조자와 기르고 관리하는 인간의 철저하고 절대적인 관여에 의한 것이다. "샘은 선사된 물속에 머무르고 있다. 샘 속에는 돌멩이가 머무르고, 또 대지의 어두운 잠이 함께 하면서 하늘의 이슬과 비를 맞이하고 있다. (그러기에) 샘물 속에는 하늘과 땅의 결혼이 현존하고 있다. 그런데 이러한 하늘과 땅의 결혼은 포도주 속에도 체류하고 있다. 그것은 포도나무의 열매가 (만들어) 준 것이며, 이

---

15 M. Heidegger, *Das Ding*, 앞의 책, p.172 참조.

는 다시 대지의 토양분과 하늘의 태양이 서로 신뢰한 데서 이루어진 것이다. 그러기에 물의 선물에도 또 포도주의 선물에도 하늘과 땅이 체류하고 있다."[16] 그러기에 '사방'은 서로 공속하는 공동체인 것이다.

사방의 거울-놀이를 통해 코스모스의 유기체적인 성격이 여실히 드러난다. 그러나 그럼에도 불구하고 아쉬운 부분이 있다. 그것은 성대한 "하늘과 땅의 결혼"과는 달리 인간과 초월자 사이의 공동체적이고 유기적인 관계가 미미하기 때문이다. 더욱이 하이데거에게 인간의 대명사는 '죽을 자'로 규명되어 있다. 물론 인간의 운명은 그의 존재론에서 죽음과 무無에 의해 존재 자체와의 대면이 가능하겠지만, '죽음'만으로는 다른 여타의 영역(하늘, 땅, 초월자)에 견주어 미미하기만 하다. 인간이 죽어야 하는 자('죽을 자')임은 사실이다. 그러나 이 사실이 코스모스 내에서 그의 위상을 대표한다거나 그의 전체를 결정 짓는다고 하면 뭔가 미심쩍은 규명으로 보인다.[17] 그렇다면 인간은 코스모스 내에서 결코 끊임없는 유기적 '거울-놀이'에 참여할 수 없다.

그러나 하이데거에게 인간의 대명사와 그의 본질 규명은 "죽는 자"이다. 우선 인간은 신과 하늘이 서로 가까이 하고 있는 것처럼 땅과 가까이 하고 있다. "땅은 봉사하면서 떠받치고 잉태하며 견디어 내는 자이고, 또한 꽃을 피우고 열매를 맺는 자"[18]이다. 여기에 견주어 인간은 '죽을 자'인데, 위의 〈사물〉이라는 소논문 외에도 〈건축함 거주함 사유함〉(Bauen Wohnen Denken)이란 논문에서도 그는 인간의 위치를 상

16 M. 하이데거, 앞의 책, p.165.
17 하이데거는 인간이 이승적인 것을 넘는 것엔 의미를 부여하지 않는다. 그는 성서가 인간을 "하늘에 고향을 둔 나그네"라고 하는 것과 플라톤이 인간의 영혼불멸을 증명하는 것, 나아가 칸트가 인간의 '이왕국적 존재'를 언급하는 것에도 별로 관심을 표명하지 않았다.
18 M. Heidegger, Vorträge und Aufsätze(《강연과 논문》), Neske: Pfullingen 1990, p.143.

세히 설명하고 있다: "죽을 자들은 인간이다. 인간은 죽을 수 있기 때문에 죽을 자들이라고 불린다. 죽는다는 것은 곧 죽음을 죽음으로서 흔쾌히 맞이할 능력이 있다는 것을 일컫는다. 인간이 이 땅 위에서, 하늘 아래에서, 신적인 것들 앞에 머물러 있는 한, 오직 인간만이 죽고, 좀 더 자세히 말해서 인간은 지속적으로 죽는다."[19]

여기서 우리는 땅과 인간이 서로 가까이 있고 또 서로 유사한 역할을 수행하는 것을 엿볼 수 있다. 땅은 자신의 운명, 즉 봉사하고 떠받치며, 생명을 잉태하고 또 무릇 생명체들의 토대가 되어 묵묵히 견디어내며, 꽃이나 열매를 만들어 내면서 묵묵히 자연의 법칙을 따른다. 이와 마찬가지로 죽을 자인 인간은 죽음의 운명을 묵묵히 따른다. 여기서 운명이란 일종의 법칙적인 것을 의미한다.[20] 인간이 죽을 수밖에 없는 운명이라는 것, 즉 "인간이 죽는다"는 것은 운명이고 법칙인 것이다. 죽음이란 자연에 순응하는 것이다. 우리가 죽으면 땅으로 돌아가는 것은 곧 자연의 법칙에 따르는 것이다. 자연의 법칙은 죽을 자로서의 인간의 탄생과 종말을 ―호메로스의 시구에 자주 등장하듯 "어머니 대지에서 태어나 어머니 대지로 다시 돌아가는"― 동시에 관장하고 있다. 그러나 이러한 자연의 법칙만이 인간의 운명을 결정 짓는 전부는 아닌 것이다.

그런데 땅과 인간이 서로 가까이 있고 또 서로 평행선을 달리듯 유사한 역할을 수행하는 것은 또 있다. 그것은 땅이 잉태하며 꽃을 피우고 열매를 맺는 것에 상응하는 인간의 대응인 것이다. 말하자면 땅이

---

19 위의 책, p.144.
20 특히 고대 그리스의 '운명' 개념엔 법칙적인 요소가 결정적이다. 이를테면 오이디푸스의 신화에서 오이디푸스가 장차 아버지를 살해하고 어머니를 자신도 모르게 강간하는 것은 비극적인 운명이었는데, 오이디푸스의 아버지는 아폴론 신탁으로부터 자신의 어린 자식에 관해 이 예언을 듣게 되자, 이를 피하려고 자식을 버린다. 그러나 이러한 운명으로부터의 도피행각을 비웃기라도 하듯 그는 운명의 사슬에 말려들고 만다.

수행하는 역할과 비슷한 일을 인간이 떠맡아야 하는 것이다. 그런 일을 인간은 자신의 삶을 영위해 가면서 ─하이데거에 따르면 인간이 거주하면서─ 펼쳐야 한다. 인간은 땅을 구호하는 한에서 거주한다.[21] 구호함은 땅을 위험에서 벗어나게 할 뿐만 아니라, 그것을 자신의 고유한 본질로 자유롭게 놓아둠freilassen을 의미한다. 따라서 땅을 구호한다는 것은 결코 땅을 착취하거나 혹사하는 것일 수는 없다. 또 땅을 지배하거나 복종케 해서도 안 된다.

코스모스 내의 사방이 반영놀이를 하는 데에 잘 드러나듯 인간은 다른 세 영역처럼 비춰야 한다. 그러기에 사방의 반영놀이를 온전하게 하는 것이 무엇보다도 인간의 과제이다. 인간의 거주함엔 바로 이러한 과제가 포함되어 있는데, 이를 일반화하면 '보살핌'이다. 하이데거에 따르면 "거주함의 근본 특성은 이러한 보살핌이다. 이 근본 특성이야말로 거주함을 그것의 전 범위에서 관통한다."[22] 인간이 세상에 거주한다는 것은 땅이 수행하는 일과 같이 사물을 보살펴 꽃과 열매를 맺게 해 주는 역할을 떠맡아야 하는 것이다. 땅은 영원한 측면에서 하늘과 신적인 것들을 닮아 있지만, 생명체들의 삶과 죽음을 끊임없이 잉태한다는 점에서는 인간과 닮아 있다.

인간이 보살피는 것은 땅뿐만 아니라, 하늘과 신적인 것들 또한 포함한다. 말하자면 '죽을 자'로서의 인간은 "땅을 구호하는 한에서", "하늘을 하늘로서 받아들이는 한에서", "신적인 것들을 기대하는 한에서" 그리고 "죽음을 죽음으로서 흔쾌히 맞이할 능력이 있는 한에서" 사물을 보살피고 사방의 모든 것들을 온전하게 하는 것이다. 인간이 하늘을 보살핀다는 것은 하늘을 하늘로서 받아들이면서 거주하는 것이다.[23] 인간

---

21 M. Heidegger, *Vorträge und Aufsätze*(《강연과 논문》), 앞의 곳 참조.
22 위의 책, p.143.
23 위의 책, p.144.

은 태양과 달에게 그들의 운행 과정을, 그리고 별들에겐 그들의 궤도를, 또한 사계절에게 그것들의 축복과 매정함을 일임한다.

또 이와 같이 인간은 신적인 것들을 신적인 것들로서 기대하며 삶을 영위한다. 그는 기대에 가득 찬 마음으로 성스러운 구원의 손길을 신적인 것들에게 갈구한다. 그는 신적인 것들이 도래하는 눈짓을 기다리며 이들이 지금 부재하는 징표를 착오하지 않는다. 이러한 불행의 상태, 즉 아직 구제의 손길이 닿지 않은 삶 속에서도 그는 멀리 있는 entzogen 구제를 기다린다.

그런데 인간이 사방의 '거울-놀이'를 수행하는 데 "죽음을 죽음으로 받아들이는 능력"만으로 충분한가? 물론 하이데거의 존재사유에서 죽음의 독특한 역할, 즉 죽음을 부정할 것이 아니라 긍정하고 받아들이는 한에서 '존재가능'Seinkönnen에 거처할 수 있다는 사실과, 죽음의 계기만큼 인간을 실존하게 하는 것은 없다고 할 정도로 —그래서 하이데거는 "죽음으로의 미리 달려감"(Vorlaufen in den Tod)을 천명한다— 다소 역설적인 진리를 우리는 이해해야 한다. 죽음을 삶의 원리로서 받아들이는 것, 더 나아가 죽음을 진리로서 끌어안을 때, 인간은 온전한 삶을 영위할 수 있다는 것이야말로 하이데거가 우리에게 들려주고자 했던 것이었으리라.

그러나 그럼에도 불구하고 의혹은 여전히 남는다. 그것은 과연 우주론적 측면에서 인간을 규명해 주는 것이 죽음밖에 없는가이다. 인간의 존재와 운명은 죽음만으로 다 설명되는가? 죽음 가운데서 또는 "무의 상자"와 "존재자체의 비호지대"로부터 궁극적인 존재경험만으로 인간의 모든 형이상학적인 의혹은 다 풀리는가? 결코 그것만으로는 "형이상학적 존재"(ens metaphysicum)인 인간의 의혹은 다 해소되지 않는다.

하이데거에게서 인간은 코스모스를 구성하는 한 영역으로 받아들여지지만, 그는 "죽을 자"이므로 이 영역을 지키지도 수행하지도 못하고 어디론가 떠나고 만다. 그가 땅 위에서, 하늘 아래에서, 신적인 것들 앞에서, 죽을 자들과 더불어 있는 그런 거주함으로 삶을 영위하지만, 또한 그가 언제나 사물들 곁에서 체류하는 형태로 살아가지만,[24] 그는 그러나 "죽을 자"이므로 곧 사물들 곁을 떠날 것이고, 또 사물들 곁에 잠시 체류한다고 해서 그의 위상이 "사방의 반영놀이"에 걸맞는 것도 아니다.

물론 인간은 하늘과 땅 사이에 거주하며 포도나무를 가꾸고, 또 포도주를 만들며, 이를 신 앞에 내려놓고 감사제로 드린다. 사방 가운데서의 인간의 역할이 분명히 드러난다. 좀 더 극단적으로 말하면, 인간이 존재하지 않는 코스모스란 무의미할 따름일 것이다. 그러기에 인간은 그가 사방의 한 영역을 담당하고 감수하는 데에 상응한 위상을 찾아야 한다. 이러한 맥락에서 인간은 사방 중에서 결코 미미한 존재여서는 안 된다. 고구려의 고분벽화는 이 결핍된 부분을 충족시킨다.

인간은 사방 가운데서 오직 대지 위와 하늘 아래에 거하는 사이-존재로만 고착되어서는 안 된다. 만약 그렇다면 인간의 운명은 오직 가혹할 따름이고, 하늘과 땅과 초월자의 (준)항구적인 위상과는 달리 —하이데거에게서 드러났듯— '죽음'만으로 특징 지워지는 초라함의 대명사일 것이다. 그럴 수는 없다! **인간은 죽는 것으로 사방의 거울-놀이를 끝낼 것이 아니라, 하늘처럼, 대지처럼, 그리고 초월자처럼 끊임없이 거울-놀이에 임해야 하는 것이다.**

고구려의 고분벽화는 인간이 사방의 거울-놀이에서 뛰어난 인간의 위상을 드러내 보인다. 그는 코스모스 내에서 "사이-존재"의 틀에서 벗어나, 즉 말해서 대지 위와 하늘 아래뿐만 아니라, 대지 아래와 하늘 위로 나아간다. 인간의 사방 가운데서의 위상이 유감없이 드러난 것이

---

24 M. Heidegger, 앞의 책, 145쪽 참조.

다. 고구려의 인간은 구름을 타고(혹은 신비한 공작과 용을 타고서) 창 공 가운데로 나아가고, 별들과 은하와 함께 인사하고 방문하며 대화하 고 있다. 인간은 사방세계에서 ―하이데거에게서 잘 드러나듯― 주로 대지와 관련을 맺어 왔지만, 이제 하늘이며 초월자와 "거울-놀이"는 말 할 것도 없고, 그 이상의 만남과 방문과 교류를 통하여 그의 본래적인 모습을 드러내고 있는 것이다. 초월자와 인간의 만남에서 철학과 종교 의 궁극적인 문제가 특이한 방식으로 응답되고 있다. 그러기에 **초월자 와 만난다는 것은 일종의 형이상학과 종교의 궁극적 완성**이라고 할 수 있는 것이다.

이제 **"하늘과 땅의 결혼"**에서와 같이, 혹은 이와 유사한 양식으로 인간과 초월자가 무대 위로 드러난다. 어쩌면 하늘과 땅의 결혼보다는 **인간과 초월자의 만남**이 더욱 심대한 일일 것이다. 그것은 인간 자신의 운명과 실존의 문제며 그의 궁극적인 문제가 걸려 있기 때문이다. **그들 은 서로 만나고 함께 거주한다.** 그들은 하늘과 땅을 주거지로 삼으면서 함께 삶을 이루어가고 궁극적인 것을 충족시킨다. 인간의 종교적이고 형이상학적인 미스터리와 갈증을 이보다 더 충족시키는 것이 도대체 어디에 있는가!

그렇다면 고구려 고분벽화에서의 인간상은 철학적으로 무엇을 암시 하고 있는가? 그것은 천상과 지상, 초월자와 인간의 세계를 아우르는 우주론과 형이상학의 새로운 지평을 여는 신비로운 영역을 밝히고 있 다. 여기서 형이상학의 새로운 지평을 연다는 것은 형이상학이 근세철 학에서와 같이 추상적 관념론으로 빠지거나 고작 인식론의 문제만 만 시작거리는 데에서[25] 벗어나, 인간의 궁극적이고 실존적인 문제와 사방

---

25 대체로 칸트의 《순수이성비판》은 형이상학을 인식론의 틀에 가두었다고 볼 수 있다. 그는 뉴턴 물리학의 모범에 따라 형이상학이 엄밀한 과학이기를 요 구했고, 이 요구에 부응하지 않는 철학을 "낡은 형이상학"이라고 규명했다.

세계 안에서의 생생한 역할을 유감없이 드러내는 것을 말하고 있다. 이러한 새로운 지평은 고대 그리스에서 각인되었지만, 중세와 근세를 거치는 과정에서 변질되어 버렸기에, 결과적으로 본래적인 형이상학의 영역을 되찾는 일이기도 하다.

고대 그리스에서는 적어도 "인간의 궁극적인 것"과 영혼불멸, 코스모스와 세계의 운명(우주론), 초월자와 인간, 존재와 생성소멸 등이 형이상학의 주된 테마였지만, 중세와 근세로 내려오면서 변질되고 또 조작되고 말았다. 근세에서 치중했던 인식론의 문제는 물론 중요하다. 그러나 그것을 마치 형이상학의 전부인 것처럼, 결정적인 것처럼 과장해서는 안 된다. 그것은 인간의 궁극적인 문제가 결코 인식론적인 것으로 다 채워질 수도 또 해결될 수도 없기 때문이다. 근세는 인식론의 거대한 카테고리에서 "관념의 누각"을 건립하고 그 안에 안주하는가 하면, 또 이와 반대로 실증적 경험론을 들고 나와 소위 "낡은 형이상학"과 싸움을 벌여 왔다. 그러나 이 후자도 단세포적인 실증주의나 과학주의로 빠져 버림으로써 형이상학을 송두리째 불신하는 과오를 범하고 말았다.

저러한 근세적 형이상학의 변질에 견주어 "새로운 형이상학의 지평"을 여는 고구려 고분벽화의 경우는 결코 추상적 관념론이나 인식론의 카테고리 틀 안에서 허우적거리는 것이 아니라, 섬뜩하리만큼 —적어도 이러한 작품 속에서는— 생생하고 구체적이다. 그러면서도 인간의 실존적이고 궁극적인 문제를 다루고 있는 것이다. 그것은 인간의 운명과 궁극인 것, 인간의 영혼불멸, 초월자와의 관계, 코스모스에서의 위상에 대해 **응답하고** 있기 때문이다. 물론 이러한 응답이 절대적이거나 정답이라고는 결코 말할 수 없다. 원래 존재론과 형이상학의 응답은 합리적인 논리학과 과학에서의 응답과는 다르다! 그렇다고 전혀 논리학에서 벗어났다거나 비논리적이라고 말할 수는 없다.

종교의 궁극적 목적은 무엇인가? 그것은 물론 신학적, 철학적, 종교학적 분석에서 여러 가지로 응답되겠지만, 그리고 경우에 따라선 여러 가지 목적들로 분류될 수도 있겠지만, 어쨌든 그 어떤 다른 목적들보다도 **절대자와 초월자의 영역으로 나아가는 것**이 우선적일 것이고, **그와 결합하며 함께 거주하는 것**이다. 기독교의 궁극적인 목적도 이와 맞물려 있다. 천국에서 혹은 파라다이스에서 천사와 함께, 그리스도와 함께, 그리고 창조주 하나님과 함께 거주하는 것이야말로 기독교를 신앙하는 사람들에게 가장 강력하게 염원되는 목적일 것이다.

초월자와 만나고 사귀며 함께 거주하는 것이야말로 철학과 종교의 궁극적 목적 가운데 하나일 것이고, 고구려의 고분벽화는 바로 이러한 목적에 대해 응답하고 있는 것이다. 고분벽화에서 인간은 마치 무덤 가운데 누워 있는 사람이 되살아난(부활한) 몸을 이끌고 비상한 것처럼[26] 생생한 인간의 모습을 하고서 하늘의 별꽃가루가 뿌려진 정원으로 나아간다.[27] 여기서 "생생한 인간의 모습"을 하고 있다는 것은 우선 추상적 관념이나 개념적 인식론으로 불멸이나 **영혼에 대해서 이론적으로 논의하는 차원이 아니라**, 생생하게 활동하는 모습이 벽화 속에서 동영상으로 담겨 있다는 것이다. 또한 무덤 주인이 신비로운 세 발 공작과 용을 타고 북두칠성이나 기타 다른 별에 다다른다는 것은 불멸신앙의 흔적이 묻어 나온다. 참으로 궁극적인 것에 대한 고구려인들의 웅장하고 숭고한 모습이 드러난다.

---

26 기독교의 신앙은 철저한 부활신앙이다. 그것은 죽은 자가 무덤과 죽음을 이기고 일어나는 것이다. 예수는 부활에 대한 의심을 품었던 토마스에게 나타나 그의 옆구리에 찔린 상처의 흔적을 보여주었다.

27 신선의 모습으로 천상의 세계로 나아가는 모습은 횔더린의 시구 "아직 알려지지 않은 미지의 나라"(F. 횔더린의 묘비에 쓰여진 시)를 떠올린다: "폭풍우의/ 가장 성스런 회오리 속에서/ 나의 무덤 벽은/ 붕괴되고 말 것이다./ 그리고선/ 지극히 자유롭고 영광스럽게/ 나의 영Geist은/ 아직 알려지지 않은 미지의 나라로/ 나아가리라.

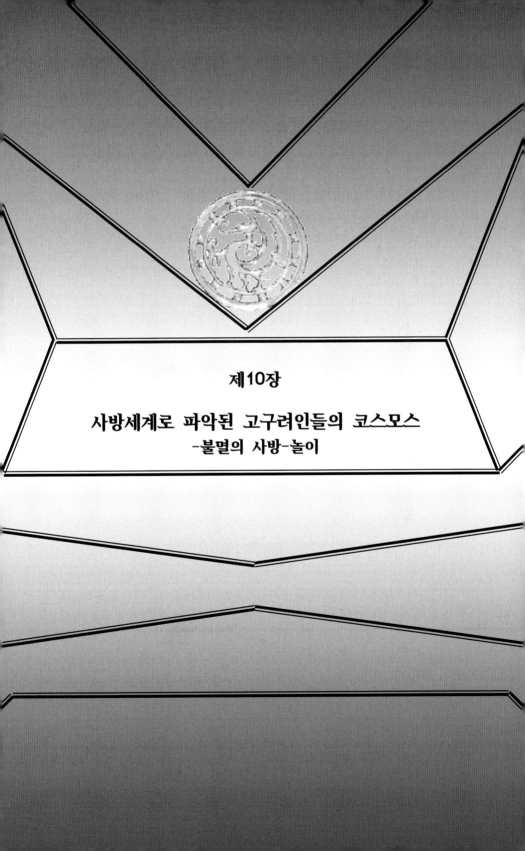

제10장

사방세계로 파악된 고구려인들의 코스모스
-불멸의 사방-놀이

고구려인들의 세계관엔 단순히 사방으로서의 코스모스가 하이데거가 파악한 사역(das Geviert), 즉 서로 비추는 "반영놀이"만 하고 있는 것이 아니라, 직접적인 교류가 이루어짐을 드러내 보이고 있다. 천상과 지상, 인간과 초월자가 한 누리를 엮어가는 것이다.

우리는 앞 장에서 고구려의 고분벽화에 드러난 고대 한국인의 우주관을 파악해 보았다. 인간은 땅 위에서의 거주자이고 또 하늘에서의 거주자이다. 고분벽화의 인간상은 지상적인 시공의 한계와 사멸성에 유폐되지 않고 열려진 코스모스 속에서 궁극적인 의미를 호흡하는 그러한 존재로 드러난다. 고구려인들의 세계관을 통해 인간의 위상과 존엄성이 유감없이 발휘되어 있음을 목격할 수 있다. 그들에게서 인간은 땅에서 일상적인 삶을 영위하고 또 신선이 되어 하늘을 날으며 천상의 초월자와 만나고 교류함으로써 그 유기적이고 역동적이며 영원한 거울-놀이에 동참하고 있다. 지상에서의 일상적인 삶과 생활방식들을 그대로 고분벽화에 옮겨 놓은 것은, 지상이 하늘에 견주어 결코 하찮은 것이 아니라는 의미이고, 이는 사방의 거울-놀이에서 조화로운 위치를 차지하고 있음을 표현한 것이다.

집안 오회분 4호묘(3각 고임 2단부)와 5호묘에는 춤추고 노래하고 연주하는 선인仙人들이 네 방위별(남두육성과 북두칠성 및 해와 달이 각각 중앙 부분에 크게 그려져 있다)과 함께 자리하고 있다.[1] 동쪽 고임돌의 가운데는 태양이, 오른편엔 봉황을 타고서 길다란 대금 혹은 피리를 부는 선인이, 왼편엔 용을 타고서 퉁소처럼 보이는 악기를 불며 태양을 향해 나아가고 있다. 달과 남두육성 및 북두칠성에도 이와 같이 선인들이 서로 다른 악기를 연주하며 신비로운 신수와 새들을 타고서

---

1 김일권, 《고구려 별자리와 신화》, 148쪽 참조. 김일권 교수는 여기서 동서남북의 방위 별자리들이 위치하고 있는 부분을 사진으로 따로 떼어서 수록하여 독자로 하여금 쉽게 파악하도록 하고 있다.

중심에 자리 잡은 방위별을 향해 나아가고 있다. 네 방위에서의 각기 다른 악기들에서 울려 퍼지는 음악은 천상의 화음을 이룰 것으로 보인다.

사방으로서의 코스모스는 고구려의 고분벽화 오회분(5호 무덤)에도 잘 드러나 있다. 여기엔 사방으로서의 코스모스가 총천연색의 영상과 입체적 역동성으로 그 신비를 드러내고 있다. 즉 말하자면 남쪽 부분에 해당하는 앞부분은 전前주작으로, 북쪽 부분에 해당하는 후미에는 후後현무로, 동쪽에 해당하는 왼편에는 좌左청룡으로, 서쪽 부분에 해당하는 오른편에는 우右백호로 우선은 무덤을 지키는 사신使臣으로 파악된다. 그러나 이러한 사신은 강서대묘에도 잘 드러나듯이 널방 바닥에 놓인 주인을 지키는 수호신이면서 동시에 우주의 방향을 가리키는 방위신이기도 하다. 따라서 주작·현무·청룡·백호의 사신使臣은 다름 아닌 사신四神으로서, 이들로 하여금 자신의 무덤을 지키게 했던 고구려인의 기백과 위용은 후세인들을 과연 놀라게 한다.

그런데 이들 사신도의 신수들은 무덤주인과 그 안식처만 수호하는 것이 아니라 네 방위를 수호하고 "사악한 기운을 물리치는 수호신의 상징"[2]으로 위용을 드러낸다. 사신들은 말하자면 방위신이면서 수호신인바, 남두육성과 주작은 "남쪽의 수호신"이고, 북두칠성과 현무는 북쪽을 담당하면서 "사후세계를 수호"하는 별자리와 신수이며, 이와 같이 태양과 청룡은 동쪽을, 달과 백호는 서쪽을 담당하는 수호자들이다.[3] 수호하고 보살피는 사신도의 세계관이 명쾌하게 각인된 것이다. 사신도와 사수도의 체계는 말하자면 "천지사방을 수호하는"[4] 철학적 세계관인

---

2 임기환, 〈하늘의 과학, 하늘의 정치〉, 《삼국시대 사람들은 어떻게 살았을까》 (한국역사연구회), 청년사, 2005, 356쪽.
3 노윤생, 《광개토태황》, 큰방, 2007, 머리말.
4 김일권, 《고구려 별자리와 신화》, 153쪽.

것이다.

네 방위를 담당한 생명체들은 동양의 음양오행설에서 각각 사방을 대표하는 사신으로서 "나쁜 기운을 물리치고, 죽은 자의 영혼을 하늘세계로 인도한다."[5] 사신이 죽은 자의 영혼을 안내하는 하늘세계엔 황룡이 있는데, 이 황룡은 코스모스의 중심을 상징한다.[6] 죽은 자의 영혼은 신선이 되어 천상의 세계로 나아가는바, 바로 황룡 주변의 꽃과 구름 사이를 방문하고 있다. 이곳은 바로 고구려인들이 사유한 죽음 저편의 세계이다. 죽어서는 신선이 되어 기묘한 날개옷을 입고 용이나 천마, 봉황이나 세발 공작을 타고서 하늘고향에서 산다고 믿은 것이다. 이 천장벽화는 고구려인들의 종교관을 보여주고 있다.

그런데 오회분 5호 무덤에서 용과 호랑이는 사방의 방위에도 등장하고 또 가운데 부분에 또다시 서로 뒤엉킨 모습으로 등장한다. 이 가운데 부분에 드러난 융합 형태의 용과 호랑이에 대해서는 그 상징어의 철학적 깊이를 헤아릴 필요가 있다. 그것은 천용지호天龍地虎의 호랑이와 용이 서로 얽히고 섞여서 하나를 이루고 있는 것이다 ─마치 단군신화에서 곰과 호랑이가 한 굴에 체류하듯이. 이 모습을 혹자는 서로 싸우는 것으로 묘사하기도 하지만, 오히려 여기선 하늘과 땅의 결합 내지는 하나 됨을 형상화한 것으로 보이며 서로 위용을 드러낸다고 보는 것이 옳다. 땅의 위용을 호랑이가 드러내고, 또 이에 견주어 하늘의 위용을 용이 드러내어 서로 하나 되어 엉키고 얼굴을 대면하여 불을 뿜

5 "월드컵 특별기획 역사스페셜", 제2편 고분벽화, KBS 2002년 6월 8일 방송 참조

6 위의 곳 참조; 김일권 교수는 고분벽화에서의 황룡도를 사신도와 합하여 오신도五神圖를 주장한다. 그렇다면 황룡은 우주의 중심을 상징하면서 동시에 다섯 방위를 지키는 신들 가운데 하나라고 생각할 수 있다(김일권, 〈벽화천문도를 통해서 본 고구려의 정체성〉, 《고구려 정체성》, 1047, 1053쪽 이하; 김일권, 《고구려 별자리와 신화》, 93, 96, 99, 140~145쪽 참조).

어냄으로써 그 위용과 기운이며 일치되는 조화가 극대화되고 있다. 고대 그리스신화에서는 "하늘(우라누스)과 땅(가이아)의 결혼" 이야기가 나오는데, 고구려의 벽화는 이를 형상화한 것으로 보인다.

또한 현무도도 이와 유사하게 음양의 조화를 드러내고 있다. 뱀과 거북이 서로 칭칭 감고 있는 것도 싸우는 것이라기보다는 생명(뱀, 제약 상징)과 장수(거북)가 서로 결합하는 것을 표현하기도 하고, 또한 서로 마주 보고 불과 같은 기운을 뿜어내는 것으로서 음양이 서로 만나 우주에 질서를 부여함을 의미한다고 보아야 한다.

뱀과 거북이 함께 어우러진 현무에서 뱀은 수컷, 곧 음양의 양陽을 나타내는 존재자이며, 거북은 음을 상징하는 암컷으로 표현되었다. 특히 통구 사신총과 강서대묘의 현무는 신비로운 신수의 모습을 하고 있는데, 거북과 뱀이 뿜어내는 기운으로 천공의 구름이 좌우로 나뉜다(통구 사신총). 거북과 뱀이 마주보면서 각각 입에서 화염과도 같은 기운이 뿜어져 나오는데(강서대묘), 이러한 형상을 통해 음과 양의 기운이 우주 가운데에 필수적인 전제라는 것과, 나아가 음양의 조화로 말미암아 우주에 질서가 부여됨을 시사한다. 음양의 조화를 통한 질서의 부여

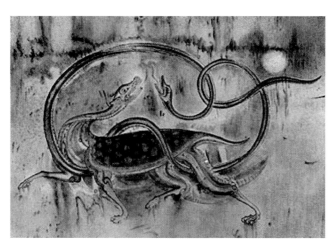

사진 10-1
강서대묘의
안칸 북벽에 위치한
현무도

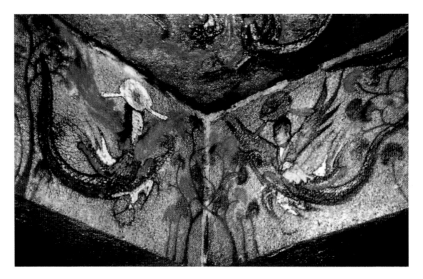

사진 10-2 용의 꼬리를 달고 등장하는 태양신과 달신(오회분 4호묘)

는 온 세상이 조화롭게 유지되고 보살펴진다는 것을 표명하는 것이다.

저 오회분(4호 무덤과 5호 무덤)[7]에는 천상의 파노라마가 사방의 생명놀이를 하고 있어 그 생동감과 신비스러움이 보는 이를 황홀하게 한다. 중앙에 위치한 용호도의 네 변을 해와 달이며 별들과, 각종 악기와 춤으로 노래하는 신선이 차지하고 있으며, 이 네 변 바깥쪽엔 해신과 달신을 비롯한 문명을 일으킨 신들과 면류관을 쓴 하늘나라의 왕이며 그의 신하(마치 기독교에서의 천사처럼)가 같은 궤도에 그려져 있다.

여기서 태양의 신은 남신男神의 형상을 띠고서(고대 그리스의 태양의 신도 남신 헬리오스이다) 세 발 봉황[8]이 그 상징어로 그려진 태양을 머

---

7 집안 오회분 4호묘와 5호묘에 대한 전체적인 조감도와 배치도 및 세부적인 벽화에 관해서는 김일권, 《고구려의 별자리와 신화》, 146~155쪽 참조. 또한 국립문화재연구소, 《북한 고구려 고분벽화 모사도》, 국립문화재연구소, 2018, 236~251쪽 참조.
8 혹자는 여기에 그려진 새가 봉황이 아니라, 세 발 까마귀라고 하기도 한다.

리 위에 이고 있다. 또 달의 신도 여신의 형상을 띠고서(고대 그리스에서 달의 신도 여신 셀레네이다) 머리 위에 달을 이고 있다. 오회분 4호묘에 그려진 태양의 신과 달의 신은 두 손으로 태양과 달을 (숭앙하기라도 하듯) 받쳐 들고 용의 꼬리를 달고서 날개를 펄럭이며 하늘세계로 나간다. 이들은 그들 바깥쪽에 신비한 하늘나무를 두고서 서로 마주보며 날아오르는데, 그들의 다리는 힘 있게 앞뒤로 펼쳐지고, 오색의 꼬리 부분은 아래에서 위로 생동감 있게 휘어 오르고 있다.[9]

우리가 앞의 장에서 문명을 창조한 신들에 대해 자세히 논의했지만, 이 고분에서도 의미심장하게 그 우주론적 비밀을 간직한 채 그려져 있다. 만약 문명을 "카오스에서 코스모스로의 전향"(Vom Chaos zum Kosmos)이라고 한다면, 하늘나라의 왕과 문명을 일으킨 신들이 코스모스를 창건했다는 의미를 시사한다. 고분벽화에 분명하게 표현된 각 문명의 신들의 직책이 문명의 핵심을 이룸은 의심의 여지가 없는 것이다. 따라서 고구려인들은 어떠한 부류의 문명이 코스모스를 창건하는 데에 핵심적인 역할을 하는지를 통찰하고 있었던 것이다.

그런데 고분벽화를 통해 고대 한국인들이 코스모스 안에서의 인간의 운명과 위상을 어떻게 드러내고 있는가? 한마디로 인간의 운명은 결코 죽음으로 말미암아 침울한 종말을 고하는 것이 아니다. 그는 신선의 형

태양 속에 작게 그려져 있기에, 이를 정확히 파악하기가 쉽지 않다. 그러나 신비한 초-동물적 상상의 새임에는 틀림없다. 특이한 것은 그리스의 신화에서 헬리오스의 대를 이은 태양의 신 아폴론의 새도 까마귀이다.

9 생동감과 역동성이 흘러넘치는 것을 통해서도 한국과 중국의 문화 자체가 근본적으로 다름을 파악할 수 있다. 신영훈은 중원 사람들의 "아주 정적인 자세"와 사신총의 "해와 달을 나누어 이고 창천蒼天을 날아드는 역동적인 자세"를 통하여 온당하게 두 문화의 차이를 잘 설명하고 있다. 그리고선 그 차이를 명쾌하게 규명하고 있다: "중원 사람들의 심사心思와 우리네의 심지心地에서 나타나는 이런 차이는 전혀 다른 바탕과 개념에서 유래된 것으로 보는 것이 타당할 듯 싶다."(신영훈, 《고구려》, 33쪽).

태로서 벽화의 천장 가운데 부분에 뒤엉켜 있는 용호도를 보고, "하늘과 땅의 결혼"을 지켜보며, 또 하늘의 왕과 문명의 신들에 의해 싸여 있으면서 온갖 악기들로써 코스모스에 심포니를 연주하는 것으로 되어 있다. 이 그림으로 읽는 **"환희의 송가"는 바로 고대 한국인들의 형이상학이고 우주론이며 인간론인 것이다.**

사진 10-3
뿔피리를 불고
춤추는 선인(춤무덤)

그렇다면 고분벽화에서 인간이 어떻게 천상의 심포니를 협연하고 있는지 구체적으로 파악해 보자. 인간은 여기서 온갖 악기를 동원하여 코스모스에 심포니의 향연을 베풀고 있다. 그는 한편으로 천상의 협화음을 뿜어내고 또 다른 한편으로 그의 이러한 행위는 조화로운 코스모스가 뿜어내는 협화음에 일조하고 있는 것이다. 음악의 특성이 그렇듯이 아름다운 선율로 선사한다는 것은 동시에 아름다운 선율로 선사받는 일이기도 한 것이다. 향연을 베푸는 이는 곧 향연에 취한다. 그것은 향연에 취할 줄 아는 이만이 향연을 베풀 수 있기 때문이다. 주고서 받거나 받고서 주는 것이 세상의 거래이고 인간사의 실상이다. 그러나 천상의 **심포니는 —마치 인간의 논리를 비웃기라도 하듯이— 주는 것이 동시에 받는 것이고, 받는다는 것이 동시에 주는 것이다.**

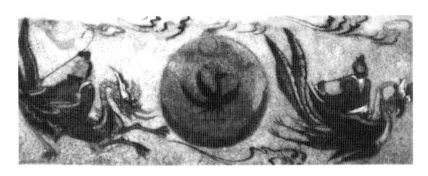
사진 10-4 오회분 4호묘: 악기를 연주하며 비천하는 신선들

참으로 인간이 천상에서 할 수 있는 일 중에 이보다 더 영예스러운 일이 있을까. 예배와 제사며 향연에 음악이 대동되는 것을 고대의 한국인들은 간파한 것이다. 고분벽화의 사방에서 인간은 온갖 악기를 대동하여 천상의 콘서트를 펼치고 있다. 태양이 그려진 벽화에는 용을 타고 춤추는 신선과 긴 대금을 연주하는 신선이 협연을 하고, 달이 그려진 벽화에는 용을 타고 노래하는 신선과 완함阮咸을 연주하는 신선이 짝을 이루고 있다. 또 남두육성의 별자리에는 신선이 용을 타고 요고腰敲와 거문고를 연주하고 있으며, 북극성이 그려진 자리의 왼편엔 신선들이 용을 타고 뿔나팔과 소簫를 연주하고 있다.

한마디로 이토록 의미심장하게 표현된 인간의 운명은 서구 사유에서는 보기 힘든 경우이다. 이때까지의 어떤 서구의 형이상학도 이토록 코스모스 안에서의 인간의 위상과 존재를 확고하고 적극적이게, 웅장하고 또 이웃과 조화롭게 해명해 내지는 못한 것이다. 인간은 우주 내에서 지배자가 아니지만 피지배자나 예외자도 아니며, 죽음으로 종말을 고하는 미완의 생명체도 아니고 코스모스의 운행에서 소외되지도 않는다. 그는 적극적으로 코스모스의 운행에 가담하고 있으며, 하늘과 땅이며 신들과 자연의 이웃으로 존재하는 것이다.

이러한 표현과 진술은 그러나 결코 단순한 상상이나 욕구가 아니라,

형이상학의 특수성에 기인하고 있다. 그러기에 실증적 잣대와 시각으로 이러쿵저러쿵할 수는 없는 것이다. 이러한 진술과 표현은 지금 당장 현 사실성의 지평에서 이루어지는 것도 아니고 또 드러나는 것도 아니지만, (이런 혹은 다른 방식으로 이루어질 수 있는, 그러나 어떤 형식으로든 이루어져야 할) 존재-당위(Sein-Sollen)를 추궁하고 추적하는 형이상학적 시도이다. 그 가능성의 해답은 열려 있는 것이다.

말할 것도 없이 우리의 형이상학이 추구한 것에 대한 답변이 지금 당장 사실적 존재영역에 있는 것은 아니다. 그러나 결단코 무의미한 것일 수는 없다! 그것은 지금 당장 현실의 시공에서 드러나지 않지만, 언젠가는 이와 같이 혹은 이와 유사하게 일어날 가능성이 전혀 없다고 할 수 없기 때문이다. 즉 그것은 지금 당장 우리 눈앞의 무대에서 전개되지 않지만 존재해야 하는 당위(Sein-Sollen)나 존재할 수 있는 가능성을 포괄하기 때문이다. 따라서 **이러한 "존재해야 하는 당위"와 "존재할 수 있는 가능성"에 대한 하나의 응답은 지극히 숭고하고 심오하며, 인간의 위상을 신격으로 승화시키는 일이기도 하다.**

확연히 고구려인들이 파악한 인간의 코스모스 안에서의 위상은 하이데거에게서와는 달리 결코 미미하거나 위축되어 있지는 않다. 사방세계를 해명한 하이데거의 철학적 통찰은 예리하지만, 그리고 '인간'을 제외한 다른 세 방위(하늘, 땅, 신)에 대한 해명은 납득이 가지만, 인간 부분은 그렇지 못하다. 하이데거에게서 인간은 "죽어야 할 자"로만, 그리고 여기에서 자신의 존재 의미를 찾는 것으로 되어 있지만, 그것은 그러나 사방세계에서 인간의 위상이 오직 수동적이고 미미한 것임을 단적으로 드러내고 있다. 물론 인간이 자신의 존재 의미만 이해한다면 그만이라고 생각하면 어쩔 수 없는 노릇이겠지만, 그러나 코스모스 안에서 한 방위를 담당한 자의 위상에는 걸맞지 않다.

사방세계의 '거울-놀이'(Spiegel-Spiel)는 —코스모스 안에서 하늘과 땅이며 인간과 절대자를 중심으로 한 사방세계뿐만 아니라 그 외 코스모스 내에서의 사방구성요소들 사이의 거울-놀이를 포함한다면— 우선 고구려의 고분벽화가 사각형 형식을 하고서, 이 사각형 가운데에 벽화를 그림으로써 더욱 사방의 거울-놀이에 대한 실감을 돋보이게 한다. 그것은 서로 모서리를 바라보며 대각선적인 거울-놀이를 가능하게 할 뿐만 아니라, 더더욱 그 다음 단계의 모서리 부분이 이제는 변이 되게 하는 새로운 사각형을 형성하기에, 사방의 역동성이 부각된다. 서로 대각선을 마주 보는 '거울-놀이' 외에도 서로를 마주 보는 '거울-놀이'도 드러나 있다.

그런데 놀라운 것은 고구려의 천문학에서 강서대묘를 비롯한 수많은 무덤벽화에서 네 방위를 지키는 방위 신[사신도四神圖]이 등장할 뿐만 아니라, 하늘세계에서도 사방을 방위하고 보살피는 별자리[사수도四宿圖]가 등장하는 것이다.[10] 여기서 네 방위 별자리는 북두칠성과 남두육성을 남북의 방위 별자리로 삼고, 동쪽은 태양의 상과 서쪽은 달의 상을 넣어 천문시스템을 구축한 경우와, 동쪽과 서쪽을 각각 심방육성(心房六星: 전갈자리)과 삼벌육성(參伐六星: 오리온자리)으로 한 경우가 있다. 고분벽화에 따라 동쪽에 태양과 심방육성(전갈자리)을, 그리고 서쪽엔 달과 삼벌육성(오리온자리)을 함께 방위신 역할을 담당하는 천문 시스템도 그려져 있다.

김일권 교수에 따르면 고구려의 벽화천문에서 처음 마련된 사수도의 네 방위 천문시스템이야말로 중국의 묘실벽화에서는 현재까지 발견할 수 없는 것이고, 중국 산동성에서 발굴된 북제北齊 도귀묘道貴墓(571년)의 벽화천문 속에는 예외적으로 고구려식 일월남북두(해, 달, 남두육성,

---

10 사수도四宿圖의 개념형성에 관해선 김일권, 〈벽화천문도를 통해서 본 고구려의 정체성〉, 《고구려 정체성》, 1044쪽 참조.

북두칠성) 시스템이 적용되어 있다고 지적한다.[11] 김 교수는 북제 도귀묘의 네 방위 천문체계는 "고구려의 영향을 받아 성립되었을 가능성이 매우 크고", "고구려의 천문사상이 중원으로 수출된 중요한 사례로 평가될 전망"이라고 한다[12]:

> "남북조의 다른 벽화천문 양식과 달리 도귀묘는 분명한 사방위 천문사상을 표방하고 있는데, 그것은 어디까지나 4, 5, 6세기를 통하여 버려 고구려의 벽화천문도에서 새롭게 마련되었던 천문 시스템이다. 도귀묘보다 106년 앞선 덕흥리 고분(408년)에 이미 동서의 일월과 남북의 南北斗 시스템이 표현되었으며, 그보다 이른 시기의 안악1호분(4세기 말)에서도 동일한 일월남북두 천문시스템이 마련되었다. 이후 각저총, 무용총, 삼실총, 천왕지신총, 덕화리 1호·2호분, 집안오회분4호·5호묘, 통구 사신총 등 많은 곳에서 지속적으로 전승되었다."[13]

그런데 우리가 앞에서 코스모스에서의 사신도의 방위신에 대한 철학적 의미를 읽었듯이 사수도의 경우도 같은 차원에서 이해할 수 있을 것이다. 말하자면 사수도의 네 별자리들도 사신도의 방위신과 같은 역할을 맡음으로써 이들이 인간뿐만 아니라 코스모스와 삼라만상을 보살피고 방위하는 수호신의 위상을 갖는 것이 고구려 천문사상의 특징이다. 그런데 고분벽화에 그려진 수많은 별자리들의 상징언어와 의미를 오늘날 우리가 모두 해명할 수야 없지만, 네 방위의 천문시스템을 통하여 코스모스의 유기적 관계뿐만 아니라, 삼라만상이 보살피고 보호하며 방위하는 시스템으로 구축되어 있다는 고구려이 천문사상을 어느 정도

---

11 김일권, 〈벽화천문도를 통해서 본 고구려의 정체성〉, 《고구려 정체성》, 1048
　쪽 참조.
12 위의 책, 1049쪽 참조.
13 위의 곳.

간파할 수 있다고 여겨진다.

북두칠성과 남두육성14이 서로 대칭을 이루면서 마주 보고 있으며, 해와 달도 서로 마주 보고 서로를 반영하고 있다. 장천 1호분은 온통 하늘의 장엄한 사방세계를 옮겨 놓은 것 같다. 네모꼴의 벽면은 대각선으로 나뉘어져 있어 사수도의 의미를 크게 부각시키고 있으며, 각 방에는 해와 달이 그리고 북두칠성과 남두육성이 서로 마주 보며 자신의 방위를 드러내면서 동시에 맞은편의 방위를 반영하고 있다. 사후의 세계를 관장하고 인간의 영혼을 자기가 거처하는 곳으로 안내하는 북두칠성과 현실세계에서의 삶과 무병장수를 주관하는 남두육성이 서로 마주 보면서 서로를 반영하는 것은 인간의 생명을 영원에 이르기까지 방위하고 보살핀다는 것이다.15 인간 쪽에서 보면 남두육성의 주재를 받고, 죽어선 북두칠성의 수호를 받아 인간의 영혼이 영원으로 이어지기를 염원하는 세계관이다.

---

14 오회분의 오호분과 덕화리 2호분 등에 잘 드러나 있다.

15 김일권 교수도 지적하듯이 "남두육성이 인간의 무병장수를 주관하고 북두칠성이 인간의 사후 세계를 보살핀다"는 것은 "도교적 점성관념이 투영된" 것이다(김일권, 《우리 역사의 하늘과 별자리》, 108쪽).

제11장

사신도四神圖와 사수도四宿圖의 철학적 세계관

1. 사신도와 사수도의 세계관에 대한 개요[1]

우리가 이 장에서 논의하는 핵심적인 주제는 주지하다시피 사신도와 사수도의 체계이다. 총천연색으로 그려진 고구려 고분벽화의 천문도와 이 천문도들에 무수히 등장하는 사신도와 사수도를 보고 있노라면 감탄과 경이로움에 사로잡히지 않을 수 없다. 그렇지만 이러한 고분벽화에 감격하면서도 왜 이토록 사신도와 사수도가 큰 테마로 그려지고 또 많은 고분에 그려졌는지 의아해 하지 않을 수 없다.

사신도-사수도의 체계는 고구려뿐만 아니라 백제와 신라 및 가야에서, 나아가 그 이전의 고조선과도 이어지는 중추적인 세계관이었던 것이다. 그런데 왜 우리는 이 천문도에 그려진 사신도와 사수도의 의미를 망각하고 말았는가 하는 것인데, 그 오랜 세월에 걸친 문화 단절에 대한 경악스러움도 감출 수 없다.

그렇게 부각된 사신도와 사수도의 철학적 의미가 비-은폐되는 순간에 우리는 너무나 의미심장한 사실을 알게 된다. 그것은 고대의 한국인들이 이를 통해 온 누리와 인간을 보살피고 수호하는 놀라운 철학적 세계관을 가졌다는 것이다. 벽화를 통해 드러낸 이러한 철학적 세계관은 인류정신사와 세계철학사의 지평에 새롭게 부각되어야 할 것으로 보인다.

고분벽화에는 도교적 사상의 흔적이 역력한데, 적어도 도교사상의 원류는 결코 안이하게 판단할 사항이 아닌 것이다. 도교사상은 고대 중국의 오랜 유교 전통, 즉 주나라와 한나라를 주축으로 발전한 유교와는

---

1 이 장은 필자의 졸저 《선사시대 고인돌의 성좌에 새겨진 한국의 고대철학—한국 고대철학의 재발견》(예문서원 2018), 제2부의 제2장과 제3부의 제1-2장의 일부를 수정하고 보완한 것이다.

그 성격을 달리하는 측면이 강한데, 그것은 고대 동이계의 은나라와 제齊나라 및 고조선과 깊이 연루된 것으로 파악되기 때문이다. 고구려의 고분벽화에 적지 않게 등장하는 동이계의 산해경山海經 신화는 고조선과 동이계의 나라들과 맥락을 같이 하는 것이다. 무엇보다도 고분벽화에 펼쳐진 도교사상은 고구려 말기에 중국으로부터 유입된 시기보다 훨씬 이전에 이미 정립되어 있었던 것이다. 필자는 이런 도교사상의 원류를 중국도교와 구분하여 "원시도교" 혹은 "원류도교"라고 칭하고자 한다. 그리고 이런 원시도교에 관해서 제6장 2절 '원시도교의 향연'에서 논의하였다.

고분벽화와 관련된 많은 서적들엔 단순히 천문도의 기원이 —마치 자동 응답기처럼— 중국에 있다고만 하는 경우가 허다하다. 그러나 단순히 중국에 있다는 것만으로 고분벽화나 천문도의 기원이 된다는 주장은 너무나 무책임한 소행으로 보인다. 이와 달리 김일권 교수는 고구려와 중국의 고분벽화를 검토한 결과 중국의 고분벽화의 경우 장식적인 의미가 강하며, 일월남북두日月南北斗의 사수도 체계를 비롯한 여러 측면에서 오히려 중국이 고구려에 뒤떨어졌다고 진단한다.[2]

고분벽화의 전승과 선사시대 고인돌과의 연계성에 관해 박창범 교수와 양홍진 교수도 적절하게 언급하고 있다.

"고구려 고분에 그려진 별자리들은 전체적으로 보면 중국의 고분 성수

---

[2] 김일권, 〈고구려 고분벽화의 천문 관념 체계 연구〉, 《진단학보》, 제82호(1996), 1~34쪽; 김일권, 《고구려 별자리와 신화》, 30~34쪽; 김일권, 〈고구려 위진수당대 고분벽화의 천문성수도 고찰〉, 《한국문화》 24, 199~242쪽.

박창범, 양홍진 교수도 위와 유사하게 중국과 고대 한국의 천문시스템의 차이를 잘 드러내고 있다(박창범·양홍진, 〈고구려의 고분 벽화 별자리와 천문체계〉, 《한국과학사학회지》, 제31권 제1호, 2009, 4, 16, 37~38쪽 참조).

도에 채택된 별자리들과 다른 것이 많고, 연결 방식 등 표현에 차이가 있고, 벽면에 투영할 때 사용한 방위 개념도 다르다. 별자리 종류는 계통적으로 보면 삼국시대 이전에 세워진 고인돌의 덮개돌에서 발견되는 별자리들과 연결이 된다. 북두칠성, 남두육성, 묘수(플레이아데스 성단), 삼성(오리온자리 또는 심수) 등은 중국에서 28수가 성립되어 들어오기 전에 이미 거석문화 시대에 선호하던 별자리들로서 고인돌 위에 즐겨 새긴 별자리들이었다. 중국에서 28수가 처음으로 확인되는 유물은 하북성 증후을묘에서 출토된 칠기 상자인데 춘추전국시기인 서기전 5세기 후반의 것으로 추정된다. … 그런데 북두칠성과 남두육성 같은 별자리들은 이미 고구려 시대보다 수백 수천 년 이전에 한반도의 고인돌에 그려졌던 별자리이고 보면, 고구려 고분에 그려진 이 별자리들은 한나라에서 들어온 도교와 인도에서 출발한 불교의 영향과 더불어 한국에서 자생한 점성신앙(무속)에 기인한 것으로 생각된다."3

위의 인용문에서 28수의 천문시스템이 중국에서 들어왔다고 ―몇몇 전문 학자들도 검증도 하지 않은 상태에서― 하는데, 그것은 불확실한 것으로 보인다. 그들은 이 천문시스템이 어떻게 유입되었는지에 관해 아무런 증거 제시를 못하고 있다. 그야말로 예로 든 서기전 5세기 후반의 증후을묘보다 훨씬 이전에, 말하자면 북한지역에 퍼져 있는 고인돌 덮개돌엔 28수가 새겨져 있는 선사시대 유적들이 발견되기 때문이다. 그뿐만 아니라 당대엔 '중국'이 형성되어 있지 않은 데다 고대 동이족에게서 28수의 천문 개념이 형성되었을 가능성도 많기 때문이다. 고구려의 고분벽화에서 흔히 등장하는 별자리들은 선사시대 고인돌의 덮개돌에도 나타나기에, 고분벽화의 별그림들이 선사시대로부터 전승된 것으로 보는 것은 퍽 자연스런 귀결로 보인다.

---

3 박창범·양홍진, 앞의 글, 38쪽.

우선 단절되어 온 문화에서 낯선 용어로 보이는 사수도四宿圖라는 개념을 설명할 필요가 있다. 이 개념은 온 누리를 보살피고 수호하는 역할을 맡은 성좌들로서 해와 달과 북두칠성과 남두육성, 즉 일월남북두日月南北斗를 일컫는다. 이 사수도를 성수도星宿圖라거나 사성도四星圖로 명명할 수도 있겠지만, 여기서는 한국 고천문학계의 거장인 김일권 교수의 표기방식에 따라 四宿圖(사수도, 사숙도)로 표기하는데, 그러나 한글로는 '사수도'로 읽기로 한다.4 그것은 큰 차이는 없지만, '묵을 숙'(28수에서)이라는 글자보다는 '별자리 수'가 더욱 우리의 연구테마에 가까울 뿐만 아니라 친근하게 와 닿기 때문이다.

우리가 앞으로 논의하겠지만, 사방에서 방위신의 역할을 수행하고 있는 사신도와 사수도는 고구려 고분벽화의 철학적 메시지를 웅장하게 드러내고 있다. 바로 사신도와 사수도를 통해 구축된 보살핌의 철학은 인간을 포함하여 온 누리를 보살피고 수호하는 고대 한국인들의 세계관을 드러내고 있는 것이다. 그것은 고대 한국인의 천하 사방을 수호하고 보살피는5 철학적 세계관인 것이다. 그들은 이러한 사신도와 사수도라는 상징어를 통하여 그들의 철학적 세계관을 드러낸 것이다. 이토록 사신도와 사수도에 각별한 의미를 부여하여 온 누리를 보살피고 수호하는 철학적 세계관과 체계를 세운 것은, 말할 것도 없이 일종의 세계와 인간에 대한 로고스적 해석인 것이다.

신석기부터 농사를 짓고 음양오행을 관찰하여, 일월성신의 움직임과 역법을 읽어 온 고대인들은 우리가 가지고 있는 상식과는 달리 천문현상에 밝았던 것으로 보인다. 더욱이 이때의 천문현상에 대한 고찰은 결코 점성술이라거나 점성신앙에서가 아니라, 농사와 생활 및 과학의 차

---

4 김일권, 《우리 역사의 하늘과 별자리》, 106쪽 참조.
5 위의 책, 81쪽.

원에서였던 것이다. 박창범 교수가 언급하듯이 우리 민족은 하늘과 "오랜 인연"[6]을 맺어 왔다. 단지 "이 전통과 자산을 우리 스스로가 망각하거나 일부러 기피해 온"[7] 것도 자명한 사실로 보인다.

고분벽화를 그린 당대의 사람들이 천체들의 속성을 의식하고서, 거기에 각별한 의미를 부여하고(해, 달, 남두육성, 북두칠성, 은하수, 견우와 직녀, 카시오페이아, 북극성, 오행성 등등), 특히 거기에서 사신도(28수의 천문 시스템에는 이미 사신도의 개념이 들어 있다)와 사수도의 체계를 세운 것, 그리하여 그러한 체계로 인류와 세계를 수호하고 보살피는 세계관을 확립한 것은 단연 철학적 행위라고 보지 않을 수 없다.

물론 혹자는 그러한 사수도의 체계가 과학적인 근거가 있느냐고 물을 수도 있을 것이다. 그러나 이러한 천문사상은 단순한 과학적—비과학적 카테고리로 판단할 사항이 아닌 것이다. 과학의 카테고리로 그러한 사신도와 28수의 천문시스템 및 사수도의 의미를 다 밝힐 수 없기 때문이다. 그것은 단순한 과학의 카테고리를 초월해 있는, 과학—초과학의 천문사상이기 때문이다. 그렇다고 이를 인식론적으로 정당화할 수 없는 것은 결코 아니다. 다음 장에서는 바로 인식론적 정당성 물음에 천착할 것이다.

그런데 이러한 천문사상은 결코 어떤 임의성이나 작위에 의해 생성된 것이 아니다. 사신도와 28수의 천문시스템 및 사수도의 별자리들은 일차적으로 그런 의미를 촉발하도록 별자리들이 각별한 의미를 제공했을 뿐만 아니라(이를테면 수많은 별들 가운데 특정한 별들이 이런저런 별자리를 구축하고 있고, 독특한 운동을 하거나 특별한 크기의 빛을 발하면서 존재하고 있다), 이차적으로 저러한 천문사상은 어떤 몇몇의 개

---

6 박창범, 《천문학》, 8쪽.
7 위의 곳.

인에 의해서가 아니라 많은 사람들의 공감과 공명에 의해 그 각별한 의미가 구축된 것이다.

그러기에 사신도와 28수의 천문시스템 및 사수도에게, 혹은 견우와 직녀며 은하수에게 각별한 의미를 부여하고 체계를 세우거나 각별한 내용을 지닌 의미를 갖게 하는 것은, 인간이 할 수 있는 **자연스럽고도 자유로운 의미 부여 행위(현상학적 의미 부여!)에 의한 것이다. 인간은 의미 부여 행위를 하며 살아가는 존재이다.** 역법이든 보석이든 친구든 돈이든 우리의 일상에는 수없이 의미 부여된 것들로 넘쳐난다. 물론 이 모든 것은 아무 근거 없이 임의적으로 의미 부여된 것은 아닐 것이다.

태양과 달이나 남극노인성이, 북두칠성과 남두육성이 각별한 의미를 갖는 것은 논리학적 과학적 진위 판단의 카테고리를 초월해 있는 사항이다. 태양과 달이, 북두와 남두가 인간의 삶과 운명에 절대적이라고 고대인들이 각별한 의미를 부여했다면, 그건 거짓이라고 판단해야 할 하등의 이유가 없다. 그것은 참과 거짓의 카테고리를 초월해 있는 것이다.

사신도와 사수도는 무엇을 보살피고 수호하는가? 그것은 말할 것도 없이 인간이 허망하거나 무의미한 존재가 아니라 불멸하는 존재임을, 그리고 온 누리가 카오스로 추락하지 않아야 하는 것을 수호하고 있는 것이다. 사신도와 사수도는 인간과 코스모스가 영원토록 존재할 것을 지키고 있는 것이다. 존재, 불멸, 영원, 보살핌과 수호함은 철학의 고유하고 묵직한 주제이다.

주지하다시피 고구려의 고분벽화에는 하늘세계의 수많은 별들과 별자리들이 등장한다. 이들 모든 별들과 별자리들이 정확하게 무엇을 뜻하는지는 다 알려지지 않았다. 이들 수많은 별자리들 중에는 우리에게 친숙한 북두칠성과 남두육성, 묘수(플레이아데스 성단), 세 개의 홈으로 이루어진 심수(전갈자리)와 삼수(오리온자리), 카시오페이아자리, 은하수, 견우—직녀성, 남극노인성 등이 자주 나타난다.

만약 이들 별자리들의 의미에 대해 심사숙고하는 사람이라면, 그 근원과 출처에 대해서도 묻지 않을 수 없을 것이다. 말하자면 고분벽화에 그려진 성좌도가 고구려에서 처음 시작되었는지, 혹은 중국에서 유입되었는지, 혹은 고구려 이전의 고조선에서부터 전승되었는지. 그러나 많은 사람들의 (심지어 역사가들조차도) 통속적 견해와는 달리 이러한 별자리들은 성혈고인돌의 덮개돌에 대부분 새겨진 별자리들이어서, 고분벽화의 성좌도(천문도)가 —중국에서 기원한 것이 아니라— 고조선의 선사시대와 연결됨을 자연스럽게 알 수 있는 것이다.[8]

이들 별자리들 중에서 해와 달, 묘수, 남두육성, 북두칠성, 삼성 등은 고구려의 고분벽화에 빈번히 등장하는 별자리들일 뿐만 아니라, 이 별자리들이 그려져 있는 방위는 하늘세계에서의 실제 위치와도 대체로 일치한다. 이를테면 남두육성이 남쪽에 위치할 때 심수와 태양은 동쪽에, 묘수와 달은 서쪽에, 북두칠성은 북쪽에 위치하는 것이다.

그런데 더욱 놀라운 사실은 고구려인들이 —고조선의 선사시대 사람들이 고인돌의 덮개돌에 성혈로 새긴 것과 유사하게— 사신도(동청룡, 서백호, 남주작, 북현무)와 사수도(日月南北斗)를 통해 온 누리를 보살피고 수호하는 철학적 체계를 세웠다는 것이다. 이러한 체계는 고대 한국

---

8 필자의 졸작 《선사시대 고인돌의 성좌에 새겨진 한국의 고대철학— 한국고대철학의 재발견》, 제1부 4장(고인돌 답사) 참조. 또한 1978년 청원군 가호리 아득이 마을에서 발견된 아득이 고인돌 돌판의 경우 65개의 홈이 새겨져 있는데, 이 천문도는 북극 근처의 별자리들을 표현하고 있고, 북두칠성을 비롯한 큰곰자리, 카시오페이아자리, 작은곰자리와 용자리 등을 정확하게 드러내고 있다(박창범, 《하늘에 새긴 우리역사》, 101~104쪽 참조). 특히 박창범 교수는 이 아득이 고인돌의 별자리 돌판과 고구려의 고분벽화(진파리 4호)의 유사성을 면밀히 비교하고 있다.

인의 정신적 원형이라고도 할 수 있는 고귀하고 심오한 철학으로 받아들여지는 것이다. 그것은 고대 한국인의 우주론이고 존재론이며 세계관의 철학이다. 우리에게 친숙한 홍익인간사상도 이러한 보살핌의 철학과 연계되는 것이다.

이토록 고구려의 고분벽화의 주요테마로 자리 잡은 사신도와 사수도의 체계는 성혈고인돌의 성좌도와 청동거울의 사신도, 천상분야열차지도의 석각천문도에도 서로 연계되어 있다. 잘 알려져 있듯 2007년부터 발행된 새 만 원짜리 지폐의 뒷면엔 천상분야열차지도가 바탕으로 깔려 있는데, 이 천상분야열차지도에는 수많은 성좌들이 하늘을 수놓고 있을 뿐만 아니라 사수도는 중요한 테마이다. 여기서 천상열차분야지도의 원본이 고구려 때에 제작되었다는 것은 전문가들의 견해일 뿐만 아니라, 이 지도의 탁본에 기술된 부연설명(일종의 각주)에서 그 사실이 명시되어 있다.[9]

한국천문연구원장인 박석재 교수는 천상분야열차지도의 성좌들 중에서 사신도가 중요한 위치를 점하고 있다면서, 이 사신도의 개념을 크게 부각시키고 있다: "천상분야열차지도의 별자리들은 결국 고구려 때 종교적 지위를 가졌던 4신, 즉 청룡, 백호, 주작, 현무에 다름 아니다."[10]

9 석각천문도인 고구려의 천상분야열차지도가 당나라와 668년 무렵의 전란으로 사라지고, 그 탁본에 의해 조선시대의 천상분야열차지도가 탄생하게 된 경위에 관해서, 그리고 이런 사실이 권근의 《양촌집》과 이를 인용한 《대동야승》에 자세히 전하고 있는 것에 관해서는 나일성, 《한국천문학사》, 75~77쪽 참조. 나 박사가 지적하듯이 이런 고구려의 천상분야열차지도는 당대唐代 이전의 것으로서, 별들을 그저 길게 배열한 수준에 머문 돈황성도갑본敦煌星圖甲本("중국의 가장 오랜 천문도")보다는 비교도 안 될 정도로 뛰어난 것이다(나일성, 위의 책, 76~77쪽 참조). 중국의 유가적 천자 개념과 중화사상에 따르면 천문도나 역법 같은 것은 한 왕조 아래서는 다른 것이 허용되지 않는다. 따라서 전쟁에서 패했다면, 이런 천문도나 역법 같은 것은 폐기되어야 했던 것이다.

10 박석재, 《하늘을 잊은 하늘의 자손》, 22쪽.

그는 시구 형식으로 쓴 〈천상분야열차지도〉에서 각별히 사신도와 사수도의 개념에 강조점을 부여하는데, 이들 별자리들 중에서 남두육성0과 북두칠성이 고구려의 혼이라고까지 한다: "…북에는 북두칠성 남에는 남두육성,/ 고구려 혼을 담아 천문을 새겼네./ …청룡주작 비상하고 백호현무 포효하니,/ 천손이 나아갈 길 저 멀리 보이네."[11]

고구려인들이 고분벽화에서 사신도와 사수도를 온 코스모스의 방위신이면서 인간을 수호하고 보살피는 보살핌의 체계로 세운 것은 단연 일종의 철학적 해석인 것이다. 사신도와 사수도의 이러한 체계가 신석기와 청동기(사신도의 청동거울)에 이르는 우리의 거석문화시대에서부터 전승되었다면, 이미 그때부터 보살핌의 철학을 위한 로고스적 해석을 감행했음을 목격할 수 있다. 과연 현상학자 H. 롬바흐가 천명한 대로 "사람들은 결코 '미개'했던 적이 없었다."(Heinrich Rombach)[12]

사신도와 사수도의 체계에서 보살핌의 철학은 인간이 결코 미미하거나 무의미한 존재가 아니고 몰락이나 영원한 종말로 끝장나지 않아야 할 것과 코스모스가 카오스로 추락하지 않아야 한다는(sein-sollen) 고도의 사유를 표명하고 있는 것이다. 그뿐만 아니라 이 코스모스가 결코 인간과 무관하게 현전하는 것만으로 존재하는 것이 아님을, 인간과 유의미하고 유관함을 강력하게 표명하고 있는 것이다. 이 보살핌의 체계엔 인간이 생성과 소멸이라는 굴레와 그 비극적 대립에 감금된 존재가 아니라는 것을 드러낸다.

죽음과 파멸, 생성과 소멸의 대립을 극복하는 노력은 철학의 근본과 제인바, 기원전 6세기의 고대 그리스철학에도 이미 이 문제가 대두되고 있음을 바이셰델은 탈레스를 해석하면서 밝히고 있다: "그리스인의 근

---

11 위의 책, 25쪽.
12 H. Rombach, *Leben des Geistes*, Herder: Freiburg·Basel·Wien, 1977, p.65: "'Primitiv' sind die Menschen nie gewesen".

본 경험이자 그리스인의 세계에 대한 깊은 고뇌란, 현실은 그 모든 아름다움에도 불구하고 죽음과 파멸에 끊임없이 위협받고 있다는 것이다. 그러나 그리스적 정신은 이러한 세계의 모습을 앞에 두고 그저 말없이 체념만 하고 있지는 않았다. 그리스적 정신은 지나가 버리는 세계의 섬뜩함을 신성의 관점 아래에서 더욱 깊이 파악해 보려는 정열적인 시도를 꾀한다."[13]

2. 고구려 고분벽화와 백제 및 신라의 사신도와 사수도

고분벽화에서는 사신도와 일월남북두日月南北斗로서의 사수도 체계가 엄청난 크기와 주요 테마로 그려져 있는데, 한마디로 "천하 사방을 수호"[14]하고 보살피는 체계로서 하나의 철학적 세계관인 것이다.

이러한 고구려의 사신도와 사수도의 체계는 마치 음양 이원론의 세계관이나 음양오행의 세계관, 도가의 도덕道德 세계관, 권력으로서 질서의 체계를 세운 유가儒家의 세계관(상명하복), 나아가 고대 그리스의 헤라클레이토스와 독일의 철학자 헤겔이 구축한 변증법적 세계관이라든가, 라이프니츠의 낙관적 세계관, 쇼펜하우어와 불교의 염세적 세계관과도 대비되는 그러한 철학적 세계관인 것이다.

그런데 더욱 놀라운 것은, 이러한 고분벽화에 그려진 천하 사방을 수호하고 보살피는 체계가 선사시대 고인돌의 석각천문도에 새겨진 성혈星穴고인돌에도 나타난다는 것이다.[15] 선사시대의 석각천문도에서 사

---

13 W. 바이셰델 지음, 이기상·이말숙 옮김, 《철학의 뒤안길》, 25~26쪽.
14 김일권, 《우리 역사의 하늘과 별자리》, 81쪽.
15 필자의 졸작 《선사시대 고인돌의 성좌에 새겨진 한국의 고대철학— 한국고대철학의 재발견》 참조.

신도상을 찾기는 쉽지 않으나, 청동거울에 이미 새겨져 있으므로 그 기원을 정확하게 알기는 어렵다. 신석기에서 발원한 태양거석문화의 산물인 것으로 여겨진다.

고구려의 고분벽화엔 해와 달을 비롯해 네 방위를 나타내고 수호하는 사신도와 사수도가 여러 문양 및 그림들과 더불어 그려져 있는데, 천문도와 별그림이 발견된 고분은 현재까지 25기로 알려져 있다.[16] 고구려 사람들이 직접 관찰하고 그린 이 천문도와 별그림들을 통해 당대의 천문학적 지식은 말할 것도 없고 천문사상, 나아가 그 이전 시기와의 관련성을 고찰할 수 있다. 이러한 사신도와 사수도의 고분벽화는 고구려에 수없이 많은데, 우선 고구려의 기상과 웅혼함이 잘 표현되어 있고 또 우리에게 잘 알려진 강서대묘의 사신도를 참고해 보기로 하자.

강서대묘에는 동청룡과 서백호, 북현무와 남주작의 사신도가 초자연적인 신수神獸의 형태로 그려져 있다. 사람들은 사신도의 체계에 대해 거의 망각했거나 들어보지 못했지만, 이들 초자연적 신수들의 이름, 특히 청룡이나 백호 및 현무에 관해서는 들어보았을 것이다. 오늘날 현대인들은 이러한 초자연적 존재자들의 존재의미를 망각한 것이나 다름없으나, 고대 한국인은 이들을 통해 천하사방을 보살피는 체계의 정신적 원형을 드러내었던 것이다. 이들은 사방을 지키고 인간과 만물을 수호하는 역할을 담당하고 있다.

이러한 사신도처럼 고대의 한국인들은 하늘세계도 사수도의 일월남북두日月南北斗로 하여금 온 사방을 지키고 수호하며 보살피게 하는 체계를 구축했다. 사신도와 더불어 온 누리와 코스모스를 보살피고 수호하는 체계야말로 독특하고 웅장한 세계관이라고 하지 않을 수 없다. 성좌도의 그림이 있는 고분벽화에는 거의 다 사수도의 별그림이 등장하

---

16 천문도와 별그림이 그려진 고분의 개수에 대해선 제1장의 각주 23을 참조.

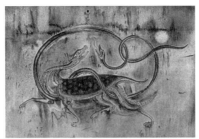

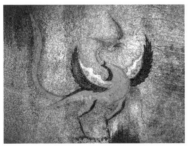

사진 11-1 강서대묘의 사신도: 방위별로 북현무와 남주작, 동청룡과 서백호이다.

고 있다. 아래에선 사수도와 더불어 사신도의 상징어를 가진 28수가
잘 드러나 있는 덕화리 2호분의 모사도와, 고구려의 별자리 체계를 풍
부하고 일목요연하게 목격할 수 있게 하는 덕흥리 고분[17]을 참고해 보

---

17 김일권 교수에 의해 자세하게 재구성된 모사도는 고분벽화 연구자들에게 많
   은 도움과 이정표를 제공해 준다. 사수도는 다른 여느 고분벽화에도 자주 그
   려져 있지만, 이 모사도엔 별들의 등급별 크기도 자세하게 나와 있고, 은하수
   도 칼라로 잘 그려져 있다. 이 덕흥리 고분의 모사도는 김일권, 《고구려 별자
   리와 신화》, 177쪽; 김일권, 《우리 역사의 하늘과 별자리》, 92쪽 참조.

기로 한다.[18]

사신도(28수의 형태)와 사수도가 잘 그려진 덕화리2호분과 덕흥리 고분벽화는 그야말로 '별 천지'를 보여준다. 해와 달을 비롯한 일월남북두日月南北斗의 사수도는 말할 것도 없고, 팔각고임의 천정을 빙 둘러가며 약 72개의 별들이 그려져 있으며, 이 중엔 28수의 별자리 이름이 글자로 새겨져 있다. 선사시대에서부터 전승된 28수의 천문 개념이 고구려의 고분벽화에서 확실하게 자리 잡고 있었던 것이다.

사수도의 성좌도는 거의 모든 별자리 그림이 있는 고분벽화에 나타나는데, 여기선 김일권 교수가 재구성한 덕흥리 고분의 모사도를 그 한 사례로 제시한다.[19] 각 별자리들이 현대천문학에서와 별 차이 없이 등급별로 크기가 다르게 그려져 있는데, 가장 크게 해와 달이 동쪽과 서쪽에 자리 잡고 있고, 그 다음엔 오행성인데, 오행성 중에는 토성이 좀 더 크게 그려졌다. 토성을 두른 테를 고려한 것 같다. 그 다음으론 견우와 직녀며 남극노인성과 같은 별들이고, 그 다음으론 북두칠성과 같은 별들이며, 가장 작은 별들은 남두육성이나 삼태육성, 비어오성, 심방육성과 같은 별들이다.

여기서 우리는 우선 두 가지 사실을 직관할 수 있는데, 그것은 오랜

---

18 덕흥리 고분과 덕화리 고분 및 진파리 고분의 중요성에 관해 박창범 교수와 양홍진 교수는 다음과 같이 설명하고 있다: "덕흥리 고분의 벽화는 고구려의 모든 성수도 고분벽화 중에서 덕화리 2호분, 진파리 4호분과 함께 가장 중요하고 흥미로운 내용을 담고 있다. 또한 축조연대가 알려져 있고, 이들 중 가장 이른 시기에 지어진 고분일 뿐만 아니라, 별그림 상태가 양호하고 상대적으로 풍부하여 고구려 고분벽화를 통한 우리나라 고대 천문학사 연구에 최고의 가치를 지니는 작품 중의 하나라고 할 수 있다."(박창범·양홍진, 〈고구려의 고분 벽화 별자리와 천문체계〉, 11쪽). 실로 필자도 이 책에서 이들 고분들을 중점적으로 다루는데, 일월남북두뿐만 아니라 음양오행성, 28수, 은하수, 견우직녀 등 의미심장한 내용들을 갖고 있다.
19 김일권, 《우리 역사의 하늘과 별자리》, 92쪽 참조.

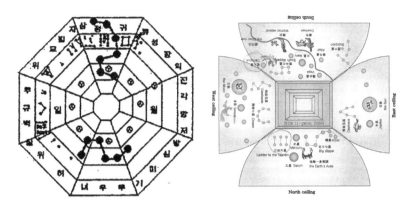

사진 11-2 덕화리 2호분의 사수도와 28수(왼쪽)와 덕흥리 고분(김일권 교수의 모사도)

동양의 음양오행설이 일월오행성의 형태로 그려진 것과 북두칠성과 남두육성을 비롯해 고대에 이미 각별한 의미를 가진 비어오성, 심방육성, 카시오페이아자리 등이 선으로 연결된 별자리를 구축하고 있다는 것이다. 하나의 별로 구성된 별자리로서 무엇을 표현하는지 식별하기 어려운 견우와 직녀의 별들과 같은 경우 이들을 직시하게 하는 그림을 통해 확실성을 더하였다. 무엇보다도 위의 덕흥리 고분에는 남쪽 하늘에 푸른 칼라의 은하수가 굽이쳐 흐르고 불멸을 지키고 생명의 축복을 쏟는 남두육성과 남극노인성이 신수神獸인 봉황과 함께 자리하고 있다.

　낮을 밝히는 큰 태양 속에는 곧 태양의 정령인 삼족오가 날개를 펼쳤으며, 이와 비슷한 크기로 밤을 밝히는 달 속에는 장생불사의 옥두꺼비가 자리 잡고 있다. 그런데 달의 상징엔 두꺼비 외에도 옥토끼와 계수나무가 신비한 동화의 세계를 구축하고 있다. 옥두꺼비도 불사의 영물이고 옥토끼 또한 고대 동이족의 신화에서 궁술의 명수인 이예夷羿의 아내 항아가 불사약을 훔쳐 달나라로 갔을 때 의인화되어 두 발로 서 있었다. 최근에 발해만 북쪽에 위치한 선사시대 고조선의 홍산문명에서도 대량의 옥이 발굴되었는데, "옥은 고대로부터 영원한 생명의 상징으

사진 11-3 송산리 고분의 사신도: 방위별로 북현무와 남주작, 동청룡과 서백호.

로 주목되던 물질이다."[20]

　　그런데 사신도와 사수도의 천문시스템은 고구려의 고분벽화에서뿐만 아니라 백제와 신라에도 발견되어 이미 당대에 일반화된 것으로 보이며, 나아가 이런 전통이 삼국 이전의 고조선에서부터 이어져 온 것

----

20 김일권, 앞의 책, 230쪽.

임을 추리하게 한다. 물론 백제 고분들에서의 사신도는 다분히 ―많은 사람들이 고구려에서 이주해 왔기에― 고구려의 영향을 강력하게 받았을 것이라고 볼 수 있지만, 백제 이전의 삼한시대에도 또 그 이전에도 이런 문화가 정착해 있었는지는 아직 조사 연구가 필요한 것으로 보인다. 그런데 신라의 경우는 백제와는 다르다. 말하자면 신라의 사신도−사수도의 세계관이 고구려에서 유래한 것인지, 혹은 또 다른 경로를 통했는지는 불확실하지만, 고조선의 전승임에는 틀림없는 것으로 보인다.

백제에서도 고구려에서와 유사한 고분벽화가 발견되는데, 부여의 능산리 고분과 공주 송산리 고분엔 독특한 형태의 사신도가 그려져 있다. 고구려에서와 같이 동벽에는 청룡靑龍, 서벽에는 백호白虎, 남벽에는 주작朱雀, 북면에는 현무玄武를 그렸는데, 남벽의 주작 좌우에는 해와 달이 묘사되어 있어, 사신도−사수도의 개념도 당대에 보편화된 것으로 보인다. 또 무령왕릉에서 출토된 청동신수문경에는 천문 방위를 나타내는 12지의 글자가 새겨져 있다.

신라의 경우에도 고조선에서부터 삼국시대로 이어지는 사신도−사수

사진 11-4
황룡사 절터에서 발굴된
청동거울(국립경주박물관)

도의 흔적은 많이 드러나며 고분왕릉에서는 사신도의 청동거울이 출토되기도 한다(금돈투조판물). 몽골의 침략 때에 불타버린 경주 황룡사 터에서 출토된 청동거울에는 사신상이 뚜렷하게 보이는데, 이는 당대에 갑자기 만들어졌기보다는 그 이전부터 일반화되었을 것으로 보인다. 그것은 무엇보다도 사신도의 청동거울과 같은 유물은 불교에서 제작하는 불상과 같은 부류의 것이 아니기 때문이다. 불타에게 의존하는 것, 한마디로 불교와 유관한 것을 제작했을 것이기 때문이다. 따라서 황룡사가 이런 사신도상을 제작했다기보다는 오히려 외부로부터 유입된 것으로 여겨진다.

놀라운 것은 국립경주박물관에 소장되어 있는 "납석제 남녀 합장상"엔 우리가 사수도라 일컫는 해와 달이며 북두칠성과 남두육성이 윗부분의 좌우에 새겨져 있어, 이러한 사수도상이 고조선 및 고구려 천문전통의 맥을 잇고 있다는 것이다. 말하자면 사수도의 구도와 개념이 널리 알려져 신라에까지 일반화되어 있었다는 증거인 셈이다. 이 합장상에 사수도가 각인되었다는 것은 의미심장한 상징적 의미를 갖고 있다는 것을 추리할 수 있다.

그런데 우리가 위의 덕흥리 고분의 벽화에서도 목격했듯이 고분벽화의 북쪽방향에는 북두칠성을 비롯한 북극성과 삼태육성 등등 북쪽에 속한 별들이, 남쪽엔 남두육성과 노인성 및 견우와 직녀며 은하수 등등 남쪽에 관련된 별들이 포진하고, 동쪽과 서쪽에도 특정 별자리들이 자리 잡고 있다. 대체로 동쪽에는 삼족오의 형상을 한 태양을 비롯해 오리온자리의 삼성과 황소자리의 하이아데스 성단이 자리 잡고, 서쪽엔 옥토끼나 두꺼비 형상을 한 달과 목동자리 및 전갈자리의 일부인 심수가 그려졌다. 이토록 별자리들이 동서남북으로 배치된 것은 고구려의 천문사상과 천문시스템에 입각한 것으로 보인다.

그런데 여기서 사수도상만 고려해 봐도, 즉 고구려인들이 북두칠성

사진 11-5
납석제 남녀 합장상
(국립경주박물관 소장)
사수도(해와 달, 북두칠성과
남두육성)가 새겨져 있어
고조선 및 고구려의 천문 전통의
맥을 잇고 있다.
사수도가 신라에까지 보편화된
것임을 알 수 있다.

과 남두육성을 북·남쪽에 대비시키고, 해와 달을 동서로 대비시켜, 세
상 온 사방을 보살피고 수호하는 시스템으로 승화시킨 것은, 중국의 고
분들에는 찾아보기 힘든 양식이라고 전문가들은 진단한다. 고구려에 견
주어 중국의 별그림은 장식적인 의미를 띤 경우가 많다는 것이다.[21] 더
욱이 중국의 경우 오랜 유교의 봉건주의 지배로 말미암아 사수도의 존
재의미가 희박해져 갔을 것으로 보인다. 동이족의 은나라에서부터 천문
사상이 전승되었다고 가정해도 역사의 흐름에서 아마 중국은 고조선-
고구려와는 다른 방향으로 천문사상을 전개시킨 것으로 보인다.

　필자는 이러한 사신도와 사수도의 원형이 고구려의 경우 고조선의

---

21 김일권, 〈고구려 고분벽화의 천문 관념 체계 연구〉, 1~34쪽; 박창범, 《천문
　학》, 37쪽; 최승택, 〈고구려 사람들의 사신에 대한 신앙과 고구려벽화 사신도
　의 특징〉, 11쪽 참조.

고인돌에 새겨진 석각천문도에 있다고 본다. 말하자면 고구려의 고분벽화는 고조선(선사시대의 신석기와 청동기 때부터)의 성혈고인돌 덮개돌에 새겨진 천문도의 전통을 이어온 것이다. 적어도 유교의 조선시대 이전에, 말하자면 고조선과 고구려에서 고려로 이어지는 시대엔 문화와 학문 등 여러 방면에서 본래적인 전승에 입각한 독자적이고 독창적인 면모가 생동하고 있었던 것이다.

박창범 교수에 따르면 중국에서 본격적인 성수도가 나타나는 시기는 고구려의 고분벽화보다 늦은 편이다.[22] 김일권 교수도 역사적인 유물을 실례로 들어가며 뒤떨어진 중국의 벽화천문도를 지적하고 있다.[23]

김일권 교수에 따르면 북제 도귀묘(北齊 道貴墓, 571)에 북두칠성을 비롯한 남두육성이 나타나는데, 중국 고분의 성수도에 이런 남두육성의 출현은 당대엔 특이한 경우로서 고구려의 천문사상과 방위 체계의 영향을 받은 것으로 진단하고 있다.[24] 또 김 교수의 자세한 조사연구가 밝히듯 카시오페이아자리는 고구려 고분벽화에 자주 등장할 뿐만 아니라 경북 포항 칠포리의 성혈고인돌에도 드러나는데, 중국에는 없는 성좌라고 지적한다.[25]

---

22 "중국 고분에서 본격적인 성수도가 나오는 때는 6세기경인 위진魏晉 남북조 시기인데 300여 개의 별이 은하수와 함께 그려진 북위 원예묘(元乂墓, 526)가 그 대표적인 예이다. 일부 별들은 연결선으로 이어져 있으나 북두칠성 이외에는 정체를 알기 힘들고 상당수는 장식적인 별들로 보인다."(박창범, 《천문학》, 37쪽)
23 김 교수는 중국 섬서성 서안시 교통대학 구내에서 발견된 전한 말기 벽화묘와 낙양 북위 원예묘, 당나라 장회태자 이현 묘, 수당대의 벽화무덤 36기, 투르판 지역 아사탑나 고분 등을 바탕으로 사신도의 개념이 퇴색되어 간 경위를 밝히고 있다(김일권, 《고구려 별자리와 신화》, 30~34쪽).
24 김일권, 〈고구려 위진 수당대 고분벽화의 천문성수도 고찰〉, 199~242쪽; 박창범, 《천문학》, 37쪽 참조.
25 김일권, 《고구려 별자리와 신화》, 45~46쪽 참조.

선사시대의 고조선에서부터 전승되어 고구려 고분벽화에 공통적으로 나타나는 네 방위 천문시스템, 즉 동청룡, 서백호, 남주작, 북현무의 구도는 "중국의 고분벽화와는 매우 다르다."[26] 특히 고분벽화의 사수도 구도에서 확실한 비중을 점유하고 있는 남두육성은 중국에서는 거의 나타나지 않는다[27]고 한다.

고구려 고분벽화의 사신도-사수도뿐만 아니라 천문사상과 천문시스템은 중국의 고분 성수도에 표현된 별자리들과는 다르고, 오히려 고조선의 선사시대부터 전승되어 온 고인돌 덮개돌의 별자리들과 가까울 뿐만 아니라 거석문화 시대에 선호되던 그런 별자리들로 보인다. 필자는 《선사시대 고인돌의 성좌에 새겨진 한국의 고대철학— 한국 고대철학의 재발견》을 집필할 당시 전국의 많은 고인돌을 찾아다녔는데, 이 답사여행에서도 고래로부터의 천문사상과 천문시스템을 확인할 수 있었다. 고천문학에 관한 전문가들도 그렇게 진단하고 있다.[28]

그런데 사신도와 사수도의 사상엔 도교적 성격이 지배적이라고 전문가들은 진단한다.[29] 이러한 사신도의 출처가 도교라는 것에 대해 서길

---

26 이종호, 《한국7대 불가사의》, 역사의 아침, 2007, 55쪽.
27 이종호, 위의 책, 55쪽.
　　"북두칠성은 중국의 고분벽화에도 일반적으로 등장하지만 그것에 대응하는 남두육성은 나타나지 않는다. 이 남두육성은 중국식 28수 가운데 북방 7수의 하나인 '두수'와는 완전히 다른 것으로 북방의 북두칠성에 대응하는 남방의 지표로서 고구려의 독특한 남쪽 하늘 표현 방식이다."
28 "고구려 고분에 그려진 별자리들은 전체적으로 보면 중국의 고분 성수도에 표현된 별자리들과는 종류가 다르고 벽면에 투영한 천문도 제작 개념도 다르다. 별자리 종류는 계통적으로 보면 삼국시대 이전에 세워진 고인돌의 덮개돌에서 발견되는 별자리들과 가깝다. 북두칠성·남두육성·묘수(플레이아데스성단)·삼성(오리온자리 또는 심수) 등은 중국에서 28수가 성립되어 들어오기 전에 이미 거석문화 시대에 선호하던 별자리들로서 고인돌 위에 즐겨 새긴 별자리들이었다."(박창범, 《천문학》, 37쪽)
29 "북벽에 그려진 북두칠성은 도교에서는 죽음을 관장하는 별자리로서 죽음과

수 교수는 의혹을 제기한다: "벽화를 설명하는 모든 책에 '사신은 원래 도교에서 비롯되었다'고 되어 있는데 이 점은 앞으로 검증이 필요하다. 사신이란 실제 세상에 존재하지 않는 꾸며 낸 상상의 짐승으로 도교와 관련이 없는 고려나 조선에서 풍수지리설의 중요한 잣대로 등장하는 것을 보면, 한 종교의 소산이 아니라 더욱 근본적인 사상의 뿌리가 있을 것으로 보인다."[30]

사신도와 사수도를 통한 네 방위의 수호체계는 중국에 견주어 ─김일권 교수도 지적하듯이─ "매우 독특한 고구려식 천문 시스템이다."[31] 사신도가 동서남북의 네 방위를 지키는 수호신의 역할을 맡고, 사수도가 하늘세계의 동서남북을 주재하는 그런 천문체계엔 온 코스모스를 수호하고 보살피는 철학적 세계관과 천문사상이 자리 잡고 있다.

여기서 우리는 사신도의 출처가 중국에서 유입된 도교가 아닌, 즉 더욱 근원적인 동이계의 원시도교일 수 있다는 것을 감안할 필요가 있다. 선사시대의 성혈고인돌에 각인된 사숙와 청동거울에 각인된 사신도상은 분명 출처가 될 수 있을 것으로 여겨진다. 고구려 말기의 보장왕 때에 유입된 도교 이전에 이미 오래전부터 사신도가 고분벽화에 그려졌으며, 이 자생적인 원시도교는 단군신화에까지 거슬러 올라간다. 신선사상이나 산악신앙 및 경천사상과 별자리에 관해 특별한 의미를 부여하는 성수신앙과 천문지리는 원시도교에서도 이미 꽃 피워 있었기 때문이다. 이밖에 음양오행설과 같은 사상도 그 근원과 출처가 어디인지도 모를 정도로 오랜 기원을 갖고 있는 것이다.

새로운 생명의 씨앗을 상징하는 북방을 대표하는 별자리이다. 또한 남벽의 남두육성은 도교에서 현생의 삶을 관장하는 별자리이다. 따라서 고구려 고분에 그려진 북두칠성과 남두육성은 도교적 사상과 상통하고 있음을 알 수 있다." (박창범, 《천문학》, 39쪽)

30 서길수, 《고구려 역사 유적 답사》, 사계절출판사, 2000, 269쪽.
31 김일권, 《고구려 별자리와 신화》, 106쪽.

사신의 개념은 서길수 교수의 의혹, 즉 "고려나 조선에서 풍수지리설의 중요한 잣대로 등장하는" 것과는 무관하게, 혹은 동이계의 은나라에서 형성되었을 것으로 보이는 28수의 사상에 이미 형성되어 있는 것으로 보인다. 28수는 사신도의 모형으로 형상화되기 때문이다. 더욱이 청동기시대에서부터 제작되기 시작한 청동거울에도 사신도는 잘 각인되어 있다.

더욱이 남두육성과 북두칠성은 사수도를 구성하는 해와 달과 함께 이미 고구려 시대보다 수백 수천 년 이전에, 즉 선사시대 고조선의 성혈고인돌에 새겨진 별자리들이기에, 사수도와 사신도의 철학적 체계는 독자적이고 자생적인 사상체계라고 하지 않을 수 없다. 이러한 철학체계는 결코 어떤 무속이나 원시적인 미신에 기인한 것이 아닌 것이다. 그것은 거의 자연의 순리에 순응한 의미구성에 따른 것이며 경이로운 존재자들에 대한 촉감을 가진 사람들의 공감과 공명 및 공통감(sensus communis)에 의한 것이다.

우리는 어떤 근원적인 원형사상의 뿌리에서, 사신도와 사수도의 우주론적 의미에 접근하고자 한다. 그것은 고대의 한국인이 코스모스의 체계를 수호와 보살핌으로 보았다는 것이다. 주지하다시피 사신은 ─앞에서도 언급했듯─ 수호신들이면서 방위신들이다. 그들은 지상의 네 방위를 수호하고 지키며 또한 무덤주인을 지킨다. 그들은 수호하고 보살피는 과업을 갖고 있다. 놀라운 것은 천공의 사수도, 즉 하늘세계의 백성들을 지키고 보살피며 천공의 네 방위를 수호하는 해와 달과 남두육성 및 북두칠성과 함께 사신은 온 코스모스를 수호하고 보살피는 그런 역할을 수행하고 있는 것이다.

이러한 사신도와 사수도를 통한 코스모스에서의 보살핌의 체계는 고대 그리스의 헤라클레이토스가 "만물의 아버지"를 폴레모스Polemos, 즉 싸움과 다툼 혹은 전쟁으로 보는 것과는 판이하게 다르며, 또한 헤겔의 변증법에서 테제These와 안티테제Antithese가 —위의 헤라클레이토스의 경우와 유사하게— 다툼이나 투쟁으로 합Synthese을 만들어 낸다는 체계와는 전적으로 다르다. 이러한 헤겔의 변증법적 도식은 전쟁도 발전을 위한 과정으로 받아들여진다. 더더욱 다윈의 진화론은 동물의 세계에 있는 적자생존의 원리를 보편적 체계로 굳히는데, 이러한 체계도 위의 사신도와 사수도에 드러난 보살핌의 체계와는 판이하게 다르다.

사신도와 사수도의 천문시스템은 불멸과 영원의 사상과 연루되어 있다. 사망한 자를 위해 돌로 된 집, 즉 고분을 짓고, 부장품을 묻으며, 벽화를 통해 불멸사상을 드러낸 것에는 고구려 사람들의 사후세계와 불멸에 대한 믿음이 있었기 때문일 것이다. 특히 고분벽화에선 천인天人과 신선의 형태로 하늘세계를 비상하는 것, 불사약이 제조되는 장면, 불사약을 갖고 어디론가 비상하는 장면, 하늘세계에 펼쳐지는 유토피아를 펼친 것 등은 말할 것도 없이 사후세계와 불멸에 대한 하나의 회화적 표현이라고 할 수 있다.

3. 동양의 천문도에서 적도 28수의 사신도와 사수도

고래로부터, 즉 고구려시대 이전부터, 음양오행설이 지배하던 때부터 전승된 28수의 개념이 천상분야열차지도에서 7개씩 묶여 동서남북 네 방위의 별들로 자리 잡고 있는 것도 사신도의 의미를 더욱 밝혀 주고 있다. 물론 고구려의 고분벽화에도 28수가 그려져 있고,[32] 이순지의

---

32 김일권, 〈고구려 고분벽화의 별자리 그림 고정〉, 《백산학보》 제47호, 1996; 김일권, 〈고구려인들의 별자리 신앙〉, 《종교문화연구》 제2호, 2000, 21쪽 이하; 김일권, 〈고구려 덕화리 1, 2호분의 소우주 구조와 기명 28수 성좌도 역사〉, 《동아시아 문화와 예술》, 통권 6호, 2009, 10~52쪽; 문중양, 〈고분벽화

《천문류초》도 28수와 12분야, 28수와 24절기, 28수에 배당되는 지역 등을 세심하게 다루고 있다.[33] 고래로부터 전승된 이러한 사신도와 사수도의 천문개념과 그 위상을 오늘날 현대인은 망각하고 있는 것이나 다름없다.

《천문류초》에서 언급된 사방신은 곧 네 방위를 담당하는 수호신의 성격을 강하게 드러낸다: 동방 창룡7수는 봄을 담당하고 오행五行상으로는 목기운木氣運을 맡아 다스리며, 동방을 다스린다. 북방 현무7수는 겨울을 담당하고 오행상으로는 수기운水氣運을 맡아 다스리며, 북방을 다스린다. 서방 백호7수는 가을을 담당하고 오행상으로 금金의 기운을 다스리며, 서방을 다스린다. 남방 주조7수는 여름과 불의 기운을 담당하고 남방을 다스린다.[34]

더욱 놀라운 것은 위에서 언급한 천상열차분야지도나 고분벽화에서의 28수보다 훨씬 이전에, 말하자면 선사시대의 성혈고인돌에 이미 28수가 등장한다는 것이다: "고인돌무덤의 석각천문도에는 한 달의 길이를 나타내는 28수 별자리들도 새겨져 있다. 28수 별자리는 적도 부분에 놓이면서 달이 매일 밤의 별자리들을 하나씩 묶으면서 지나간다는 의미에서 설정된 것이다. 평양시 상원군 귀일리 19호 고인돌무덤을 비롯하여 80여 기의 고인돌무덤의 석각천문도에는 140여 개의 28수 별자리들이 새겨져 있다. 이 별자리들은 달과 관계되므로 당대 사람들이 하루만이 아니라 한 달의 시간도 천체의 움직임을 통해 알았다는 것을 짐작할 수 있게 한다. … 그리고 평양지방에 분포된 200여 기나 되는 고

에 담긴 고구려의 하늘〉, 《뉴턴》, 2004년 4월호; 이종호, 《한국7대 불가사의》, 51쪽 참조.
33 이순지, 김수길·윤상철 공역, 《천문류초》, 대유학당, 2013, 32~37, 478~479쪽 참조.
34 위의 책, 제2장(50~65쪽) 참조.

인돌무덤의 석각천문도에는 북극 주변의 별자리와 28수 별자리뿐만 아니라 지평선에서 뜨고 지는 별자리 등 40여 개의 별자리들도 수많이 새겨져 있다."[35]

또 김동일 교수는 〈정동리에서 확인된 별자리가 새겨진 고인돌무덤에 대하여〉에서 황해남도 은천군의 정동리 고인돌군에 28수의 별자리가 각인된 고인돌에 대해 보고하고 있다.[36]

그런데 일부 고대천문학을 연구하는 전문가들과 역사가들은 너무나 태연하게 그리고 마치 자동응답기처럼 적도 28수가 중국에서 들어왔다고 하지만, 그것은 지나치고 경솔한 판단으로 보인다. 고대의 천문학은 중국 본토나 한족에게서 발원했기보다는 동이계의 상나라(은나라)에서 형성되기 시작한 것을 부인할 수는 없을 것이다. 동이계의 요순임금도 천문지리와 천문사상에 지대한 영향력을 발휘했을 것으로 보인다. 실제로 요순 때부터 28수의 개념이 정립된 것으로 김일권 교수는 진단하고 있다.[37]

그런데 요순이 다스리던 그때는 '중국'이라고 칭하지도 않았기에, 음양사상이나 28수 개념, 나아가 역법까지도 다짜고짜로 "중국에서 들어왔다"고 하면 뭔가 어설픈 것으로 보인다. 그러기에 고대의 음양오행사상이나 천문사상은 최소한 동이계의 고대 한국과 공유문화이지 '중국의

---

35 김동일, 〈고조선의 석각천문도〉, 《조선고고연구》, 2003-1(6-7쪽), 사회과학원 고고학연구소, 사회과학출판사, 2003.
36 김동일, 〈정동리에서 확인된 별자리가 새겨진 고인돌무덤에 대하여〉, 《조선고고연구》, 12 4, 사회과학원 고고학연구소, 사회과학출판사, 2012, 8쪽.
　　"정동리에서 확인된 고인돌무덤의 뚜껑돌 우에 새겨져 있는 별자리들은 북두칠성을 비롯하여 북극5, 구진, 천진, 5차별자리 등 북극 주변의 별자리들과 각수, 항수, 저수, 방수, 심수, 묘수, 필수, 삼수, 루수, 허수, 성수, 장수, 익수, 진수별자리 등 적도 부근의 28수 별자리들로서 약 30개에 달한다."
37 김일권, 《고구려 별자리와 신화》, 22쪽.

320　　제11장 시신도四神圖와 시수도四宿圖의 철학적 세계관

것'으로만 칭한다면, 그것은 잘못된 것으로 보인다.[38] 중국의 상고시대에는 '중국'이란 나라가 성립되지 않았으며, 여러 나라와 민족들에 의한 다원적 문화와 유동적인 상황이 지배적이었을 따름이다.

정재서 교수는 에버하르트의 논지를 받아들이면서 중국의 상고시대엔 "자기동일적인 중국문명"이 존재하지 않았다고 한다: "에버하르트 Wolfram Eberhard는 일찍이 중국의 상고시대에는 지금의 우리가 인정하는 자기동일적인 중국문명이라는 것은 존재하지 않았으며 다만 다양한 지방문화들 간의 교류관계만이 있었다고 가정했다."[39]

오늘날 중국의 별자리로 혹은 동양의 별자리로 알려진 것도 실상 알고 보면 그 뿌리가 고대 동이東夷의 세계에 귀착하는 것들이 대다수이다.[40] 《예기》의 〈월령月令〉과 《여씨춘추》의 〈12기紀〉엔 하늘을 다스리는 임금에 대해 언급하고 있는데, 봄을 다스리는 태호太昊 복희씨伏羲氏와 여름을 다스리는 염제炎帝 신농씨神農氏이며, 중앙을 다스리는 황제

---

38 이종호 박사는 우리 문화유산의 규모에 대해 불평을 하거나 자기 비하를 하는 사람들에게 반하여 우리 문화유산의 과학성과 우수성을 알리기 위해 노력해 왔지만, "아직도 물론 세계인들의 통념을 바꾸기에는 역부족이라는 것을 실감한다."고 토로한다. 그의 따끔함 질책은 온당할 뿐만 아니라 퍽 고무적인 것으로 보인다: "이런 현실은 우리 자신에게도 어느 정도 책임이 있다. 우리 선조가 남긴 유산을 대하는 태도에 자기 비하 의식과 선입견이 있기 때문이다. 우리 선조가 남긴 앞선 문명과 뛰어난 과학기술이 발견되기라도 하면 당연히 외국(주로 중국)에서 받아들였을 것이라고 추측한다."(이종호, 《한국7대 불가사의》, 7쪽). 이런 맥락에서 조선시대의 유교사대주의는 치명적인 것으로 보이는데, 이는 마치 "집단 무의식"이 되어 올바른 의식을 형성하지 못하는 현실이다. 이종호 박사의 질책은 결코 민족적 자부심에 호소하는 것이 아니다. 그는 이런 생각을 갖는 사람들에게 오히려 반문한다: "주변국인 중국은 동북공정을, 일본은 역사 교과서 왜곡을 통해 자국의 입맛에 맞게 역사의 흐름을 바꿔놓으려 하는데, 우리는 있는 그대로의 유산과 역사마저 제대로 밝히지 못하고 있는 실정이다."(위의 책, 8쪽).
39 정재서, 《不死의 신화와 사상》, 19쪽.
40 안상현, 《우리 별자리》, 300쪽 참조.

헌원씨, 가을은 소호少昊 금천씨, 겨울은 전욱顓頊 고양씨라고 한다. 그런데 이들은 요순처럼 모두 동이족으로 알려져 있다.[41]

그런데 더욱 놀라운 것은, 고대 동이계의 은나라에서 동서남북을 지키는 신이 갑골문에서 각인되어 있다는 것이다. 또한 사방을 지키는 신장에게 제사를 지냈다는 기록 또한 발견되었다는 것이다.[42] "동쪽을 맡은 신의 이름은 석析이나 개명開明, 남쪽은 인因이나 서罯, 서쪽은 이夷나 창합閶闔, 북쪽은 복伏이나 한寒이었다."[43]

그런데 네 방위의 천문시스템으로 사신도와 사수도가 —고인돌 덮개돌의 성좌도가 증언하듯이— 선사시대에서부터 형성되었지만, 이러한 28수의 개념도 일찍부터 구축된 것으로 보인다. 이러한 28수는 사신도의 모형으로 형상화된다. 전문가에 따르면 "중국에서 28수가 처음으로 확인되는 유물은 하북성 증후을묘에서 출토된 칠기 상자인데 춘추전국시기인 서기전 5세기 후반의 것으로 추정된다"[44]고 한다.

그런데 고조선의 선사시대에 세워진 성혈고인돌엔 이미 28수가 등장한다: "대동강 유역에 있는 200여 기의 고인돌에 새겨진 별자리는 북극 주변의 별자리와 지평선, 적도 부근의 28수를 비롯하여 모두 40여 개나 된다. 이 별자리들은 북위 39도인 평양의 밤하늘에서 볼 수 있는 것을 모두 새긴 것이다. 또 이 별자리에는 특이하게 은하수와 플레이아데스 성단도 새겨져 있다. 육안으로 보이는 밤하늘의 별들을 이렇듯 많이 새긴 것은 세계적으로도 유례가 없다."[45]

---

41 여기선 안상현, 《우리 별자리》, 30쪽 참조. 저들 하늘임금들이 동이족인 것은 부사년, 정재서 역주, 《이하동서설》, 우리역사연구재단, 2011, 42, 83, 100쪽 이하; 이기훈, 《동이 한국사》, 책미래, 2015, 38, 53쪽 참조.
42 안상현, 《우리 별자리》, 34쪽 참조.
43 안상현, 위의 곳.
44 박창범, 《천문학》, 37쪽.
45 이종호, 《한국7대 불가사의》, 23~24쪽.

28수는 앞에서 지적했듯이 하늘에서 달이 지나가는 길을 따라 만든 천문 개념이다.[46] 즉 달이 지나가는 길을 따라 대표적인 별자리들을 동·북·서·남 방향에 각각 7개씩 설정하여 하늘의 네 방위로 나눈 것이다. 동 청룡이 자리 잡고 있는 동쪽엔 동방칠수인 각·항·저·방·심·미·기(角·亢·氐·房·心·尾·箕)가 자리 잡고 있고, 뱀과 거북이 휘감겨 있는 형상, 즉 생명의 씨앗을 품고 있는 북방칠수는 두·우·녀·허·위·실·벽(斗·牛·女·虛·危·室·壁)으로 구성되어 있다. 또 백호가 자리 잡고 있는 서쪽의 서방칠수엔 규·루·위·묘·필·자·삼(奎·婁·胃·昴·畢·觜·參)이, 주작朱雀 혹은 붉은 봉황이 남방을 수호하고 있는 남방칠수엔 정·귀·류·성·장·익·진(井·鬼·柳·星·張·翼·軫)이 터 잡고 있다.

여기서 28수를 4개의 방향별로 7개씩 나누어 묶은 별자리들이 곧 그 놓인 모양에 따라 청룡, 백호, 주작, 현무의 신수神獸인 것이다. 동서남북을 지키는 수호신들인 이들 사신四神은 28수와 직결되고, 이는 성혈고인돌의 선사시대에서부터 전승된 것임을 체득할 수 있게 하는 것이다.

고구려 고분벽화의 덕화리 2호분과 전천천문도全天天文圖라고 일컫는 진파리 4호분 등에는 28수가 잘 드러나 있다.[47] 진파리 4호분의 경우 "천문학계를 가장 놀라게 한 벽화천문도"[48]인데, 전천천문도라고 하는 만큼 하늘 전체를 한꺼번에 목격할 수 있도록 한 장의 천장 판석에 천문도를 그린 것이다.

---

46 "이십팔수는 달이 일주천하면서 하루씩 머무르는 집이라는 뜻에서 이십팔사 二十八舍라고도 불리며, 달은 약 28일만에 한 번 순환한다. 이것들은 천구 적도상에 있는 별자리를 대략 28등분하여 마련한 하늘의 길잡이 혹은 이정표 별자리이다."(김일권,《우리 역사의 하늘과 별자리》, 281쪽).

47 김일권,《고구려 별자리와 신화》, 26쪽 이하, 35~36, 38~39쪽; 리준걸,〈고구려에서의 천문학의 발전〉, 17쪽 참조.

48 위의 책, 35쪽.

"천장 중심부에 천문의 회전축인 북극성좌와 북두칠성을 그렸고 그 둘레에 28수를 그린 것으로 조사되었다. 모두 금박의 둥근 별로 표현되었다. 동양의 별자리가 하늘의 28개 별자리를 중심으로 하는 적도 28수에 기초하고 있지만 이를 유물로 확인할 수 있는 것은 중국의 경우 당 송시대의 자료에 이르러서이다.[49]

진파리 고분보다 앞선 덕화리 2호분(5세기 말)엔 비록 전천천문도는 아니지만 입체공간적 28수 별자리가 명확하게 그려져 있고, 이 28수 각각의 별자리 이름이 그림과 함께 글자로 기록되어 있다.[50] 이러한 고분벽화에 나타나는 28수의 그림은 이미 28수 천문학이 전승되어 깊이 확산된 것임을 추리할 수 있게 한다. 김일권 교수에 따르면 덕화리2호분에 그려진 기명 28수 별자리는 "28수 이름을 붙인 동아시아 최초의 유물자료라는 점에서 한중일 28수 성좌도의 역사 연구에 끼치는 의의가 크다. … 중국 천문학사에서 28수 별자리가 완전하게 묘사된 유물은 당나라 중기의 돈황성도 갑본에서 찾아지는데, 이때는 이미 덕화리2호분보다 근 200년을 지난 시점의 일이다. 이처럼 덕화리벽화들은 '연화장-4방위천문-8각공간-9천-28수-4신도'라는 상당히 복합적인 우주론 모식이 동시에 결합되어 있는 흥미로운 무덤이면서 고구려의 역사천문학적인 의의가 돋보이는 무덤이다."[51] 28수를 비롯해 사신도와 사수도의 천문체계가 장엄하게 밝혀져 있는 것이 덕화리2호분이다.

고대 한국인들이 코스모스를 네 방위를 수호하는 시스템(사신도, 사수도)으로 고찰했기에, 사수도의 경우 동쪽엔 태양과 서쪽엔 달에, 북

---

49 김일권, 앞의 책, 35~36쪽. 깊은 저자의 《우리 역사의 하늘과 별자리》(87 쪽)에도 진파리 4호분의 규모와 위상 및 역사적 의의에 관해 자세히 읽을 수 있다.
50 김일권, 앞의 책, 38쪽(28수의 배치도가 그림 및 글과 함께 잘 드러나 있다).
51 김일권, 〈고구려 덕화리 1, 2호분의 소우주 구조와 기명 28수 성좌도 역사〉, 11~12쪽.

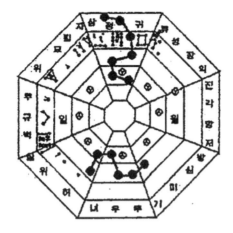

사진 11-6

덕화리 2호분

(사수도)

쪽의 북두칠성과 남쪽의 남두육성에도 각별한 의미를 부여했던 것으로 보인다. 태양의 존재 의미는 거의 절대적이라고 해도 과언이 아닐 것이다. 태양이 낮을 지키는 별이고, 온 세상을 밝혀 우리가 사물을 볼 수 있게 하며, 뭇 생명체들에게 생명을 부여하는 절대적인 존재자임을 "거석문화Megalithkultur"시대의 고대 한국인들도 어렵지 않게 파악할 수 있었을 것이다.

플라톤의 《국가》에서 "태양의 비유"는 바로 이런 태양의 속성을 잘 밝혀주고 있다. 이런 태양의 속성은 어렵지 않게 파악되므로 고대의 문명국들에게서 거의 절대적인 의미("태양숭배")를 부여받았던 것이다. 그러기에 태양의 위상처럼 다른 성좌들도 각별한 존재 의미를 부여받았을 것으로 얼마든지 추리할 수 있을 것이다.

흑암을 내쫓고 밤을 지키는 달과 별의 존재 의미도 그와 다를 바 없었을 것이다. 만약 등불조차 없었던 선사시대에 밤을 밝혀주는 달과 별이 없는 절대적인 암흑이라면, 얼마나 큰 공포와 불편 속에서 삶을 영위했을 것임을 우리는 쉽게 짐작한다. 주기적으로 크고 작은 모습으로 하늘에 걸린 커다란 등불(달)에 각별한 존재 의미를 부여하지 않을 수 없었을 것이다. 더욱이 신석기에서 청동기시대로 이어지는 시기에 농사가 시작되었으므로, 이 농사에 큰 의미를 부여하는 달에게 각별한 애정을 쏟은 것은 자명한 이치일 것이다.

코스모스를 네 방위로 여긴 고대에서 남방을 수호하는 수호신은 남두육성이었다. 북두칠성처럼 국자모양을 하고 있고, 은하수의 흐름에 가까운 남쪽하늘에서 으뜸의 별자리를 구축하고 있기에, 각별한 존재의 미를 부여받았을 것이다. 생명의 온기는 남쪽으로부터 오고, 남쪽으로 갈수록 생명현상이 풍성하기에, 남두육성은 생명의 축복을 쏟아붓는 수호자로 자리매김된 것으로 보인다.

또 이에 견주어 북두칠성에 각별한 존재의미가 부여된 것도 이미 선사시대부터이고, 오늘날까지도 이 성좌에게 각별한 위상이 주어져 있는 것은 거의 누구나 알고 있다. 밝은 붙박이별인 북극성을 중심으로 일정하게 주기운동을 하면서 사철 내내 하늘을 지키면서 국자 모양을 한 북두칠성에겐 뭇 생명을 거둬들여 보호하는 수호신의 위상이 부여된 것이다.

사신도와 4방위의 수호시스템은 고분벽화가 형성되기 훨씬 이전부터 고구려 사회에 이미 일반화된 것으로 여겨진다. 4방위 별자리 체계는 기원후 300년대에 안악지역을 중심으로 드러난다고 증언하는 전문가가 있는가 하면,[52] 또 최근의 자료에는 이미 3세기에 여러 지역에서 사신도가 나타난다고 한다.[53] 최승택 박사에 따르면 평양 일대의 로산동 1

52 김일권,《고구려 별자리와 신화》, 100쪽 이하 참조.
53 김성철 박사는 〈고구려무덤벽화에 그려진 사신도의 출현시기에 대하여〉(《조선고고연구》, 사회과학원 고고학연구소, 1997-2, 21~23쪽)에서 남포시 항구구역에 있는 우산리 3호 무덤과 평양시 삼석구역 로산동 1호 무덤, 집안의 만보정 1368호 무덤 등에는 이미 3세기 중엽에 사신도가 그려졌다고 한다. 또 김성철 박사는 〈고구려사신도무덤벽화의 류형과 그 변천〉(《조선고고연구》, 사회과학원 고고학연구소, 2000-1, 28쪽)에서도 고분벽화에서 사신도만 그려

호 무덤, 우산리 3호 무덤, 대성동 벽화무덤에 이미 사신도를 주제로 한 벽화와 사신도 위주의 벽화가 그려졌기에, "그 이전시기부터 사신에 대한 신앙 관념이 고구려 사람들 속에 형성되어 있었다는 것을 보여주는 것이다."[54]

《삼국사기》는 사신도의 수호시스템이나 개념이 고구려의 초기에 이미 정립되어 있었던 것으로 볼 수 있는 단서이다. 《삼국사기》의 고구려본기 유리왕 편에는 4방위의 색깔을 쓰고 있기에, 주몽의 아들인 유리왕 때에도(말하자면 초기의 고구려시대에도) 이미 사신도의 개념이 일반화되었을 것으로 보인다.

> "유리왕 29년 여름 6월 모천矛川에서 검은 개구리가 붉은 개구리와 더불어 떼지어 싸워 검은 개구리가 이기지 못하고 죽으니 사람들의 말이 흑黑은 북방의 빛이니 북부여北夫餘가 파멸될 징조라고 하였다."[55]

또 《삼국사기》의 고구려본기 대무신왕 편에는 부여왕 대소와 고구려의 대무신왕 사이의 대화에서 "검은 것은 북쪽의 색깔"이라는 것과 "붉은 것은 남방의 색깔"이라는 표현이 나타나는데, 이는 말할 것도 없이 사신도의 북쪽 방위신과 남쪽 방위신의 색깔을 가리킨 것임을 확신할

져 있고 벽면과 천정에 아무런 다른 그림이 없는 순수 사신도무덤은 고분이 건립된 가장 이른 시기에 그려졌다고 하며, 로산동 1호 무덤과 호남리 사신무덤의 벽화가 여기에 속한다고 한다. 이들 고분들 외에도 고산동 20호 무덤도 3세기에 건립되었다고 한다(위의 곳 참조).

54 최승택, 〈고구려 사람들의 사신에 대한 신앙과 고구려벽화 사신도의 특징〉, 9~10쪽.

55 김부식, 신호열 역해, 《삼국사기》I, 동서문화사, 1978, 290쪽. 인용문에서 검은 색은 사신도에서 북현무의 색깔이고, 붉은색은 남쪽의 색깔이다. 북부여는 북쪽에, 신생 고구려는 남쪽이다. 개구리는 금와왕과 그 아들들을 말하고 있다.

수 있다.

기원 1세기 유적인 오야리 20호 무덤에서 출토된 금동장식품에는 사신도가 조각되어 있고, 정오동 6호 무덤에서 출토된 청동띠걸이에도 사신도가 새겨져 있다고 한다.[56] 오야리 20호 무덤에서 출토된 유물에 대하여 김성철 박사는 다음과 같이 자세하게 밝히고 있다.[57]

이와 같이 김성철 박사는 정오동 6호무덤에서 출토된 청동띠걸이에 각인된 사신도도 자세하게 설명하고 있다. "생김새는 날아가는 새의 모양과 같은데 고리 부분은 새가 목을 길게 빼고 뒤를 돌아보는 것 같은 모양이고 뒤부분은 두 날개와 다리를 가슴에 모은 것처럼 형상되었다. 고리 끝에는 새의 두 눈알이 새겨졌고 띠의 중심에는 목을 쭉 빼고 발 부둥치는 듯한 거부기가 형상되였으며 오른쪽 날개에는 범의 모양이, 왼쪽 날개에는 룡이 돋쳐졌다."[58]

놀라운 것은 이런 전승된 유물이 고조선과 직접적으로 연결될 뿐만 아니라 고구려 고분벽화의 사신도와 매우 유사하다는 것이다: "이 두 유적에서 나온 금동장식판과 청동띠걸이에 새겨진 사신도는 고구려무덤벽화에 그려진 사신도와 매우 류사하다. 오야리 20호 무덤과 정오동 6호 무덤은 다 고조선 유민들의 유적으로 인정되고 있고 또 고조선 후기에 사신형상품이 나온 것만큼 이 시기에는 사신에 대한 신앙관념이

---

56 김성철, 〈고구려무덤벽화에 그려진 사신도의 출현시기에 대하여〉, 23쪽 참조.
57 위의 곳.
　"기원 1세기경의 귀틀무덤인 오야리 20호 무덤에서는 4개 관이 드러났는데 두 번째 관의 북쪽 측변에 놓인 감꼭지 모양의 금동장식판(4엽좌)에 사신이 새겨져 있다. 장식판의 웃부분에는 날개를 펴고 금시 날아갈 듯한 주작이 새겨져 있고 밑부분에는 뱀이 거부기 잔등을 휘여감고 서로 아가리를 마주대고 혀를 날름거리는 현무가 새겨져 있으며 그 좌우측 부분에 각각 백호와 청룡이 새겨져 있다."
58 위의 곳.

형성되여 널리 류행되였다고 보아도 무리가 아니다. 고조선 유민들이 남긴 유물들에 보이는 사신도는 바로 고대 사람들 속에서 류행되던 사신신앙의 반영이며 이것이 고구려무덤벽화에 그려지게 되었다."[59]

이러한 기원 1세기의 유물들을 고려할 때 사신 관념과 사신신앙은 적어도 기원 전후한 시기의 고구려에 이미 일반화되었을 뿐만 아니라 오래전부터 전승된 것임을 확인할 수 있다. 말하자면 고조선의 시기와 선사시대까지 거슬러 올라감을 추리할 수 있는 것이다. 사신 관념과 사신신앙, 나아가 사신도의 형성은 고구려 이전의 고조선과 선사시대에 ―우리가 이 책에서 성혈고인돌의 성좌도를 통해 목격하듯이― 이미 확립되어 있었던 것이다. 그러면 이때까지 확보된 자료들과 고인돌 답사에서 얻은 자료들을 바탕으로 특별히 의미 부각된 해와 달, 북두칠성과 남두육성의 존재 위상에 대해 고찰해 보기로 하자.

4. 해와 달

고대문명국가들에겐 태양의 존재 의미가 강하게 부각되는데, 태양거석문화Megalithkultur는 그 단적인 예를 보여준다. 고대 한민족에게 해와 달이 성혈고인돌의 성좌도에서뿐만 아니라 사수도를 비롯한 사신도에도 대단한 존재감을 갖고 전승된 것임은 "배달의 민족"이라는 개념에도 잘 각인되어 있다. 배달은 다름 아닌 '밝달'이란 어원에서의 변형태로서 해와 달인 것이다. 해와 달로부터의 "배달의 민족"에서 이들 존재자들이 사신도와 사수도며 성혈고인돌의 성좌도에 각인되리라는 것은 거의 자명한 이치인 것이다.

---

59 김성철, 앞의 곳.

오늘날 과학기술문명과 상업자본주의가 세상을 지배하는 시대에 현대인들은 해와 달을 신비에 가득 찬 존재자나 유기체로 보기보다는 그저 자연현상의 하나로 보고 있는 편이기에, 예사로운 일상생활에서 이들의 존재의미는 각별한 중량을 차지하지 못하고 있다. 현대인의 "존재망각(Seinsvergessenheit: 하이데거)은 점점 깊어져 가고 있다. 그러기에 경이에 가득 찬 시선으로 저들을 바라보지 않으며, 애써 시간을 내어 일월성신을 쳐다보지도 않는 편이다. 그러나 선사시대의 사람들은 숭경심과 경외감으로 가득 찬 시선으로 바라보았을 것이다. 해와 달은 고인돌의 성좌의 세계에 확고하게 자리 잡고 있으며 태양빛을 반사하는 청동거울이나 암각화며 고분벽화에도 마찬가지다.

선사시대에서부터 고대 한민족이 태양에 각별한 의미를 부여한 것은 "배달의 민족"(배달→밝달→해와 달)이란 고유명사 외에도 많다. 이를테면 빛을 반사하는 청동거울과 다뉴세문경, 성혈고인돌의 덮개돌에 태양을 새긴 것은 말할 것도 없고 신석기시대의 대표적인 유물로 자주 언급되는 빗살무늬토기도 그 예이다. 한반도와 고조선 지역인 중국동북지역에서 자주 출토되는 이 토기의 겉면에는 그야말로 머리빗의 빗살처럼 수없이 그어진 빗살무늬가 있는데, 이건 이미 잘 알려져 있듯 태양의 빛을 상징하는 것이다. 선사시대에서부터 동이족과 고조선인들은 태

사진 11-7
홍산문명
(B.C. 6000년경부터-5000)의
우하량 지역에서 출토된
빗살무늬토기

양을 무척 숭배했었고 숭경심에 가득 찬 시선으로 바라보았다.

그런데 이런 빗살무늬토기는 북방문화를 일군 동이족이 분포했던 지역이면 어디서든 자주 출토되는 편이다. 이기훈 박사는 《동이 한국사》에서 중국동북지역에서 출토된 약 8500~7000년 전 고대 동이족의 빗살무늬토기를 소개하고 이런 토기가 한반도의 것과 같은 부류임을 해명하고 있다.[60]

이런 태양숭배사상은 청동기시대에도 이어져 태양을 상징하는 동그란 청동거울을 만들었고, 또 다뉴세문경이 보여주듯 수없이 많은 빗살로 디자인해 넣었다. 이 청동거울로 빛을 반사하는 사람은 군장이나 제사장 및 부족장으로서 그야말로 "태양의 대리인"의 역할을 했던 것이다. 청동거울에 새겨진 빗금은 다름 아닌 빛을 상징하는 문양인 것이다.[61]

아래의 동굴벽화는 신석기 시대 사람들이 수수 혹은 조로 보이는 곡물을 수확하는 장면을 표현하고 있는데, 아주 활기차게 생산하고 기쁨에 찬 환호를 표현하고 있음을 목격할 수 있다. 그런데 놀랍게도 벽화의 중앙 위쪽에 태양과 달이 선명하게 그려져 있다. 이런 놀라운 수확엔 식물이나 자신들의 노력뿐만 아니라 태양과 달이 중심적 역할을 하고 있음을 인식한 것이다. 태양과 달의 절대적인 은혜로 말미암은 추수라는 것을 웅변하는 것 같다.

이 동굴벽화에는 한강 남부에 살던 정착주민들이 수수 혹은 조를 수확하는 장면이 나온다. 한곳에 정착한 사람들이 직접 곡물을 재배하고 수확을 하는, 즉 농사라는 식량조달 방식이 성공했다는 것을 잘 보여주고 있다. 이제 위험한 야생동물 수렵을 위해 산과 들로 쏘다니지

60 이기훈, 《동이 한국사》, 23~27쪽 참조.
61 위의 책, 24~25쪽 참조. 여기서 이기훈 박사는 동이계의 상나라(은나라)에서 BC16세기~BC11세기에 제작된 빗살무늬의 청동거울을 제시하고 있다.

사진 11-8
신석기시대 사람들의
수확 장면.
태양과 달이 선명하게
그려져 있다.

않아도 되는 것이다. 농사의 성공은 생활문화 전반에 엄청난 변화를 가져왔다. 겨울식량까지 조달할 수 있었기에, 수렵과 채취를 위해 이동할 필요가 없게 되었다. 사람들은 한곳에 정착하여 부족과 부락을 형성하고 농사에 전념하게 된 것이다.

농사의 과정은 자연과 인간의 교감으로 이루어 낸 신비로운 체험이었을 것이다. 신석기인들은 농사의 성공에 사람의 힘과 노력 못지않게 하늘의 도움이 중요하다는 것을 깨달았다. 해와 달, 비, 일조량 등이 결정적이라는 사실을 알게 된 것이다(하이데거는 하늘과 땅의 절대적인 은혜에 의한 수확을 "하늘과 땅의 결혼"이라고 표현한다). 그래서 수확한 가을에 하늘에 감사제를 성대하게 지냈던 것으로 보인다. 이 감사제의 전통은 오래 전승되어 부여의 영고, 고구려의 동맹, 예의 무천, 삼한의 각종 추수감사제로 연결된 것으로 보인다.

이토록 해와 달의 커다란 존재 의미는 고구려 고분벽화에서도 그대로 드러난다. 김일권 교수에 따르면 "모든 벽화무덤에 별자리가 있는 것은 아니지만, 모든 별자리무덤에는 해와 달이 있다. 현재까지 알려진 29기의 해와 달 벽화를 살펴보면, 해는 동쪽 하늘, 달은 서쪽 하늘에 배치된다. 왜 달을 서쪽에 두었을까? 밤에 밖에 나가서 하늘을 보면 그의문은 쉽게 풀린다. 물론 보름달은 동쪽 하늘에서부터 보이지만, 대부분 달은 서쪽 하늘에서 보이는 경우가 많다. 해는 동쪽 하늘에 떠오르므로 동과 서라는 방위 대칭으로 해와 달을 표상화하였던 것이다."[62]

해는 보통 삼족오로 형상화되었고,[63] 달은 옥토끼나 두꺼비, 혹은 계수나무로 형상화되어 있다. 진파리 7호분에서 출토된, 금동으로 장식된 "열두 구슬 세발까마귀"엔 그 곡선의 미학이 뛰어난 데다 수레바퀴를 잡아매는 바퀴살 구슬이 12개가 있어 그 신비감을 더해 준다. 이 12개의 구슬은 1년 12달을 돌아가는 시간의 수레바퀴를 형상화했거나[64] 태양의 길인 황도 12궁을 나타냈을 가능성이 있고, 또는 12간지로서 4계절을 주도하는 태양과 함께 형상화되었을 가능성도 있다.

사진 11-9
열 두 구슬 세발 까마귀
(진파리 7호분)

또 개마총에는 달의 정령인 옥토끼와 두꺼비가 절구에서 불사약을 찧는 장면이 등장한다. 여기서 옥토끼는 두 발 짐승으로 의인화되어 있고, 옥토끼 곁의 두꺼비도 사람처럼 유심히 불사약 찧는 장면을 들여다보고 있다. 그런데 "옥玉이 무병장수를 돕는 광물이듯이 옥이 붙은 글

---

62 김일권, 《고구려 별자리와 신화》, 74쪽.
63 태양 속에 까마귀가 산다는 신화는 고대 동이계의 신화집인 《산해경》에 등장한다.
64 김일권, 위의 책, 75쪽 참조.

자(여기서는 옥토끼)는 모두 불로장생의 신화와 관련된다. 오늘도 우리는 달 속에서 불사의 정령들이 만드는 불사의 신화를 본다."[65]

집안의 오회분 4호묘에는 해신과 달신이 각각 해와 달을 머리에 이고 비상하는 형태를 나타내고 있다. 이 해신과 달신의 형상은 고대 동이계의 신화적인 인물인 복희와 여와에게서 기원한다. 복희의 몸은 용과 같고 머리는 사람의 모습을 하고 있는데(반인반룡), 주역의 8괘를 처음 만들었으며 수렵과 어획을 가르쳤다고 한다. 여와 또한 복희와 유사한 모습을 하고 있는데, 진흙으로 사람을 빚었다는 여신이거나 돌로 하늘을 막아 홍수를 멈추게 했다는 신화적 인물이다.

그런데 이런 복희 여와형 해신과 달신은 집안 오회분 4호묘와 5호묘 및 통구 사신총에 등장한다. 동이계의 조선족인만큼 상의의 복장은 한복의 형태가 뚜렷하다. 이들이 받들고 있는 해와 달은 동양사상에서 천지음양의 우주질서를 표명하기도 하기에, 이들은 중요한 신화적 인물임에 틀림없다(286쪽 사진 10-2 참조).

이처럼 해와 달은 고구려의 천문세계관에서 아주 중요한 위치를 차지하며, 고분벽화 네 방위의 천문시스템엔 단연 해와 달이 동쪽과 서쪽을 담당하고 있다. 광개토대왕의 비문에는 건국시조인 추모성왕鄒牟聖王이 해와 달의 아들[日月之子]이라고 할 정도로, 해와 달은 고구려인들의 천문세계관에서 매우 성스러운 위치를 점하는 것으로 여겨진다.

고분벽화에서 중요한 위치를 점하는 해와 달의 이미지는 고조선과 선사시대에서부터 전승된 것임은 고인돌 덮개돌의 성혈星穴로 증명된다. 많은 고인돌의 석각천문도에서 유별나게 크게 새겨진 하나의 성혈을 태양으로 보는 것은 "태양거석문명"의 시대에 상응하여 자연스런 귀결

---

65 김일권, 위의 책, 76쪽. 여기에 개마총에 그려져 있는 약방아 찧는 옥토끼와 두꺼비의 그림을 참조.

로 보인다. 고인돌의 덮개돌에 성혈로 표현된 태양은 대체로 다른 성혈에 비해 크게 새겨져 있다. 고인돌의 덮개돌에 하나의 성혈로 새겨졌을 경우,[66] '알바위'나 '알구멍' 내지는 여성의 생식기 이름 따위가 붙여진 경우도 있지만, 이는 다 후대에 생겨난 것으로 보인다.[67]

선사시대엔 동서양을 막론하고 자연적이고 초자연적인 존재자들이 숭배와 경외의 대상으로 여겨졌지만, "특히 강렬한 믿음의 대상은 태양이었다. 계절이 변하고 밤과 낮이 바뀌고 곡식이 열매 맺고, 이 모든 일을 가능하게 하는 태양의 힘을 그들은 알고 있었던 것이다. 농사를 남자가 주로 지었듯, 태양신을 모시는 일도 남자가 하게 되었다. 이 시대 사람들에게 태양신은 곡식을 맺게 해 줄 뿐만 아니라 사람들의 행복과 생명까지도 수호하는 신으로 여겨졌다."[68]

두 개의 큰 성혈로 해와 달을 형상화한 것으로 보이는 고인돌도 자

---

66 이를테면 화순의 핑매바위 위에 뚫린 하나의 큰 구멍이나, 전남 영광군 홍농읍 단덕리 두암마을의 '말바우'(최성은, 〈별칭이 있는 고인돌〉, 《이야기로 풀어낸 화순 고인돌유적》, 동북아지석묘연구소, 2009, 74쪽 참조. 여기에 '말바우'의 사진이 실려 있다), 전남 여수의 미평동 고인돌, 전남 장흥군 관산읍 용전리 만년마을 거북바위, 경북 안동의 와룡산 고인돌 등 수많은 고인돌에서 크게 새겨진 하나의 성혈고인돌을 목격할 수 있다.

67 이를테면 화순의 유명한 핑매바위 상석에 있는 알구멍의 경우 마고할미가 이 돌을 운주사를 짓는 데 사용하려고 옮기다 닭이 우는 바람에 지금의 장소에 두고서 바위의 상부에 오줌을 싸서 굼을 파놓았다는 얘기는 운주사, 즉 불교와 관련된 신화 내지는 설화인데, 고인돌이 세워진 시기는 선사시대이기에, 후대에 만들어진 설화임을 알 수 있다(정영기, 〈세계유산 화순 고인돌에 숨겨진 이야기〉, 《이야기로 풀어낸 화순 고인돌유적》, 동북아지석묘연구소, 2009, 104쪽 참조). 또 화순 고인돌군에서 '관청바위'라고 칭해지는 경우도 조선시대 보성원님이 나주목사를 방문하기 위해 고개를 넘다가 한 백성이 서장을 올리자 이 바위에서 일일 정사를 보았다는 데에서 유래하게 된 것인데, 선사시대에 건립된 이 고인돌과는 엄청난 시대 차이가 있는 것이다(정영기, 위의 논문, 105쪽 참조).

68 이종호·윤석연 글/안진균 외 그림, 《고인돌》, 열린박물관, 2006, 35쪽.

주 목격할 수 있다. 이를테면 경남 함안군 가야읍 도항리 도동의 '도항리 고인돌'에서처럼 유달리 크게 새겨진 두 개의 동심원 문양은 해와 달을 표현한 것임에 틀림없다. 또 강원도 양구의 유명한 용하리 선돌과 강원도 영월읍 방절리 고인돌, 경상북도 문경시 문경읍 하리 고인돌, 안동 와룡산 고인돌들 중에서 절터 옆에 있는 고인돌, 전북 임실군 지사면 계산리에 있는 이른바 "담뱃잎바위 고인돌,"[69] 전남 여수시 만흥동 상촌마을 '다' 지석묘에서 두 개의 큰 성혈은 해와 달을 형상화한 것으로 볼 수 있다. 선사시대에서나 지금이나 육안으로 관찰했을 때 해와 달보다 큰 별들은 보이지 않기 때문이다.

물론 고구려 고분벽화의 사수도상에서 해는 동쪽, 달은 서쪽의 방위별로 구성되어 있다. 그러나 선사시대의 고인돌에 표현된 해와 달의 경우 —방위를 확정하기 쉬운 고분벽화에서와는 달리— 대체로 뚜렷한 방위로 배치하는 것보다는 의미와 상징으로 대체한 것으로 보인다. 그야말로 해와 달이라는 코스모스에서의 거대한 존재자를 형상화하고 표현하는 것이 더 압도적이었기 때문일 것이다. 그런데 사수도의 개념이 자세하게 분리된 고구려의 고분벽화에서도 해와 달이 나란하게 가까이 있는 경우가 삼실총의 벽화에 잘 드러나 있다.[70]

선사시대의 고인돌에 표현된, 해와 달을 포함한 사수도의 형상은 고구려의 고분벽화에서 신비한 신수神獸와 생명체를 보완함으로써 그 상징성이 더욱 뚜렷하게 드러난다. 말하자면 태양 속에는 삼족오(세발 까마귀)가, 달에는 옥토끼나 두꺼비 및 계수나무가 형상화되어 각각 해와 달임을 직관적으로 알 수 있게 한 것이다. 그리하여 사수도의 별들이 하늘세계를, 사신도의 신수들이 지상의 세계를 방위하는 것으로 표현된

69 blog.naver.com/2908y/70169556501 참조. 인터넷 네이버에서 "담뱃잎바위 고인돌"을 치면 곧 두 개의 큰 성혈이 새겨진 고인돌을 확인할 수 있다.
70 김일권,《고구려 별자리와 신화》, 182쪽 참조.

것이 지배적이다.

조선시대에 세종대왕의 명에 의해 편찬된 이순지의 《천문류초》에도 해와 달에 관한 천문사상을 수록하고 있는데, 해는 태양太陽의 정수精髓로서 태음의 정수인 달과 대비된다. 달은 태음의 정수이면서 모든 음의 어른이 되기에, 해에 짝이 되고, 또 왕의 상인 해에 견주어 여왕의 상이기에 덕을 돕는 역할을 수행한다.[71] 해는 "생겨나게 하고 기르며 은덕을 베푸는 일을 한다."[72]고 한다. 해의 이러한 기능은 플라톤이 《국가》에서 "태양의 비유"를 통해 전개한 태양의 역할과 아주 유사하다고 볼 수 있다.

그런데 김일권 교수가 지적하듯이 "태양과 달이 함께 떠오르는 동양 천문"은 "태양이 홀로 떠오르는 서양 천문"과는 판이하게 다른 것이다.[73] 신화시대에서부터 태양은 세계 곳곳에서 숭배되어 왔다. 고대 이집트의 태양신 라Ra와 이 태양신의 아들 파라오(Pharaoh: 위대한 라의 아들)는 각각 우주의 중심이고 세상의 중심이었다. 고대 페르시아에서 태동된 조로아스터교(자라투스트라가 창시)도 태양을 제일의 주재자로 숭배하는 종교이다. 또 인도에서 태동되고 우리에게 미래불로 알려진 미륵불Maitreya은 베다신화의 태양신인 미트라Mitra에 그 유래를 두고 있다. 고대 잉카인들은 태양신에게 제사 지낸답시고 사람의 간을 꺼내어 바쳤다니, 경악스럽기까지 하다. 이 모든 경우에서 태양은 엄청 숭배되었으나, 달은 여기에 미치지 못했다.

그럼에도 달은 우리가 위에서도 줄곧 고찰해 왔듯 동양의 천문지리에서 결코 태양에 견주어 미미한 존재자가 아닌 것이다. 하늘과 온 세

---

71 이순지, 《천문류초》, 대유학당, 2013, 343쪽 참조.
72 위의 책, 339쪽.
73 김일권, 《우리 역사의 하늘과 별자리》, 19~24쪽 참조. 달은 서양의 고대천문학에서부터 부정적 이미지를 강하게 풍겨온 것이다(위의 책, 23쪽 참조).

상을 밝히는 자연적-초자연적 존재자로 우뚝 선 태양과 달은 고대 동양에서부터 '음양설'로 발전되어 그 철학적 의의가 깊고 오래되었음을 목격할 수 있다. 달의 존재 의미는 태양과 짝을 이룰 만한 태음의 상징인 것이다.

고대동양의 고천문학에서 달은 하늘의 28수, 즉 동서남북의 사방칠수의 별자리를 나누는 기준이 되는 것이다. 달은 날마다 하늘에서 크기와 위치를 달리하다가 28일쯤 지나면 다시 제자리의 크기와 위치로 되돌아온다. 그래서 옛사람들은 달의 위치를 기준으로 별자리를 스물여덟 개로 나누어 28수宿를 정하고 이 28수를 일곱 개씩 넷으로 나누어 동서남북과 네 계절, 즉 봄·여름·가을·겨울에 배정한 것이다. 동쪽은 봄을, 북쪽은 겨울을, 서쪽은 가을을, 남쪽은 여름을 일컫는 방위에 해당한다. 네 방위에 위치한 별자리는 각각 동방칠수, 북방칠수, 서방칠수, 남방칠수인데, 이러한 네 방위의 별자리는 각각 그 방위를 지키고 수호하는 사신四神[74] 혹은 사령四靈인 청룡, 현무, 백호, 주작의 모습을 하고 있다. 사방칠수들이 각각 사신의 형태를 하고 있는 것은 다음의 그림이 잘 보여 준다.

달은 우리의 선조와 문인들에게서 수없이 시로 읊어졌다. 조선시대의 선비인 고산 윤선도는 〈오우가五友歌〉에서 "내 벗이 몇인가 헤아려보니 수석水石과 송죽松竹이라/ 동산에 달이 밝게 떠오르니 그것은 더욱 반갑구나."[75]라고 서시序詩에서 다섯 벗을 시작詩作했는데, 여기에 달이 이들 가운데 하나로 등장한다.

달은 온 세상 밤의 흑암을 내쫓으면서 매일 자신의 모양을 변화시

---

74 신神이란 용어는 종교적인 의미로 해석될 경우 많은 논란을 빚지만, 동양에서는 포괄적으로 초월자 정도로 이해할 수 있다. 바로 사신 대신에 사령으로도 읽을 수 있기 때문이다.

75 blog.daum.net/cha9335/7139909 참조.

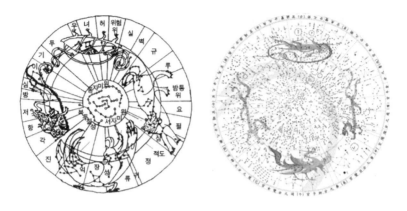

사진 11-10 사신 형태의 사방칠수(왼쪽)와 사방칠수의 사신도(문화재청 제공)

키지만, 일정한 시간이 지나면 다시 제 모습을 찾아 끊임없이 비추기에, 옛 사람은 달의 덕성을 본받을 만하다고 여긴 것이다. 세종대왕의 〈월인천강지곡〉에서 "월인천강月印千江"이란 달빛이 1천 개나 되는 강물에 반짝이듯이 부처의 불성佛性이 온 누리를 비춘다는 의미다.

선사시대 사람들이 달에 각별한 의미를 부여한 것은 태양의 경우와도 유사하게 어떤 절대적이고 초자연적이며 신적인 의미를 읽어 내었기 때문이다. 밤하늘의 코스모스를 밝히는 큼직한 등불로 온 천하를 밝히며 밤의 악령을 쫓아내는 것만 해도 그 초자연적이고 신적인 의미를 충분히 감지할 수 있었을 것이다. 그뿐만 아니라 달이 일정하게 변화하는 모습과 거기에 준한 땅과 바다의 변화에서 선사시대 사람들은 정밀한 역법을 발전시킨 것이다.

그런데 이러한 역법과 더불어 ─엘리아데가 "달의 형이상학"76을 통해 밝히듯─ 인간의 존재론적인 운명도 확실히 읽어 내었을 것으로 여겨진다. 달의 변화하는 리듬에서 인간의 탄생과 죽음이며 부활까지도

---

76 M. 엘리아데, 이동하 역, 《聖과 俗》, 140쪽.

읽어 내는, 따라서 달과 인간의 변화리듬에서 다분히 자연과의 통합을 이해했을 수도 있는 것이다. 이런 달과 일치되는 리듬에서 인간은 죽음과도 화해할 수 있었을 것으로 엘리아데는 진단하고 있다:

> "달의 여러 위상들— 탄생, 죽음, 재생 —을 통하여 인간은 우주 가운데서의 자신이 존재양식을 알게 되었고, 또 그들이 사후에도 존속하거나 혹은 재생할 수 있다는 희망을 얻었던 것이다. … 심지어 달의 리듬에 대한 종교적 가치 부여는 원시인에게 있어서 인간과 우주와의 최초의 위대한 통합을 가능케 한 것이었는지도 모른다. … 우리는 심지어 달의 형이상학이라는 것도 말해 볼 수가 있는데, 그것은 살아 있는 피조물들, 우주 안에서 생명을 공유共有하고 있는 모든 것들, 즉 생성-성장-위축-사멸-부활의 과정 속에 있는 모든 것들에 관련되는 '진리'의 일관성 있는 체계라는 뜻에서 그러하다. 달이 종교적 인간에게 계시하는 것은 단지 죽음이 삶과 불가분으로 엉겨 있다는 사실뿐 아니라, 무엇보다도 죽음이란 끝이 아니며, 거기에는 항상 새로운 탄생이 뒤따른다는 사실이라는 점을 잊어서는 안 된다. 달은 우주적 생성에 종교적인 가치를 부여하며, 인간을 죽음과 화해시킨다."[77]

5. 북두칠성과 남두육성(남두칠성)

고인돌의 덮개돌에서든 고분벽화에서든 전승된 민간신앙에서든 가장 빈번하게 등장하는 별자리 형태가 북두칠성이다. 북두칠성에 대한 천문사상은 그 기원을 알 수 없을 정도로 까마득한 선사시대부터 시작된 것으로 보이며, 조선시대의 유교 이래 근현대 과학기술문명이 지배하면

---

77 위의 책, 139~140쪽.

서 저 존재의미가 퇴색되어 갔지만, 그래도 의식적 무의식적으로 사람들에게서 깊이 뿌리박혀 있는 것으로 여겨진다. '칠성님', '칠성신', (사람이름으로서의) '칠성', '칠성각', (상표로서의) '칠성 등등 많은 이름의 (북두)칠성이 우리에게 전승되어 있다.

북두칠성이 칠성님이라고 숭배된 데에는 결코 어떤 자의에 의한 것은 아니라, 그렇게 받아들여질 만한 의미가 촉발되었기 때문일 것이다. 말하자면 아무 이유 없이 그러한 존재 의미가 부여되지 않았던 것이다. 북두칠성은 마치 지상에서의 캘린더calendar처럼 일정하게 운행하지만 (시계가 없던 선사-고대-중세에 밤의 시계 역할도 했다), 그 운행이 북극성을 중심으로 영원한 것임을 고대의 한국인들은 간파한 것이다. 영원한 항성을 중심으로 영원토록 돌아가는 북두칠성은 인간들이 사는 땅에서와 같은 하루(24시간)를 돌지만, 그러한 주기가 영원하다는 것이다. 윷판의 이런 북두칠성의 운행을 형상화한 것이다.[78]

이런 영원한 북두칠성에 지상을 떠나는 인간들은 자신의 영혼을 맡긴 것으로 보인다. 이런 북두칠성이 우리 인간과 무관한 것이 아니라 유관하며 우리 인간의 영혼을 포용하고 보살핀다는 믿음이 어느 순간 사람들 사이에서 공감과 공명 및 공통감(sensus communis: 칸트)을 이룬 것이다.[79] "북반구 밤하늘에서 가장 눈에 띄는 별자리는 북두칠성과 좀생이별(Pleiades cluster), 오리온 등이며 이러한 별자리는 오랫동안 한국의 무덤이나 바위에 그려져 왔다."[80]

---

78 윷판과 북두칠성 사방위 주천운동에 관한 모형에 대해서는 김일권, 《우리 역사의 하늘과 별자리》, 35쪽 이하 참조.
79 사후의 세계에 관해선 지상의 그 어떤 과학이나 논리학도, 또 어떤 신학이나 종교도 이와 유사한 견해나 믿음의 차원에 머물러 있는 것이다.
80 양홍진·복기대, 〈중국 해성(海城) 고인돌과 주변 바위그림에 대한 고고천문학적 소고(小考)〉, 《東아시아 古代學》(東아시아古代學會), 제29집(2012. 12), 327~328쪽, 332~333쪽 참조.

북두칠성의 형상이 뚜렷한 "칠포마을 고인돌"의 경우는 여러 전문가들에 의해 답사되었고 또 연구되었다. 경북 영일군 칠포면 칠포리에 위치한 이 "칠포마을 고인돌"은 누가 봐도 성혈고인돌로서의 북두칠성임을 감지하게 한다.[81] 국자의 담는 부분에 별들의 크기가 좀 달라 의혹을 불러일으킬 수 있으나, 김일권 교수가 이 북두칠성과 카시오페이아 별자리 및 이들 사이에 있는 북극성 성혈을 발견함으로써 더더욱 자명하게 되었다.[82]

'M'자 모양의 카시오페이아 별자리는 고구려의 덕흥리 고분벽화에도 선명하게 나타나 있는데, 북극성을 사이에 두고 북두칠성과 대응한 곳에 위치하고 있으므로 북두칠성을 쉽게 찾을 수 있게 하는 역할도 하고 있다. 북극성을 중심으로 하고 북두칠성과 카시오페이아 별자리를 연결하면 하늘의 별자리들이 선사시대에 시계의 역할을 했을 것이라고 추리해 볼 수도 있다.

그런데 여기 칠포리 일대[83]뿐만 아니라 주변지역 및 한반도 전역에는 윷판이 그려진 선사시대의 암각화도 많이 발견되는데,[84] 왜 바위에 윷판이 새겨졌는지 전문가들 사이에 의견이 분분해 왔으나, 김일권 교수의 탁월한 분석에 의해 그 윤곽이 밝게 드러났다.[85] 물론 또 다른 해석의 여지도 없지 않을 수도 있겠으나, 김 교수의 해석이 타당한 것으로 보인다.

잘 알려져 있듯 윷판은 모두 29개의 표식을 가진 윷놀이 판이다. 정

---

81 포철 고문화연구회, 《칠포마을 바위그림》, 1994, 70쪽 참조.
82 김일권, 《우리 역사의 하늘과 별자리》, 30쪽 이하, 43쪽 이하 참조.
83 위의 책, 35쪽 이하 참조.
84 이를테면 경북 안동시 수곡리와 경북 영일만 진골마을 농발재의 그림인데, 이 윷판 그림에 관해선 국민대학교 박물관, 《한국의 선사시대 암각화》, 1993, 113쪽 참조.
85 김일권, 《우리 역사의 하늘과 별자리》, 28~45쪽 참조.

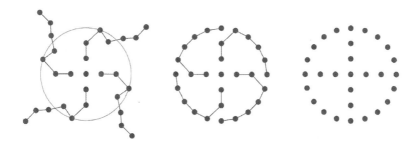

사진 11-11 김일권 교수에 의해 구성된 윷판의 북두칠성 사방위 주천운동 모형도

중앙에 한 점을 빼면 28개가 되는데, 이 28개의 표식은 7×4의 북두칠성으로 만들어진다. 중앙의 북극성을 중심으로 회전하는 북두칠성의 모습이 정확하게 그려진 셈이다. 선사시대부터 그토록 북두칠성을 숭상한 정황이 윷판으로 형상화된 것이다. 붙박이별인 북극성에서 영원을 추리하고, 또 이 북극성을 중심으로 영원토록 윤회하는 북두칠성에서 영원과 불멸을 추리했을 것으로 여겨진다. 더욱이 지구의 모습과 유사하게 하루의 밤낮이 바뀌는 시간에 북극성을 한 바퀴 도는 북두칠성으로부터 땅 위에서의 인간 운명을 연계시킨 것인지도 모른다.

　박창범 교수는 포항시 북구 흥해읍 칠포리 야산 바위에 새겨진 윷판을 통해 윷판 해석 여러 가능성을 언급하고 있다: "고대 선사문화의 유적이라고 생각되는 이 윷판 바위그림에서 여러 천문학적인 요소를 찾을 수 있다. 둘레가 o, 안쪽이 + 모양인 것은 천원지방의 우주 구조를 윷판에 부여한 것으로 해석된다. 또 윷의 수가 네 개인 것은 땅의 수를, 윷을 던져 나오는 행마가 다섯 가지인 것은 하늘의 수를 나타낸다고 생각된다. 윷판은 모두 29개의 점으로 그려지는데, 이는 음력 한 달의 길이와 같다. 29점은 중앙의 1점과 주변의 28점으로 나뉘어 28수 별자리를 나타낸다. 28개 점들은 다시 네 방향의 각각 7개 점들로 나뉘는데 이 수는 7정政, 즉 해와 달과 다섯 행성을 상징한다고 생각된다.

또는 북극성을 중심으로 일주운동을 하여 동서남북 방향에 나타난 북두칠성을 그린 것일 가능성도 높다. 그렇다면 이 윷판은 북두칠성으로 사방위와 사시四時를 디자인한 그림이 된다."[86]

윷놀이 판의 기원에 대한 또 다른 추리는 고대 천문학에서의 28수 개념이다. 28수는 달이 지나가는 길이고, 윷판 위에서 말을 사용하는 것은 달의 걸음이라고도 생각해 볼 수 있다. 또 이 28수가 사신도 개념과 연결되기에 네 방위의 수호신으로 나뉜다. 실제로 윷판은 동서남북의 기점이 있다. 그러나 실제로 이런 의미로 윷판이 만들어졌는지는 정확하게 알 수 없다. 어떻든 윷판의 각 표식은 별임에는 틀림없는 것으로 보인다. 도대체 이 윷놀이가 언제부터 시작되었는지 정확히 알 수 없으나, 오래전부터 전승되어 온 민속놀이임에는 틀림없다.

이외에도 운주사의 칠성바위[87]나 하남시 교산동의 칠성바위,[88] 나아가 경남 함안군 예곡리 야촌마을의 칠성바위 고인돌처럼[89] 7개의 바위가 각각 하나의 별이 되어 북두칠성 형태로 배열되어 있는 경우가 가

---

86 박창범, 《하늘에 새긴 우리역사》, 205~206쪽.
87 전라남도 화순군 도암면 소재 운주사 경내에 있는 칠성바위의 자세한 배치도에 대해서는 이태호·천득염·황호균·유남해, 《운주사》, 대원사, 1995, 110~111쪽 참조. 나일성, 《한국천문학사》, 81~82쪽 참조. 박창범 교수는 운주사의 칠성석과 칠성석탑이 한 눈에 보이는 장면을 사진을 통해 보이고 있다(박창범, 《천문학》, 100쪽; 박창범, 《하늘에 새긴 우리역사》, 176쪽 참조).
88 박창범, 《하늘에 새긴 우리역사》, 100쪽 참조. 박창범 교수는 여기서 과학자답게 하남시 교산동에 있는 칠성바위의 배치도를 정확하게 측정하고 있다. 이 칠성바위가 놓인 방위, 각 별들 사이의 거리, 각 별들의 크기 등이 이 배치도에 정확하게 나타나 있다.
89 필자가 예곡리 야촌마을의 고인돌을 찾아갔을 때, 큰 정자나무 아래 동네 어른들이 모여 있었다. 이분들은 여기 고인돌바위들이 북두칠성 형태로 놓여 있다고 말하면서 친절하게도 가정집 마당에 숨어 있는 고인돌까지 찾아주었다. 그런데 각 고인돌이 하나의 별임과 동시에 놀랍게도 몇몇 고인돌엔 성혈이 새겨져 있다.

끔 발견된다.[90] 우리에게 얼마나 많은 '칠성마을'이나 '칠성바우', 칠성
부락과 같은 마을 이름이 전승되어 있으며, 또 얼마나 '지석리'의 이름
을 가진 마을이 많은가! 이 마을들에 찾아가 보면 흔히 고인돌이 발견
된다. 역겁의 세월 동안 거석문화가 역사적으로 단절되어 왔지만, 마을
이름을 통해 그 흔적이 전승되어 온 것이 그나마 다행으로 여겨진다.

북한지역에는 기원전 3000년 안팎에 건립된 고인돌이 많은 것으로
알려져 있다. 북두칠성을 비롯해 남두육성 등 여러 별자리들이 관측되
고 있다.[91] 또 북한지역에서도 위에서 언급한 운주사의 칠성바위나 하
남시 교산동의 칠성바위처럼 7개의 고인돌이 북두칠성처럼 배열되어
있는 경우도 많이 발견되는 것으로 보고되고 있다.[92]

---

90 이토록 북두칠성 형태로 배열된 고인돌은 전국적으로 많이 발견되는 편이다
(인터넷에서 "고인돌사랑회" 사이트 참조). 경상남도 양산시 일광면 칠암리,
전라남도 광양시 광양읍 칠성리, 전라북도 고창군 공음면 칠암리, 경상북도
청도군 각남면 칠성동 등지에서 칠성바위가 발견된다. 또 경상남도 창녕군 유
리고인돌과 창원시 마산 합포구 반동리의 칠성바위 고인돌(창원대학교 박물
관, 《창녕군 문화유적 정밀조사 보고》, 1984, 83쪽) 등 전국적으로 칠성바위
는 발견된다.

91 김동일, 〈별자리가 새겨진 고인돌무덤에 대하여〉, 《조선고고연구》 96-3, 사
회과학원 고고학연구소, 사회과학출판사, 1996, 35쪽("별자리가 새겨진 고인
돌무덤 일람표") 참조. 최승택 박사도 "고조선 시기부터 매우 중시된" 북두칠
성이 황해북도 상원군 전산리 6호 고인돌무덤과 남포시 룡강군 석천산 1호
고인돌무덤을 비롯하여 대동강 일대의 고대천문 관계 유적들에 많이 있다고
증언한다(최승택, 〈고구려무덤벽화천문도의 우수성에 대하여〉).

92 김동일 박사가 언급하듯이 칠성바위는 한반도의 여러 지역에서 발견되고 있
다: "즉 평안남도 대동군 원천리, 평원군 룡이리 칠성마을, 평안북도 선천군
원봉리 칠성동, 강원도 철원군 룡학리, 세포군 내평리, 황해남도 재령군 룡교
리, 삼천군 도봉리, 웅진군 국봉리, 황해북도 중화군 삼성리, 송림시 석탄리,
경상남도 창녕군 유리, 량산시 일광면 칠암리, 전라북도 고창군 공음면 칠암
리, 전라남도 광양시 읍 칠성리, 경상북도 청도군 각남면 칠성동 등지에서 큰
돌이 북두칠성 모양으로 배열되어 있는 칠성바위가 알려졌다."(김동일, 〈칠성
바위에 대하여〉, 《조선고고연구》, 2012-3, 5쪽, 사회과학원 고고학연구소, 사

북두칠성과 함께 남두육성도 선사시대의 고인돌 덮개돌에 나타난다. 남두육성의 존재 의미는 북두칠성과 유사하게 그 기원을 알 수 없을 정도로 오래된 것으로 보인다.

《천문류초》에는 북두칠성과 남두육성(남두칠성)의 역할이 언급되어 있다: "북방7수의 하나인 두(남두)는 주로 생명의 태어남과 건강을 관장하고, 자미원에 있는 북두는 생명의 마침을 주관한다."[93] 그런데 이런 남·북두의 상징과 역할은 그 기원을 알 수 없을 정도로 오래된 것으로 보인다. 선사시대 고인돌의 덮개돌에도 북두칠성과 남두육성은 성혈의 별자리로 새겨져 있다. 이는 말할 것도 없이 영혼불멸사상과 성수신앙 및 경천사상, 천문숭배사상과 연루되어 있는 것이다.

북두칠성과 관련된 영혼불멸사상은 그 기원도 알 수 없을 정도로 오래된 원시도교와 민간신앙으로부터 전승되어 왔다. 그리고 이 방면을 연구하는 자는 대체로 다 시인하는 바다. 이는 유물론이 지배하는 북한사회에서도 인정하는 바다. "당대 사람들 속에서는 사람이 죽으면 육체는 땅 속으로 들어가지만 령혼은 하늘로 올라간다는 관념이 지배하였다."[94]

북두칠성과 남두육성은 한국의 신석기에서 청동기로 이어지는 고인돌의 덮개돌에도 각인되어 있는, 태곳적부터 각별하게 의미 부여된 성좌들이다.[95] 선사시대로부터 내려오는 북두칠성에 대한 숭배는 민간신

회과학출판사 2012). 이 밖에도 김동일 박사는 평양시 순안구역 구서리와 강원도 이천군 성북리, 황해남도 신천군 룡동리 등에 흩어져 있는 칠성바위들을 언급하고 있다(위의 논문 5~6쪽 참조). 김농일, 〈북두칠성 보양으로 배틸되여 있는 구서리고인돌무덤 발굴보고〉, 《조선고고연구》 2005-3(40~46쪽 참조), 사회과학원 고고학연구소, 사회과학출판사, 2005.

93 이순지 원저(김수길, 윤상철 공역), 《천문류초》, 110쪽.
94 김동일, 〈칠성바위에 대하여〉, 7쪽.
95 이 북두칠성만 놓고 보아도 고대동양문화권을 많이 공유한 중국과 한국이

앙에서 칠성교의 형태로 전승되고 있으며,[96] 이런 뿌리 깊은 민간신앙을 불교의 사찰에서도 칠성각이란 형태로 받아들이고 있다.

선사시대에서부터 전승된, 그러나 과학과 "고등종교"가 지배하기 이전까지 북두칠성은 인간의 요람에서 무덤까지, 나아가 사후의 세계에까지 동반하는 성좌이다. 이를테면 인간은 북두칠성 신선의 점지를 받아(혹은 북두칠성에 있는 삼신할머니에게서 명줄을 받아) 태어나고 길흉화복의 운세를 쥔 북두칠성에게 빌며, 칠성판에 누워 세상을 떠나고,[97] 북쪽 하늘을 바라보는 형태로 무덤을 만든다. 그리고 사자死者의 영혼은 칠성님의 품안으로 들어가게 되는 것이다. 그러기에 "별에 의해 태어나 별을 안고 무덤으로 가는 우리 민족의 별에 대한 애정은 각별했다"[98]고 하지 않을 수 없다.

북두칠성에 대한 성수신앙과 개념은 언제부터 기원했는지는 정확히 알 수 없으나(아마 원시도교에서부터 기원한 것으로 보인다),[99] 선사시대 고인돌의 덮개돌에도 흔히 나타나기에, 신석기시대에 이미 기원했음을 추리해 볼 수 있다. 고구려 사람들에게서 북두칠성은 "시간의 신"[100]

서로 다른 양상을 보인다. 우리에게서 선사시대 고인돌에서부터 강조되어 온 북두칠성이 북극성보다 더 사랑을 받았고, 중국의 경우는 북극성을 우주의 중심으로 보고 또 천자(황제)의 별로 여겨 더 강조되었다.

96 "민간에 뿌리 깊게 남아 있는 민간신앙"으로서의 북두칠성에 관해선 이영문, 〈고인돌에 얽힌 지명과 신앙〉, 《이야기로 풀어낸 화순 고인돌유적》, 동북아지석묘연구소, 2009, 27~28쪽 참조; 북두칠성으로 ─국자모양으로 생겼기에─ 은하수를 떠 마시겠다는 송강 정철의 가사에는 태곳적부터 전승된 원시도교의 흔적이 배어 있다.

97 "칠성판은 관의 바닥에 까는데, 이는 도교의 영향이다."(이경덕 지음, 《우리 곁에서 만나는 동서양 신화》, 109쪽)

98 정태민, 《별자리에 숨겨진 우리역사》, 한문화, 2007, 29쪽.

99 강화도의 마니산에서 펼쳐지는 개천절 행사에서 칠선녀는 곧 북두칠성의 상징이라는 것을 고려하면 이 성좌의 존재 의미는 대단한 위상을 갖는 것임을 알 수 있다.

으로 여겨졌다고 한다. "고구려인들은 북두칠성이 우주시宇宙時를 가리 킨다고 믿었다. 우주시가 몇 시냐에 따라 인간시人間時가 정해지는 법이 다. 북두칠성은 우주와 인간의 스케줄을 관장하는 시간의 신으로 생각 하였다. 죽음이라는 것은 인간의 시간이 끝났다는 의미이고, 다시 새로 운 시간을 부여받기 위해서는 우주의 시계인 칠성으로 되돌아가야 한 다고 믿었다."101

이 북두칠성으로 되돌아간다는 사상에서 우리에게 친숙한 망자에 대 한 표현, 즉 "돌아가셨다"를 ―아마도 선사시대에서부터 사용된 자연언 어로 보인다― 쓴 것으로 보인다. 이 언어적 표현에도 철학적 근거가 함축되어 있는 것으로 보인다. 간혹 이와 유사하게 망자가 "세상을 버 리셨다"고도 하는데, 세상을 떠나 북두칠성으로 갔다는 표현일 것이다. 불멸사상이 농축되어 있는 이런 자연언어의 표현에서도 고대 한민족의 정신적 원형을 들여다보게 한다.

그러면 "돌아가셨다"는 표현에는 "시간의 신"인 북두칠성으로 되돌 아가 새로운 시간을 부여받는다는 뜻을 함축하고 있다. 거기서 일정기 간을 지내며 새로운 시간을 부여받은 영혼은 은하의 강을 따라 남두육 성으로 가게 된다. 생명의 축복이 이글거리는 남두육성에서 지상으로의 귀환에 대한 준비를 마치고, 삼신할머니를 통해 다시 세상에 태어난다 는 것이다.102

주극성週極星인 북두칠성은 북반구에서 북극과 북극성을 중심으로 커 다란 원을 그리며 하루에 한 바퀴 돈다. 그야말로 "하늘에 걸린 대자연 의 시계"103이다. 우리가 살고 있는 지구도 자전과 공전을 하며 태양의

---

100 조용헌, 〈북두칠성〉, 《조선일보》 2004년 9월 8일.
101 위의 곳.
102 http://afnaidel87.blog.me/50146577857, http://donjaemi.tistory.com/422 참조.

주위를 돌고 있는데,[104] 여기서의 자전은 북두칠성이 하루에 한 바퀴 도는 것과 유사한 성격을 갖는다. 그런데 인간은 땅 위에서 하루하루를 거듭하다가 대체로 100년도 못 채워서 수명을 다하게 된다. "고대 사람들은 이처럼 인간의 삶이 지극히 짧기 때문에 영원히 변하지 않는 듯한 별과 별자리에 우리의 삶과 죽음을 의탁했는지 모른다."[105]

우리의 남두육성에 해당하는 별자리를 서구에서는 이 별들의 주위 별들과 별자리로 연결하여 궁수자리라고 하는데, 궁수의 활과 켄타우로스의 가슴을 연결하는 국자 모양의 여섯 개 별이 남두육성이다. 남두육성은 워낙 남쪽으로 치우친 별자리라서 "일 년 중 한 여름철(6∽8월) 남쪽 하늘 지평선 가까이(18도∽28도 가량)에 관측되는 별자리이다. … 그러나 옛 고구려 지역의 평원에서 보면 국자형 남두육성이 은하수의 물을 푸는 듯 남쪽 하늘 지평선 가까이의 은하수에 절반 걸친 모습으로 뚜렷하게 빛나는 것을 볼 수 있다. 별자리 크기가 카시오페이아보다 클 정도여서 상당히 장대한 인상을 받는다. 고구려인들도 아마 이런 관측 경험을 바탕으로 남두육성을 남쪽의 방위별자리로 삼았을 것이다.

103 김일권, 《고구려 별자리와 신화》, 사계절 2008, 65쪽.
104 놀라운 사실은 덕흥리 고분의 북쪽 하늘에 지구의 자전을 밝히는 지축상이 그려진 것이다. 이를 김일권 교수가 잘 밝히고 있는데(김일권, 《고구려 별자리와 신화》, 사계절 2008, 59, 65쪽 참조), 지구의 축을 도상적으로 표현한 이미지로서 몸체는 하나이면서 머리가 둘인 유기체로 표현되어 있다. 이것은 북극과 남극이 하나의 축으로 이어져 있는 천문학적 사실을 신화적으로 표현한 것이라고 볼 수 있다. 이 반인반수의 유기체는 덕흥리 고분에서 '지축일신 양두地軸一身兩頭'라는 글자가 새겨져 있어, 남극과 북극의 지축을 중심으로 지구가 자전한다는 사실을 더욱 선명하게 밝히고 있다. 하나의 몸통이 지축이라면 양두兩頭는 남극과 북극인 것을 초자연적 유기체의 형태로 표현한 것이다. **아직 지구의 자전이 밝혀지지 않은 당대에, 말하자면 코페르니쿠스의 지동설이 나오기 훨씬 이전에 지축이라는 용어를 쓴 것은 그러니까 세계 최초로 지축을 중심으로 지구가 회전한다는 것을 밝힌 셈이다.**
105 이경덕 지음, 《우리 곁에서 만나는 동서양 신화》, 109쪽.

고구려인들은 별자리 중에서 각 방위를 대표하는 가장 뚜렷한 별자리로 기준을 삼았는데, 이를 방위별자리라 한다."[106]

남두육성은 고구려의 고분벽화가 조성되기 시작하는 초기단계에 이미 나타나서 "고구려 벽화의 마지막 시기까지 남방의 방위별자리로 채택되었다."[107] 그런데 이 남두육성이야말로 "중국 벽화에서는 찾기 어렵고 유난히 고구려 벽화에서 강조되어 고구려식 천문 특징을 잘 담아내는 별자리라 일컫는다."[108] 남두육성과 더불어 천지사방을 수호하고 보살피는 "보살핌의 철학"이 견고하게 뿌리내리고 있었음을 목격할 수 있다.[109]

이 남두육성은 고분벽화에서 북두칠성과 짝이 될 정도로 웅장하게 그려져 있다. 덕화리 1호분과, 안악 1호분, 각저총, 무용총, 삼실총, 덕흥리 고분, 덕화리 1호분, 덕화리 2호분, 통구 사신총, 집안4호묘, 집안5호묘 등에서도 남두육성은 밝고 웅장하게 그려져 있는데, 고구려인들의 천문사상이 잘 반영되어 있는 것으로 보인다. 더욱이 이러한 성수신앙에는 국가의 안녕과 잦은 병란으로부터의 보호, 천하가 화평해지기를 기원하는 의미도 담겨 있을 것이다.

남두육성은 북두칠성과도 유사하게 국자의 모양을 하고 있는데 은하수의 남단에 가까이 있어 각별한 의미를 갖고 있다. 그것은 "젖이 흐르는 강인 은하수의 젖을 뜨는 국자라는 별칭"[110]인 것이다. 원시도교에

---

106 김일권, 《고구려 별자리와 신화》, 68쪽.
107 김일권, 《우리 역사의 하늘과 별자리》, 95쪽.
108 김일권, 위의 곳.
109 필자는 2004년 겨울(2월)에 태국의 푸켓에 여행한 적이 있는데, 그땐 남쪽 하늘을 장악하고 있는 웅장한 남두육성을 뚜렷하게 볼 수 있었고, 남쪽 방위를 담당하면서 생명의 지킴이 역할을 하는 별자리임을 직관적으로 알 수 있었다. 남두육성 외의 고대 그리스인들이 궁수자리라고 한 여러 별들은 거의 보이지 않았고, 오직 남두육성만이 남쪽 하늘을 지키고 있었다.
110 이경덕 지음, 《우리 곁에서 만나는 동서양 신화》, 104쪽.

서는 북두칠성이 한동안 국자에 담고 있던 영혼들을 은하수를 따라 남쪽으로 흘러 보내고, 생명의 지킴이인 남두육성은 이 영혼들을 또 한동안 품고 있다가 다시 세상으로 내려 보낸다고 한다. 영혼불멸永遠不滅의 사상이 남두와 북두 및 은하수를 통해 표현되고 있는 것이다.

남쪽은 생명현상이 이글거리는 곳이다. 덕흥리 고분의 남쪽 벽에는 이런 이글거리는 생명현상이 온 하늘을 수놓고 있다. 생명의 강인 은하수가 하늘 가운데로 흘러가고 있다. 은하의 강을 사이에 두고 소를 끌고서 길 떠나는 낭군(견우)을 직녀는 애틋하게 바라보고 있다. 등불처럼 붉게 빛난다고 하는 형혹성(熒惑星: 화성)이 남방을 다스리는 별로서 천장의 중앙 상부에 자리 잡고 있다. 이 덕흥리 고분에서 젊은이들은 천상에서도 활의 시위를 당겨 호랑이 두 마리를 수렵하고 있다.

남두육성은 불로장생과 "인간의 수명장수를 주관한다고 믿어진 별자리이다."[111] 남극노인성 또한 남두육성과 비슷한 속성을 갖고 있다: "가장 크게 그려진 이 별은 전 하늘에서 두 번째로 밝은데, 이 별을 보게 되면 무병장수한다고 믿어져 수성壽星이라고도 불렸다."[112] 그런데 아쉽게도 이 남극노인성은 너무 멀리 남쪽하늘에 치우쳐 있어 "매년 춘분경 저녁 무렵, 추분경 새벽 무렵이면 남쪽하늘 지평선 가까이에서 볼 수 있는데, 우리나라에서는 위도 35도 이하인 남해안과 제주도에서나 볼 수 있다."[113]

이순지의 《천문류초》에도 남극노인성에 관한 기록이 전하는데, 장수

111 김일권, 《고구려 별자리와 신화》, 67쪽; 김일권, 《우리 역사의 하늘과 별자리》, 96쪽: 안상현, 《우리 별자리》, 298쪽 참조.
112 김일권, 《고구려 별자리와 신화》, 67쪽.
113 위의 책, 71쪽. 이토록 보기가 힘든 별자리임에도 고구려인들이 각별한 의미를 부여한 데는 천문관측과 사상에 밝다는 것을 목격할 수 있게 한다. '장수별', '목숨 별' 및 '수성'으로도 칭해진 이 남극노인성에 관해선 안상현, 《우리 별자리》, 255~256, 298쪽 참조.

와 안녕에 관련되어 있는 이 별은 도교에서의 도인들이 숭배를 해 왔고, 고려와 조선의 임금들이 제사를 지냈다고 한다: "노인성은 '남극성南極星' 또는 '남극노인南極老人, 수성壽星, 수노인壽老人'이라고도 하는데, 한 개의 밝은 별로 이루어졌다. 도교에서 도인들이 숭배하는 것은 물론이고, 우리나라에서는 고려와 조선시대에 걸쳐 임금이 직접 노인성에 제를 지낼 정도로 수명과 나라의 안녕에 깊은 관계가 있다고 알려졌다."[114]

남두육성이 인간의 무병장수를 주관할 뿐만 아니라 "천상의 연생 연명의 주관부서"인 것, 북두칠성이 인간의 사후세계를 보살핀다는 것은 "도교적 점성 관점"인 것이다.[115] 사수도의 체계는 선사시대의 고인돌에게로 거슬러 올라가기에, 수호성좌인 사수도로 하여금 온 누리를 보살피는 체계로 승화시킨 것은 이미 까마득한 선사시대에서 발원한 원시 도교라고 할 수 있다.

그런데 놀라운 것은 덕흥리 고분의 남쪽하늘에는 남극노인성 바로 곁에 상서로운 동물 형상이 그려져 있는데, 타조 같기도 하고 주작이나 봉황 같기도 하며 익룡 같기도 한 수두조신형獸頭鳥身形이다. 이 상서로운 생명체엔 '길리지상吉利之像'이라는 글자가 새겨져 있어, 그야말로 길하고(吉) 이로움(利)을 표명하는 형상을 드러낸 것으로 보인다. 이 상서로운 생명체 바로 위엔 남두육성이, 오른쪽에는 남극노인성이 그려져 있어, 이들 모두가 "무병장수와 이로움을 주는 상서로운 상징연합을"[116] 형성하고 있다. 그야말로 생명의 축복을 쏟아붓는 남쪽의 상징연합체계가 상징하듯 남쪽은 실로 생명현상이 이글거리는 곳이다.

---

114 이순지 원저, 김수길·윤상철 공역, 《천문류초》, 227쪽.
115 김일권, 《우리 역사의 하늘과 별자리》, 108, 262쪽 참조.
116 김일권, 《고구려 별자리와 신화》, 72쪽; 김일권, 《우리 역사의 하늘과 별자리》, 96쪽 참조.

죽음과 직접적인 관련이 있는 북두칠성의 경우 고인돌의 덮개돌에 많이 새겨져 있고, 남두육성도 자주 등장한다. 경북 문경의 하리고인돌 및 안동 와룡산 고인돌엔 윗면에 북두칠성과 앞면에 남두육성의 성혈이 함께 새겨져 있다. 또 경남 함안군 예곡리 야촌마을의 고인돌에도 남두육성이 그 위용을 드러내고 있다.[117] 강원도 삼척의 죽서루 용문바위와 양구의 용하리 선돌, 경기도 이천 신둔면 수하리 고인돌, 용인의 맹리 고인돌 등등 남두육성이 새겨진 고인돌도 많이 알려져 있다. 최근인 2018년 12월에 경남 함안 말이산 13호 고분(아라가야고분)에서도 남두육성과 은하수를 비롯한 125개의 별자리가 발견되었다.[118] 북두칠성과 남두육성의 특별한 의미는 고구려의 고분벽화에서 사수도로 자리매김하기 이전에, 즉 선사시대부터 그 의미가 부각되어 있었던 것이다.

남두와 북두의 큰 비중은 이능화 선생의 《조선도교사》에도 드러나 있다. 그는 성가星家에게서 남북두南北斗가 중요한 위치를 점하는 별자리에 속한다고 언급하고서 "이는 지상地上의 모든 사람의 본명本命에 대하여 빈궁과 영달, 잘되고 못되는 것을 남북두성이 통활하지 않음이 없다"[119]고 지적하면서, 이들 별자리가 도교와 긴밀한 관계가 있음을 지적한다. 이와 유사하게 정재서 교수[120]와 김일권 교수[121]도 밝힌다.

---

117 박창범, 《하늘에 새긴 우리역사》, 107쪽 참조.
118 《동아일보》 2018. 12. 18.
119 이능화, 이종은 역주, 《조선도교사》, 보성문화사, 1981, 290쪽.
120 "북두칠성은 사자의 혼이 돌아가는 곳으로서 죽음을 주관하는 별자리이다. 이에 반해 남두육성은 삶을 주관하는 별자리이다. 이러한 관념은 모두 도교에서 유래한다."(정재서, 《한국도교의 기원과 역사》, 183쪽)
121 김일권 교수는 고분벽화에서 북두칠성과 함께 남두육성이 남방의 표지 별자리로 자리 잡고서 서로 생生과 사死를 관장하는 도교적 점성 관념의 흔적을 읽을 수 있다고 한다(김일권, 〈고구려인들의 별자리 신앙〉, 23쪽). 또한 약수리 고분의 남두육성과 북두칠성을 해석하면서 김 교수는 "남두육성이 인간의 무병장수를 주관하고 북두칠성이 인간의 사후 세계를 보살핀다는 도교

그리하여 해와 달과 함께 동서남북 사방위를 수호하는 성수는 곧 온 세상 삼라만상을 수호하고 보살피는 체계로 완성된 세계관임을 목격할 수 있다. 남두육성과 북두칠성의 각별한 의미는 선사시대 고인돌의 덮개돌에 각인된 것을 고려할 때 신선사상과 산악신앙 및 성수신앙이 형성된 원시도교에로 거슬러 올라가야 할 것으로 보인다.

남두육성은 원래 고대 동양의 천문사상에서 28수의 하나인 두수斗宿이면서 동시에 하늘 네 방위를 담당하는 성수들(해와 달, 북두칠성과 남두육성) 중에서 남쪽을 맡은 수호성좌이다. 고구려의 고분벽화에서 남두육성은 진파리 4호분에서처럼 28수의 하나로 등장하지만, 덕화리 2호분에서는 28수의 일원으로 등장하면서 동시에 네 방위 수호성좌의 하나로서 남쪽을 수호하는 성수星宿로 우뚝 솟아 있다. 덕화리 2호분에서 남두육성의 크기는 28수 중의 하나인 두수와 비교도 안 될 정도로 큼직하게 그려져 있다. 그 외의 모든 사수도 체계가 등장하는 고분벽화에서 남두육성은 북쪽의 북두칠성에 대응하여 네 방위 중 남쪽을 담당하는 수호성좌로 강하게 부각되어 있다.

선사시대부터 그 존재 의미가 부각되고 고구려의 고분벽화에서 남쪽의 수호성좌라는 위상을 가진 남두육성은 북쪽의 북두칠성과, 또 동쪽의 태양 및 서쪽의 달과 함께 온 세상을 보살피고 수호하는 초월적 존재자들이다. "중국 벽화에서 찾기 어렵고 유난히 고구려 벽화에서 강조되어 고구려식 천문 특징을 잘 담아내는"[122] 남두육성은, 고래로부터 전

적 점성 관념이 투영되어 있다"(김일권, 《우리 역사의 하늘과 별자리》, 108, 262쪽 참조)고 한다.

122 김일권, 《우리 역사의 하늘과 별자리》, 95쪽; 문중양, 《우리역사 과학기행》, 60쪽 참조. 김일권 교수와 유사하게 이종호 박사도 북두칠성에 견주어 남두육성이 중국의 고분벽화에 거의 나타나지 않음을 지적하고서 이 남두육성이야말로 고구려식 남쪽하늘 표현방식의 독특성이라고 규명하고 있다(이종호, 《한국 7대 불가사의》, 55쪽 참조).

승된 우리의 천문지리가 중국과는 다르다는 측면을 잘 드러내고 있을 뿐만 아니라 중국이나 기타 세계의 그 어느 나라에서도 찾아보기 어려운 사수도의 보살핌의 체계를 완성시키는 데 큰 역할을 하고 있다.

물론 중국의 성좌에 남두육성이 나타나긴 하지만, 북두칠성과 짝을 이뤄 온 세상을 수호하고 보살피는 네 방위의 수호성좌로는 부각되지 않았던 것이다. 중앙집권적 유교정치사상에서는 수호성좌가 중심축이 되어 온 세상을 수호하고 보살피는 철학사상 같은 건 뿌리내리지 못했던 것이다. 그러나 고구려인들이 가졌던 성수신앙에서 남두육성은 그러나 "고구려 고분벽화에서 매우 의미 있는 '사방위 별자리'의 하나로"[123] 부각되어 있는 것이다.

이 남두육성을 서양식으로 읽으면 궁수자리의 일부가 된다. 그래서 간혹 궁수자리 주변의 다른 별 하나를 남두육성으로 연결하여 남두칠

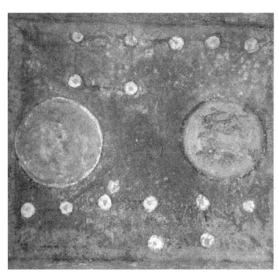

사진 11-12 장천1호분의 사수도에는 삼족오가 들어 있는 동쪽의 태양과 불사약을 찧는 옥토끼며 두꺼비가 그려진 달, 남북을 수호하는 북두칠성과 남두칠성이 자리 잡고 있다.

---

123 김일권, 〈고구려인들의 별자리 신앙〉, 6쪽.

성이라고도 하는데(실제로 남두육성의 자루 부분 끝에 자루 별들과 비슷한 크기의 별이 하나 더 보일 때가 있다), 고구려 고분벽화의 장천1호분에는 남두칠성으로 그려져 있다.

혹자는 남쪽 방향에도 칠성으로 되어 있어 북두칠성으로 보는 이도 있으나, 고구려 고분벽화의 엄격한 네 방위와 사수도 체계에서 —더더욱 이 벽화는 대각선 모양으로 동서남북의 영역을 확실하게 구분 짓고 동쪽의 태양과 서쪽의 달을 배치한 상태에서 남쪽 하늘의 칠성을 북두칠성으로 보기는 어렵다— 남쪽 방위의 별자리를 북두칠성으로 대체할 리 없다. 그래서 전문가들은 이를 남두육성으로 보기도 한다.[124] 그러나 7개의 별들이 연결선으로 하나의 별자리 형태를 하고 있어 —궁수자리의 다른 별과 함께 남두칠성으로 보일 때도 있다— 이를 남두칠성으로 보는 것이 더 온당할 것으로 보인다.

궁수자리는 고대 그리스의 신화가 그 배경에 자리 잡고 있는데, 의약의 신 아스클레피오스뿐만 아니라 수많은 영재들을 길러낸 현자 카이론의 형상이다. 하체는 말이고 상체는 사람의 형상을 하고 있는 카이론이 시위를 당겨 활을 겨누고 있는 모습이 궁수자리이다. 카이론은 다른 신들보다 월등히 총명한 현자로서 아르고호를 타고 떠난 제자들에게 항로를 안내하기 위해 자신의 모습을 별자리로 만든 것이 궁수자리의 기원이다.

---

124 정재서, 《한국도교의 기원과 역사》, 184쪽 참조. 전호태 교수는 《고구려 이야기》, 풀빛, 2001, 66쪽 참조.

6. 사수도(해와 달, 북두와 남두)

고구려의 고분벽화에 빈번하게 등장하는 사수도의 기원은 고대 동이족의 선사시대에 있음을 우리는 성혈星穴고인돌의 성좌도를 통해 알 수 있다. 그런데 사수도가 함께 등장하는 곳도 많다. 강원도 양구 용하리 선돌과 경북 문경 하리의 성혈고인돌 및 경기도 용인의 맹골마을 고인돌(맹리 고인돌) 등에는 사수도가 고인돌 성좌도에 다 나타난다. 조심스레 성혈의 별자리를 연결하면 저 사수도의 성좌도 윤곽이 분명해진다. 맹리의 고인돌에서와 같이 북두칠성과 남두육성은 대체로 자연스럽게 연결되는데, 해와 달의 경우는 연결선을 그을 수 없기에 찾기가 쉽지 않다. 그러나 대부분의 해와 달의 경우는 성혈의 크기가 다른 별들에 견주어 뚜렷하게 크기에, 이런 두 개의 별들을 해와 달로 보는 것은 결코 무리가 아닐 뿐만 아니라 오히려 자연스럽기까지 하다.

또 북한지역에도 사수도의 성혈고인돌이 있는 것으로 여겨진다. 남

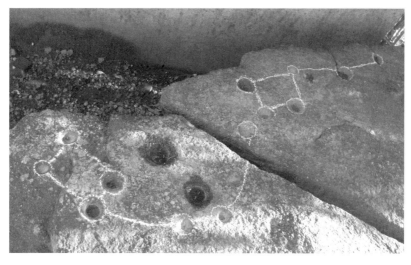

사진 11-13 맹리의 성혈고인돌

북분단의 상황에서 직접 확인하기는 어려우나 《조선고고연구》에 실린 논문들을 통해 파악 가능한 것으로 보인다.125

이 모사도(사진 11-14)의 맨 아래쪽엔 연결선으로 이어진 북두칠성 별자리가 분명하며, 맞은편엔 경상북도 칠포리에서와 똑같은 카시오페이아 별자리가 M자형으로 연결되어 있다. 또 이 카시오페이아의 오른쪽의 위에는 왕관자리가 서로 연결되어 있다. 또 이 모사도의 가장 위쪽엔 남두육성으로 인식하게 하는 바가지 모양이 나타나는데, 자루 부분에 2개의 별과 바가지 부분의 한 모서리 별자리가 (연결선은 분명하지만) 보이지 않는데, 이는 시간의 흐름에서 퇴색되었거나 혹은 바가지 모양의 연결선만 새긴 상태에서 마무리가 되지 않은 것으로도 추리해 볼 수 있다. 그런데 이 남두육성의 바가지 부분 바로 앞쪽엔 남극노인성으로 볼 수 있는 별이 약간 큰 등급의 형태로 나타나 있고, 그 반대편에는 남두육성과 가까이에 있는 전갈자리가 구부등한 선으로 연결되어 있다.

그런데 이 고인돌의 중앙 부분에 서로 동과 서로 떨어져, 가장 큰 홈 구멍으로 새겨진 성혈은 무엇일까? 이건 분명 해와 달인 것이다. 육안 관측에만 의존했던 선사시대에서 하늘에 떠 있는 가장 큰 별은 해와 달이기 때문이다.

일월남북두日月南北斗의 사수도는 이미 선사시대의 고인돌 덮개에 각인되어 있다. 이런 사수도의 세계를 치밀하게 옮긴 고구려의 고분벽화

---

125 김동일, 〈증산군 룡덕리 10호 고인돌 무덤의 별자리에 대하여〉,《조선고고연구》 97-3, 사회과학원 고고학연구소, 사회과학출판사 1997. 이 논문에는 이 고인돌의 규모라든가 연대(출토된 팽이그릇에 대한 "핵분열 흔적법에 의한 년대값 4926±700년") 및 천문학적인 의의에 관해 상세한 설명을 하고 있는데, 사수도에 관한 언급은 없지만 제시된 모사도는 분명하게 사수도를 읽을 수 있게 한다.

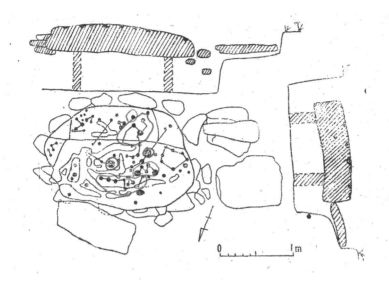

사진 11·14 증산군 룡덕리 10호 고인돌의 별자리 모사도(김동일)

는 우리로 하여금 이를 한눈에 목격할 수 있도록 벽면과 천장에 웅장
하고 장엄하게 표현해 놓았다. 이미 당대의 고구려 사회에 사상체계로
일반화되었듯이 대부분의 고분벽화엔 사수도가 아주 장엄하고 웅장하
게 그려져 있다.

거의 모든 고분벽화에서 천장엔 삼족오의 형상을 한 동쪽의 해와
옥토끼(또는 두꺼비)의 형상을 한 서쪽의 달이 온 천지를 비추고, 남쪽
의 남두육성과 북쪽의 북두칠성이 서로 대면하며 자웅을 겨루는 수호
성좌로 장엄하게 자리 잡고 있다. 네 벽면에도 동서남북을 방위하고 수
호하는 사신도의 신수들이 웅장하게 위용을 드러내고 있다. 이리하여
인간을 비롯한 온 세상 삼라만상을 보살피고 수호하는 보살핌의 세계
관이 완성된 것이다. 선사의 고인돌에서부터 고대를 거쳐 전승된 사신
도와 사수도의 체계는 온 코스모스를 보살핌의 체계로, 수호하는 시스
템으로 구축한 의미심장한 철학인 것이다.

만물을 수호하고 보살피는 철학체계는 선사와 고대에서부터 전승된 한민족의 정신적 원형인 것이다. 이제 철학의 발상지와 발상시기로 거의 굳어져 있는 기원전 6세기 고대 그리스의 기점은 수정되어야 한다. 더욱이 진화론에 입각하여 선사가 미개했다거나 덜 진화되었다는 사고방식을 늘어놓아서는 안 된다. 인류는 그 어떤 악조건 속에서도 정신적 의미를 추구해 온 존재임을 망각해선 안 된다.

제12장

보살핌의 철학에 대한
인식론적 정당성 물음

1. 근대적 인식론과 자연관 극복[1]

인식론이 철학에서 차지하는 비중은 크다. 특히 근대철학은 인식의 가능성을 묻는 인식론에 매달렸는데, 현상의 세계에 드러난 사물존재자에 대한 명석하고 판명한 인식이 중요한 과제였다. 인식의 목적은 말할 것도 없이 진리의 발견일 것이다. 이때의 진리란 대체로 현상적인 세계에서의 과학적·논리적·경험적인 진리 개념에 국한된다. 그러나 인식론으로 확고부동한 진리가 언제나 발견되는 것은 아니며, 그러한 인식론으로 철학의 문제가 다 해결되는 것은 더더욱 아니다.

근대철학이 깊이 천착한 것이 인식론임은 주지의 사실이다. 근대철학은 ―합리론이든 경험론이든 비판론이든― 방대한 인식론의 체계를 건립했는데, 어쨌든 인간 주체가 사물(대상)을 구성(칸트에서는 Konstruktion, 후설에서는 Konstitution)한다는 것이다. 이때 주체는 일방적으로 대상(사물, 존재자)을 능동적으로 구성하며, 이에 반해 대상(사물, 존재자)은 수동적 입장에서 주체의 처분에 내맡겨진다.

근대의 사유엔 인간이 겸허한 마음으로 저들과 만나고 교감하며 교우하는 차원이 망각되고 냉정한 진위 판단에 내맡겨진다. 고대 그리스인들은 서구의 근대와는 달리 태양과 달 및 별들을 단순한 존재자 이상으로, 즉 경이로운 유기체로 바라보았는데, 근대 이래의 서구는 이런 고대 그리스의 전통을 망각해 버리고 말았다. 우리가 고찰하는 사수도를 비롯한 일월성신의 세계는 그러기에 근대의 인식론으로 접근하는 경솔함에서 탈피해야 할 것으로 보인다.

인식 형성에서 전권을 획득한 인간주체에게서 자연이든 사물이든 ―

---

1 이 장은 필자의 졸저 《선사시대 고인돌의 성좌에 새겨진 한국의 고대철학― 한국 고대철학의 재발견》 제3부의 제4장을 수정하고 보완한 것이다.

데카르트의 이원론에 잘 드러나듯— 그저 "연장적 실체(res extensa)"에 불과하고 대상이 될 따름이다. 이런 합리론의 태도로는 근원적으로 자연(천상의 세계)에 다가갈 수 없을 것이다. 그것은 자연이 "연장적 실체"에 지나지 않는 것이 아닐 뿐만 아니라, 우리의 인식능력으로 자연과 자연에 내포된 초자연을 결코 다 인식할 수 없기 때문이다. 그러나 데카르트에게서 이러한 자연의 위상은 철저하게 망각되어 있다.

또한 그의 이른바 "기계론적 세계관"도 숭경심을 자아내는 하늘세계로 다가가는 방책이 전혀 아니다. 그의 사유에 명확히 드러나듯이 근대 이성중심주의의 기계론적 세계관에 따르면 우주란 수학적 질서를 따르는 거대한 기계이고 스스로 돌아가는 시계에 불과하다. 기계는 스스로 돌아가지 못하기 때문에 이 기계의 설계자가 외부에 반드시 존재하여 시계의 태엽을 감아 주어야 한다. 그 설계자는 이른바 근대의 수학적인 이신理神[2]이다. 이런 기계론적 세계관에서 자연은 그저 수학법칙의 구현체일 따름이고 정해진 질서에 따라 법칙적으로 움직여지는 창백한 대상물일 뿐이다. 근대적 사고체계에서 이런 세계관이 뭔가 근사하게 보일지 모르지만, 안타깝게도 자연의 고유성과 능동성 및 생명성은 강탈되고 그 무장 해제된 수동성과 대상성만이 지평 위로 떠오른다.

그러기에 슈미트(Gerhart Schmidt)가 온당하게 지적하듯 근대의 세계 개념은 "영혼이 없고 냉정하며 계산되어지는 것이다. 데카르트의 세계(le monde)는 '모든 연장적인 것'(alles Ausgedehnte)일 따름이다."[3] 하이데거가 지적하듯 칸트도 이러한 데카르트의 세계관을 받아들였다.[4]

근대의 오만하고 절대적인 주체, 즉 "군주적이고 전제적인 자아, 자

2 Ritter Joachim(Hrg.), *Historisches Wörterbuch der Philosophie*, Schwabe: Basel/Stuttgart 1984, '이신론(Deismus)' 참조.
3 G. Schmidt, *Platon*(unveröffentliches Manuskript), p.131.
4 M. Heidegger, *Sein und Zeit*, Max Niemeyer: Tübingen 1984, p.24 참조.

족적인 동시에 자기만족적이며, 불변적이고 분할 불가한 자아—동일성이라는 이론 속에서 형이상학적 위안을 찾는 자아"5는 확실히 코스모스에서 정당화되지 않는 극단적으로 이기적인 주체이다. 그러기에 근대의 주체 중심주의와 이성 중심주의는 근대의 종말을 불러왔고, 이런 근대의 주체 중심주의와 이성 중심주의에 대한 비판은 포스트모더니즘에서뿐만 아니라, 대부분의 현대철학사조들에도 대동소이한 것이다.

이와 유사하게 근대사유의 경험론적 측면에서도 코스모스와 일월성신의 세계로 다가갈 수 있는 가능성이 차단되어 있다. 그것은 결코 쉽게 경험할 수 없는 세계로 가득 차 있기 때문이다. 경험의 한계는 필연적이고 그에 따른 인식의 한계 또한 마찬가지다. 사물과 존재자를 눈앞의 대상으로 지각하고 경험하는 것과 그것에 대해서 이론적으로 인식하는 것이 경험론의 주요 관건이지만 —하이데거는 이런 전통철학을 "현전의 형이상학"이라고 칭한다— 그러나 이러한 인식의 카테고리에 들어오지 않는 영역이 너무 많기에, 일월성신과 천상의 세계에 대한 인식론에는 너무나 미흡할 따름이다. 더욱이 우리가 사물과 관계하는 가장 근본적인 방식이 경험론적 인식이 아닌 것이다. 인식하기 이전에, 혹은 인식하든 못하든 우리는 이미 자연과의 관계망 속에 들어 있다.

이때껏 보아왔듯 데카르트의 합리론과 영국의 경험론, 나아가 칸트의 비판론도 하늘세계에 대한 인식론적 모델에 적합하지 않음을 목격할 수 있다. 그러면 하늘세계에 대한 인식론적 정당성 물음을 포기하고 말 것인가? 그것은 그러나 너무나 무기력하고 무책임한 태도이다. 그런데 이미 고대 그리스의 플라톤은 —나중에 좀 더 면밀하게 논의할 것이다— 하늘세계에 대한 적합한 인식론적 이정표를 마련해 주고 있다.

---

5 Calvin O. Schrag, *The Self after Postmodernity*, Yale University Press: New Haven and London, 1997, p.27.

근대의 인식론(합리론이든 경험론이든 혹은 비판론이든)에는 인식성립의 기초단계에서 감각은 거의 절대적인데, 하늘세계에 관해선 그러나 감각능력의 한계로 말미암아 이런 감각자료가 충분하지 않다. 말하자면 근대의 인식론에서 절대적인 위치에 있는 감각도 그 역량이 지극히 축소될 수밖에 없다. 우리가 우주라고 하거나 코스모스며 별들의 세계라고 할 때, 우리의 감각이 경험할 수 있는 것이란 지극히 미미할 따름이다. 더욱이 우리가 보통 '자연'이나 '하늘'을 말할 때도 감각적으로 경험하는 것만으로는 결코 이들 세계를 다 이해하거나 인식할 수는 없다.

그것은 무엇보다도 '하늘'이나 '자연'이 시공의 소원함뿐만 아니라 그 자체 내에 초하늘과 초자연을 배태하고 있기 때문이다. 인간의 미미한 인식론으로 우주에 대해 왈가왈부하는 것 자체가 오히려 독단에 휘말리기 쉬운 것이다. 그러기에 "우리가 제정신을 갖고 볼 때 우주는 우리한데 결코 확실한 것이 되지 못하리라는 사실이 자명해지고 있다. 우리는 필연적으로 어느 정도의 불확실성을 안고서 살아가지 않으면 안 될 운명이다"[6]는 스콧 펙의 진단이 더 적합한 것으로 보인다.

우리는 우주나 코스모스며 자연과 하늘에 관해서 말할 때, 감각적 경험의 한계를 (무한히) 초월하여 있는 것의 존재를 전제로 하지 않을 수 없다. 이런 측면에서도 우리는 우주나 코스모스며 자연과 하늘에 관한 이해나 해석엔 본질적으로 형이상학적인(혹은 초자연적인) 성격이 내포되어 있음을 전제로 해야 하고, 그러기에 인식에 대한 논리적 명증성이나 보편타당성을 절대적인 척도로 삼지 말아야 한다.

근대적 인식론과 자연관으로서는 선사의 한국인들이 우러러보았던 하늘세계의 네 성좌(사수도)에 접근할 수 없다. 그것은 너무나 미미하고 미흡한 도구일 뿐만 아니라 그 경이로운 존재위상을 읽어 내는 데

---

6 스콧 펙, 김훈 옮김, 《거석을 찾아서 내 영혼을 찾아서》, 324쪽.

적합한 도구가 아니기 때문이다. 그것은 무엇보다도 근대가 예리한 인식론을 위해 구축했던 방책들이 별로 역량을 발휘하지 못하기 때문이다. 근대는 아예 겸허한 태도로 자연에 접근하지 못했으며, 저들 존재자들을 혼이 깃든 유기체로 보지도 못했다.

섣부른 인식론을 앞세워 인간의 주체성을 절대자의 위치로 격상시킨 근대의 주체 중심주의는 대륙의 합리론이든 영국의 경험론이든 자연에 폭력을 가하는 구조를 갖고 있다.[7] 자연은 늘 소유욕의 대상이고 그 효용가치와 자원의 보고라고 규정지어지기 때문이다. 인간은 인식의 주체이고, 이 인식성립의 과정에 자연은 아무런 존재론적 위상을 갖지 못한 수동적 위치에서 인간의 처분에 내맡겨진 것이다.

주체의 사유Cogito에 의해서만 그 무엇이든 존재sum가 보장되는 데카르트의 경우나 칸트에 의해 감행된 "사고방식의 혁명(Revolution der Denkart)" 및 "코페르니쿠스적 전회(Kopernikanische Wende)"는 엄밀한 의미에서 자연에 대한 인간 주체의 영원한 주도권을 장악한 것에 지나지 않는다. "연장적 실체"와 대상에 지나지 않는 자연은 인간 이성의 대상구성력이란 주도권에 의해 임의로 처분되는 위치에 놓여 있다.

과연 인간은 하늘세계와 자연을 임의로 처분하는 권리를 갖는가? 근대의 치명적인 잘못은 자연을 이토록 생명이 없는 대상으로 삼고 인간은 이를 마음대로 처분하는 주인행세를 하는 것(주체 중심주의), 나아가 인간이 자연의 일부임을 망각한 것이다. 실로 인간은 자연의 일부로서 자연 안에 살다가 그 안에서 죽을 따름이다. 자연에 대한 태도는 그러나 하이데거에게서 근대와는 퍽 다른 양상을 보인다. 그에게 자연은 고대 그리스의 피지스physis와 같이 성스러운 존재이고, 인간의 유일

---

7 우리에게 친숙한 "아는 것이 힘이다."라는 F.베이컨의 구호도 결국 자연에 맞서고 자연을 정복해 가는 앎인 것이다.

한 고향으로 받아들여진다.

노자와 장자에게서처럼 주체의 작위作爲는 하이데거에게도 결코 환영받지 못한다. 하이데거는 자주 A. 실레지우스의 "장미"를 예로 들어 제 스스로 자신을 펼치는 존재자를 우리에게 알려 준다. "존재자가 자신을 열어 보이면서aufgehen 우리에게 다가오기에angehen" 근원적인 존재 이해의 장이 열리는 것이다.

하이데거의 후기 사유엔 —그의 《휴머니즘 서간》을 비롯한 많은 후기의 저술들이 도도하게 전하듯— 자연과 세계에 대한 아무런 인간 주체의 특권이 주어지지 않는다. 이 주체에 대한 문제로 하이데거는 후설에게서 점점 멀어져 갔으며,[89] 그의 사유는 어쩌면 서구의 오랜 인간

---

8 Kurt Fischer, *Abschied*, Königshausen & Neumann: Würzburg 1990, 제III장 (Abschied von Husserl: 후설로부터의 결별) 참조.

9 하이데거는 그의 전기 사유에서부터 근대와 후설의 유산인 주체 중심의 사유에서 작별하였다고 볼 수 있다. 그는 전기 사유에서 '주체' 대신에 '현존재'라는 용어를 사용했는데, 여긴 물론 주체적 성격이 들어 있다. 그러나 그럼에도 '현존재'는 결코 근대와 후설의 인식론적 현상학의 '주체'가 아니다. 후설은 1931년 그의 〈현상학과 인간학〉과 같은 논문을 통해서 하이데거가 현상학적인 것을 인간학으로, 또 현상학의 자아를 현존재로 옮겨 썼다고 비판하지만(E. Husserl, Ed. and Trans. T. Sheehan and R. Palmer, *Psychological and Transcendental Phenomenology and the Confrontation with Heidegger(1927–1931)*, Dordrecht: Kluwer 1997, p.284 참조), 하이데거는 결코 그의 존재 사유를 인간학이라고 규명하거나 그렇게 이해하지 않았으며, 더더욱 '현존재'는 인식론적 자아가 아니라 자신의 존재를 이해하고 실존을 체득하는 존재자로 보았던 것이다. 후설은 하이데거의 인간 이해, 즉 인간은 결코 단순한 존재자처럼 눈앞에 있는 것이 아니라 실존(해야)한다는 사유를 심각하게 받아들이지 않았다. 그리고 이런 존재론적 현상학이 오히려 경험적이고 현사실적인 인간의 삶을 잘 해명하는 것인데도 그는 이를 전적으로 무시하였던 것이다(이승종, 《크로스오버 하이데거》, 생각의 나무, 2010, 76~77쪽 참조. 후설과 하이데거의 광범위한 관계에 관해선 이승종, 위의 책, 제I부 "후설에서 하이데거로" 참조).

주체 중심주의와 결별선언이라고 하는 것이 더 적합한 표현일 것이다.

자연으로부터 영혼을 빼앗고 그 유기체성을 박탈한 근대의 주체 중심주의 스캔들은 탈근대를 감행하고서 본래의 피지스 세계로 귀향하는 하이데거의 사유에서 회복현상을 목격한다.[10] 하이데거에게 인간은 결코 자연 위에 군림하지 않으며 사물들 곁에 친밀하게 거주하면서 사방 세계를 소중히 아끼고 돌보며 보살피는 자로 자리매김한다.[11] 여기서 인간은 동식물, 자연물, 예술품 등등 사물들을 보살피고 아끼는 사명을 떠맡고 있다.

2. 하이데거의 비은폐성으로서의 진리Aletheia와 피지스 개념의 복권

인식론적으로만 치중되었던 근대의 진리 이론과는 달리 존재론적 현상학에 입각한 진리 개념을 우리는 하이데거에게서 읽을 수 있다. 우리는 고분벽화의 사신도와 사수도를 해석하는 데 하이데거의 "존재론적 현상학"의 길 안내를 받을 수 있다. 또한 이 현상학 개념에 입각하여 그의 진리 개념도 읽을 수 있다. 하이데거는 자신의 현상학 개념을 고대 그리스의 원초적 어원과 관련 짓는데, 그의 현상학Phänomenologie 개념은 '파이노메논'(φαινόμενον: das Sichzeigende, das Offenbare) 혹은 '파이네스타이'(φαίνεσθαι: sich zeigen)와 로고스λόγος라는 단어의 합성어이다.

여기서 파이네스타이란 "스스로 드러내 보임"이고 파이노메논은 "드

---

10 제12장의 7절(〈하이데거에게서 피지스 개념의 복권과 사물의 존재〉) 참조.
11 M. Heidegger, *Vorträge und Aufsätze*, Günter Neske: Pfullingen 1990, 146 쪽 참조.

러난 그대로 자신을 보여주는 것"을 의미한다.[12] 따라서 "있는 그대로 드러남"이라고 하는 '현상'Phänomen은 어떤 것을 있는 그대로, 즉 의식에 내재화시키거나 이론화하지 말고 현상하는 그대로 보여주는 것을 말한다. 또 "현상학"에서의 '-학'은 여타의 여러 '-학'과 같이 Logos(λόγος)가 그 어원이며, 동사형은 레게인(λέγειν)인데, 이는 '말함'과 '밝힘'(δηλοῦν), "밝게 드러냄"(offenbar machen), "말함에서 언급되고 있는 것을 드러냄"이란 의미를 갖고 있다.[13]

그러기에 하이데거에게서 "현상학"이란 "스스로 드러내 보임" 혹은 "스스로를 드러내는 것"으로서의 현상을 말하고 밝히는 것, 그것을 "있는 그대로 드러내는 것"으로 이해할 수 있다. 말하자면 현상학은 어원상 어떤 주어진 것을 있는 그대로 드러내고 밝히는 학문이다. 그러기에 하이데거의 존재론적 현상학의 특징은 은폐되고 감추어진 것을 드러내고 밝혀 주는 탈은폐적 개시의 의미를 갖고 있다.

하이데거의 진리 개념도 위의 현상학 개념과 유사하게 고대 그리스의 원초적 어원과 관련된다. 그는 철학사가 전개되어 가면서 망각된 이 원초적 진리 개념을 찾아내어 우리에게 되돌려 주는데, 그의 "존재의 진리"는 우리가 선사시대의 유적을 해석하고 밝히는 데 적잖게 길 안내를 해주며, 또한 선사유적 해석에서 길을 잘못 들지 않도록(이를테면 신화나 상상 및 문학으로 빠져드는 것) 이정표 역할을 해 준다.

하이데거는 고대 그리스의 어원에 입각한 진리 개념, 즉 비은폐성으로서의 진리 개념(Aletheia: A-letheia)을 재발견하고 이를 부각시켜 사물의 세계로 다가갔다. 비은폐성으로서의 진리는 흔히 우리에게 알려진 상응론, 즉 우리 눈앞에 존재하는 존재자와 그 존재자에 대한 판단이

---

12 M. Heidegger, *Sein und Zeit*, Max Niemeyer: Tübingen 1984, 28쪽 이하, 34쪽 이하 참조.
13 M. Heidegger, *Sein und Zeit*, 32쪽 참조.

일치하는 것을 의미하는 것이 아니고, 또한 일관론이나 실용론과 같은 조야한 방식도 결코 아니다. 더 나아가 우리가 마주하는 존재자의 탈은폐 사건은 인식론적 현상학에 드러나는, 즉 의식에 의해 해석된 지향적 대상도 아닌 것으로, 존재사건Ereignis 그 자체인 것이다.

비은폐성으로서의 진리는 저 어원이 밝히듯(A-letheia) 존재자가 "은폐로부터 나와 자신을 내보이는 사건"이라는 사실을 의미하는 것이다. 말하자면 진리는 단순한 지시와 대응에서, 혹은 발언된 진술과 그와 관련되는 세계와의 대조에 의해서 명제의 속성으로 주어지는 것이 아니라, 존재자의 탈은폐Entborgenheit에 의해서 밝혀지고 드러난다. 이러한 존재자의 탈은폐 사건에는 생동하는 존재의 역사성과 시간성도 함께 고려되는 것이다.

실로 구석기시대에서부터 전승되어 온 존재자들(유물, 유적, 흔적, 낯선 문양 등)은 ―특히 자신이 무엇이라는 것을 밝히지 않는 수많은 유적들― 한편으로 우리에게 친숙하기도 하지만 다른 한편으로는 하이데거가 자주 사용하는 용어로 낯설고 "섬뜩한ungeheuer" 것들이다. 그것은 존재 진리의 본질인 비은폐성이 이중의 은폐, 즉 거부와 위장에 의해 철저하게 규정되어 있기 때문이다. 존재자는 우리가 "그것이 존재한다"라고 말할 수 있는 것 외에는 침묵해야 할 정도로 자신을 은폐하는 특성을 갖는다.

그런데 위와 같은 존재자들의 침묵과 거부와는 달리 어떤 존재자가 자신이 무엇임을 스스로 밝힌다면, 우리는 그 밝혀진 것을 왜곡하거나 이론적 틀에 넣지 말고 그대로 받아들이면 된다. 이를테면 사신도와 사수도 및 청동거울의 사신도, 성혈고인돌의 성좌도들은 자신들이 무엇을 밝히고 있는지를 스스로 말하고 있다. 이들은 자신들의 진리를 스스로 열어 보이면서(비은폐성으로서의 진리: A-letheia, Un-verborgenheit) 존재하고 있다. 자신들이 무엇이라는 것을 스스로 밝히며 다가오는 비은폐성으로서의 진리에는 어떤 이론적이고 개념적인 규정이 오히려 부자연스러운 것으로 보인다.

존재자가 존재한다는 것은, 그것이 단순하게 우리 눈앞에 현전하는 것이 결코 아니어서 통속적인 태도로는 접근할 수 없을 뿐만 아니라 근대사유에서처럼 우리 앞에 세워서 표상해서도(vor-stellen) 안 되는, 이론적인(범주적, 계산적) 태도로 접근할 수 없는 경이로운 사건이다. 말하자면 존재자가 존재한다는 것은, 존재의 진리가 비은폐되는 사건으로서 우리의 모든 이론적 장악 시도를 거부하는 경이로운 사건인 것이다.

존재의 진리가 개현되는 경이로운 사건에서는 —근대가 대상을 우리 앞에 세워 표상하는 것과는 정반대로— 오히려 우리가 존재자의 찬연한 광휘에 의해서 그 앞에 세워지는 것이다. 그래야만 이 존재 사건에 대해 경이를 체험할 수 있다. 이때 우리에게 요구되는 태도는, 우리의 지적인 노력으로 저 존재자를 이런저런 이론과 실천으로 파헤치려는 자세가 아니라, 그야말로 존재의 진리가 그대로 개현되도록(비-은폐되도록) 모든 공격적이고 인위 조작적인 태도를 버리는 것이다. 이런 태도를 하이데거는 "초연한 내맡김Gelassenheit"이라고 한다.

존재자들이 자신의 개방성을 내보이면서 우리에게 다가온다면, 우리는 우리를 엄습하는 "존재의 근원적인 힘(Grundmacht des Seins)"을 받아들이면서 열린 태도로 이들 존재자들을 그 자체로서 존재하게 하고(sein-lassen), 그 어떤 인위 조작적인 태도나 지배의지를 갖지 말아야 한다.14 여기서 인간은 결코 존재자들의 지배자가 아니라, 하이데거가

---

14 하이데거에게서 존재자들을 그 자체로서 존재하게 하고(sein-lassen) "초연한 태도로 내맡기는 것"Gelassenheit은 노자와 장자의 "무위자연"과도 유사한 마음가짐이다. 자연에 대한 그 어떤 인위조작이나 지배하려는 의지를 갖지 않는 것, 심지어 개념적으로 파악하려 하지 않는 것은 하이데거와 도가철학 사이의 유사한 입장이다.

《휴머니즘에 대한 편지》에서 자주 언급하듯 "존재의 목자(Hirt des Seins)"로, "존재의 파수꾼"으로 머물러 있어야 하는 것이다.

하이데거는 저 근대의 스캔들을 거슬러 올라가 그 망각되고 파괴되기 이전의 본래적인 피지스의 세계로 귀향한다. 물론 오늘날 과학기술 문명과 상업자본주의가 지배하는 세상에서 근대의 이념은 계속 살아 생동하고 있기에, 하이데거의 사유에서 본래의 피지스 개념이 전적으로 회복되었는지는 우리가 섣불리 단정할 수 없지만, 그는 주저하지 않고 귀향을 감행하였다.

고대 그리스에서 서구의 철학이 탄생하게 된 데에는 그럴만한 이유가 있었던 것으로 보인다. 그들은 무엇보다도 피지스의 세계와 존재자가 존재한다는 사실, 나아가 이런 존재자들이 이렇게 혹은 저렇게 (다르게가 아니라) 존재한다는 사실에 대하여 경이감에 사로잡혔던 것이다. 그래서 플라톤과 아리스토텔레스를 비롯한 수다한 철학자들도 철학의 탄생이 경이로부터라고 시작되었다고 한다.[15] 하이데거도 저 고대 그리스인들과 유사하게 **"모든 경이 중의 경이는 존재자가 존재한다는 것이다"**[16]라고 한다.

혼돈Chaos이 아니라 아름다운 질서로 구성되어 있는 코스모스κόσμος는 그 자체로 경이감을 불러일으킨다. 우리가 이 코스모스의 내부에 거주하며 살고 있는 것에서, 우리 위의 하늘과 호흡하는 공기며 태양과 별들에게서, 수많은 초록의 숲들에게서 또 우리를 떠받쳐 주는 땅과 우리 아래에 있는 대양에서도 우리는 늘 경이를 경험할 수 있을 것이다.

---

15 Ritter Joachim(Hrg.), *Historisches Wörterbuch der Philosophie*, Schwabe: Basel/Stuttgart 1984, '경이(Staunen)' 참조.

16 M. Heidegger, *Wegmarkcn*(1967), Klostermann: Frankfurt a.M. 1978, p.305. 원문은 다음과 같다: "…das Wunder aller Wunder: daß seiendes ist." 강조는 필자에 의한 것임.

물론 코스모스로부터 큰 존재 의미를 읽어 내지 못하는 이에겐 이런 얘기들이 거의 무의미하게 여겨질 것이다.

하이데거는 《존재와 시간》에서도 원초적 의미의 자연, 즉 피지스에 현전하는 사물들이나 "자연적-초자연적 존재자Naturmacht"이며 환경세계(주변세계: Umwelt)와 혼동하지 말 것을 주지시키고 있다: "자연은 단지 눈앞에 현전하는 것으로 이해되어서는 안 되며 **자연의 힘**으로 이해되어서도 안 된다. 숲은 삼림이며, 산은 채석장이고, 강은 수력이며, 바람은 돛단배를 항해케 하는 바람인 것이다. 발견된 '환경세계'와 더불어 그렇게 발견된 '자연'도 만난다. … 그러나 이러한 자연 발견에는 '살아 생동하고(webt und strebt)' 우리를 엄습하는, 우리를 풍경으로서 사로잡는, 그러한 것으로서의 자연은 은폐된 채 남아 있다."[17] 여기서 은폐되어 있지만 "살아 생동하는" 자연이 곧 피지스인 것이다.

고대 그리스인들과 하이데거에게서 이러한 피지스는 '경이Thaumazein'라는 근본 기분 속에서 생생한 모습으로 다가온 것이다. 말하자면 그들은 온 코스모스를 경이라는 근본 기분 속에서 자신의 찬란한 자태를 스스로 드러내는 피지스로서 경험했던 것이다. 이런 피지스적 세계관에서 존재자들은 결코 인간의 지배대상이나 정복대상이 아니라 독자적인 존재 위상을 갖고 있으면서 자신의 본질적인 가능성을 실현해 나갈 뿐만 아니라 자신의 진리, 즉 '비은폐성(A-letheia: 하이데거의 진리개념)을 스스로 드러내었던 것이다.

그들에게 코스모스는 영혼을 가진 유기체이고, 일월성신은 다름 아닌 경이로운 존재자들이다. 그들은 이런 존재자들이 존재하는 것에 경이의 체험을 했던 것이다. 고분벽화에서 천상의 세계를 드러낸 고구려인들도 일월성신이 땅 위의 우리 인간들과 유관할 뿐만 아니라 경이로

---

17 M. Heidegger, *Sein und Zeit, Sein und Zeit*, Niemeyer: Tübingen 1984, p.70.

운 존재자들임을, 우리와 유대관계를 갖고 우리를 보살피며 수호하는 자연적-초자연적 초월자로까지 생각했던 것이다. 말하자면 일월남북두 日月南北斗는 경이의 차원을 넘어, 단순하게 하늘에서 존재하고 있는 존재자의 차원을 넘어 세계와 인간에 대한 보살핌과 수호를 맡은 초인간적 존재자로 받아들여졌던 것이다.

근대의 인간 중심주의는 그러나 자연의 고유성과 능동성 및 생동성을 묵살하고 그 수동성과 불활성을 내세워 이용하고 불구화하며 정복하는 태도를 취하였다. 전 지구가 극단적인 위험에 처해 있는데도 불구하고 "지구의 주인이라는 모양새(die Gestalt des Herrn der Erde)"[18]를 갖고 있다고 뽐내는 오만과 어리석음을 하이데거는 꾸짖고 있다. 근대는 살아 있는 자연의 자기전개— 이를 우리는 피지스의 행위라고 규명하고자 한다 —와 스스로 배태하고 있는 초자연성을 읽지 못했던 것이다. 실로 인간은 자연 외에 거처할 시공이 없으며, 여기서 거하다가 죽을 따름이다. 그는 자신에게 요람과 무덤이 되는 피지스를 쥐락펴락할 권한이 없다(권한이 있다고 떠들어 댄다면 자신에게 화만 미친다).

하이데거는 근대에서 이토록 불구화되고 무장해제되어 버린 자연의 본래적 모습인 피지스를 구출해 낸다. 그는 피지스가 인간에서 독립하여 제 스스로 펼치고 오므리는 역할을 하기에 우선 포이에지스poiesis와 관련 짓는다. 포이에지스는 뭔가를 산출해 내는 행위를 말한다. 하이데거는 플라톤이 《향연》(205b)에서 규명한 포이에지스 개념을 그대로 받아들이는데, 그 개념 정의는 다음과 같다: "현존하지 않는 것에서부터 현존에로 나아가게 하고 넘어가게 하는 모든 동기유발Veranlassung은 포이에지스, 즉 밖으로 끌어내어-앞에-내어놓음(Her-vor-bringen)이다."[19]

---

18 M. Heidegger, *Vorträge und Aufsätze*, 위의 책, p.30. 하이데거의 주체 중심주의에 대한 비판은 니체와 후설과도 거리를 두게 하고 동시에 탈근대, 즉 포스트모더니즘에도 많은 영향을 미친 것이다.

이와 같이 하이데거는 스스로 산출해 내는 능력을 가진 포이에지스를 근간으로 하여 피지스 개념을 다음과 같이 규명한다: "피지스 또한 자기 스스로에 의해서(von-sich-her) 솟아오름(피어오름)으로써 포이에지스, 즉 밖으로 끌어내어-앞에-내어놓음(Her-vor-bringen)이다. 피지스는 한 걸음 더 나아가 가장 높은 의미의 포이에지스이다. 왜냐하면 피제이(φύσει: 자연적 양상으로)로 현존하는 것은 밖으로 끌어내어-앞에-내어놓는 돌출의 힘을 자기 안에 갖기 때문이다. 이를테면 꽃은 자기 스스로의 힘으로 만발한다."[20]

하이데거는 그의 주저라고 알려진 《존재와 시간》을 출간하고 난 뒤에 본격적으로 피지스의 사유를 철학적 중심 테마로 삼는다.[21] 피지스에 관한 테마는 그의 후기 사유의 업적들에 큰 비중을 차지하며, 《형이상학 입문》(Einführung in die Metaphysik)에서는 피지스의 개념을 집중적으로 조명하고 있다. 또 1939년의 논문인 〈피지스의 본질과 개념에 관하여(아리스토텔레스, Physik B. 1)〉에서도 철학사가 곡해하고 망각해 버린 피지스의 개념을 부각시키고 이를 존재 개념과 관련 짓는다.

말하자면 피지스의 본질은 통속적 의미의 '자연'과는 전혀 다른, 철저하게 존재자와 차이를 드러내는, 따라서 "존재론적 차이(ontologische Differenz)"를 스스로 밝히고 있음을 하이데거는 강조한다. 그의 사유에서 '존재'가 '존재자'의 존재방식과 철저하게 차이를 드러내듯 그렇게 시원적 피지스는 왜곡된 '자연'과 차원을 달리하는 것이다. 피지스는 고대 그리스 철학 이후의 철학사에서 오늘에 이르기까지 '자연'(라틴어 natura, 독일어 Natur, 영어 nature)으로 오해되기 이전의 용어이다. 하이데

---

19 M. Heidegger, *Vorträge und Aufsätze*, 위의 책, 15쪽.
20 M. Heidegger, *Vorträge und Aufsätze*, 위의 곳.
21 R. Maurer는 하이데거가 찾는 이 새로운 길을 '피지스의 형이상학'이라고 규명한다(Heideggers Metaphysik der Physis,142 이하 참조).

거는 아리스토텔레스의 피지스 개념을 분석하면서 이 개념이 후세의 '자연'과 다름을 지적했다.[22]

그는 존재의 본질을 피지스와 같이 "스스로 펼치고 발현하며, 비은폐에로 드러냄 ―피지스"[23]로 규명한다. "존재는 그리스인들에게 피지스로서 드러난다."[24] 말하자면 고대 그리스인들은 피지스로서 존재 경험을 했던 것이다. 존재는 그러기에 시원적 의미의 피지스로서 스스로 은폐하면서 탈은폐한다entbergen.[25]

피지스는 우리 인간에 독립하여 '자기 스스로 자신을 펼쳐 보이고 접는 것', 자기 스스로의 발생·발산·나타냄·야기함, 자기 스스로 생산해냄(das Sich-selbst-Herstellen), '비은폐성으로 드러남', 자기 스스로 일어남, '자기 스스로 발현하는 것'(das von sich aus Aufgehende)[26]이다. 이런 용어들을 압축하여 하이데거는 "자기 스스로 발현하는 것(das Von-sich-her-Aufgehende)과 자기 스스로 현존하는 것(das Von-sich-her-Anwesende)의 존재를 피지스"[27]라고 규명한다.

이런 피지스의 개념은 우리가 탐구하고 있는 일월성신의 세계와 하늘과 땅에서 전혀 왜곡되거나 훼손되지 않은 채 그대로 밝혀진다. 일월성신의 세계가 형이상학이나 기술공학에 의해 궁극적으로 점령될 수 없는 신비의 영역을 갖고 있을 뿐만 아니라 원초적 피지스가 생생하게 개현된 모습을 갖고 있기 때문이다. 선사시대와 고구려인들에게서부터 일월성신이 만물을 비추고 생명력을 부여하며 농사와 어로漁撈 및 역법

---

22 M. Heidegger, "Vom Wesen und Begriff der Physis. ...", in *Wegmarken*, 237~299 참조. 또한 *Einführung in die Metaphysik*, 47 참조.
23 M. Heidegger, 위의 곳.
24 위의 책, p.76.
25 M. Heidegger, *Wegmarken*, p.299 참조.
26 M. Heidegger, *Einführung in die Metaphysik*, p.16.
27 M. Heidegger, *Der Satz vom Grund*, p.111.

에 결정적임을 사람들은 알았던 것이다.

하이데거는 그의 소논문인 〈사물〉(*Das Ding*)이나 〈건축함 거주함 사유함〉(*Bauen Wohnen Denken*)을 비롯한 수다한 저술들에서 이제 근대적 인식론으로서가 아니라 인간의 사물과의 교감과 교호작용 및 상보의 원리(사귐, 나눔, 보살핌)를 통해 자연으로 다가고 있다. 의식의 화살을 사물에 꽂아 대거나 냉철한 인식론으로 사물을 평가·분석·판단하는 것과는 전혀 다른 차원인 것이다. 서로 말을 건네고, 서로 윙크하며 서로 보살피고 서로 삶을 나누는 것이다.

하이데거는 〈사물〉에서 사방의 존재자들뿐만 아니라 모든 사물들이 인간에 '마주-서-있는 것'으로서의 '대상'도 아니고 인간 주체 앞에 세워진 '표상'도 아닌, "연장적 실체"나 혼이 없는 물질도 아닌, 자신들의 자연성을 스스로 펼치는 그런 사방세계에서의 사물들을 언급한다.

이제 하이데거는 하늘과 땅, 신적인 것과 인간이 서로 비추고 "일체가 되는 현상이 일어나는 거울-놀이를 세계라고 칭한다."[28] 이러한 세계는 만물이 거주하는 공간이고 각각 하늘과 땅, 신적인 것과 인간 사이에 친교가 이루어지는 사방(das Geviert)으로 파악된다. 여기서 인간은 결코 주도자가 아니기에, 서구의 오랜 인간 주체 중심주의가 청산되어 있다. 하이데거는 이 사방세계에서 만물이 하나로 어우러져 서로 공속하는 존재 진리의 장을 밝히고 있다.

하늘과 땅의 친근한 유기적 관계와 천지감응을 하이데거는 다음과 같이 드러내고 있다: "샘은 선사된 물속에 머무르고 있다. 샘 속에는 돌멩이가 머무르고, 또 대지의 어두운 잠이 함께 하면서 하늘의 이슬과 비를 맞이하고 있다. (그러기에) 샘물 속에는 하늘과 땅의 결혼이 현존하고 있다. 그런데 이러한 하늘과 땅의 결혼은 포도주 속에도 체류하고

---

28 M. Heidegger, *Vorträge und Aufsätze*, 위의 책, p.172.

있다. 그것은 포도나무의 열매가 (만들어) 준 것이며, 이는 다시 대지의 토양분과 하늘의 태양이 서로 신뢰한 데서 이루어진 것이다. 그러기에 물의 선물에도 또 포도주의 선물에도 하늘과 땅이 체류하고 있다."[29] 이와 같이 신(들)과 초월자에게 드리는 헌주에는 땅과 하늘, 신적인 것들과 인간이 동시에 머문다고 한다.[30]

조화로운 코스모스를 사방 개념으로 읽는 것은 고대 그리스에서도 이미 꽃피었던 것으로 하늘 우라노스와 땅 가이아의 결혼(헤지오도스의 《신통기》)에 잘 드러나 있으며, 플라톤은 이를 존재론적으로 잘 풀이하고 있다. 플라톤에게 코스모스는 "가장 완전하고 또 가장 아름다운 생명체"이며 영혼을 갖고 있으면서 만물을 포괄하는 존재와 생성의 통일체이다.

이토록 놀라운 코스모스에는 이른바 '사방'이라는 하늘과 땅, 신들과 인간들의 공동체에 의한 유기적 활동이 전개되고 있다. 플라톤은 대화록에서 옛 현자들의 이토록 놀라운 코스모스에 대한 사유를 '사방'(하늘과 땅이며 신들과 인간)의 공동체에 의한 유기적 활동임을 강조한다.[31]

플라톤과 하이데거의 사방세계는 우리의 동양철학에서 전승된 천天·지地·인人의 삼재三才사상과도 유사한 측면을 갖고 있다. 천·지·인 삼재는 우주와 인간 세계의 기본적인 구성 요소이면서 그 변화의 동인動因으로 작용하여 자연의 질서와 조화를 이루어낸다. 《한국민족문화대백과사전》에서는 삼재三才를 다음과 같이 규명한다: "우주와 인간 세계의 기본적인 구성 요소이면서 그 변화의 동인으로 작용하는 천天·지地·인人을 일컫는 말." 놀라운 것은 〈훈민정음〉의 중성 11자는 천(·), 지

---

29 M. Heidegger, *Vorträge und Aufsätze*, Neske: Pfullingen, 1990, p.165.
30 위의 책, pp.165~166 참조.
31 Platon, *Gorgias* 508a, *Timaios* 29a 이하와 92c 참조.

(ㅡ), 인(ㅣ)의 삼재 사상에 따라서 상형되었기에, 우리의 언어에도 철학적 의미가 깊게 스며든 것임을 알 수 있다.

그런데 저쪽 서구에서는 사방세계인데, 우리에겐 삼방세계(삼재三才)여서 뭔가 서로 맞지 않는 것처럼 보일까? 그렇진 않다. 우리에게서 하늘은 서구의 하늘 개념과는 달리 물리적 하늘과 인격적이고 신적인 하늘 개념을 동시에 갖고 있는 것이다. 우리에게서 하늘은 궁극적이고 초월적이며 신적이고 선한 인격적인 존재자로도 받아들여진다.

이를테면 《규원사화》에서 "하늘의 뜻을 체득하여 백성을 다스렸다"[32]거나 "언제나 하늘의 도대로 만물을 사랑해야 한다는"[33] 것은 하늘의 인격성과 규제적 원리 및 초자연성과 선한 도덕적 이념을 동시에 갖고 있다. 또한 성수신앙에도 잘 드러나듯 하늘의 신적인 모습과 초자연성 및 초월성이 역력하게 드러나 있다. 그런가하면 하늘은 물리적 성격도 갖기에 수다한 성좌도나 역법이며 천문대가 말해주듯 물리적 관측대상도 된다. 그러기에 우리의 삼재三才사상은 저 서방의 사방세계와 유사한 개념이라고 볼 수 있다.

하이데거의 사방 개념에서 사방은 각각 독자적 자유를 펼치지만, 그러나 결코 자기 자신만을 위한 혼자가 아니라, 자율적으로 서로 상응하는 '사방'에서의 일체Einfalt 속에서 체류한다.[34] 이들은 일체Einfalt로서 서로 신뢰하고 반영하는 '거울-놀이'(Spiegel-Spiel)로 존재한다. 이러한 사방세계가 펼쳐지는 코스모스에서 거주하고 존재하는 유형은 어떤 것일까. 그것은 무엇보다도 보살핌이 이루어지는 세계이고, 그런 보살핌이 이루어져야만 거주한다고 말할 수 있다고 하이데거는 밝힌다.

이토록 거주함의 근본 특성이 소중히 보살피는 것인바, 그런 보살핌

---

32 북애, 고동영 옮김, 《규원사화》, 63쪽.
33 위의 책, 78쪽.
34 앞의 책, 170쪽 참조.

은 4중적이라고 한다: "땅을 구원하는 가운데,[35] 하늘을 받아들이는 가운데, 신적인 것들을 기다리는 가운데, 죽을 자(인간)[36]들을 인도하는 가운데, 거주함은 사방의 사중적인 보살핌으로서 스스로 생기한다(sich ereignen). 소중히 보살핌이란, 사방을 그것의 본질 안에서 수호함(hüten: 파수함)을 의미한다. 수호되는 것은 간직되어야 한다."[37]

이리하여 하이데거는 사방을 소중히 보살피는 것이 "거주함의 단순하고도 소박한 본질이다"[38]라고 역설한다. 하이데거의 이러한 보살핌의 철학은 우리에게도 시사하는 바가 크다. 사방세계는 보살핌이 이루어지는 세계이고, 거주함의 근본적인 특성 또한 평화롭게 존재하는 것과 소중한 보살핌이 성취되는 것이다. 그런데 이때껏 우리가 사신도와 사수도를 중심으로 고래로부터, 선사시대의 성혈고인돌에서부터 전개한 철학적 사유가 보살핌의 철학이라는 것을 누누이 강조해 왔다.

일월남북두日月南北斗는 그야말로 사수도로서 동서남북의 네 방위에 위치해 있으면서 서로 빛을 발하고 서로 반영하면서 빛의 윤무를 한다. 이들은 서로 개별적으로 존재하지만, 서로를 필요로 하고 상대방의 존재로 말미암아 자신들의 존재 또한 드러난다. 이들 존재자들은 그러나 보살피고 수호하는 데에서 하나로 어우러지며 서로서로 합일된다. 이들의 존재방식은 결코 자신들만을 위한 것이 아니라 타자와 온 누리를 위해 사역을 맡은 숭경스러운 존재자들이다.

자연적이면서 초자연적인, 초월적이고 초인간적인, 절대적이고 신적인 존재자들과 일월남북두日月南北斗의 사수도는 인간을 비롯해 사방을

---

35 M. Heidegger, 이기상·신상희·박잔국 옮김, 《상언과 논문》, 이희사, 2008, 192쪽 참조.
36 하이데거에게서 "죽을 자"는 다름 아닌 인간이기에, 괄호 안의 (인간)은 필자가 보완한 것임.
37 M. Heidegger, 이기상·신상희·박찬국 옮김, 《강연과 논문》, 193쪽.
38 위의 책, 205쪽.

그리고 온 세상을 보살피고 수호하는 그런 체계로 이루어져 있다! 이들 존재자들은 각별히 사방을 수호하고 보살피는, 온 코스모스를 평화로이 거주하게 하고 존재하게 하는 사명을 가진 사자使者들이다. 이들은 하이데거의 사방세계처럼 독자적으로 자유로이 사방을 수호하고, 보살피고 수호하는 일을 구심점으로 하는 일체를 이루며 사역하고 있다.

세계를 보살피고 수호하는 각별한 존재자들— 일월성신(일월남북두)과 천지 —은 결코 단순한 존재자들이 아니다. 따라서 이들을 다른 존재자들과 구분도 없이 뭉뚱그려 그냥 존재자의 차원으로만 여긴다면, 그것은 경망스러운 태도인데, 하이데거도 이런 각별한 존재자들을 구분하지 못했다. 저들은 단순한 존재자 이상의 존재자들이다. 그들은 이타적 속성을 갖고 있으며 다른 존재자들을 존재하게 하고 보살피는 역할을 수행한다. 그들은 숭경스러운 존재자들이고 경이의 대상이다.

3. 칸트의 "반성적 판단력"과 "공통감"에 의한 자연에의 새로운 접근

3-1. 칸트의 인식론과 일월성신의 세계

근대철학의 이데올로기가 그랬듯 자연을 단순한 경험과 인식의 대상으로 본다거나, 자연을 법칙성이라는 선천적 원리에 따라 인식대상으로만 삼는 칸트의 경우에도 도무지 자연은 그 위상에 걸맞게 이해되지 못하고 있다. 물론 우리가 아무리 자연을 냉철하게 파악하고 이해한다고 해도 자연의 그 무엇임Washeit은 결코 다 파악되지 않을 것이다. 그러나 근대의 사유가 그랬듯 자연을 굵직한 인식대상이나 물질, "연장적 실체" 및 밖으로 드러난 현상만으로 보는 것은 퍽 조야하다.

물론 이토록 인간의 지식이나 인식능력으로 접근할 수 없다는 이유로 일월성신日月星辰과 대지며 하늘과 자연을 결코 형이상학이나 신화의 세계로 밀어 넣을 수는 없다. 이들은 관념이나 추상의 세계가 아닌 곳에서, 우리 위에서, 우리 주변에서 목격할 수 있기에 "배후의 세계", 즉 형이상학의 세계로 밀어 넣을 수 없기 때문이다. 또 그렇다고 자연을 단순한 외양적 현상이나 물질로만 볼 수도 결코 없다.

그것은 인간이 가진 이성과 감성 및 오성도 저들을 도무지 다 포착하거나 파악할 수 없기 때문이다. 이런 조건에서 근대 인식론의 이데올로기인 '명석'과 '판명'(특히 데카르트에게서)은 기대할 수 없다. 더욱이 자연에 대한 미적 감정은 감관적인 진리의 영역에 속하기 때문에 명석하지도 또 판명하지도 않고 혼돈과 융합의 상태에 놓여 있는 것이다.

칸트가 "사고방식의 혁명(Revolution der Denkart)을 통해 "독단적 향이상학"을 분쇄한다고 해도 여전히 역부족은 남아 있다. 그것은 칸트가 정확한 인식론을 위해 사용한 사고능력들(감성, 오성, 이성)도 저들 자연의 세계를 포착하고 파악하는 데는 지극히 미미한 도구들에 불과하기 때문이다. 그러기에 근대적 인식론만으로 일월성신과 천문지리의 세계로 접근해선 곤란하다.

근대의 인식론은 자연의 초자연적인 영역, 코스모스의 생명체와 존재자들을 위해 존재하는 위상, 그 경이로운 차원을 부각시키지 못했다. 그러나 후기 하이데거의 사유에서는 인간과 독립하여 제 자신을 펼치는 자연의 모습, 즉 고대 그리스의 피지스 개념을 회복했는데, 그의 〈사물〉의 거울에 비춰 일월성신과 하늘 및 대지는 —마치 하늘과 땅, 신들과 인간이 서로 유기적인 반영을 하는 그의 사역(das Geviert)이 잘 밝혀 주듯— 인간에 의해 표상되거나 대상이 됨으로 말미암아 드디어 존재감을 획득하는 것이 아니라, 제 스스로 자신을 펼치는 피지스의 차원으로 승화되어 있다.

근대 이래의 철학적 노력은 너무나 인식론에 치우쳐 자연의 다른 모습을 못 보았다. 자연은 한갓 인식하는 주체에 마주 서 있는 대상으로, 물질로, 또 표상됨으로서만 의미를 갖는 "연장적 실체"로만 여기는 등, 인식하는 주체에게만 중량을 쏟았다. 그러나 우리가 세계 및 자연과 맺는 가장 원초적인 방식은 이론적 인식이나 실천적 행위에 앞서 정감과 정서 및 감성과 지성을 통한 느낌일 것이며, 존재자가 (존재하지 않고) 존재하는 것에 대한 경이감이라든가 미적이고 숭고한 느낌일 것이다.

칸트는 그의 전기 사유와는 달리 《판단력 비판》에서는 감정이나 정서를 재평가하고 있다. 즉 감성은 오성이나 이성에 견주어 존재감이 떨어진 《순수이성비판》에서와는 달리 새롭게 부각되고 있다. 감성은 인식의 대상들이 주어지도록 하고 또 대상과 대면하는 방식으로서 이성이나 오성보다 더 선천적인 조건인데, 무엇보다도 대상들을 개념화하고 이론화하는 오성보다도, 즉 오성의 횡포가 적용되기 이전에 활동하는 것이다. 이러한 감성을 통해 그는 미적이고 숭고한 세계로 다가가고 있다.

3-2. "반성적 판단력"과 "공통감(sensus communis)"

칸트의 엄격한 이성철학(이론이성이든 실천이성이든)에서는 일월성신日月星辰과 대지며 자연을 읽어 내기가 여의치 않다. 그러나 그의 《판단력 비판》의 '판단력Urteilskraft'으로서는 어느 정도로 저들 존재자들에 대한 미적이고 숭고한 측면을 읽을 수 있는 가능성이 있다. 우선 그는 현상계의 자연법칙의 세계와 초감성계를 바탕으로 하는 도덕법칙의 세계 사이에 적절한 관계와 연결고리를 찾는다. 이들 사이가 전혀 무관하지만은 않다는 것이다.

주지하다시피 《순수이성비판》을 중심으로 한 이론이성의 비판은 오성을 앞세워 경험적 인식의 아프리오리(a priori)한 원리를 밝혔고, 이런 원리가 적용되는 세계를 감성계 혹은 현상계에 국한시켰다. 칸트에 따르면 이런 감성계(현상계)에 자연법칙이 타당하다면 초감성계엔 도덕법이 타당한 것이다.

그런데 자연법칙이 타당한 감성계와 도덕법이 타당한 초감성계는 로 독립적이기에 서로 간섭하거나 침해하는 일이 없다. 진위를 따지는 자연 개념의 영역, 즉 감성적인 것과 선악을 따지는 자유 개념의 영역은 서로 구별되는 것이기에 서로 관계 맺기가 요원한 것이다. 그러나 노년의 칸트는 《판단력 비판》에서 이 두 세계엔 어떤 관계가 있어야 할 것으로 보았다. 왜냐하면 칸트의 사유에서 자유 개념이란 자연 가운데서 자신의 목적을 실현해야 할 것이기 때문이다.

그러기에 자연 개념이 자유 개념에 영향을 줄 수 없다고 하더라도, 반대로 후자가 전자에 영향을 줄 수 있을 것으로 여긴 것이다. 이런 점에 입각하여 칸트는 감성계와 초감성계 사이의 간격을 메꾸고 양자를 연결시키는 작업의 일환으로 《판단력 비판》을 저술하게 되었다.

주지하다시피 자연율과 그 개념의 타당성에 관해선 《순수이성비판》에서, 도덕률과 그 궁극목적에 관해선 《실천이성비판》에서, 그리고 자연율과 도덕률 양자의 관계 및 합일점에 관해선 《판단력 비판》에서 각각 다루고 있다. 칸트는 《판단력 비판》의 서문에서부터 이 두 세계의 화해 내지는 융합을 위한 필연성을 강조하고 있다.

판단력Urteilskraft이란 말 뜻 그대로 개개의 사건이나 사실, 혹은 사물과 대상을 정확히 판단하고 판정하는 사고능력을 말한다. 그렇다면 판단과 판단력엔 한편으로 외적 사물과 사실 혹은 대상과, 다른 한편으로 판단하는 인간이 맺고 있는 상호관계에서 필연적으로 상호 관계망 속에 놓이게 되므로, 판단력은 스스로 매개적인 기능을 갖고 있다.

말하자면 판단력은 오성과 이성의 중간에 위치한 사고능력으로서 특수한 것과 보편적인 것을 성찰하고 중재하는 능력이다. 보편을 인식하는 능력이 오성인데 견주어 판단력은 무엇보다도 특수를 보편에 포섭하는 사고능력이다. 오성은 선천적으로 자연의 법칙을 부여하고 이성은 자유의 법칙을 부여하는 데 견주어 판단력은 양쪽 능력의 연관을 매개하는 능력인 것이다. 그런데 이런 판단력은 독특한 성격을 갖는데, 그것은 오성이 규칙들에 의해 가르침을 받을 수 있고 또 보강될 수 있는 것에 반해 오직 지적·인격적 성숙에 의해 연마될 뿐이다.

오성은 개념에 의한 인식능력이고, 구상력은 선천적인 직관능력인데, 판단력은 직관을 개념에 관련시키는 능력이다. 이토록 판단력이 직관을 개념에 관련시키는 일이 가능하다면, 즉 자연적·미적 대상이 오성과 구상력으로 하여금 자유롭게 상호작용하여 서로 조화하도록 한다면, 이런 대상은 판단력에 대해서는 합목적적이라고 여겨지는 동시에 미적 쾌감을 주는 것이다. 이런 과정을 미적 판단(ästhetisches Urteil)이라고 한다. 미적 판단은 객체의 원인에 관한 이론적 지식이나 객체에 관한 개념에도 의존하지 않고 대상의 표상에 관계하며, 대상의 표상이 마음에 드는가(미적 쾌감 유발) 혹은 안 드는가를 문제로 삼는다.[39]

칸트는 판단력을 "규정적 판단력(die bestimmende Urteilskraft)"과 "반성적 판단력(die reflextierende Urteilskraft)"으로 구분하였는데, 전자는 《순수이성비판》에서 그리고 후자는 《판단력 비판》에서 부각시킨 사고능력이다. "반성적 판단력"은 특수만이 주어져 있을 때, 이러한 특수에서 공통감[40]이나 공명을 통해 ―비록 확실한 인식을 획득하지 않더라도― 보편을 발견하는 능력이다.

---

39 I. Kant, *Kritik der Urteilskraft*, Hrg. von Wilhelm Weischedel, Suhrkamp: Frankfurt a.M. 1977. §40 참조.
40 위의 책, §20 참조.

공통감은 그렇다면 단순한 감정의 차원을 초월하여 하나의 객관적 원리요 규칙이며 규범이자 이념의 역할을 수행한다. 각별한 존재자들, 이를테면 일월성신과 하늘 및 대지가 경외감을 불러일으키는 존재자들로, 특히 사신도와 사수도가 온 코스모스를 수호하는 존재자들로 받아들여진 것은 결코 사적 감정이나 자의적인 방식에 의해서가 아니라 공통감과 공감 및 공명에 의해 구축되어진(보편적인 것으로 받아들여진) 것이다.

더욱이 사신도-사수도에서 일월남북두가 각각의 방위를 담당하는 수호신이라고 누구나 공통감을 가졌다면, 그 문화권 안에서는 보편성을 획득하는 것이다. 미적 판단력은 지적 판단력과는 달리 주어진 표상에 관하여 우리가 느끼는 감정을 개념이나 논리의 매개 없이 선천적으로 판단하고 또 보편적으로 전달할 수 있는 능력이다.[41]

그런데 미적인 판단은 주관적이기는 하지만 사적 차원에 머무르지 않고, 보편적이고 필연적인 귀결을 획득할 수 있다.[42] 이렇게 획득되는 보편성과 필연성은 물론 이론적·논리적인 귀결에서 나온 것이 아니라 "공통감(Gemeinsinn, sensus communis)에 그 근거를 두고 있는 것이다. 말하자면 보편적인 동의나 공감 및 필연적인 찬동이 뒷받침된 공동체적인 판단에서 성취된 것이다.

이를테면 하늘에 흩어진 별들이 하나의 별자리로 구축되거나 어떤 별들을 견우와 직녀로 칭하는 것, 천체의 운동에서 역법이 탄생되는 것, 하늘세계의 별들을 중심으로 사신도와 사수도가 구축된 것도 이러한 과정의 일환이다. 공동체적인 판단에 의한 공통감인만큼 보편적으로 전달 가능한 속성을 갖는 것이다.[43] 말하자면 공동체적인 판단은 공동

---

41 I. Kant, *Kritik der Urteilskraft*, §40 참조.
42 위의 책, §21 참조.
43 위의 책, §21 참조.

체가 지향하는 규약이나 규범 및 이념으로서, 이 공동체가 공유하는 판단이며, 적어도 이 구성원들에게는 보편적인 만족을 주는 것이다.[44]

그런데 반성적 판단력의 선천적인 원리는 엄격한 규칙이나 법칙으로서의 보편이 아니라 합목적성Zweckmäßigkeit이다. 어떤 대상(자연, 사물)에 대한 판단에서 특수에서 보편으로 승화해야 할 과제를 안고 있는 반성적 판단력은 하나의 원리를 필요로 하는데, 그것이 곧 합목적성인 것이다.

칸트는 이 합목적성의 소재지를 인간 주체에 두었다. 칸트는 —그의 "사고방식의 혁명(Revolution der Denkart)"이 시사하듯이— 인간에서 독립하여 "그 자체적으로 존립하는 것"이라거나 신으로부터 설명하는 방식을 "독단적 형이상학"이라고 거부하였다. 칸트에 따르면 합목적성은 그 자체로 존립하는 것이 아니라, 인간의 주관이 갖는 정신적 태도라는 것이다. 이런 칸트의 사유엔 인간 중심주의가 역력히 드러나는 대목이고 이 또한 독단적 형이상학의 다른 형태라고 할 수 있을 것이다.

우리가 위에서 예로 든 사항들, 즉 어떤 별자리 구축이나 견우-직녀의 별자리 구축, 사신도-사수도의 체계 구축 과정을 염두에 둘 때 합목적성의 소재지를 인간에만 두는 칸트의 주장에는 일견 일리가 있는 것으로 보이지만, 그 과정에 존재자의 존재가, 이렇게 혹은 저렇게 존재하고 있는 존재자가, 이런저런 운동을 하고 빛을 발산하는 경이롭고 숭경심을 자아내는 존재자들의 존재가 전제되지 않은 것은 칸트의 합목적성 이론엔 문제가 있는 것이다.

물론 '합목적성'이라는 개념 형성은 인간이 했지만, 자연에서 합목적적인 것이 있기 때문에, 인간은 이를 이해하고 이 이해를 바탕으로 개념을 형성하였다. 이를테면 태양의 전체적인 합목적성을 우리는 알 수

---

44 위의 책, §38-§39 참조.

없지만(물자체적 성격) 일부분은 분명 알 수 있는데, 태양이 빛과 온기를 쏟아 부어 모든 생명체들이 볼 수 있게 하고 이들에게 영양을 공급하며 삶을 영위토록 하는 이런 합목적적인 것이 애초부터 존재하지 않는다면, 태양에 대한 합목적성이란 인간의 개념 형성도 불가능한 것이다.

태양이 합목적적인 행위를 하고 있다는 것은 형이상학이나 신학 및 신화에 의존하지 않아도 분명하게 알 수 있다. 나아가 일월성신과 하늘 및 대지가 합목적적인 행위를 하고 있다는 것은 과학이나 형이상학에 의존하지 않아도 누구나 알 수 있는 대목이다. 태양과 대지를 비롯한 천체들이 인간을 비롯한 모든 생명체에게 생기와 삶을 부여하는 것을 몰지각한 사람이 아니라면 누가 모르겠는가. 포도와 포도주는 ―나아가 모든 곡식과 동식물, 생명체와 먹거리들― "하늘과 땅의 결혼"(헤지오도스, 하이데거)에 의한 것이며, 땅 가이아Gaia는 곧 성스러운 "어머니 대지(terra mater)"이다.

우리는 반성적 판단력을 통하여 자연과 자연법칙의 합목적성을 이해하고 경탄하며 그것에 대해 미감과 쾌감 및 숭고감을 체득하게 된다. 칸트에 따르면 "예술의 나라"에는 합목적성이 존재한다. 현상계phaenomenon로 파악된 "자연의 나라"와 의지계의 "도덕의 나라"와는 달리 "예술의 나라"에서 아름다운 것은 대상을 관조하는 데서 쾌감을 일으킨다. 이는 아름다운 것이 반성적 판단력에 적합해 있기 때문이다.

이와 같이 일월성신과 대지 및 하늘과 자연도 관조의 대상이기에 미적 쾌감을 불러일으키는 것이다. 시인과 예술가들은 얼마나 이들 자연적-초자연적 존재자들을 아름다운 대상으로 그려 내고 있는가! 우리가 만약 일월성신과 하늘 및 대지가 아름답다고 한다면, 이들의 본질과 개념이 무엇이고 범주와 목적이 무엇이냐를 문제 삼지 않고 단지 이들을 관조하고 관상하는 데서 미美를 발견하는 것이다.

앞에서 언급했던 미적 판단(ästhetisches Urteil)은 아름다운 것에 관계

할 뿐만 아니라 일종의 정신적 감정에서 발생하는 숭고(das Erhabene)에도 관계한다. 칸트의 미적 판단력의 비판은 미감美感과 숭고에 대한 검토로 나누어진다. 미적 판단에서는 ─《순수이성비판》에서 어떤 대상적인 것을 일정한 범주로서 인식하는 경우에 획득하는 보편타당한 판단과 그 판단의 진리성을 증명할 수 있는 것과는 달리─ "주관적인 보편성"을 부각시킨다.

말하자면 반성적 판단력에 의해 공통감(Gemeinsinn, sensus communis)과 공감(Mitgefühl, sympathie) 및 공명(Mittönen, Nachklang)을 불러일으켜 보편성을 구축할 수 있는 것이다. 합목적성이 그런 보편성을 구축하는 데 그 가능성을 열어준다. 말하자면 자의적인 태도나 임의성에 의해서가 아닌, 합목적성의 원리는 ─비록 거기엔 특정한 개념은 없으나─ 공통감과 공감을 쌓게 하고 주관적 보편성을 갖는 미적 판단을 낳게 하는 것이다.

선사시대의 사람들은 일월성신과 하늘 및 대지가 예사로운 존재자가 아니라 아주 큰 존재 중량을 갖는 위대한 존재자임을 누구나 공감하고 공명한 것이다. 사수도의 일월남북두日月南北斗가 네 방위의 수호신으로 구축된 과정에도 ─적어도 한 문화권 안에서는─ 사적인 판단이나 자의성에 의해서가 아니라, 공통감과 공감 및 공명의 과정을 거쳐 보편적인 것으로 받아들여진 것이다. 아직 무의미하거나 적나라한 사물의 상태에 있는 것을 자타(많은 사람들)가 어떤 특별한 것으로 구축하는 데는 공통감과 공감이 전제되었으며, 이런 미적 판단은 이론적 증명가능성이 아니라 보편적으로 받아들여지고 또 전달되는 데서 이룩되는 것이다. 그렇게 받아들이게 되는 미적 판단에서의 필연성은 "주관적 필연성"이고 "범례적인exemplarisch" 필연성[45]이며 만인이 동의하는 (공통감,

---

[45] I. Kant, *Kritik der Urteilskraft*, §18 참조.

공감, 공명!) 의미에서의 필연성인 것이다.

3-3. 자연과 숭고한 것

칸트의 미학적 판단력은 주로 아름다움과 숭고함을 다루는데, 그에 의하면 인간은 예술에서 순수한 형상Form을 목격한다고 한다. 그런데 우리의 지각이 순수하게 형상 자체에 일치한다면, ―이 일치하는 데에 이미 목적 연관이 존재하고 있다― 말하자면 어떤 미적 대상이 관찰자 안에서 쾌감을 불러일으키고, 아름다운 것으로 여겨진다면 (혹은 마음에 든다면), 이 미적으로 "마음에 드는 것Gefallen"이라고 동의하는 것이야말로 다름 아닌 미적인 판단인 것이다.

미적으로 마음에 든다는 것은 이해관계를 따지지 않고interesselos 혹은 필연적으로 마음에 드는 대상으로서의 개념도 없이, 어떤 미적 대상이 마음에 들게 되는 형식들의 내적인 내용에 동의한다는 것이다. 이와 같이 미와 숭고는 둘 다 주객합일의 상태를 전제로 하지만, 둘 다 논리적이고 규정적인 판단력을 전제하지 않고, 반성적 판단력의 작용을 기반으로 한다.

또 미와 숭고는 선에 대한 만족처럼 일정한 규칙적 개념에 연결되어 있지도 않다. 미와 숭고로 말미암은 만족은 구상력과 오성의 협동적 조화에 관련되어 있다. 또 양자는 ―앞에서도 언급했듯― 우리의 "마음에 드는 것"을 전제로 한다. 미와 숭고는 모두 반성적 판단이 지닌 동일한 계기를 공유하기 때문에 미로부터 숭고로의 이행에는 큰 무리가 따르지 않는다. 이들 양자는 각각 고유한 원리를 갖기에 서로 환원되는 관계는 아니지만, 미로부터 숭고로의 이행을 통해 미와 선은 서로 관련을 맺을 수 있는 것이다.

그러나 칸트에 따르면 숭고한 것(das Erhabene)은 아름다운 것과 구별되는데, 아름다운 것에는 대상의 한계성Begrenztheit 때문에 자연의 형식이 합목적적인 데 견주어 숭고함에는 무한자라는 표상이 덧붙여진다. 숭고한 것은 마음에 드는 것의 대상에 한정되지 않고 경외심을 불러일으키며, 초인간적이고 압도적인 것으로 여겨지는 것이다. 너무나 탁월한 숭고한 것 앞에서 우리는 엄숙해지지 않을 수 없다.

이 숭고한 것은 그 자체에 어떤 명령적인 것을 내포하고 있기 때문에 우리에게 도덕적인 것을 —우리로 하여금 겸허하게 한다거나 고양시키는 것 등등— 환기시킨다. 그래서 숭고한 것(das Erhabene)은 글자 그대로 들어 올리고 높이며 고양시키는 것(das Erhebene)의 의미를 내포하고 있다. 칸트의 미학에서 아름다운 것과 숭고한 것은 도덕과 내밀한 관계가 있으며 선한 것의 상징이 된다.[46]

칸트에 따르면 자연의 미가 직접적인 관심사가 되는 사람에게는 적어도 선한 도덕적 심성의 소질이 있다고 한다.[47] 특히 숭고는 도덕적 이념과 동일한 기반을 가지면서 그 자체로 보편타당함을 전제하고 있다. 미美는 고요한 관조의 상태이지만, 숭고는 그야말로 숭고한 것 앞에서 동요하는 마음의 상태이고 큰 진동이다. 칸트에 따르면 자연의 숭고에 대한 판단은 미에 대한 판단의 경우보다 더 많은 도야와 교양 및 지적 능력이 고양되어 있어야 한다.[48]

칸트는 숭고한 것을 수학적으로 숭고한 것("수학적 숭고")과 역학적으로 숭고한 것("역학적 숭고")으로 구분한다. 전자는 그 어떤 것과도 비교할 수 없을 만큼 "절대적으로 큰 것(das absolute, non comparative magnum)"[49]을 일컫는다. 이런 절대적으로 큰 숭고와 비교하면 여타의

---

46 I. Kant, *Kritik der Urteilskraft*, §59 참조.
47 위의 책, §42 참조.
48 위의 책, §39 참조.
49 위의 책, §25 참조.

모든 것은 작은 것에 불과하다는 것이다. 물론 자연 중에는 비교를 초월할 만큼 큰 것으로 보이지 않는 경우도 있을 것이다. 그러나 자연 중의 어떤 존재자는 외적 척도에 준하여 "절대적으로 큰 것"이 아니어도, 즉 내적 주관에 의해 절대적으로 큰 것으로 받아들여질 수 있다. 그러기에 진정으로 숭고한 것은 외적인 "자연물 중에서 구해지는 것이 아니고, 우리의 이념 중에서만 구해지는 것이다."[50]

수학적 숭고에 견주어 역학적 숭고는 자연의 대상이 우리에게 공포를 불러일으킬 정도로 압도적이고 무한한 힘을 갖는다는 데에 있다.[51] 무서운 번개와 천둥이며 이들을 수반하는 새까만 구름, 대담하게 높이 솟아 있는 위협적인 절벽, 불덩이 마그마와 화산재를 쏘아 올리는 화산, 천지를 진동하는 태풍, 산더미 같은 파도를 일으키는 대양, 온 천지에 뜨거운 열기와 빛을 쏟아내는 태양, 대지를 뒤흔드는 소리를 내며 떨어지는 폭포수 등은 우리를 압도하는 무서운 힘을 동반하고 있다. 그러나 우리가 안전한 곳에 있기만 하면 이런 광경들은 두렵기도 하지만 매혹적이기도 하다.[52]

그런데 수학적 숭고에서건 역학적 숭고에서건 이들을 느끼고 이해할 만한 교양과 인격적 성숙이 준비되어 있어야 한다. 그것은 자연(특히 일월성신과 하늘 및 대지)에서 숭고한 것을 못 느끼는 사람도 분명 존재할 것이기 때문이다. 아, 철학자들마저도 자연을 단순한 인식의 대상으로, 물질로, "연장적 실체"로 여긴다면, 거기엔 경이와 숭고의 정신이 탄생되기 어렵다. 교양과 감수성 및 인격적 성숙을 가진 사람들로부터 공통감과 공감 및 공명을 기대할 수 있다.

---

50 위의 책, pp.93~94; 여기선 최재희, 《칸트의 생애와 철학》, 명문당, 1990, p.153.
51 I. Kant, *Kritik der Urteilskraft*, §28 참조.
52 위의 책, §28 참조.

칸트에게서 미美는 자연이 예술인 한에서 자연 중에서 발견되지만, 숭고는 본래 인간의 정신 중에 있다. 그러기에 자연에서 숭고한 것을 체득하려면 인간의 정신이 고양되어 있어야 하며, 말하자면 보다 높은 차원의 합목적성을 내포하고 있는 이념에 관계하도록 고양되어 있어야 하며, 그런 고양된 정신을 자연에 투입함으로써 자연을 대하는 인간의 정신이 숭고하게 되는 것이다.[53]

물론 숭고한 것의 존립엔 인간의 상상과 사고능력(감성, 오성, 이성)을 초월하는 무한자로서의 존재자가 존재해야 하기에, 말하자면 저들 숭고를 불러일으키는 존재자들을 존재하게 한 절대자 혹은 무한자로서의 존재자가 필경 전제되기에, 결코 인간 주관의 과도한 개입이나 능력을 주장해선 안 될 것으로 보인다. 그것은 경이롭고 숭고한 존재자가 존재하기에, 이러한 경이롭고 숭고한 존재자를 체득할 만한 준비가 된 사람만이 저러한 존재자를 이해할 수 있기 때문이다.

《실천이성비판》의 '맺는 말'Beschluß에서 칸트는 별들이 반짝이는 하늘과 인간의 마음속에 있는 도덕률을 다 같이 숭고한 것으로 찬탄하였는데, 그의 숭고감은 외적인 대우주와 내적인 인간 도덕률에 걸쳐 있다: "내가 자주 그리고 오래 숙고하면 할수록 더욱 새롭고 더욱 높은 감탄과 외경으로 내 마음을 채우는 것이 두 가지가 있으니, 하나는 내 머리 위에 별이 반짝이는 하늘이요, 다른 하나는 내 마음 안에 있는 도덕률이다."[54]

그러나 칸트는 인간이 자연에 견주어 이성적 존재라는 측면에서, 자연의 무한성 자체를 인식의 단위로서 자기 밑에 둔다는 점에서 자연 전체보다 더 위대한 척도를 자신 안에 지니고 있으며, 또 자연이 위력

---

53 위의 책, §28 참조.
54 I. Kant, *Kritik der Urteilskraft*, "Beschluß".

적이라고 해도 그 위력에 굴복하지 않으며 자신을 독립된 존재로 파악하는 점에서 자연을 능가하는 우월성을 지닌다고 하는데[55], 이러한 우열적 비교는 인간 중심주의적인 발상이 전제된 것으로 보인다.

인간이 이성을 가진 존재자나 인식하는 존재자라는 측면에서 자연과 우열을 비교하는 칸트의 주장은 별로 온당한 것으로 보이지 않는다. 인식 이전에 혹은 인식과 무관하게 인간은 전적으로 자연에 의존하여 생을 영위하고 있다. 인식은 인간이 필요로 해서 하는 것이고, 결코 자연이 그런 부탁을 하지는 않는다. 모든 인간은 자연 안에서 태어나고 여기서 삶을 영위하다가 죽을 따름이다. 자연의 존재론적인 측면이 전혀 고려되지 않은 것이다. 그럼에도 불구하고 칸트는 "자연의 최종목적"을 인간이라고 함으로써 부당한 인간 중심주의를 고집하고 있다.

3-4. 칸트의 "자연의 최종목적"에 대한 반론과 일월성신의 목적론적인 성격

《순수이성비판》에서 두드러지듯 칸트는 자연을 법칙성이라는 선천적 원리에 따라 인식 대상으로만 삼았기에 근대의 이데올로기에 철저하게 갇혀 있었다. 노년의 칸트는 그러나 그의 《판단력 비판》이 증언하듯 '합목적성'이라는 선천적 원리에 따라 '오성'이 아닌, '판단력'으로 자연과 예술에 접근하는 새로운 시도를 하고 있다.

그럼에도 불구하고 그에게서 자연의 존재 위상은 그리 크게 부각되진 않았다. 위에서 언급한 자연의 초자연성과 절대성도 부각되지 않았으며 만물을 존재하게 하는 각별한 존재자성이 드러나 있지 않다. 그런데 칸트에게서 물리적인 목적론은 자연을 넘어설 수 없고 항상 자연의

---

55 위의 책, §28 참조.

한 부분에 제한을 받게 된다. 자연을 넘어서는 결과를 칸트는 "귀신학 Dämonologie"의 차원으로 밀어버린다.[56] 칸트에게서 '목적'은 이념이기에, 우리에게 직관의 대상도 아니고 구성적인 것도 아니며, 단지 규제적일 따름이다. 다시 말하면 자연 안에 있는 목적은 직관할 수 있는 것이 아니고, 따라서 어떤 분명한 대상이 아니어서, 오직 이념으로만 받아들여질 수밖에 없는 것이다.

그래서 우리는 자연에 어떤 분명한 목적이 있기나 하는 것처럼 바라볼 뿐이고, 실제로는 목적의 작용을 증명해 낼 수 없다는 것이다. 실제로 자연 속에서 관찰되는 것은 인과적인 결정Kausaldetermination뿐이어서 자연을 기계론적 원리에 따라 연구할 수밖에 없다는 것이다.[57] 이리하여 칸트는 결국 전형적인 근대철학의 자연관으로 되돌아가고 만다. 그러나 우리는 칸트의 견해에 반하여 자연에게서 현상적인 대상성과 인과성, 또 이들로부터 획득하는 경험론을 넘어 목적론적인 성격을 발견할 수 있다.

자연은, 그리고 각별한 존재자들인 일월성신과 태양과 대지는, 그냥 존재만 하고 있는 것이 아니라 ―이들이 왜 존재하는지를 우리가 정확히 몰라도,[58] 결코 단순한 존재자가 아님은 알 수 있다― 만물을 위해 존재하는, 즉 목적론적인 성격을 갖고 있음을 우리는 알 수 있다. 이를테면 태양의 물자체성을 우리가 모른다고 해도, 태양이 만물을 비추고 밝히며 모든 생명체에게 삶을 부여하는 존재자임을 알 수 있는 것이다. 이런 존재자들이 어떤 목적론적인 의도를 갖고 있는지의 여부에 관계

---

56 위의 책, §86 참조.
57 I. Kant, *Kritik der Urteilskraft*, §74, §86 참조.
58 만약 라틴어 속담에서처럼 "이유 없이 존재하는 것은 없다(nihil est sine causa)"고 하더라도 우리는 그 이유를 정확하게 알 수는 없다. 칸트가 말한 사물의 물자체성을 인정하지 않을 수 없다.

없이, 우리는 그 목적론적인 행위와 성격을 읽을 수 있는 것이다.

자연의 이러한 목적론적인 성격을 읽기 위해서 우리는 형이상학이나 인과론 및 기계론이나 우연론에 기웃거릴 필요도 전혀 없다. 그것은 우리가 직접적으로 확인할 수 있기 때문이다. 플라톤의 "태양의 비유"에서도 잘 드러나듯 태양이 하는 이타적인 일들, 비를 내리는 하늘, 인류와 온갖 생명체를 먹여 살리는 대지 등등, 이 모든 존재자들의 목적론적 성격은 우리가 그 의도를 모른다고 해도 분명하게 읽을 수 있는 사항이다(만약 태양이나 대지가 존재하지 않는다고 가정해 보라).

그러나 안타깝게도 이러한 일월성신과 대지의 자연에 깃든 목적론적인 성격을 칸트는 크게 부각시키지 못했고, 근대철학의 세계관에 따른 자연관에 머물러 있을 따름이다. 그가 피력한 "자연의 최후 목적"에는 자연 중의 한 사물이 다른 사물에 대해서 목적에 대한 수단으로 쓰인다는 것이다. 이를테면 물·공기·대지와 같은 "무기물"은 생명체(자연목적Naturzweck)에 대해서 수단이 되는 견지에서 합목적적일 수 있다는 것이다.

여기엔 물·공기·대지와 같은 존재자가 자연과학적인 "무기물"의 차원에만 머물러 있으면서 하나의 수단이 된다는 삭막한 논지밖에 없다. 저들 존재자들이 인간을 비롯한 모든 생명체들에게 은혜를 베푸는, 이타적인, 필수불가결하고 절대적인 존재자의 위상을 갖는 측면이 전혀 없다.

칸트에 따르면 우리가 자연을 하나의 목적론적 체계로 볼 때, 이러한 체계가 가능하기 위해 필요한 자연의 최종 목적은 바로 인간이라고 한다: "이성의 원칙에 따르자면 이 지상에서는 인간이 자연의 최종 목적이고, 이 최종 목적과의 관계에서 그 밖의 모든 자연사물은 하나의 목적의 체계를 이루고 있다."[59]

과연 "자연의 최종 목적은 바로 인간"인가? 이런 주장엔 칸트가 흔히 말하는 "독단적 형이상학"이 스며들어 있지 않은가. 여기엔 자연의 독자성이나 이타적인 각별한 존재의 모습은 망각되었다. 인간은 오로지 자연 안에서, 자연에 의지하여 삶을 영위하다가 죽을 따름이다. 그래도 인간이 "자연의 최종목적"인가?

전체 식물들과 광물들, 나아가 동물들의 존재 목적이 무엇인가 하는 의문에 대해 칸트는 "'그것들은 인간의 오성이 그 모든 피조물에 관해서 가르치는 다양한 용도에 이바지하기 위한 것이다!'라고 답했다. 인간은 지상에서의 조화造化의 최후목적인 것이다. 왜냐하면 인간은 스스로 목적의 개념들을 만들고, 또 그의 이성에 의해서 합목적적으로 형성된 사물들의 모임에서 목적의 체계를 만들 수 있는 지구상의 유일한 존재이기 때문이다."[60]

과연 "인간은 지상에서의 조화造化의 최후 목적"인 것인가? 그건 희망사항은 될 수 있을지 몰라도 단언할 수는 없는 사항이다. 또 칸트는 인간더러 "목적의 체계를 만들 수 있는 지구상의 유일한 존재"라고 하지만, 자연은 이 인간이 만든 "목적의 체계"에 따라 목적론적 행위를 하는 것이 아니라, 반대로(!) 자연이 자율적으로 목적론적 행위를 하기 때문에, 인간은 단지 그런 행위를 목격하고서 체계를 만들었을 뿐이다. 더욱이 자연은 이런 인간이 만든 체계에 결코 의존하지 않는다!

이리하여 우리는 아리스토텔레스에게서 발원하고 칸트에게서 꽃을 피운 "목적론적 세계관"이 수단과 목적의 종속관계, 인간 중심주의로 점철된, 실로 조야하고 세속적인 것임을 확인할 따름이다. 여기엔 일월성신과 대지 및 물과 공기며 자연의 필수불가결한, 이타적이고 절대적인 존재 위상이 전혀 없다. 또한 제 스스로 자신을 펼치고 오므리며 인

---

59 I. Kant, *Kritik der Urteilskraft*, §83("자연목적 체계로서의 자연의 최종목적에 관하여") 참조.
60 최재희, 《칸트의 생애와 철학》, 164쪽.

간을 비롯한 모든 생명체에게 삶을 부여하는 고대 그리스의 자연(피지스physis) 개념도 망각되었을 따름이다.

이 코스모스에서는 예사로운 존재자들과는 다른, 경이로운 존재자들도 가득 존재하고 있어 ―그래서 최소한 해님, 달님, 별님, 하늘님으로 경칭되어져야 하기에― 결코 이들을 단순한 '대상'이나 '질료' 및 '사물'의 차원에서가 아니라 우러러보는 태도를 가져야 한다.

4. 사신도와 사수도 사상에 대한 인식론적·존재론적 접근
―플라톤의 《티마이오스》를 중심으로

플라톤의 우주론에서는 동양의 천문지리로 다가갈 수 있는 적절한 기틀이 마련되어 있다. 우선 그에게서 천체의 존재자들은 서구 근대인들이 보았던 단순한 존재자나 사물, 대상, 질료의 차원이 아니라 경이롭고 초월적―초자연적인 존재자들이다. 그뿐만 아니라 인식론적으로도 서구의 근대와는 달리 인식 주체에게 과다한 중량을 쏟지 않으며(인식 능력의 한계!) 인식 낙관주의를 표방하지 않는다. 천체의 세계에 대해선 인식의 한계가 있다는 것을 그가 통찰하고 있기 때문이다.

고대 그리스의 세계에서 천체는 곧 신으로 여겨졌다.[61] 하늘 우라노스Uranos, 태양 헬리오스Helios, 땅 가이아Gaia, 태양계의 행성들, 기타 많은 별들도 마찬가지다. 이에 견주어 동양의 일월성신日月星辰과 천지신명天地神明도 고래로부터 전승된 신적인 위상을 갖는 이름들이다. 일월성신은 해의 신(日神)과 달의 신(月神)의 한 쌍과 별의 신(星辰, 뜻은 "많은 별")이며, 천지신명은 하늘의 신(天神)과 땅의 신(地神)의 한 쌍

---

61 Platon, *Timaios*, 29c 참조.

이다.62

생명을 가진 유기체로 받아들여진 코스모스는 플라톤에 따르면 신의 예지Pronoia에 의해 탄생되었고 영혼63과 이성을 가진 신의 창조물,64 즉 그 안에 혼을 갖고 영Nous을 지닌 살아 있는 생명체(zōon empsychon ennoun te)이며, 창조된 것 중에서 가장 아름다운 것으로 받아들여졌다.65 플라톤에게서 코스모스는 "지각될 수 있는 신이고 가장 위대하며 최선의 것이고, 가장 아름답고 가장 완벽한 것"66이라고까지 규명한다. 적어도 코스모스는 플라톤에게서 생성된 것들 중에서 그리고 예지nous에 의해 알게 되는 것들(ta nooumena) 중에서 "가장 아름다운 것"67이며 '완전한 vollständig' 유기체68이다. 코스모스가 "생성물들 가운데서도 가장 아름답고 가장 훌륭한 것"69이란 표현은 《티마이오스》의 도처에 나타난다.

이토록 아름답게 생성된(창조된) 코스모스는 몸통sōma을 갖고 있다. 플라톤에 따르면 이 만들어진 코스모스가 가장 아름답고, 이를 만든 신 Demiurgos 또한 훌륭하다면, 그는 영원한 이데아로서의 원형paradeigma,

---

62 위키백과사전 참조.
63 고대 그리스인들에게서 영혼psychē은 ─육체와 물질 및 실증적인 것을 숭배하는 근대 이래의 인간들은 이 개념을 퍽 추상적이고 관념적인 것으로, 나아가 유명무실하고 현실적이지 못한 것으로 이해하지만─ 살아 있다는 생명을 보장하는 핵심적인 개념이다. 영혼은 곧 목숨과 숨결, 살아서 생동함을 의미한다. 그러기에 '살아 있는 것', 즉 '생물' 또는 '동물'을 zōon이라고 하는데, 이와 같은 생명체를 ta empsycha(to empsychon), 즉 영혼psychē을 지닌 것(들)이라고도 한다. 영혼을 가졌다는 것은 "살아서 움직이는 것"이라는 뜻이다.
64 Platon, *Timaios*, 30b 참조.
65 위의 책, 29a, 68e 참조.
66 위의 책, 92c.
67 위의 책, 28b, 29a, 30d, 92c 참조.
68 위의 책, 19a-b 참조.
69 위의 책, 68e.

즉 '영원한 것'(to aidion)을 바탕으로 세계를 건립한 것임에 틀림없다.[70] 그렇다면 이 코스모스는 영원한 이데아로서의 원형paradeigma에 대한 하나의 모상eikon이 됨은 플라톤철학에서 필연적인 귀결이다.

그렇지만 플라톤에게서 한결같고 불변하는 진리에 의한 설명, 즉 "영(예지, nous)에 의해 확실해지는 것에 대한 설명"(akribes logos, alēthēs logos)은 확고하고 변하지 않지만, 이에 견주어 저 아름다운 코스모스가 영원한 이데아로서의 원형paradeigma에 대한 하나의 모상eikon이기에, 이런 모상에 대한 설명은 '개연적 설명들'(eikotes logoi, 즉 '그럼직한 설명들')만 가능할 따름이다.

여기서 '정확한 로고스'와 '개연적 로고스'의 구분은 설명 대상의 존재론적 구분에 따라 분류된 것이다. 영원한 원형(본)의 역할을 하는 이데아는 '언제나 같은 상태로 있는 것'이기에 그런 것에 대해서는 '한결같고 불변하는' 설명이 가능한데 반하여, 이 코스모스는 여타의 현상계와 마찬가지로 불멸의 원형(본)의 모상이기에, 이 모상에 어울리는 '개연적 로고스'만이 가능한 것이다.

플라톤의《티마이오스》에서 소크라테스의 대화 상대자인 티마이오스는 이 코스모스와 코스모스의 생성에 관하여 전적으로 일관되고 '정확한 설명'(akribes logos, alēthēs logos)을 할 수 없다는 것을 시인하고 '그럼직한 설명', 즉 '개연적 로고스'(eikos logos)에 만족할 수밖에 없음을 천명하고 있다. 더더욱 그럴 수밖에 없음은, 말하는 티마이오스 자신이나 소크라테스 그리고 우리가 현상계에 속해 있으면서 동시에 인간적 본성과 한계를 갖고 있기에, '개연적 로고스'(eikos logos), 즉 '그럼직한 이야기'(eikos mythos)를 받아들일 수밖에 없고, 이것을 넘어 더 이상은 인식론적인 욕구를 하지 않는 것이 바람직하다고 플라톤은 해명한다.[71]

---

70 위의 책, 29a 이하 참조.

그렇다면 우리 인간은 ─근대적 인간이 이성과 지식을 앞세워 자연의 비밀을 다 밝히고 또 자연을 정복하겠다는 것과는 전적으로 다르게 ─ 절대적으로 타당하고 정확한 로고스를 획득할 수 없고, 단지 가설적이고 '참인 것으로 받아들이는'(für-wahr-halten) 그런 '상대적으로 최상의'(relativ besten) 혹은 '만족스런'(befriedigend) 로고스만 취할 따름이다.[72] 여기엔 인간의 한계와 인간의 인식론적 한계가 진솔하게 드러나 있고 그 한계 안에서의 철학적 노력을 유의미한 것으로 보려는 겸허한 태도가 엿보인다.

인간의 인식론적-존재론적 가능성과 불가능성을 동시에 표명한 그의 이러한 접근은 세상을 과학적 정확성으로 드러내야 한다는 근대의 인식론적 욕구와는 얼마나 대조적인가! 근대의 인식론적 과민반응은 그러나 ─대륙의 합리론이든 영국의 경험론이든─ 세계에 대하여 포괄적 설명은 못하고 과학적 진-위 콤플렉스에서 헤어나지 못하고 말았다.

플라톤은 근대의 인식론적 사유, 특히 칸트처럼 과민반응을 드러내지는 않았다. 칸트처럼 지금 당장 보편타당성의 법정에 나와서 진-위의 선고를 받으라는 것이 아니라, 아직도 인식론적, 존재론적 가능성의 문을 열어 놓은 것이다. 그것은 '개연적 로고스'(eikos logos)와 '그럼직한 이야기'(eikos mythos)에 큰 의미를 부여했을 뿐만 아니라 이런 노력이 원형(본, paradeigma)을 닮을 가능성이 있기 때문이다.

지나치게 인식론에 의존하지 않는(인식론에 의존한들, 그 인식에는 한계가 있을 수밖에 없다!) 플라톤의 이러한 태도는 천체의 세계에, 일월성신의 세계에 접근하는 다른 이정표를, 이를테면 우주론이나 동양의 천문지리 및 존재론과 존재론적 현상학의 길을 열어 준다. 그래서 우리

---

71 Platon, *Timaios*, 29c-d 참조.
72 Platon, *Timaios*, 29d 참조.

도 경이로운 존재자들과 우리에 의한 공-의미부여의 존재론을 통해 일월성신의 세계로, 사신도와 사수도의 세계로 나아가는 것이다.

플라톤의 우주론은 서양의 천문학이라고 하기보다는 동양의 천문지리에 가까운 것이다. 그는 결코 유럽적인 합리주의 철학으로 천체에 다가가지 않는다. 그것은 인식의 한계가 있기 때문이다. 더더욱 놀라운 것은 플라톤에게서 코스모스는 유럽의 우주처럼 과학적이고 천문학적인 것으로 포장되어 있지 않고, 죽어 있는 사물이나 물질덩어리가 아니라 영혼과 예지Nous를 가진 생명체인 것이다. 이런 살아 있는 유기체에 대한 겸허한 시각이야말로 우리가 사수도(해와 달, 북두칠성과 남두육성)에 대해 갖는 기본적인 태도로 전제해야 할 사항이다.

플라톤의 《티마이오스》에서 만물이란 "자족하고 가장 완전한"[73] 코스모스 내에서 생성되고 소멸되는 사건으로 점철되어 있지만, 코스모스 자체는 그러나 이런 생성소멸의 굴레에 얽매어 있지 않다. 코스모스는 신(데미우르고스)에 의해 창조되었지만, 소멸되지 않고 영원하다. 그런데 놀라운 것은 이 코스모스가 눈에 보이는 것이지만, 영원의 광채 위에 놓여 있는 것이다.[74]

이 코스모스가 "가장 아름다운 것"인 만큼, 이를 만든 신 데미우르고스는 창조자poietes와 아버지pater, 구성한 이(ho tektainomenos)와 건축가demiurgos, 구축한 자(ho synistas)로서 필연적으로 선한 자agathos이고 가장 훌륭한 자(ho aristos)이기에, 만물을 최대한 자기 자신과 비슷한 상태에 놓이기를 바랐을 것이다.[75]

---

73 Platon, *Timaios*, 68e.
74 이미 소크라테스 이전의 헤라클레이토스는 이 코스모스가 "영원히 살아 있는 불(pyr aeizōon)"로서 언제나 "존재해 왔고 존재하고 있으며, 존재할 것이다."라고 규명하고 있다(Frag. 30 nach H. Diels).
75 Platon, *Timaios*, 29e 참조. 이토록 선한 신으로서의 데미우르고스는 그리스 신화의 신들과는 전적으로 다르다. 신화의 신들이 약탈과 도둑질, 강간, 저주,

이런 플라톤의 코스모스에서 인간의 위상 또한 바뀐다. 말하자면 인간은 이제 지상의 이런 저런 국가의 정체政體와 제도 및 지배에 얽매인 자가 아니라 코스모스의 시민Weltbürger인 것이다. 인간은 이제 "천상적인 피조물"인바, 그의 머리는 하늘에 뿌리를 박고 있는 것이다.[76] 플라톤에게서 인간의 진정한 본향은 고구려인들에게서처럼 하늘이고 별들의 세계이다.

플라톤의 《티마이오스》에서 "가장 아름답고 가장 완전한 생명체"[77]이며 영혼을 갖고 있는 코스모스는 근대의 물리학적이고 사물적인, "영혼이 없고 냉정하며 계산될 수 있는(seelenlos, kalt, berechenbar)"[78] 세계와는 그 차원이 전혀 다르다. 이 코스모스는 자신의 밖으로부터 어떠한 영양 공급을 받을 필요가 없고 아무 것도 버리거나 배제하지도 않는다. 그러기에 코스모스 안에서의 모든 생성은 "존재로 향한 생성(Werden zum Sein)"[79]인 것이다.

플라톤의 코스모스는 결코 근대가 파악한 '자연'Natur만이 아니라 "자연과 정신(Natur und Geist)"[80]이고, 영혼을 갖고 있는 만큼 사유하는 생명체이다.[81] 신의 배려와 예지Pronoia에 의해 탄생된 코스모스는 "자신 안에 영혼을 지녔으며 예지를 가진 살아 있는 생명체(zōon empsychon

횡포를 일삼는 것에 대해서 소크라테스는 플라톤의 《국가》에서 신랄하게 비판하는데, 이런 헬라의 신들에 대한 비판에 소크라테스의 죽음이 따랐다는 것은 주지의 사실이다. 플라톤에 따르면 신이 존재한다면 선할 수밖에 없다는 것이다.

76 Platon, *Timaios* 44d 참조.
77 위의 책, 28b–30d 참조. 코스모스가 생명체(to ho estin zōon)란 그야말로 영혼을 가진 살아 있는 생명체란 것이다(*Timaios* 39e 참조).
78 Gerhart Schmidt, *Platon*(unveröffentlichte Manuskript), p.131.
79 Platon, *Philebos*, 26d, 54c 참조.
80 Gerhart Schmidt, *Platon*(unveröffentlichte Manuskript), p.131.
81 Platon, *Timaios*, 37a–c 참조.

ennoun te)"[82]로 받아들여진다. 그런데 플라톤에게서 코스모스의 영혼(세계영혼: Weltseele)은 그것의 육체적인 것보다 훨씬 더 중요하다. 세계영혼은 인간의 경우와는 달리 육체를 꽉 에워싸고서 예지를 통해 그를 지배한다.

그렇지만 이러한 코스모스의 생성과 그 비밀을 알기는 퍽 어렵고, 조회할 만한 증명 또한 없다. 전승된 정보도 없을 뿐만 아니라 그것에 관한 어떤 구체적인 경험도 허락지 않는다. 그리하여 플라톤은 소크라테스의 대화 상대자인 티마이오스의 진술을 통해 우주 생성(발생)학의 인식에 대한 어려움을 신화적인 도움으로 극복하려 한다.:

" … 즉 우주가 어떻게 생겨났는지 아니면 애당초 생겨나지 않은 것인지를 논의하려는 우리로서는 조금이라도 빗나가지 않으려면, 남녀 신들을 불러버서, 무엇보다도 그들의 마음에 들도록 하고, 덩달아 우리의 마음에도 들도록 모든 걸 이야기할 수 있게 되기를 기원해야만 됩니다. 신들을 불러 도움을 청하는 일은 이로써 한 걸로 해 두죠."[83]

이런 우주 생성(발생)학의 인식론적 어려움 앞에서 인간은 겸허하고 겸손할 수밖에 없다. 그것은 코스모스에 속한 하나의 생명체인 인간에게 미미하게나마 그러한 인식(이를테면 코스모스가 영혼을 갖고 사유한다는 것에 대한 인식)이 주어진다는 것과 동시에 이 코스모스에서 유한한 존재에 불과한 인간에게 코스모스의 총체에 관한 직관은 허락되지 않는다는 것이다.

그렇다면 인식론적 한계로 말미암아 이 코스모스에 대해 알려는 수고를 하지 말고 차라리 무관심으로 일관하는 편이 낫지 않을까? 그러

---

82 위의 책, 30b.
83 플라톤, 박종현·김영균 역주, 《티마이오스》 27c, 서광사, 2000, 74쪽.

나 바로 여기에 '지혜에 대한 사랑'(philo-sophie)으로 무장한 사람들과 철인의 과제가 남아 있는 것이다. 그런데 여기서 '철인'이란 어떤 특별한 계층을 말하는 것이 아니라, 그야말로 '지혜에 대한 사랑'을 갖고서 사물과 자연 및 세계에 다가가는 사람들이다.

그러기에 선사시대에 고인돌의 성좌도에 사수도를 새겨 넣거나 고구려인들이 고분벽화를 통해 사신도-사수도의 체계를 세운 것은, 이미 지혜에 대한 사랑이 근간으로 되어 있다. 즉 그들은 흩어져 있는 별들을 성좌(별자리)로 묶고, 이들 별들에게 각별한 의미를 부여하여 사수도(태양과 달이며 남두육성과 북두칠성)를 탄생시키며, 이러한 네 방위의 성좌로 하여금 인간과 자연 및 코스모스를 수호하고 지키며 보살핌의 체계를 구축한 것은 다름 아닌 대단한 철학적인 행위라고 하지 않을 수 없는 것이다.

5. 사신도-사수도의 세계관 이해
—인식론에서 의미의 존재론으로

철학의 단초나 철학함이 인식론으로만 정당화되는 것은 결코 아니다. 인식은 물론 철학의 중요한 단초이지만, 이것만이 철학의 가부를 묻는 핵심적인 관건이 아닌 것이다. 근대는 합리론이든 경험론이든 혹은 비판론이든 지나치게 인식론에만 얽매어 오히려 철학을 왜곡하고 혼란스럽게 하였는데, 이를 현대철학의 대부분이 비판하는 바이다. 말하자면 현대철학의 탄생은 근대철학에 대한 철저한 비판과 반성에 있다고 해도 과언이 아니다. 인간 주체의 인식과 경험, 그리고 이 인식하는 주체의 절대화는 근대의 치명적인 숙명이다.

근대는 그러나 인식 형이상학의 늪지대에서 허우적거리기만 했고, 그런 늪지대를 철학의 왕국으로 만들었다. 우리는 그러나 그런 늪지대의 인식론에서 빠져나와 더 넓은 철학의 세계, 이를테면 존재, 의미, 의지의 세계, 삶과 생명의 세계에도 기웃거릴 것이다. **특히 플라톤의 겸손한 인식론과 인식론적 카테고리들('정확한 로고스', 참된 로고스, '개연적 로고스', '에이코스 뮈토스', '진리의 모사', '있을 법한 진리' 등등)을 고려하면서 엄청나게 비범한 존재자가 존재한다는 경이로운 사실에 탐닉할 것이다. 그것은 한편으로 인식론만으론 일월성신의 세계에 대한 믿을 만한 존재 의미를 구현하기 어렵기 때문이고, 또 다른 한편으론 철학의 집을 건축하는 데에 인식론이 아닌, 다른 요소들이 넉넉하게 버티고 있기 때문이다.**

물론 그렇다고 인식론이 중요하지 않다는 것은 결코 아니다. 그것은 지상에 거주하는 유한한 존재로서 인간은 성좌의 비밀을 결코 인식론적으로 다 알 수 없기에, 그것으로는 무기력하다는 것이다. 합리론이든 경험론이든, 논리실증주의든 혹은 후설의 인식론적 현상학이든 인식 작용의 주관성은 잘 부각되어 있으나 인식 내용의 객관성과 보편성은 확보하기 어려운 실정이다. 더욱이 성좌의 세계는 인식론적 '참'과 '거짓'으로 접근하기가 요원하다.

인식론만이 철학의 집을 건축하는 재료가 아니다. 존재의 영역, 의지의 영역, 언어의 영역, 실존의 영역, 삶의 영역도 인식의 영역 못지않게 철학의 집을 건축하는 데에 핵심적인 요소와 관건이 되는 것이다. 말하자면 이들도 인식론 못지않게 중요한 철학의 단초라는 것이다. 어쩌면 이들의 단초가 인식론보다도 더 중요하고 더 필수적으로 전제되는 것이라고 볼 수도 있는 것이다. **이를테면 데카르트가 "나는 생각한다, 고로 존재한다."를 뒤집은 명제, 즉 "나는 존재한다, 고로 생각한다."는 아주 지당한 명제이고, 존재야말로 생각할 수 있기 위한 전제조**

건마저 되는 것이다. 존재하기 때문에 생각할 수 있는 것이다.

이와 같이 '의지'와 '삶'도 철학의 단초가 되는 것이다. 우리에게 잘 알려졌듯 '의지'는 쇼펜하우어와 니체가, '삶'은 딜타이와 베르그송이 철학을 건축하는 데에 핵심적인 관건으로 삼은 것이다. 우리가 의미를 부여하는 행위는 일종의 의지에 관련된 것으로, 자연스레 삶을 영위하는 가운데 이런저런 의미를 부여하고 갈구하며 또 누리면서 살아간다. 만약 그렇지 않다면, 혹은 우리의 삶이 무의미하다면, 삶 자체가 생동력을 잃게 된다. 따라서 의미야말로 우리를 살게 하는 원초적 힘인 것이다. 이와 같이 고구려인들은 고분벽화를 통해, 또 그 이전의 선사시대 사람들은 고인돌의 석각천문도를 통해 각별한 의미를 부여하였는데, 이를테면 사신도와 일월남북두日月南北斗라는 사수도를 통해 그들의 의미 중심적 세계관을 드러내었던 것이다.

물론 일월성신의 세계에 대한 고구려인들의 이런저런 의미 부여가 아무런 근거 없이 자의적으로 이루어지는 것은 아니다. 태양과 달, 일월성신과 하늘과 대지, 나아가 항성과 행성 및 수다한 별자리들에게 인류는 이런저런 의미를 부여하며 삶을 영위해 오고 있으며, 역사가 아무리 흘러도 그런 의미 부여에는 예외가 없다고 해도 과언이 아니다.

또한 이런 문학작품이 혹은 저런 예술작품이 훌륭하다고 판단하는 것은 결코 자의적이지만은 않은, 특별한 의미가 부여되고 축적된, 사람들의 '공통감(sensus communis: 칸트)과 공감 및 공명에 의해 구축되었기 때문이다. 우리는 이런 의미 부여 행위를 거의 당연한 것으로 혹은 자연스러운 것으로 받아들인다. 어떤 강요가 아닌, 자율적 행위에 의해 의미가 부여되었기에 더욱 그렇다.

이를테면 C.D. 프리드리히나 고흐의 작품, 호메로스와 괴테며 셰익스피어의 작품 등등이 훌륭한 것이라고 우리는 의미 부여한다. 그렇게 의미 부여된 것은 자의적이거나 임의적인 태도에 의해서가 아닐 뿐만 아니라, 저들 작품들도 각별한 의미를 부여할 수 있도록 촉발함은 물론이고, 많은 사람들에 의해 공감과 공명을 불러일으키기 때문이다. 우리는 현실적 삶에서도 무수히 의미를 부여하며 삶을 영위한다. 고향, 친구, 애인, 돈, 등대, 자연, 산, 강, 바다, 학문, 예술 등등 수없이 많다. 일월남북두日月南北斗의 경이로운 존재자들에게 각별한 의미를 부여하여 사신도−사수도의 체계를 구축한 것도 대동소이한 소치이고 일종의 로고스적 행위이며 "지혜에 대한 사랑"(=철학)인 것이다.

이런 존재자들에게 이런저런 의미를 부여하는 것은 **자연스럽기도 하고 필연적이기도 하지만, 진위 판단이나 논리적 검증이 일어나기 이전의 사태라서** "말할 수 없는 것에 대해서는 침묵해야 한다"[84]는 **비트겐슈타인의 논리학적 옐로우 카드가 적용될 여지가 없는 것이다.** 어떤 사물에 이런저런 의미를 부여하고 난 뒤에 그 적합성 여부에 관해 검증을 할 수밖에 없는 것이다.

사신도와 사수도의 성좌도에, 혹은 견우와 직녀며 은하수에게 각별한 의미를 부여하고 체계를 세우거나 각별한 내용을 지닌 의미를 갖게 하는 것은 —그것은 나름대로 존재론적 깊이를 갖고 있다— 인간이 할 수 있는 **자연스럽고도 자유로운 의미 부여 행위**에 따른 것이다. 이를테면 태양과 달이나 남극노인성이 각별한 의미를 갖는 것은 논리학적 과학적 진위 판단의 카테고리를 초월해 있는 사항인 것이다. 태양이 인간의 삶과 운명에 절대적이라고 선사시대 사람들이 각별한 의미를 부여했다면, 그건 거짓이라고 판단해야 할 하등의 이유가 없는 것이다.

그런데 흩어져 있는 하늘의 별들을 하나의 '별자리'로 만든 과정(이

---

84 L. Wittgenstein, *Tractatus logico−philosophicus*, Suhrkamp Verlag: Frankfurt a.M. 1971, p.115(《논고》의 마지막 문장).

를테면 북두칠성이나 남두육성)에도 엄청난 시간이 소요되었을 것이며 (그래서 별들의 천문에 관한 의미 부여는 초기 선사시대로 거슬러 올라갈 수밖에 없을 것이다), 이런 별자리들은 동서양 사이에도 서로 다르며 심지어 동양 영역에서도 서로 다른 경우가 많다. 이를테면 우리의 북두칠성은 고대 그리스인들의 별자리인 큰곰자리의 일부에 해당하고, 남두육성의 경우도 궁수자리의 일부인 것이다. **이런저런 별자리들에 특별한 의미가 부여된 것엔** 그들 각자 문화권의 독특한 문화와 역사가 각인되어 있고, 나아가 위대한 정신— 철학 —도 자리 잡고 있는 것이다. 우리는 이런저런 별자리들에 특별한 의미가 부여된 것과 또한 이토록 의미 부여된 별자리들의 상징어에 주의를 기울인다.

혹자는 우리가 태양과 달에게, 북두칠성과 남두육성에 이런저런 의미를 부여한 것에 대해 왜 혹은 어떤 근거로 이런저런 의미를 부여했느냐고 따질 수도 있을 것이다. 이러한 천계가 아주 특별한 존재자로서 우리에게 그럴 만한 의미를 부여를 할 수 있도록 이미 이런저런 암시를 촉발했다고 할 수 있겠지만, 그러나 동시에 우리도 어떤 '공통감'과 공감 및 공명에 의해 우리의 의지로 자유롭게 의미를 부여한 것이 ― 물론 천계라는 존재자의 존재도 의미 형성에 기반을 이루고 있기에 공-의미부여라는 것을 잊어서는 안 된다― 곧 더욱 확실한 근거라고 말할 수 있다.

물론 이렇게 의미 부여한 것은 아무런 근거 없이 이루어진 것도 아니고 자의적인 것도 아니라는 것이다. 이를테면 태양이나 달이 엄청난 영향력을 직접적으로 갖고 있다는 것을, 그래서 그런 바탕에서 의미 형성이 이루어진다는 것을 인류역사의 시작부터 사람들은 알았을 것이고, 태양거석문화의 시대엔 더 강력했던 것이다.

이토록 우리가 자유롭게 의미를 부여하는 행위는 자유로운 의지 Wille의 사용에 기인한 것으로 퍽 자연스러운 것이다. 우리가 이런저런 의지를 갖는 것은 더 이상 그 이유를 환원해서 생각할 수 없는 절대적인 단초이고 시작인 것이다. 말하자면 "말할 수 없는 것에 대해서는 침묵해야 한다"와 무관한, 혹은 말할 수 있는 것과 없는 것의 상황 이전에 일어나는 선-논리적, 선-명제적 사건인 것이다.

내가 이런저런 의지를 갖는 것(das Ich-will)은 내가 존재하고(das Ich-bin) 내가 사유하며(das Ich-denke), 내가 살고 있는 것(das Ich-lebe)과 마찬가지로 더 이상 환원해서 그 근거를 물을 수 없는 근거 중의 근거인 것인데, 슈미트(G. Schmidt)는 이를 "네 가지의 기본적인 확실성"으로 규명하고 있다.[85]

인간은 사물에 의미를 부여하고 또 정신적이고 추상적인 것에도 의미를 부여한다. **의미를 부여하는 행위는 사유하는 행위와도 유사하게 인간의 부인할 수 없는 철학적 행위인 것이다.** 만약 어떤 사물이 각별하게 의미 부여되었다면, 그야말로 의미 있는 존재자나 가치 있는 존재자로 거듭나는 것이다. 특히 객관세계에 그저 있는 세계는 단지 '거기에 있는'thereness 세계이지만, 이 세계에 의미가 부여되거나 가치가 부여되면 그것은 그러나 어떤 특별한 의미를 가진 세계로 거듭나는 것이다. 물론 이렇게 혹은 저렇게 존재하고 있는 것만도 신비한 기적의 영역이라고 할 수 있지만, 사람들은 보통 존재자가 존재하고 있다는 사실과 그 존재의 신비에 대해 인식하지 못하고 있다.

그런데 우리가 이 장에서 논의한 모든 의미 부여는 엄밀하게 따지면 **이중의 공-의미부여**인 것이다. 그것은 일월성신이나 어떤 특별한 사물에 대해 의미를 부여하는 경우나 개별적 사물에 의미를 부여하는

---

85 G. Schmidt: *Subjektivitaet und Sein*, Bouvier Verlag: Bonn 1979, 69, 89, 127, 155쪽 참조, 특히 60쪽 이하 참조. G. Schmidt는 이와 같이 부인할 수 없는 확실성을 "네 가지의 기본적인 확실성"(vier fundamentale Gewissheiten)이라고 규명한다.

경우에도 마찬가지다. 그 이유는 간단하다. 어떤 사물(존재자)에 대한 의미는, 즉 그 사물(존재자)이 각별한 의미를 갖는 것은 근원적으로 그 사물(존재자)이 존재해야 하며, 또한 사람들에 의해 공감과 공명 내지는 '공통감'(칸트)에 의해 각별한 의미가 구축되기 때문이다.

그런데 우리가 사신도와 사수도 및 성좌들의 세계에 관한 (존재)의 미를 말할 때, 이들에 대한 의미론은 물론 언어학과 의미논리학 및 기호논리학과 논리실증주의, 나아가 논리경험주의에서 다루는 의미론(Semantics, Semiology, Semasiology)의 범주와는 다르다. 저자와 화자話者 및 독자와 청자의 구도 사이에 나타나는 의미론과 화용론, 나아가 언어와 지시체(대상) 사이의 관계를 다루는 언어학적 의미론, 또한 표현적 의미나 개념적 의미, 참과 거짓으로 귀결되는 진술과 명제적 표현에 의한 인식론적 의미 등은 성좌들의 존재 위상이 갖는 의미에 관한 성찰과는 많은 차이를 드러낸다.

인간(의 운명)과 세계에 대해 저들 존재자들은 좀 더 심층적인 존재 의미의 위상을 갖는 것이다. 이런 심층적인 존재 의미는 적어도 '공통감'(칸트)과 공감 및 공명에 의해 그런 끔찍한 영향력을 갖는 존재자로 받아들여졌을 뿐만 아니라 인지되어졌던 것이다. 태곳적부터 전승된 경천사상이 시사하듯 하늘은 선사와 고대의 천문학에서 성역이고, 이 성역 가운데 존재하는 성좌들(사수도, 사신도, 동양천문도의 28수 등)은 예사로운 존재자들과는 다른 우주적 중량을 갖는다.

이러한 존재자들이 갖는 존재론적 중량과 위상은 어떤 이론에 의해 성립된 것이 아니라, 태곳적부터 선사와 고대인들이 몸소 체득했기 — 이를테면 성역으로 받아들여진 하늘에 태양과 달 및 별들의 광채와 운행은 인간의 삶과 운명에 직결되며 농사에서도 절대적인 것을— 때문이다. **저들 존재자들의 존재 의미와 위상은 어떤 단순한 이론에 의해서도 또 자의적이거나 임의적인 방식에 의해서도 아닌, 저들 존재자들 자**

체가 갖는 위상과 이를 체득하고 통찰한 인간들에 의한 공-의미부여 혹은 공-의미창조에 의한 것이다.

존재는 노장老莊의 도道처럼 없는 곳이 없고 온 누리에 흘러넘친다(도와 존재의 편재성). 더욱이 존재는 존재하는 것들에 대한 우리의 일상적 경험에 **전제되어 있기에**, 우리가 이를 볼 수 있는 눈만 있으면 얼마든지 경험을 할 수 있다. 더욱 곤혹스럽게도 하이데거는 우리가 존재가 무엇인지 묻는 물음에도, 개념적으로 이해할 수 없지만, 존재는 거기에 내재해 있다고 한다: "우리는 '존재'가 무엇을 말하는지 알지 못한다. 그러나 우리가 '존재가 무엇이냐?'고 물을 때, 우리는 이 '이다(있다)'가 무엇을 뜻하는지 개념적으로 파악하지 못해도 이미 '이다(있다)'에 대한 이해 속에 머물고 있는 것이다."[86]

그러나 이토록 존재가 무엇인지 묻는 물음에도 끼어 있으며 도처에 흘러넘치는 존재는 그러나 노장과 하이데거 및 비트겐슈타인이 규명하듯 "말할 수 없고" 개념적으로 붙잡을 수 없으며 "신비로운 것"이기에, 그걸 볼 수 있는 눈이 없으면 못 본다. 더욱이 이런 "말할 수 없고" 개념적으로 파악되지 않으며 "신비로운 것"으로서의 존재는 —마치 노자의 《도덕경》 제1장에서 말 되어진 '도'는 상도常道가 아닌 것처럼— 말 되어지는 순간에 자신의 본질에서 벗어나 존재자(대상)의 세계로 떨어진다는 것이다.

"말할 수 없는 것에 대해서는 침묵해야 한다"[87]는 참과 거짓의 대상이 아닌 것, 즉 그에게서 의미의 대상이 아닌 것에 대해선 침묵하라는 주장이다. 논리학의 영역에서 이러한 규명은 당연할 것이다. 그러나 논리학적 기호로 표현해 본다면 철학⊄논리학으로 수식화할 수 있기에,

---

86 M. Heidegger, *Sein und Zeit*, Max Niemeyer: Tübingen, 1984, p.5.
87 L. Wittgenstein, *Tractatus logico-philosophicus*, 앞의 책, p.115(《논고》의 마지막 문장).

이는 오히려 철학⊐논리학인 것으로서 후기 비트겐슈타인은 이를 실현한 것으로 보인다. 철학은 논리학의 영역 안에만 거할 수는 없다.[88]

"말할 수 없는 것에 대해서는 침묵해야 한다"는 진술은 어떤 명제가 (이를테면 "신은 존재한다"거나 "신은 죽었다") 무의미나 거짓이라는 규명이 아니라 "비−의미적인(unsinnig, nonsense)" 것임을 드러내고 있다. 그런데 **구조적으로 "말할 수 없는 것"은 결코 비−논리적인 것만이 있는 것이 아니라 초−논리적인 것과 논리에 앞서는 것이 있다는 것을** 잊어서는 안 된다. 비트겐슈타인도 이를 면밀하게 환기시키고 있다. 말하자면 논리학에 앞서는 무엇(존재)이 있다는 것이다:

> "논리학의 이해를 위해 필요한 '경험'은 뭔가가 이러저러하다는 것이 아니라, 뭔가가 있다는 것이다(daß etwas ist). 그러나 그것은 **아무런** 경험도 **아니다**. 논리학은 모든 경험— 뭔가etwas가 **어떠하다는** —에 **앞선다**. 논리학은 어떻게Wie에 앞서지, 무엇에Was 앞서지는 않는다."[89]

논리학은 어떠함에 관한 일상적인 경험에 앞서지만, 이 논리학을 이해하기 위해 필요로 하는 '경험'은 무엇 그 자체(무엇임)에 관한 '경험'이다. 그런데 여기서 무엇 자체에 관한 '경험'은 비트겐슈타인에 의하면 "말할 수 없는 것" 혹은 말로 표현할 수 없는 것이다: "명제는 사물들

---

88 비트겐슈타인에 따르면 논리적으로 규명할 수 없는 명제들은(이를테면 '신은 존재한다.'거나 '신은 죽었다.'등등) "거짓"이라고 하기보다는 "비−의미적인 (unsinnig, nonsense)"인 것이다(L. Wittgenstein, *Tractatus logico−philosophicus*, 4.003, Suhrkamp: Frankfurt a.M. 1971, p.32). 비트겐슈타인은 여기서 대부분의 철학적 명제들이 틀렸다고 할 수 없지만 '비−의미적unsinnig'이라고 규명하는데, 이 《논고》의 원문(4.003)은 다음과 같다: "Die meisten Sätze und Fragen, welche über philosophische Dinge geschrieben worden sind, sind nicht falsch, sondern unsinnig."

89 L. Wittgenstein, *Tractatus logico−philosophicus*, 5.552.

이 **어떠한가**만을 말할 수 있을 뿐, 그것이 **무엇인가**는 말할 수 없다."[90]

우리가 앞에서 "말할 수 없는 것"이 "비−의미적인" 것이라고 했는데, 이들이 결코 무가치하거나 아무 것도 아닌 것만은 아니라는 사실은 그야말로 일상적 경험과는 다른, "말할 수 없는" 존재 경험이 있다는 것이다. 무엇의 있음은 존재의 다른 표현으로서 말할 수 없는 것의 영역이면서 신비의 영역인 것이다. 그래서 비트겐슈타인도 "신비로운 것 (das Mystische)은 세계가 **어떠한가**가 아니라 세계가 존재한다는 것이다"[91]고 하는데, 이 신비로운 것은 말해질 수 없는 것이지만 ─비트겐슈타인이 강조하듯이─ 스스로 자신을 보여 주는 것이다: "실로 말해질 수 없는 것이 있다. 그것은 자신을 스스로 **보여 준다**. 그것은 신비로운 것이다."[92]

과학적 합리주의로 무장한 근대의 사유는 노장의 도道와 하이데거의 '존재'며 비트겐슈타인의 "신비로운 것(das Mystische)의 영역을 읽어내지 못한다. 그러면서도 이성 중심의 주체 중심주의로 세계와 자연 및 인간과 우주를 진단했으니 태생적인 오만함에서 벗어나기 어렵다. 지상적인 것도 논리학적으로 다 해명하기 어려운데, 하물며 천상적인 존재자들을 진위 판단의 논리적 규명으로 일관하는 것은 경망스러운 태도라고 하지 않을 수 없다.

일월성신의 천상적 존재자들은 ─저들은 대체로 우리가 저들을 이렇게 혹은 저렇게 읽도록 의미 부여를 하고 있으며 얼마나 원대하고 절대적인 존재자인지 알도록 우리의 지성을 자극하고 또 일깨우고 있다 ─ 우리가 일방적으로 인식론적인 판단이나 규명을 할 것이 아니라 서

---

90 위의 책, 3.221. 이 문장에 대한 번역은 이승종, 《크로스오버 하이데거》, 생각의 나무, 2010, 125쪽.
91 L. Wittgenstein, *Tractatus logico−philosophicus*, 6.44.
92 위의 책, 6.522.

로 교감하고 공명하는 데에서(공-의미부여), 그리고 다른 사람들과 서로 공감하는 데에서 저들 존재자들의 존재 의미를 터득하는 것이다(공-의미창조).

이런 존재자들에게 인식론적인 도구로만 규명해 보겠다는 태도 자체가 바람직하지 않는 것이다. 이들 존재자들의 세계 앞에서 오히려 인식론의 도구들이 극히 미흡하다는 것을 고백하는 것이 훨씬 더 정직한 태도인 것이다. **성좌들은 참과 거짓의 대상이 아니지만, 얼마든지 존재의미의 대상은 될 수 있다. 존재 의미의 대상으로서 해와 달뿐만 아니라 북쪽 하늘에 별 일곱 개가 북두칠성이란 성좌의 이름을 갖게 되고 남쪽 하늘에서 궁수자리의 별 여섯 개가 남두육성으로 거듭난 것이다.** 이런 성좌들이 존재하는 것만으로도 존재의 위상과 중량을 갖는 것은 어떤 이론이나 강요에 의한 것도 아니며, 우리와의 교감에 의해 체득된 것이고, 그렇게 사람들에 의해 공감되고 공명되었기 때문이다.

그런데 신비에 쌓여 있고 초자연적 세계를 갖는 저들 성좌의 세계가 아니더라도, 이를테면 우리 주위에 어떤 존재자가 존재하는 것만으로도 크나큰 존재 의미를 갖는 경우가 많이 있다. 우리가 이 책에서 자주 언급하듯 O. 헨리의 《마지막 잎새》의 존재 의미나 N. 호오돈의 《큰 바위 얼굴》의 존재 의미, 동화의 마을, 등대 등 얼마든지 많으며, 사랑하는 사람이 가까이에서 존재하고 있는 것만으로도 내가 존립하고 살아갈 수 있는 힘이 된다면, 이들 존재자들은 말할 것도 없이 그 자체만으로도 큰 존재 의미를 갖는 것이다.

나다니엘 호오돈의 《큰 바위 얼굴》에서 특별한 의미를 읽어 내는 사람과 그렇지 않은 사람 사이에 저 바위의 존재 의미는 달라진다. O. 헨리의 《마지막 잎새》에서 잎새의 존재 의미도 심층적으로 읽는 사람과 그렇지 않은 사람 사이에 서로 달라진다. 죽어가는 사람을 살려내는 잎새의 존재 중량을 아무나 읽어 내지는 못한다. 심층적인 존재의미로 읽어 내는 사람의 사수도와 성좌의 세계는 그런 태도를 못 가진 사람과는 천차만별이다. **세계와 자연 및 존재자는 그 존재 의미를 읽어 내는 능력과 확신을 가진 사람들에게 자신의 모습을 열어 보이고 또 이런 저런 존재 의미를 읽을 수 있도록 동기를 부여해 주는 것이다!**

플라톤은 "태양의 비유"를 통해 태양의 존재 의미는 인간의 삶과 인식과 운명에 절대적임을 읽어 내었는데, 사수도(태양과 달, 남두육성과 북두칠성)를 고인돌의 성혈로 각인한 고대 한국의 선사인들, 사수도뿐만 아니라 사신도를 고분벽화에 그린 고구려인들도 저들 성좌들에 대한 심층적인 의미를 읽어 낸 것이다. 온 우주를 환하게 밝히는 태양과 달은 그야말로 흑암과 카오스를 물리치는 주역인바, 이 역할만으로도 숭경의 대상이 되는 존재자임을 각인시키기에 충분하다.

신석기-청동기에서 시작된 농사와 함께 태양과 달이 농사에 결정적일 뿐만 아니라 이들과 함께 하늘을 수놓고 있는 성좌들도 인간의 삶에 절대적임을 깨달은 것이 사수도를 비롯한 여타의 성좌들로 나타난 것이다. 시간의 흐름에 따라 밤하늘을 장악하는, 북극성을 중심으로 항구적으로 돌고 있는 북두칠성에서 태양과 같은 심층적 존재 의미를 읽어 내고서 사수도의 개념을 형성한 것이다.

그렇게 사수도는 인간과 만물을 보살피는 수호자로 의미 부여된 것인데, 이러한 의미 부여는 어떤 특정한 인간에 의한 자의적인 정립 행위에 의해서가 아니라 —이들 별들이 절대적인 존재 기반을 마련했을 뿐만 아니라 각별한 의미를 촉발했기 때문이다— 이들 별들의 존재와 사람들의 '공통감' 및 공감과 공명에 의한 공-의미부여에 의한 것이다. 성좌들이 의미 형성을 할 수 있도록 절대적인 존재 기반을 이루고 있고, 자신들의 독특하게 두드러진 현상을 통해 우리 인간들에게 영향을 주고 자극을 일으켜 결국 이러저러한 의미 구성을 할 수 있도록 촉발 Affektion한 것이다.

사수도의 별들과 일월성신의 세계가 경이로운 것은, 이들이 이미 그렇게 존재하고 있기 때문이지, 즉 충분히 사람들에게 그런 경이로움을 촉발할 수 있는 능력을 갖고 있기 때문이지 인식 주체가 그렇게 느끼는 것에 의존해서가 아니다. 만약 인식 주체들이 저러한 존재자들의 경이로움을 체득하지 못한다면, 그것은 저들 존재자들이 경이롭지 않아서가 아니라 오히려 인식 주체들이 지적 미성숙으로 말미암아 깨닫지 못하기 때문이다. 깨닫는 안목을 가진 인식 주체들은 상호주관성에 의해 경이로운 존재자들을 경이롭게 이해할 수 있다.

그러나 만약 경이로운 존재자는 물론 어떤 존재자가 존재하지 않는다거나 이런 존재자들이 이런저런 의미를 불러일으키는 촉발을 하지 않는다면, 그 어떤 존재 의미는 부여되지 않을 것이다. 존재자가 불러일으킨 촉발은 우리의 감각장에서 이런저런 의미를 갖고 다가오게 Aufdringen 하며, 우리 인간들은 여기에(존재자가 불러일으키는 촉발에) 자연적으로 동의하며 수긍하는 경향 혹은 "내맡기는 경향(Tendenz zur Hingabe)"[93]을 갖는다.

이와 같이 존재자로부터 촉발되는 자극과 주관의 수긍하는 경향 혹은 "내맡기는 경향" 사이의 상호작용에서 "자아–전향(Ich–Wendung)"[94] 현상이 일어나고, 이런 "자아–전향"에서 새로운 지각과 의미 구성이 성립되는 것이다. 그러기에 일월성신과 사수도의 별들이 이런저런 존재의미를 갖게 된 것은 결코 주관의 일방적이고 자의적인 정립에 의해서가 아니라 이 존재자의 의미 촉발과 사람들 사이에서의 공감 및 공통감에 의한 것이다.

의미 구성은 이토록 "생활세계의 현상학"에서뿐만 아니라 문화세계

---

93 E. Husserl, *Erfahrung und Urteil*, 82쪽.
94 위의 책, 79쪽.

에서도 구축될 수 있다. "생활세계의 현상학"은 문화세계와 관련이 깊은데, 후설은 이 생활세계를 문화세계라고도 한다.[95] 문화란 주지하다시피 자연과 대비되는 개념으로서 의식적인 인간 활동의 결과이고 총체인 것이다. 자연(특히 고대 그리스의 physis)이 인간의 관여가 조금도 없는 본래적 상태라고 한다면, 문화는 인간의 능동적인 의식작용에 의해 형성되는 형성체인 것이다.

그렇다면 사신도-사수도는 고분벽화에 인간의 능동적이고 의식적인 활동이 가미된, 인간의 관여가 분명한 문화적 형성체인 것이다. 더더욱 고분벽화에 새겨진 성좌는 인간의 의도와 사유 및 목적을 읽어 내는 작업과 그 의미 해석인 것인바, 이는 철학의 영역에 속한다. 문화세계란 인간에 의해 구축된 의미의 총체라고 할 수 있다. 그러기에 문화세계로서의 생활세계는 인격체들에 의해 구성되고 구축된 것이다. 인격체들은 능동적인 문화활동을 통하여 주위세계를 구축하고 변경하며 개조해 가는 주체들이다.[96]

일반적으로 세계는 자신에게 의미를 부여하는 의식에게 자기 자신을 선사하는 것(드러내 보이는 것)이다.[97] **이때 세계는 미리 존재하고 있으면서** 자신에게 다가오는 의식에게 자신을 드러내 보인다. 이 존재하고 있는 세계에 아무런 의미를 부여하지 못한다면, 의미 있는 세계를 못 만나게 되는 것이다. 우리는 이 테브나즈의 명제를 ─비록 의미를 부여하는 의식에게 주도권을 줘어 주고 있지만, 즉 의식이 의미를 부여할 수 있도록 미리 존재하고 있는 세계에 대해 묻지 않지만, 의미를 부여하는

---

95 E. Husserl, *Phänomenologische Psychologie*, Hua. IX, hrg. von W. Biemel, 1962, §16~§17; E. Husserl, *Krisis*, Hua.VI, p.378 이하 참조.

96 후설의 생활세계와 문화세계에 관한 자세한 논의는 손봉호, 〈생활세계〉(이영호 편, 《후설》, 고려대출판부, 1990, 163, 180, 182쪽) 참조.

97 피에르 테브나즈, 김동규 옮김, 《현상학이란 무엇인가》, 그린비, 2011, 45쪽 참조.

주체의 역량에 따라 세계는 자신의 모습을 다르게 보이므로— 조금 변형시켜 그 특수성을 정식화하고자 한다: **세계(존재자, 사물, 대상, 자연 등)는 우리로 하여금 자신에게서 의미를 찾는 만큼 자신을 드러내 보이는 것이다.**

결코 인간 주체는 세계(존재자, 사물, 대상, 자연 등)의 존재 의미를 근대의 사유(경험론이든 합리론이든 비판론이든)와 후설에게서처럼 획일화된 주체나 획일화된 세계로 정형화시킬 수 없다. 인간 주체의 경우도 —이를테면 "아는 만큼 본다."가 시사하듯— 그 깨달음의 차원에 따라 다르며, 세계(존재자, 사물, 대상, 자연 등)의 존재 의미도 그러한 무한한 깊이의 의미층을 형성하고 있다. 그러기에 **세계와 자연은 인간이 깨닫는 인터벌에 항상 존재하며, 아무리 깨달음의 깊이를 더해도 그 깊이를 포괄하고 또 초월해 있다.**

그런데 우리가 위에서 목격했지만, 칸트를 비롯한 근대의 수다한 철학자들과 현대의 논리실증주의자들이 추구한 과학과 수학 및 논리학의 철학이 우리에게 무엇을 남겼는가. 눈앞의 경험세계와 "현전의 형이상학"에 몰입한 이런 학문들이 우리에게 고귀한 삶과 궁극적인 의미를 제공하고 희망 있는 메시지를 전했다고 할 수 있는가? 생각하기에 따라 다르겠지만, 그 답변은 퍽 냉소적일 수도 있는 것이다.

인간의 삶에서 인식의 문제에 못지않게 더 긴요하고 필수적인 것은 오히려 의미의 문제라고 여겨진다. 물론 의미의 문제(의미를 찾고 추구하는 것)와 인식의 문제가 서로 연루되어 있는 경우도 많다. 인간은 의미를 추구하고 찾아가는 존재이다. 인간은 어딘가를 향해 나아가는, 삶의 의미를 추구하고 찾아나서는 그런 존재인 것이다. 어쩌면 인간의 인식 추구는 오히려 의미를 추구하고 찾아가는 과정의 일환일 따름인 것이다.

인간은 존재 의미를 찾고 또 부여하며 살아가는 존재이다. 이토록 삶의 존재 의미를 묻는 물음 가운데 인간은 코스모스에서 동식물이나 다른 생명체와 비교되는, 영적인 존재의 모습을 더욱 선명하게 드러낸다. 삶의 존재 의미는 인간이 삶의 여로를 살아갈 수 있도록 하는 힘의 원천이다.

우리 주변엔 각별하게 의미 부여된 존재자들로 가득 차 있다. 역법이든 보석이든 돈이든 등대와 같은 건축물이든 친구와 애인이든 우리의 일상에는 수없이 의미 부여된 것들로 넘쳐난다. 《마지막 잎새》와 《큰 바위 얼굴》과 같은 문학작품에서 그야말로 각별한 의미가 부여된 "마지막 잎새"와 "큰 바위 얼굴"의 존재 중량을 생각해 보면 얼마나 의미 부여된 존재자가 그렇지 않은 경우와 다른지 확연하게 알 수 있다. 저 천상의 성좌들, 특히 사신도와 사수도도 각별한 숭경심과 함께 의미 부여된 초자연적 존재자들이다.

삶의 존재 의미에 대한 물음이야말로 인생 전체가 여로인 만큼 철학과 인생에 절박한 물음이다. 롬바흐가 천명하듯 "의미Sinn에 관한 물음은 인간에게 불가피하다. … 인간이 무엇을 하건, 무엇을 체험하건 의미에 관한 물음이 제기된다. 물론 어떤 것은 의미가 없거나 의미 없는 것으로 느껴질 수도 있다. 하지만 그럴 수 있는 것은 단지, 인간과 관계된 모든 것에 대해 원칙적으로 그 주도적 의미가 물어질 수 있기 때문이다. 그런 주도적 의미가 존재한다는 것, 또는 존재해야 한다는 것은 늦어도 의미가 의심스러워지거나 상실되어 갈 때는 분명해진다. 의미의 위기, 의미의 상실, 의미의 붕괴, 의미의 그늘짐은 인간 현존재와 그 삶의 질을 결정적으로 위태롭게 만드는 것들이다."[98]

롬바흐의 정직한 고백처럼 삶의 의미 없이, 의미의 창조 없이 인간은 살아갈 수 없다: "그 어떤 것도 의미 창조성이 전혀 없으면 살

---

98 H. 롬바흐, 전동진 옮김, 《살아 있는 구조》, 43~44쪽.

아 있을 수 없다. 의미 창조의 정도가 삶의 강도와 충족 정도를 결정한다."[99]

다음은 월터 로오리(Walter Lowrie)가 키엘케고르의 편지를 인용한 글인데,[100] 여기선 인식론적 객관의 진리보다는 훨씬 더 큰 비중으로 '의미 있는 것' 혹은 주관적 진리를 들여다보게 한다:

> "나에게 진정으로 필요한 것은 내가 무엇을 알아야 하느냐가 아니라 ―아는 일이 모든 행동에 선행한다는 사실을 제외한다면― 무엇을 해야 하는가를 분명하게 마음속으로 파악하는 일이다. 중요한 일은 내가 무엇을 하도록 예정되어 있는가, 또 신이 나에게 요구하는 것이 무엇인가를 아는 것이다. 요점은 나를 위한 진리를 찾는 것, **내가 그것을 위해 기꺼이 목숨을 바쳐 살아야 할 이상을 찾는 것이다.** 비록 내가 철학자들의 체계를 애써 파고들려 하고, 필요하다면 그 체계를 검토할 수 있게 된다 할지라도, 소위 말하는 객관적 진리를 발견하는 것이 내게 무슨 유익이란 말인가?"[101]

여기서 **"내가 그것을 위해 기꺼이 목숨을 바쳐 살아야 할 이상"**이라면 얼마나 큰 비중을 갖는 의미인지는 우리가 충분히 파악할 것이다. 인간의 삶에서 중요한 관건이 되는 것은 결코 인식론의 문제만은 아니다. 경우에 따라 더 긴요하고 더 절실하며 더 지배적인 것은 존재 의미의 문제인 것이다. 만약 이를테면 이 세계와 인간을 근거 짓는 원인, 즉 고대 그리스의 철인들에게서 잘 나타나는 만물의 '아르케'arche란 무

---

99 앞의 책, 58쪽.
100 Walter Lowrie, *A short Life of Kierkegaard*, Princeton: Princeton University Press, 1942, p. 82.
101 여기선 제임스 사이어, 김헌수 옮김, 《기독교세계관과 현대사상》, IVP, 2008, 186. 인용문 가운데 강조된 문장은 필자에 의한 것임.

엇일까 라고 묻는 물음이라면 존재에 대한 물음인 것이다.

혹은 "이 세상만물이 존재하게 된 원인은 무엇인가?"라고 묻거나 "내가 왜 존재하게 되었는가?"라고 물으면, 혹은 "이 세계의 궁극적 실제란 무엇인가?"라고 묻는다면, 이건 존재 물음으로서 분명히 인식론 문제보다 앞선다. 만약 아무것도 존재하지 않는다면, 그야말로 아무 것도 인식할 수 없는 노릇인 것이다. 우리는 이와 같이 인식의 문제보다도 우주의 본질에 관해, 인간의 본질과 운명에 관해서 묻고, **그 다음으로 인식에 관해서 물을 수 있기에, 근대적 인식론을 가장 중요하고 절실하게 여길 아무런 이유가 없는 것이다.**

사수도의 성좌들과 고인돌 성혈의 성좌들이 심오하고 크나큰 존재 의미를 갖는 것은 인식론에 의해서라기보다는 ―어차피 인식론은 그 자체의 한계로 말미암아 저런 존재 의미를 밝혀낼 수 없다― 존재자 그 자체가 갖는 존재 위상과 중량에 의한 것이다. 그렇게 의미 부여된 것은 ―우리가 이 장에서 세심하게 논의했듯이― 우연에 의한 것도 이론이나 인식론에 의한 것도 아닌, 이들 존재자와 인간(인류) 사이에 일어난 교감과 공감 및 공명에 의한 것이다.

그러면 공감과 공명 및 공통감에 의해 구축된 사신도-사수도의 보살핌의 철학에 대한 또 다른 정당화물음이 제기되는가? 그럴 수도 있을 것이다. 그러나 일월성신이든 사수도이든 혹은 어떤 사물이든 인간들이 스스로 어떤 필연성을 느낀 나머지 거의 자연적으로 혹은 거의 무조건적으로 "크게 의미 있다"(sinnvoll sein)고 받아들인다면 그러한 의도와 결정을 무시할 수는 없는 노릇이다. 그것은 마치 "나는 …의도를 갖는다"(Ich will), "나는 존재한다"(Ich bin), "나는 사유한다"(Ich denke), "나는 살고 있다"(Ich lebe) 등과도 같이 인간이 자연적이면서도 필연적으로 받아들이는 전제와도 같다.[102] 말하자면 이들은 더 이상 환원해서 그 이유를 물을 수 없는 절대적 단초인 것이다. 이를테면 "큰 바위 얼굴"을 사람들이 '크게 의미 있다고'sinnvoll 받아들이는 경우나, 고향이나 건강, 행복 등을 그렇게 받아들이는 것과 같은 이치인 것이다.

왜 히말라야나 올림포스, 나아가 시나이산이나 백두산 및 킬리만자로와 같은 산들은 각별한 의미를 지니고 있을까. 또 히말라야에서 흘러내리는 인더스강이나 메콩강이며 양쯔강 같은 것들은 각별한 의미를 갖는 것일까. 왜 초원 위에 우뚝 서 있는 알타이산은 백성들의 고향으로 여겨지며 왜 백두산은 민족의 영산으로 여겨진단 말인가. 이들 산들과 강들은 그냥 거기에 있는데, 왜 각별한 의미를 갖고 있단 말인가.

그것은 오랜 세월에 걸쳐 형성되었건 혹은 짧은 시간에 걸쳐 형성되었건 사람들에 의해 그렇게 의미가 부여되고 의미 형성된 것이다. 그것은 엄격하게는 다차원적으로 공-의미부여된 것이다. 그것은 존재자의 존재 없이는 근원적으로 불가능하고 또 사람들과의 공감과 공명에 의해, '공통감'(칸트)에 의해 의미가 형성되었기 때문이다. 말하자면 그것은 "의미 있는 것으로 여김"(Für-sinnhaft-halten)이나 이보다 한 차원 더 높은 "음양 이원론"(Für-sinnvoll-halten)의 현상에 의해 구축된 것이다. 그것은 일정한 기간(대체로 오랜 기간)에 걸쳐 의미 부여Sinnverleihen된 것이다.

그런데 이런 산들과 강들이 그렇게 의미 부여된 이유는 무엇일까라고 묻는다면, 분명한 과학적인 답변이야 들이댈 수 없지만 우연만은 아닐 것이라는 것쯤은 짐작할 수 있다. 그것은 저 산들과 강들이 그렇게 존재하면서 의미 부여될 만큼 무엇인가를 촉발하기 때문인 것이다. 어쩌면 예술의 탄생에도, 또 우리가 학문을 하는데도 바로 "음양 이원론"(Für-sinnvoll-halten)의 현상이 전제되었기 때문인 것이다.

---

102 G. Schmidt: *Subjektivitaet und Sein*, Bouvier Verlag: Bonn 1979, 69, 89, 127, 155쪽, 특히 60쪽 이하 참조.

우리는 위에서 가끔 사례들을 늘어놓았지만 "마지막 잎새"나 "큰 바위 얼굴" 혹은 지상에서 각별하게 의미 부여된 존재자들과도 유사하게 일월성신의 세계와 사신도-사수도의 경우도 각별한 의미를 부여받아 보살핌의 체계로 구축된 사실을 읽어낼 수 있다. 고대 한국의 선사인들은 해와 달을 비롯한 하늘의 성좌들을 고대 그리스인들 못지않게 경이롭고 기적적인 존재자로 여겼을 것이다. 그러기에 그들은 기본적으로 근대인과 현대인이 갖는 자연에 대한 태도, 말하자면 자연을 정복하고 착취하며 물화("연장적 실체"화)하는 방식에서 벗어나 있었던 것이다. 자연과 존재자들에게 심층적으로 존재자의 존재 의미를 물으면서 접근하고 교감하며 체득하는 방식이 저 인식론적 태도보다는 훨씬 더 근원적인 방식인 것이다.

　　물화된 세계를 거슬러 생명을 불어넣고 혼을 투입시키는 것, 그래서 이런 물화된 세계를 아름다운 유기체로, 의미를 함축한 생명체로 탄생시키는 것은 인간의 온당하고 위대한 의미 부여 행위 혹은 의미 창조 행위라고 감히 말할 수 있다. 하늘의 일월성신의 세계에서 사신도(청룡, 백호, 주작, 현무)와 사수도에 각별한 의미를 부여하여(공-의미부여) 온 코스모스를 수호체계의 보살핌의 철학으로 승화시킨 것은 온당하고 위대한 창조행위인 것이다.

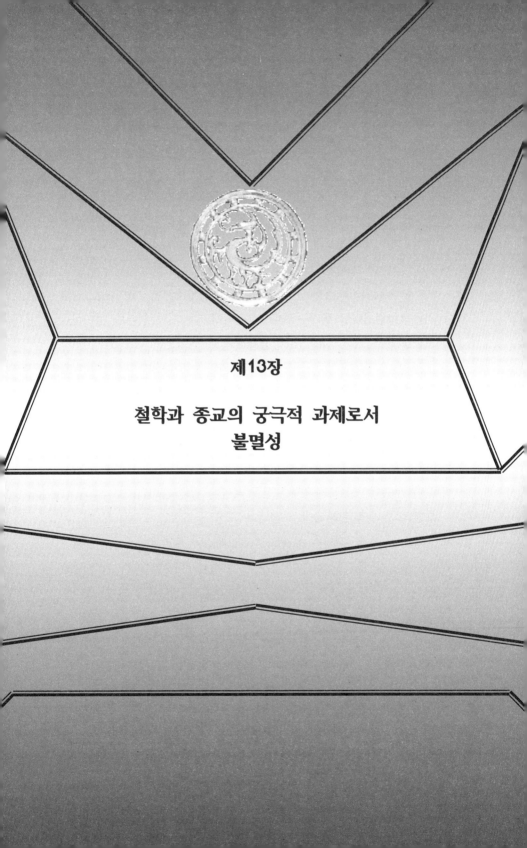

제13장

철학과 종교의 궁극적 과제로서
불멸성

1. 인간의 궁극적 과제로서 불멸성

칸트(I. Kant)는 형이상학의 "피할 수 없는" 3대 과제를 신神, 자유, 불멸성이라고 했다.[1] 그런데 이러한 칸트의 지적은 −물론 사람마다 생각하기 나름이겠지만− 인간의 깊은 심연에 놓인 궁극적인 문제를 꿰뚫어 본 것으로 사료된다. 그러기에 칸트가 지적한 신, 자유, 불멸성이라는 것은 "형이상학의 3대 과제"에 그치는 것이 아니라, 인간의 근본적이고 궁극적이며 또 실제적인 문제인 것이다.

이러한 근원적인 과제는 실로 인간의 삶에 의미를 부여하는 가장 중요한 방향점이라고 할 수 있다. 그러기에 그에게서 이러한 형이상학의 3대 과제는 실천이성의 '요청'Postulat으로 받아들여지고 있다. "인간의 궁극적인 목적"은 무엇일까? 물론 어떤 무엇etwas을 궁극적인 목적이라고 설정하면 피식 웃는 철학자가 많을 것이다. 우리도 그렇게 확정하자는 것이 아니다. 인간의 궁극적인 목적이 무엇인지에 대해 확정된 것도 없고 또 밝혀진 것도 없다. 각자는 각자 나름의 궁극적인 목적을 설정할 수도 있다. 그러나 깊이 성찰하면, 그 누구도 자기 존재의 불멸성이 가장 근원적인 문제임을 부인할 사람은 없을 것이다.

그것은 인간의 근본적인 과제이고 또한 궁극적인 문제이기 때문이다. 신과 불멸성의 문제는 실제로 소크라테스와 플라톤에게서 핵심적인 과제로 여겨져 왔고, 플라톤의 경우 《파이돈》을 비롯한 그의 여러 대화록에서 인간의 영혼 불멸 문제를 핵심적 관건으로 다루고 있다. 플라톤은 철학을 한마디로 "죽음의 준비"로 보고 있다.

만약 우리가 앞의 3가지의 "피할 수 없는" 과제들 중에서 '자유'라는 과제 하나만 놓고 보아도 이것이 인간의 심오하고 궁극적인 문제가 됨

---

[1] I. 칸트, 《순수이성 비판》, B7, B346.

을 알 수 있다. 자유의 개념은 사회적이고 정치적이며 법적인 의미에서부터 존재론적이고 종교적인 의미에 이르기까지 그 의미의 심층을 이루고 있는 것이다. 여기서 전자에 속하는 자유의 개념은 대체로 우리에게 잘 알려져 있다. 인류정신사의 역사는 이러한 자유의 쟁취를 위한 처절한 몸부림과 싸움이었음을 우리는 잘 알고 있다.

이 자유의 개념은 종교의 영역에 이르기까지 확대되어 있다. '해탈'이나 '열반'이라는 불교의 용어는 절대적으로 심층적 자유의 개념이다. 기독교의 경우도 대동소이하다. 죄와 죽음 및 멸망으로부터의 해방은 영원한 자유의 획득과 직접적인 연결고리를 형성하고 있다. 칸트가 지적한 신神과 불멸성의 경우도 위와 유사한 깊이와 중량을 갖는 문제이다. 인간에게 절대적이고 궁극적인 의미를 제공하는 것은 바로 자유를 포함하여 신과 불멸성이라고 해도 과언이 아니다. 우리를 포함한 모든 존재하는 것들에 대한 궁극적인 응답은 절대자 혹은 신과 떠나서 생각할 수 없다.

과학은 외부세계에 드러난 현상만을 설명할 뿐 그 어떤 존재론적이고 형이상학적인 답을 제공할 수 없다. 우리를 포함한 세계는 결코 풀리지 않는 수수께끼와 신비 및 미스터리로 가득 차 있다. 존재하는 것 자체만으로도 충분히 신비이고 미스터리이며, 나아가 뭔가가 왜 이렇게 혹은 저렇게 존재하는가라는 물음도 신비와 수수께끼인 것이다. 우리는 그러나 그 어떤 궁극적인 것에 대해서도 확실한 해결의 실마리를 제공해 줄 수 없다. 우리의 의지와 능력은 한계가 있기에, 우리가 궁극적인 것에 대해 확고한 응답과 해결을 마련한다는 것은 극히 미흡하거나 오류일 수도 있으며 그 정당성 물음에 적잖은 문제를 남긴다.

"피할 수 없는" 과제들 중에서 불멸성도 다른 과제들과 내밀한 연결고리를 갖고 있으며, 이는 인간의 운명을 결정하는 심각하고 심대한 문제이다. 죽음과 더불어 인간의 모든 것이 절대적 종말로 치닫거나 무無

로 침잠해 버린다면, 혹은 한 줌의 먼지로 공중분해되고 만다면 도대체 우리 인간은 무엇이고, 우리의 존재 의미란 또 무엇이란 말인가. 우리의 모든 것이 단순한 추락과 끝장으로 엮어져 있다면, 절대적인 허무주의만이 인간의 종말을 지배할 따름이다. 그러나 우리를 포함하여 뭔가가 존재하는 것만도 기적과 신비와 수수께끼로 둘러싸인 만큼, 이런 기적과 신비와 수수께끼의 세계가 죽음과 더불어 새로운 기적의 장을 형성할지는 쉽게 긍정하거나 부정하지도 또 속단하지도 못하지만, 추론하거나 믿을 수는 있다. 그러기에 모든 것이 단순하게 끝장이 난다고 주장하는 것도 무리수다.

불멸성이 인간의 궁극적인 문제라는 것은 굳이 철학자들의 논증이 아니어도 확신할 수 있다. 이를테면 만물 가운데에서 모든 생명체는 본래적으로 생존하려는 의지를 갖고 있다. 땅위에 기어 다니는 작은 곤충이나 벌레도, 바닷가에서 모래를 뒤지며 사는 작은 미물들도 생명의 위기를 맞으면 방어하거나 도망을 친다. 그런 태도를 삶을 향한 본능이라고 해도 무관할 것이다. 그러나 그들의 삶 너머에 무엇이 있는지, 우리로서는 알 수 없으며 또한 이들이 그러한 세계에 대해 뭔가 지각하고 있는지도 알 수 없다.

그러나 긍정적으로 파악하든 또는 부정적으로 파악하든 무릇 생명체들은 끊임없이 살려고 한다— 그것도 더욱 좋은 조건과 환경에서. 이를 확대 해석해 보면 인류도 그 발원시대부터 그리고 동서양을 막론하고 철학과 종교, 문학과 예술 등을 통해 영원과 불멸을 추구해 온 것이다. 고구려의 고분벽화에도 이러한 사상이 잘 농축되어 있다.

인간은 본래적으로 사유하고 초월하는 속성을 갖고 있고, 이러한 초월적 사유에 의해 불멸성과 같은 궁극적인 형이상학의 문제를 제기하고 또 응답하는 것이다. 물론 이때 제기하는 문제와 응답이 실증적이고 합리적인 시각에서 정답이라고는 기대할 수 없지만, 그러나 다짜고짜로 틀렸다고 할 수는 없다. 형이상학적인 답변의 특징은 지금 당장 우리의 눈앞에서 증명해 내어야 하는 것은 아니기 때문이다. 그것은 더욱이 실증주의와 합리성의 잣대로는 처리될 수 없는 것이다. "형이상학"(μετὰ-τὰ-φυσικά: 초-자연학)이라는 개념 속에는 이미 실증과학이나 경험세계의 감각현상을 뛰어넘는다는 뜻이 배태되어 있다.

그런데 인간이 불멸성을 떠올리고 사유하는 것은 결코 단순한 불멸에 대한 욕망이거나 상상, 혹은 희망만은 아니다.[2] 그것은 형이상학적 근원을 묻는 과정에서 혹은 종교적인 요인을 찾는 데에서 혹은 플라톤의 경우에 분명하듯 "우주적 정의"의 관점에서 불멸할 수 있는(해야 하는) 이유가 있기 때문이다. 인간은 초인간적이고 불멸하는 신적인 요소(이를테면 "신의 형상"이라든가 영혼의 존재)를 갖고 있다고 철학·종교·신학은 말한다. 인간이 불멸을 추구하는 것도 바로 이러한 초인간적이고 신적인 요소가 있기 때문일 것이다. 인간은 본래적으로 궁극적인 것과 영원한 것, 초월적인 것과 초자연적인 것이며 신적인 것과 뗄 수 없는 관련성을 갖고 있으며, 그러한 것과의 관련 속에서 삶을 추구한다.

고분벽화를 통해 비춰볼 때 고대의 한국인들도 인간이 영혼을 통해 불멸하고[3] 신적인 존재에 동참할 수 있음을 깨달은 것이다. 이러한 신

---

2 쇼펜하우어는 그의 《의지와 표상으로서의 세계》와 《인생론》 등에서 인간의 살려고 하는 의지를 부정적으로 보았다. 그러나 살려는 의지는 엄밀히 말하면 가치중립적이라고 할 수 있고 인간의 본성에 속한다고 할 수 있다. 살려는 의지를 부당하다고 볼 수는 없다. 단 부당하게 살려는 것은 문제가 된다.
3 이러한 영혼불멸의 사상은 유물론을 추구하는 북한사회에서도 정확히 지적하고 있다. 손수호(김일성 국합대학 역사학부 고고학 강좌장)는 당시의 고구려인들이 "사람들은 비록 죽었어도 '령혼'은 살아 있다"는 것을 생각했다고 하고 또 "'령혼'이 영원히 생존시와 같이 생활할 수 있다"는 것을 생각했다고 한다: 《특별기획전 고구려!》, 206쪽 참조. 리준걸 교수도 〈고구려에서의 천문학의 발전〉, 20쪽에서 고구려 사람들의 "령혼불멸사상"과 점성사상을 지적하고 죽음이야말로 변함없는 같은 하늘에서 "몸이 령혼으로 교체될 뿐"이라고 한다. 김성

적인 속성을 통하여 그들은 인간이 자연법칙과 그의 인과율에만 얽매어 있는 것이 아니라, 이러한 한계를 초월할 수 있음을 터득한 것이다. 그들에 의해 비춰진 인간상은 비록 자연 속에 살지만 초자연적인 것을, 지상에 거하는 존재이지만 초인간적인 것을, 신神이 아니지만 신적인 것을 추구하며 살아간다.

인간은 지상에서 유한한 존재이지만 무한한 것을 추구하고, "한계상황"4에 갇혀 있지만 이 한계를 벗어나기를 시도한다. 그는 형이상학적 갈증을 갖고 있고 그 갈증을 풀지 않으면 살 수 없는 "형이상학적 존재"(ens metaphysicum)이다. 놀랄 만한 사실은 바로 고구려의 고분벽화가 이러한 "형이상학적 존재"인 인간에게 그 궁극적인 것을 스크린 위에 총천연색의 동영상으로 펼쳐 보이고, 또한 그러한 사건에 대해 무언의 메시지로 응답을 하고 있다는 것이다. 이 스크린 위에 드러난 것은 불가능의 벽이 허물어지는 것과, 인간과 신적인 존재와의 경계며, 순간과 영원의 단절, 생성소멸의 굴레와 항구적인 존재와의 갈등, 시간과 공간의 제약, 삶과 죽음의 수수께끼 등등 온갖 "한계상황"이 극복되고 그 미스터리가 밝혀지는 것이다.

인간에게서의 불멸에 대한 신앙과 종교는 예술행위나 질서생활, 문화와 윤리적 생활의 추구와 마찬가지로 인간의 삶 속에 본질적으로 포함되어 있기에 ―원시적 형태의 종교이든 '고등종교'이든― 하나의 보

철 박사도 위와 유사하게 영혼을 수호하는 고분벽화의 사신도상을 잘 드러내고 있다: "알려진 바와 같이 고구려 사람들은 사람이 죽어도 '령혼'은 살아 있다고 보면서 그 '령혼'을 지킨다는 이른바 방위신인 청룡, 백호, 주작, 현무 등 환상적인 동물들을 피장자의 주검 칸에 그려 넣었다."(김성철, 〈고구려무덤벽화에 그려진 사신도의 출현시기에 대하여〉, 21쪽).

4 "Grenzsituation": 카알 야스퍼스의 용어. 이는 현존재로서의 살아 있는 인간이 도피할 수 없는 하나의 불가능의 벽이다. 그래서 그는 어떤 방식으로든 이 한계상황에 부딪치고 맞서야 한다.

편적 현상이라고 할 수 있다. 종교는 —특히 엘리아데의 전 저작들에서 자명하게 드러나듯— 어쩌면 인간의 가장 오래된, 가장 강력한, 가장 절실한 갈망의 형태로 볼 수 있을 것이다.

엘리아데는 인간의 본질을 "인간은 종교적 존재이다"(Homo religiosus)로 규명한다.[5] 그것은 인간이 본질적으로 종교적이어서, 철두철미하게 신(절대자)과 연관된 삶 속에서, 신의 가까이에서 살기를 원한다는 것이다. 그에 따르면 인간은 어떤 형태로든 초자연적인 것과 초인간적인 것, 신적인 것과 영원한 것과의 접속을 통해 삶을 영위하고, 만약 이러한 초월자와 관련을 맺지 않으면 살 수 없다는 것이다.

엘리아데의 '인간'은 오로지 위로 향하여 열려진 공간, 땅 아래에서부터 땅 위와 하늘 저쪽까지 그 지평의 돌파가 가능한 세계, 다른 세계, 즉 초월적 세계와의 교섭이 제의적으로 가능한 공간에서만 살 수가 있는 것이다. 그의 '종교적 인간'은 거룩한 세계 속에서만 진정한 실존을 가질 수 있고 또 이와 같은 세계에서만 살 수 있다. 이런 종교적 필요성은 '종교적 인간'의 '존재론적 갈망'을 드러내고 있다. "신들과의 교섭이 가능성을 얻는 곳에", "신들에게 가장 가까이 다가가는 곳에 발을 디디고 서려는 것"이 곧 "종교적 인간의 의지"이다. 한마디로 "종교적 인간의 심원한 향수는 '신적인 세계'에서 거주하려는 것"이다.[6]

이처럼 '종교적 인간'은 되도록 신들과의 교섭이 가능한 곳에 살기를 원하며 신들과 가까이에서 살기를 원한다. 그는 "태초의 완전성에 대한 향수"를 갖고 있으며 근원을 향한 향수를 갖고 있다.[7] 그는 살아 생동하면서 신들과 또한 자연계의 가족(하늘의 별들, 특히 북두칠성과 남두육성 기타)과 서로 교류하고 서로 거주하며 서로 하나로 되고 서로

---

5 M. 엘리아데, 《聖과 俗》, 17쪽, 58, 81~82, 145 이하 참조.
6 위의 책, 58~59 참조.
7 위의 책, 81~82 참조.

한 가족으로 되는 것이다. 이것이야말로 종교의 궁극적 목적이면서 형이상학의 완성이라고 해야 하지 않겠는가.

형이상학의 "피할 수 없는" 3대 과제가 신神, 자유, 불멸성이라는 칸트의 지적은 우리 인류의 정신사를 파악해 볼 때 지극히 온당한 것으로 여겨진다. 그것은 아직 형이상학이 형성되지 않은 시대에서부터, 다시 말하자면 엄격한 학문성을 요구하는 칸트의 "형이상학"보다 훨씬 이전의 원시시대부터 신과 자유 및 불멸성은 인류의 피할 수없는 과제였기 때문이다. 어쩌면 원시와 고대의 신화에서부터 끊임없이 이어지는 핵심적인 테마는 바로 신과 자유 및 불멸성에 관련된 것이다.

신화는 그 독특한 외형적 양식과 장르와는 달리 인간의 현실적이고 절박한 철학을 문제 삼고 있는 것이다. 그래서 철학의 탄생을 "신화에서부터 이성으로"(Vom Mythos zum Logos)라고 정형화하는 것은 온당하지 않다. 그런 면에서 신화는 인류 최초의 철학이라고 해야 할 것이다. 우리 인류는 아주 일찍부터 이런 테마를 신화라거나 문학, 시와 음악과 미술 등을 통해 드러내었다. 우리는 여기서 호메로스의 서사시에서와 오르페우스의 신화에서 영혼불멸에 관한 기획과 플라톤의 영혼불멸에 대한 증명을 통해 이른바 신화의 시대에서부터 본격적인 철학연구에 이르기까지 불멸성이 인간의 궁극적인 과제였음을 밝혀본다.

2. 선사시대의 성혈고인돌에 새겨진 불멸사상

선사시대는 보통 석기문명(구석기, 신석기)에서 시작한다고 하지만, 그것만으로 인류의 정신문명까지 규명한다는 것은 중대한 오류이다. 역법은 이른 선사시대에 이미 구축되었고, 고인돌문명을 통한 불멸사상과 성혈星穴고인돌을 통한 불멸과 천문사상은 고도의 정신문화를 ―H. 롬바흐는 고급문화Hochkultur라고 규명한다― 추구하였기 때문이다. 고구려의 고분벽화에서 수다한 천문도와 천문사상은 이미 선사시대의 성혈고인돌에 각인되어 있었던 것이다.

고인돌 성혈의 성좌는 하늘나라에 대한 경천사상과 불멸사상 및 천향으로의 귀천에 대한 사상을 현사실적으로 드러낸 것이다. 하늘의 별자리를 새긴 고인돌 성혈이 천향 및 본향과 연루되는 것을 김일권 교수도 잘 지적하고 있다: "천문에 대한 지향은 예나 지금이나 크게 다르지 않다. 하늘이 우리의 본향이라 믿는 고대적 사유 속에서 고인돌의 덮개면이라든가 자연 암면에 별자리를 새기는 것은 그 하늘을 지상으로 끌어안으려는 본연의 회귀성이 반영된 문화이자, 인간이 자신들의 시간 개념을 위하여 천체 운행에 관심을 기울였던 흔적이라 이를 수 있을 것이다."[8]

고인돌 덮개돌에 하늘의 성좌를 각인하여 경천과 천향의 사상을 드러낸 것은 문자로 드러낸 메시지와도 거의 같은 표현인문학으로서 선사시대 사람들의 정신세계를 들여다볼 수 있게 하는 기적적인 유물이다. 돌칼로 성혈을 파는 것이 어디 쉽기라도 하단 말인가. 단순한 예술작품을 위해서 그렇게 무덤의 덮개에 성혈을 남겼단 말인가?

무덤으로 쓰였던 그 거대한 고인돌의 덮개돌에 ―돌을 뚫고 조각할 만한 적당한 도구도 없던 상황에서― 성혈로 하늘의 별자리를 각인한 것은 그런 노력과 정성을 기울여 표현할 만한 경천과 천향으로의 귀천歸天사상이 있었기 때문이다. 만약 자연석의 바위에 성혈이 새겨져 있다면, 그것은 천향에 대한 사상을 추리하기 어렵겠지만, 고인돌의 덮개에 새겨진 성좌는 적어도 사자死者가 돌아갈 곳, 그의 본향이 하늘이라

---

8 김일권, 《우리 역사의 하늘과 별자리》, 52쪽.

는 내용도 포함하고 있다. 귀천과 경천 및 불멸의 사상이야말로 (성혈) 고인돌을 건축하게 한 가장 근원적인 원동력이었을 것이다.

고인돌이 무덤의 성격을 띠고 있다는 것은 잘 알려진 사실이고, 또한 인간의 유골이 고인돌 유적에서 자주 출토된다는 학계의 보고가 많다. 그러나 분명 유골이 없는 그런 고인돌도 많으며, 종교적 성격을 띤 제단이나 기타 제의라든가 마을 공동체가 특별한 행사를 위해 모인 장소로도 볼 수 있는 경우도 많다. 하문식 교수는 고인돌의 다양한 기능을 네 가지로 요약하고 있는데, 대체로 많은 전문가들도 이와 유사한 견해를 갖는 것으로 보인다.9

고인돌은 장축 10m에 달하는 육중한 거구로 침묵하고 있는 선사시대의 유물이지만, 동시에 우리에게 뭔가를 말하고 있는 역사의 증언자이기도 하다. 그러나 덮개돌에 새겨진 성혈고인돌은 그 성좌도를 통해 자신이 무엇을 말하고 있는지 우리에게 알려 준다. 말하자면 성혈고인돌은 다른 고인돌들과는 달리 분명한 메시지를 가진 "말하는 돌"인 것이다. 성혈고인돌의 성좌도에는 최소한 선사시대 사람들의 경천사상과 불멸사상 및 천향사상이 들어 있다. 선사시대로부터 구축된 거석문화는 실로 "세계의 불가사의로 자리매김할 수 있는"10 거대한 사건이다.

---

9 "첫째, 고인돌을 신비한 상징의 대상으로 여기면서 종교나 기념적인 성격을 지닌 종교 제사 기념물. 둘째, 집단적으로 공공활동을 하였던 집회장소의 역할. 셋째, 무덤의 기능. 넷째, 선조들의 제사를 지낸 장소"(하문식, 〈고인돌의 숭배 의식에 대한 연구〉, 《비교민속학》 제35집, 2008, 108쪽). 하 교수는 특히 고조선 지역인 요령의 탁자식 고인돌을 연구하면서 〈고조선 지역의 고인돌 연구〉(《백산사료원》, 1999, 275쪽)에서도 위에서 언급된 네 가지 고인돌의 기능을 강조하고 있다. 이융조·하문식, 〈한국 고인돌의 다른 유형에 관한 연구〉, 《東方學志》, 제63호, 1989, 46~50쪽 참조. 이영문, 〈지석묘의 기능적 성격에 대한 검토〉, 《한국 지석묘사회 연구》, 학연문화사, 2002, 217~236쪽 참조.
10 이종호, 《한국7대 불가사의》, 63쪽.

그런데 필자는 여기에서 한 걸음 더 나아가 고인돌(특히 성혈고인돌)은 한국 고대철학을 세계철학사의 지평에 새롭게 올릴 수 있는 획기적 계기라고 본다. 그것은 우리가 앞에서도 자주 논의했지만, 성혈고인돌의 성좌도에서, 특히 사신도-사수도의 세계관을 통한 보살핌의 철학을 구축할 수 있기 때문이다.

엄밀히 들여다보면 성혈고인돌이 아닌 일반고인돌에서도 ─H. 롬바흐가 읽어내었듯이─ 위대한 "정신의 소인"과 고급문화 및 원초적 형태의 형이상학을 터득할 수 있다. 동양사상에도 심취했던 현상학자 롬바흐는 유럽인들에 의해 무생물로 처단된 돌과 침묵하고 있는 돌에서 그야말로 "돌의 세계"를 발견하고, 이 돌로부터 선사시대에서의 절대자(das Absolute) 개념과 "초-자연(Über-Natur)"으로서의 원초적 "형이상학 Metaphysik" 개념을 읽어 낸다. 그러기에 그에게는 돌에도 "정신의 소인이 찍혀 있는 것"이다.

"돌에게서 인간은 불변(das Unveränderliche)을 배운다. 돌은 자신의 불변으로 모든 변하는 것을 초월한 위치에 놓는다"[11]는 롬바흐의 규명은 고인돌의 건축 동기에도 적합한 근거가 되는 것으로 보인다. 돌의 이러한 불변성은 뭔가 하나의 새로운 차원, 즉 모든 변하는 것, 모든 생성소멸生成消滅하는 것을 초월하고 지배하는 차원을 갖는 것이다. 실로 이러한 "'초월한 위치에 놓음(Über-Stellen)'은 하나의 철학적 행위인 것이다. 그런데 선사시대의 인간은 이러한 철학적 행위를 사상 속에서가 아니라 거석을 세우는 것으로 행한 것이다."[12]

말하자면 거석을 세우는 것에는 이 거석을 통한 초자연적인, 초월한 위치에 놓는 인간의 철학적 행위가 전제로 되어 있는 것이다. 롬바흐에

---

11 H. Rombach, *Leben des Geistes*, Herder: Freiburg·Basel·Wien, 1977, p.104.
12 H. 위의 곳.

따르면 이러한 '초월한 위치에 놓음'이야말로 자연상태를 극복하는, 즉 원초적 형태의 형이상학 행위인 것이다: "후세에 '형이상학Metaphysik'이라고 일컫는 것은 '초-자연'으로서의 형이상학Metaphysik인데, 바로 이 초-자연에서 탄생된 것이다."[13] 롬바흐는 이러한 초월Über의 문화를 소위 '고급문화들Hochkulturen'이라고 하는데, 이런 규명은 오늘날에도 온당한 것으로 보인다.[14]

롬바흐는 철학적 개념인 "절대자(das Absolute)"도 단호하게 거석문화에 기원을 두고 있음을 역설한다. 그에 따르면 선사시대의 거석[15]은 아직 이러한 돌에 대항할 도구가 없었던 때에 —왜냐하면 이런 돌보다 더 단단한 제작재료는 거석이 세워지는 시대에는 없었다— 불가항력적이고 절대적인 성격을 함축하고 있었다.

"돌은 '대항할 수 없는 것', '파괴할 수 없는 것'으로서 오늘날의 언어로 우리는 이를 절대자(das Absolute)라고 칭할 수 있다. 돌에게서 처음으로 절대자가 알려진 것이다."[16] 그러기에 초자연적 불굴의 의지를 갖고 있는 절대자로서의 거석은 오히려 인간에게 경외심을 불러일으키기도 한다. 이토록 돌에게서 "정신의 소인이 찍혀 있는 것"을 찾아내고 절대자와 초-자연의 형이상학을 읽어 낸 롬바흐에게서 우리는 "사람들은 결코 '미개'했던 적이 없었다"[17]는 그의 명제를 소름끼치게 체득하게 된다.

신석시대에서부터 고인돌과 같은 돌들은 인간의 정신세계와 문화를

---

13 H. Rombach, *Ibid*. '형이상학Metaphysik'의 어원은 고대 그리스어에서 기원하는데, meta-ta-physika($\mu\varepsilon\tau\grave{\alpha}$-$\tau\alpha$-$\varphi\upsilon\sigma\iota\kappa\acute{\alpha}$)는 그야말로 초-자연(Über-Natur)에 관한 학문인 것이다. 롬바흐의 어원 풀이는 정확하다.
14 위의 곳 참조.
15 이를테면 거대한 고인돌, 선돌, 경계석, 표지석 등.
16 H. Rombach, 위의 책, 102쪽.
17 위의 책, 65쪽.

표명하는 시금석의 역할을 하였다. 선돌과 고인돌, 특히 천문사상이 각인된 성혈고인돌, 선사시대의 선돌과 선바위에서부터 돌장승에 이르기까지 고도의 정신문화를 배태하고 있는 유물은 수없이 많다.[18] 그런가 하면 이 돌문명은 각종 기호나 문양 및 문자가 새겨져 그 항구성을 자랑까지 하게 되는 것들도 많다. 이를테면 이집트의 오벨리스크나 구약성서의 십계명, 광개토왕비, 진흥왕의 순수비 등은 그 좋은 보기이다.

특히 선사시대의 한국인들이 고인돌이나 선돌에 남긴 성좌의 성혈星穴은 고대 인간의 정신세계를 보여주는 중요한 대상이다. 별들이 어떤 별자리를 이루고 있는 것은 당대의 사람들이 별들에 가한 일종의 해석인 것이다. 그렇게 북두칠성과 남두육성(남두칠성) 및 태양과 달의 성좌는 사수도四宿圖[19]로서 온 코스모스를 수호하고 보살피는 각별한 메시지를 갖고 있는 것이다."[20]

이제 성혈고인돌의 성좌도와 그 천문사상 외에도, 이를테면 고인돌의 지상에 위치한 근거로부터 불멸사상과 연루되는 측면을 부각시켜 보자. 주지하다시피 고인돌은 대체로 물가에 있다. 이토록 고인돌이 대체로 (강가든 냇가든 개울가든 바닷가든) 물가에 건립되어 있는 것에 대해서도 각별한 이유가 있는 것으로 보인다. 생명의 근원으로서의 물과 은하수의 형상으로 물을 절대화시킨 것으로 보이는데, 원시도교

---

18 솔즈베리 평원의 스톤헨지, 프랑스 카르나크의 열석들, 제주도의 돌하르방, 이스트섬의 마오이 등.
19 사신도(동 청룡, 남 주작, 북 현무, 서 백호)가 세계를 수호하는 네 방위의 신수神獸들인 것처럼 사수도(해, 달, 남두육성, 북두칠성)는 온 하늘세계를 수호하고 보살피는 별들이다. 이러한 일월남북두日月南北斗의 사수도 개념 형성에 관해선 김일권, 〈벽화천문도를 통해서 본 고구려의 정체성〉, 1044쪽 참조. 필자도 김일권 교수가 개념 형성한 이러한 일월남북두의 사수도 개념을 그대로 받아들인다.
20 윤병렬, 〈'말하는 돌'과 '돌의 세계' 및 고인돌에 새겨진 성좌〉, 《정신문화연구》, 제39권 제2호(통권143호), 한국학중앙연구원. 2016, 18쪽.

에서 은하수는 인간의 영혼이 북두칠성에서 남두육성으로 나아가는 길이다.

고인돌은 대체로 강이나 바다가 내려다보이는 곳에, 혹은 냇가나 개울을 가까운 곳에 두면서 나지막한 산을 뒤로 하는 언덕(약간의 비탈면)에 세워져 있다. 고인돌이 대부분 물가에 건립된 것, 혹은 최소한 물을 바라보는 위치에 세워진 것에 대해서 우리로 하여금 깊이 숙고하게 한다. 아주 드물게 산등성이에 세워진 고인돌도 있는데, 이는 아마도 의례를 행하는 곳이거나 공동체의 집회장소와 같은 곳으로 사용되었을 것으로 보인다. 그러나 이런 산등성이에 자리한 고인돌도 물을 바라보는 위치에 자리 잡고 있는 것이 대부분이다.[21]

강화도의 오상리고인돌에 갔을 때 놀란 것은 그림 같이 아름다운 바다가 숨바꼭질할 때에 고개를 내민 듯이 보이는 위치에 자리 잡고 있다는 것이다. 부근리의 유명한 "강화고인돌"을 비롯해 수다한 강화도의 고인돌들의 경우도 마찬가지다. 파로호 주변의 고인돌들, 경북 안동호와 낙동강 주변, 화순과 고창의 고인돌군, 동해와 서해며 남해의 주변에 흩어진 수많은 고인돌들은 물가에 있거나 물을 바라보고 있다.

필자가 살고 있는 용인에서 가까운 위치에 있는 고인돌도 물가에 자리하고 있다. 경기 용인시 구성면 상하리 387(고인돌마을사거리, 어정 삼거리에서 가까운 곳)에 자리 잡은 고인돌도 가까이에 오산천이 흐르고 있고, 용인시 모현면의 '모현 지석묘'(한국외대 글로벌캠퍼스 입구)도 가까이에 아름다운 경안천이 흐르고 있다. 또 경기도 용인시 양지면 주북리 825에 자리 잡고 있는 '용인 주북리 지석묘'도 가까운 곳에 주북천이 흐르고 있으며, 경기 용인시 원삼면 맹리 235에 위치힌 '맹리

---

21 물가에 서 있는 고인돌의 의미에 관해선 필자의 졸저 《선사시대 고인돌의 성좌에 새겨진 한국의 고대철학 —한국 고대철학의 재발견》, 제2부의 제4장 제4절(물가에 서 있는 고인돌)을 수정하고 보완한 것이다.

지석묘'의 경우도 마찬가지다. 화순의 고인돌군도 물이 흐르는 계곡에서 가까운 곳을 따라 길게 늘어져 축조되어 있으며, 고창의 고인돌군도 마찬가지다.

이토록 물의 가까이에 고인돌이 건립된 것, 나아가 고인돌 덮개돌의 남동쪽 부분에 은하수를 성혈로 새긴 것은 물의 근원성, 물이 생명과 깊이 연루된다는 사실을 이미 체득한 것으로 보인다. M. 엘리아데는 이런 물의 상징적·신화적 의미를 잘 풀어 내고 있다. 그는 구약성서 창세기(1장 2절)에서 물이 대지보다 먼저 존재했다는 것을 언급하면서 ("어둠이 깊은 물 위에 뒤덮여 있었고, 그 물 위에 하느님의 기운이 휘돌고 있었다.") 이러한 물의 상징적 의미를 해석한다:

> "물은 가능성의 우주적인 총계를 상징한다. 그것은 일체의 존재가능성의 원천(fons et origio)이며, 저장고이다. 그것은 모든 형태에 선행하며, 모든 창조를 뒷받침한다. … 물속에 잠기는 것은 무형상태에로의 회귀, 존재 이전의 미분화未分化된 상태로의 복귀를 의미한다. 물에서 나오는 것은 우주창조의 형성행위를 반복하는 것이요, 물에 잠기는 것은 형태의 해체에 해당한다. 물의 상징이 죽음과 재생을 모두 포함하는 것은 바로 이 때문이다."[22]

이러한 엘리아데의 물에 대한 해석은 물가에 새워진 고인돌과 이런 고인돌에 새겨진 북두칠성 및 남두육성과 은하수 해석에도 퍽 시사성이 많다. 북두칠성으로 돌아간 영혼은 일정 기간 체류하다가 은하의 강을 따라 남두육성으로 가서 다시 생명을 부여받고 지상으로 돌아오기 때문이다.[23] 그것은 원시도교의 불멸사상인 것이다.

---

22 M. 엘리아데, 이동하 역, 《聖과 俗》, 115쪽.
23 http://beautifullife.kr/220751549474,

물은 성자에게서 각별한 의미를 갖는다. 물로 세례를 베푸는 장면이 신약성서에 등장한다. 세례요한은 요단강물로 세례를 베풀었다.[24] 예수는 영생하는 생명수, 즉 "영생의 물"을 베풀었다: " ⋯ 내가 주는 물은, 그 사람 속에서, 영생에 이르게 하는 샘물이 될 것이다."[25]

물은 철인과 현자에게서도 각별한 의미를 갖는다. 노자는 도道의 존재방식을 물로 비유했다: "최상最上의 선善은 물과 같은 것이다. 물은 모든 생물에 이로움을 주면서 다투지 않는다. 모든 사람들이 싫어하는 낮은 곳에 즐겨 있다. 그런 까닭에 물은 도에 거의 가까운 것이다."[26]

스스로 낮은 곳에 위치하면서 온갖 생물과 만물에게 이로움을 주는 그런 물인 것이다. 아니, 물은 모든 생명체에게 절대적이다. 사람뿐만 아니라 온갖 짐승, 온갖 새들, 물고기와 벌레들, 온갖 미미한 생명체들까지도, 나아가 나무와 풀 같은 식물들까지도 물이 없으면 삶을 유지할 수 없다. 물의 근원성과 절대성이 노자에게서 잘 드러나 있는 것이다.

실로 물의 현상 속에는 근원적인 신성을 목격할 수 있다. 그것은 이 세상의 모든 생물체가 물의 세례를 받음으로써 생명을 얻으며, 물을 마심으로 생명을 유지하기 때문이다. 모든 생명체 내부에 물이 큰 비중으로 들어 있다는 것은 이미 잘 알려져 있다. 천문학자들은 화성을 비롯한 별들에게서 무엇보다도 물이 있는지를 관찰하는데, 그것은 물이 곧

---

http://blog.naver.com/afnaidel87?Redirect=Log&dogNo=50146577857,

http://afnaidel87.blog.me/50146577857, http://donjaemi.tistory.com/422,

http://cafe.naver.com/poongsoo119/2746(특히 "두수의 보천가"와 "은하수의 물을 길어 올려라 생명의 두수" 및 "죽음의 뒷박, 생명의 뒷박" 참조)

24 《신약성서》요한복음 1장 26, 31절. 마태복음 3장 11절.

25 《신약성서》요한복음 4장 11 14절.

26 노자, 남만성 역, 《老子道德經》, 을유문화사, 1970, 36쪽(제8장). 원문은 다음과 같다: 上善若水 水善利萬物而不爭 處衆人之所惡 故幾於道.

생명의 근원임을 대변하는 것이다. 이토록 모든 생명체에게 생명의 근원이 되는 물이야말로 신적인 신성이 깃들어 있는 아르케arche로 보는 탈레스의 주장은 무리가 아니다.

외부로 드러난 현상으로서의 세계(이를테면 물)는 마치 신적인 근원과는 아무런 상관도 없는 것처럼 보일 수 있으나, 생성소멸의 굴레와 탄생과 죽음의 비극적인 대립을 초월한 신적인 영원성을 우리는 전제하지 않을 수 없다. 물은 곧 자신의 모습이 여러 형태로 변하지만(얼음, 수증기 등) 여전히 동일한 것으로 남아 있기에, 소멸되지 않는 신적인 영원성을 간직하고 있다.

물을 신성시한 것은 또 다른 데에서 목격할 수 있다. 주지하다시피 신석기에서 청동기에 이르는 시기에 농사가 본격적으로 시작되었음을 우리는 알고 있다. 특히 벼농사에서 물은 거의 절대적이어서 농사의 성패를 좌우한다. 그러기에 "물에 대한 숭배 의식은 농업 문화권인 고대 한국에서 자연스러운 현상으로 보인다."[27] 하늘의 도움 없이는 농사가 거의 불가능하다고 해도 과언이 아니다. 이런 상황에서 물을 신성시하는 것은 고대의 한국에서 거의 자연스럽고 지당한 현상이었을 것으로 보인다.

물의 각별한 의미는 고인돌에 새겨진 북두칠성과 남두육성을 잇는 은하수에서도 찾을 수 있다. 고대 한국인들은 은하수를 작은 별들이 모인 은색의 강으로 보았다.[28] 앞에서 언급한 원시도교의 별자리신앙에

---

27 박창범, 《천문학》, 25쪽.
28 고인돌의 가장자리에 조밀하게 숭숭 파여 있는 성혈들은 은하수로 보인다고 박창범 교수는 밝힌다: "덮개돌 가장자리를 따라서 일련의 홈을 쭉 판 경우들이 있다. 대표적이 예가 시흥시 조남동에 있는 고인돌인데 덮개돌의 동남쪽 가장자리에는 20여 개의 홈이 줄을 지어 새겨져 있다. 고인돌 성혈군의 이러한 패턴은 흔히 은하수를 표현한 것으로 해석된다."(박창범, 《천문학》, 25쪽). 즉 은하수를 물결형식으로 표현하지 않고 성혈로 표현한 것은 고대한국

드러나듯 사후의 영혼들이 북두칠성에로 가서 일정 기간 체류하다가 은하의 강물을 따라 남두육성으로 가는 것이다. 생명의 강인 은하를 따라 남두육성에 간 영혼들은 거기서 또 일정 기간 체류하다가, 생명에 축복을 쏟아내는 남두육성에 의해 다시 지상으로 들어오게 되는 것이다.[29]

은처럼 반짝이면서 긴 강처럼 보이는 은하수를 우리는 태곳적부터 은하銀河라고 하였다. 서양에서는 여신 헤라의 젖이 흐른다고 하여 "젖의 길Galaxis"[30]로 불린다. 고대 그리스와 고대 한국에서 은하수의 개념 형성은 서로 다르지만, 그러나 그 의미는 둘 다 심오하고 의미심장한 것으로 여겨진다. 둘 다 생명의 강으로 받아들여질 수 있을 것이다.

그런데 이런 선사시대의 유물에 새겨진 불멸과 경천 및 귀천의 사상은 고인돌에만 새겨진 것이 아니라 ―이는 한민족의 정신적 원형의 하나라고 할 수 있다― 태초부터 그리고 건국신화에서부터 원초의 역사를 다룬 곳에는 어김없이 등장한다. 말하자면 고대 한국인들은 철저한 경천과 천향의 사상을 가졌던 것으로 여겨지는 것이다. "천손天孫"사상은 이미 우리에게 잘 알려져 있다.

세상에 사는 사람에게도 ―"너희는 어버이로부터 났으며 어버이는 하늘에서 내려 왔으므로 오로지 너희는 어버이를 공경하는 것이 하늘을 받드는 것이 되어"[31]― 하늘의 신향에로 귀향하는 법을 가르치고 있

인들이 은하수를 작은 별들이 모인 독특한 하늘의 강으로 본 것임을 추리하게 한다.

29 남두육성에서 세상으로 내보낼 때 마고할미가 사람의 엉덩이를 세게 쳐 소위 말하는 "몽고반점"이 생겼다는 것이고, 그렇게 맞는 순간 저승의 일을 다 잊어버린다고 하는네(원시도교), 이는 플라톤의 영혼불멸론에서 인간이 레테 Lethe의 강물에 헤엄치다 물을 머금으면서 전생의 일을 다 잊어버리는 것과 유사하다.

30 그리스어 Galaxias(γαλαξίας), 독일이의 die Milchstraße나 영어의 the Milky Way는 저 그리스어 Galaxias의 번역어인 것이다.

31 북애, 고동영 옮김, 《규원사화》, 78쪽.

다: "너희 무리는 오로지 하늘이 내려주신 법을 지켜 모든 선을 돕고 만 가지 악을 없애어 성性이 통하고 공이 이루어지면 하늘에 이를 것이다. 하늘의 법도天範는 오직 하나뿐이며 그 문이 둘이 아니므로 너희는 오로지 마음이 깨끗하고 정성스러워야 하늘에 이를 것이다."[32]

《규원사화》의 저자 북애 선생은 유교 및 불교의 경우와 달리 ―"단군의 말"을 언급하며― 인간의 영령이 신향으로 들어가 불멸함을 피력하고 있다: "내가 유교와 불교와 단군의 말에 대해 증명할 만한 겨를이 없으나 인생이 스스로 없어지지 않는 영이 있으므로, 선을 돕고 악을 없애며 성을 통하고 공을 다하면(性通功完) 죽는다 하더라도 **영령英靈은 없어지지 않고 능히 하늘로 올라가서 신향에 들어간다는 것**은 믿을 만하다."[33]

위의 인용문에서 북애 선생은 저 유교나 불교의 '교' 대신 "단군의 말"이나 단군의 가르침 및 "거룩한 교훈"이란 표현을 써서 저 전자의 종교와 구분을 짓는데 ―의도적이든 의도적이지 않든― 이는 철학과 더 가까이 연결시킬 수 있는 실마리를 제공해 준다. 불사의 영령과 신향으로의 귀천사상이야말로 철학적 존재론의 심층적이고 궁극적인 테마이기 때문이다.

위의 인용문에서 우리는 북애 선생에 대해 놀라운 사실을 목격할 수 있다. 그는 단순하게 역사적 전승만을 기록한 것이 아니라 다른 역사적 기록이 놓친 심오한 내용들을 포착하고 있기 때문이다. **불교와 유교에 대비해 불멸과 천향(신향)의 사상을 기록한 것은 천금만금보다 더 귀한 역사적 자료인 것이다. 인간의 궁극적인 것과 종말론Eschatologie, 불멸과 천향의 사상은 철학과 신학 및 종교의 심층적인 문제인 것이다.**

---

32 위의 책, 77쪽.
33 위의 책, 168쪽. 강조는 필자에 의한 것임.

원시도교에서 기원된 불멸사상은 자연스레 고구려의 고분벽화나 선사시대의 유적인 고인돌의 성혈에 새겨진 것으로 추리할 수 있다. 고분벽화의 사신도와 사수도엔 불멸사상이 확인되었고, 또 성혈을 새길 적절한 도구도 없는 상황에서 무덤의 성격을 가진 고인돌의 덮개돌에 사수도를 비롯한 천상의 별자리를 각인한 것은, 자연적으로 그리고 필연적으로 천향 및 불멸사상과 연루됨을 추리할 수 있게 한다.

불교와 유교에 대비한 저 불멸과 천향사상이 포함된, 원시의 고조선에서 발원한 우리 고유의 사상을 필자는 기꺼이 **원시도교**라고 한다. 물론 도교나 선교仙敎라는 이름으로 전승되긴 하지만, 원래 원시의 고조선에서 발원한 도교가 고조선과 가까운 중국의 제나라와 연나라를 통해 중국으로 건너가서 꽃피운 도교와 구분할 필요가 있는 것으로 보인다.[34] 이능화 선생도 《조선도교사朝鮮道敎史》에서 도교를 우리의 본래부터의 고유문화로 보고 있으며,[35] 정재서 교수는 최소한 한국과 중국이 공유하였던 문화라고 지적한다.[36] 일찍이 북애 선생은 단호하게 선교仙敎가 우리의 고유한 도道라고 한다.[37]

무엇보다도 고인돌은 죽음의 문제와 깊이 연루되어 있고, 특히 성좌도가 새겨진 성혈고인돌의 경우 인간의 본향으로의 귀천과 불멸사상과 깊이 연루되어 있다. 사람들은 죽음을 생각하기조차 꺼리지만 인생에서 가장 큰 사건이다. 사람들은 죽음을 ―엄연히 삶 가운데서 일어나는 큰 사건임에도 불구하고― 무모하게 자신의 삶에서 제외시켜 버리려고 애

---

34 북애 선생도 도교(발해의 삼신산을 중심으로 한 신선교)가 연나라와 제나라를 통해 건너간 역사적 내력을 지적하고 있나(《규원사화》, 위의 책, 85~87쪽 참조).

35 이능화,《朝鮮道敎史》, 30~40쪽; 정재서,《한국 도교의 기원과 역사》, 25~28, 69~71쪽 참조.

36 정재서, 위의 책, 29, 85쪽 참조.

37 북애, 고동영 옮김, 위의 책, 37, 54~55, 85, 122쪽 참조.

를 쓴다. 그러나 죽음만큼 인생을 뒤흔드는 것은 없으며, 그 어떤 경우에도 피하지 못할 거대한 사건이며, 불가능의 벽이다. 인간은 보통 죽음이 자신과는 무관하다고 애써 부인하거나, 혹은 그것이 자신과 관련이 있다고 인정하면서도 묵살하면서 살아간다. 그러나 죽음은 인생에서 가장 극단적인 한계상황인 것이다.

하이데거의 규명대로 "인간은 세상에 던져진 존재(Geworfen-sein)"이면서 동시에 "인간은 죽어야 하는 존재(Sein-zum-Tode)"이다. 인간은 자신의 의지와 무관하게 세상 안으로 들어오고, 또 자신의 의지와 상관없이 죽어야 한다. 그런데 인간에 주어진 시공은 작디작을 따름이다. 이토록 제한된 시공 속에서 찰나를 살아가는 인간의 모습을 장자는 적나라하게 잘 드러낸다:

> "사람이 이 천지 사이에서 삶을 누리는 시간은 마치 백마가 달려가는 것을 문틈 사이로 언뜻 본 것처럼 순간의 일에 지나지 않으니, 물이 팔팔 솟아나듯이 이 세상에 나와서 잠잠히 물이 빠지듯이 사라져 간다. 변화하여 태어나고 다시 변화하여 죽어가는 것이니, 생물은 죽음을 슬퍼하며 사람도 그것을 애통해 한다. 죽음은 하늘로부터 받은 활전대를 풀어놓고 하늘로부터 받은 책보자기를 끄르는 것과 같다. 빙글빙글 휘도는 변화에 따라 혼백이 이 세상을 떠나려 하면 육체도 그를 따르니, 이것은 위대한 복귀이다."[38]

과연 플라톤이 말한 대로 "철학이란 죽음에의 연습"(*Phaidros* 67e)이라고 할 수 있다. 이 말 속에는 그러나 죽음 문제만 부각되는 것이 아니라, 인간의 존재 문제, 나아가 존재의 궁극적 자유를 추구하는 성찰이 함께 내포되어 있는 것이다. 죽음에 대한 아무런 준비나 연습이 없

---

38 장자, 최효선 역해, 《莊子》, 94, 247쪽.

어도 죽는 것은 사실이지만, 죽음이야말로 예나 지금이나 인생에서 가장 큰 사건이라고 할 수 있을 것이다.

선사인들은 죽음에 대해 현대인보다 덜 심각하게 생각했을까? 아마 더 심각하게 생각했을 것으로 보인다. 그것은 가족과 집단공동체의 존재와 생존의 문제가 오늘날보다 더 절실했을 것이기 때문이다. 먹거리를 구하는 일과 부족 공동체를 지키는 일, 나아가 빈약한 무기로 야생짐승에 맞서야 했던 ─아마도 선사시대엔 인간보다 야생짐승들이 오히려 세상의 주인이었을 것이다─ 당대엔 생존을 위한 투쟁과 존재의 문제가 더욱 긴요한 과제였을 것이다.[39] 스콧 펙의 지적처럼 "우리가 거석문화인에 관해 가장 확실히 알고 있는 건 그들이 죽음을 아주 중요한 문제로 간주했다는 점이다."[40]

다음은 선사시대의 어떤 부족장이 돌아갔을 때를 가정하여 ─물론 고인돌은 군장이나 부족장만을 위해 축조된 것이라고 보기는 어렵다. 고창의 고인돌군이나 화순의 고인돌군의 경우 400기가 넘는 고인돌이 일정한 지역에 모여 있는데, 이런 고인돌의 주인공들이 다 군장이나 부족장이라고 규명하는 것은 무리수이기 때문이다─ 고인돌을 축조하는 과정을 어떤 과학적 추리형식으로 쓴 글인데, 상당히 자연스러우면서도 일리가 있을 것으로 보인다:

---

[39] 농사를 짓기 이전에, 수렵과 채취로 연명해 갔던 선사시대의 인류에겐 더더욱 생명을 지키는 일이 어려웠을 것이다: "구석기시대 사람들은 먹잇감을 찾아 이리저리 옮겨 다니며 살았기 때문에 따로 집을 지을 필요도 없었다. 그들에게는 하루하루를 굶지 않고 먹는 일이, 맹수들한테 사냥감으로 먹히지 않고 무사히 살아남는 일이 무엇보다 중요했다. 이때만 해도 자연 속에서 사람으로 살아남는 것은 무척 어려운 일이었다. 들판의 주인은 사람이 아니었다. 힘센 짐승이었고, 거친 비바람이었다."(이종호·윤석연 글/안진균 외 그림, 《고인돌》, 31쪽).

[40] 스콧 펙, 김훈 옮김, 《거석을 찾아서 내 영혼을 찾아서》, 193쪽.

"고인돌. 그것은 현실과는 다른 세상으로 통하는 비밀의 문, 무덤이었다. 어느 날, 족장의 아들이 느닷없이 마을 사람들을 모이게 했다. 아침부터 서둘러 사람들을 소집하다니, 뭔가 큰일이 있는 게 분명했다. 도대체 무슨 일일까? '족장이 숨을 거두셨습니다.' 아들은 침통한 얼굴로 입을 열었다. 사람들은 술렁이기 시작했다. 모두 비통한 표정들이다. 이제 족장의 장례를 준비해야 한다. 죽은 족장을 위해, 마을 사람들은 모두 힘을 모아 특별한 무언가를 **만**들기로 했다. 바로 고인돌이다. 새로 선출된 족장은 점을 쳤다. 그리고 죽은 족장을 위한 고인돌이 **만**들어질 곳을 정했다. 이제 모두가 힘을 합할 일**만** 남았다. 모든 일이 잘 진행되기를 바라며, 새 족장과 마을 사람들은 하늘에 제를 지내었다."41

부족장이나 군장이 고인돌에 묻혔을 가능성은 퍽 높다. 고인돌의 유물 발굴에는 자주 청동방울이나 청동거울이며 옥장식품 및 청동검과 같은 유물들이 출토되기 때문이다. 그는 단순히 청동검으로 부족민을 보호한 것이 아니라 제사장과 부족민의 리더 역할을 수행했기에 부족민의 사랑을 받았을 것으로 여겨지며, 고인돌은 자연스레 그를 위해 건축되었을 것이다. 물론 무덤으로서의 고인돌이 부족장이나 군장만을 위한 것은 아닐 것이다. 고창과 화순의 거대한 대단위 단지의 형태를 띤 고인돌군은 이를 증명하는 자료라고 할 수 있는 것이다.

그런데 우리는 선사인들이 죽음에 관해 어떻게 생각했을는지 천착해볼 필요가 있다. 그 죽음에 대한 사유는 고인돌 건립과 나아가 성혈고인돌의 제작과도 긴밀한 관련이 있기 때문이다. 위의 인용문에서 아들이 "침통한 얼굴로 입을 열고", 사람들은 "모두 비통한 표정들이었다"면 당대의 사회에서도 죽음이 끔찍한 사건으로 받아들여졌음에 틀림없다. 물론 죽음을 맞이하는 당사자에게는 더 말할 나위가 없었을 것이다.

---

41 이종호·윤석연 글/안진균 외 그림, 《고인돌》, 28쪽.

선사인들은 죽음에 관해 섬뜩하게 사유하지 않았을까? 그냥 인간으로 태어났다가 그냥 죽어버렸을까? 결코 그렇지 않았을 것이다. 그들도 죽음과 대면했을 때 인간의 실존성에 주어지는 불안과 공포며 공허함을 체험하지 않을 수 없었을 것이다. 아니, 오늘날의 현대인보다 더 심각하게 느꼈을지 모른다.

그들은 거처하는 공간(집)의 불안정성, 일용할 양식을 마련하는 어려움, 외침으로부터의 불안, 전무全無한 의료혜택, 야생 속에서의 험난한 일상 등등 생존을 위한 싸움에서 인간 존재의 불안전성, 불안과 공포를 체험하면서 삶을 영위했으며 그 과정에서 겪게 되는 죽음이 존재의 심연을 뒤흔드는 섬뜩한 사건임을 직시했을 것이다. 무無의 심연에서, 존재의 심연을 뒤흔드는 섬뜩한 사건 앞에서 그들도 크게 울부짖었을 것이다.

인간은 예나 지금이나 본질적으로 실증과학와 불안 및 죽음 앞에서의 섬뜩함을 체험하면서 살아간다. 그것이 곧 인간의 숙명이기 때문이다. 그러나 그들은 죽음으로 말미암아 어떤 절대적인 종말이나 제행무상諸行無常의 허무주의에 사로잡히지 않고 영원성과 불멸을 들여다본 것이다. 존재자가 무화無化하는 끔찍한 죽음 앞에서 그들은 그러나 절대적인 절망이나 허무주의에 사로잡히지 않고 ―고인돌을 건립하는 것 자체에 이미 절망과 허무주의를 극복하고 초월하는 의미(철학)가 내포되어 있다― 오히려 이에 맞선 것이다. 인간의 실존에 자리한 무의미와 맞서는 것, 말하자면 의미를 생성시키는 곳에 철학의 위대한 위상이 자리 잡고 있는 것이다.

허무를 직시하는 것, 무화의 실존성에 맞서는 것, 무의미를 극복하는 것은 전형적인 철학적 태도이다. 존재는 언제나 허무를 직시하고 사유할 수 있을 때 그 본질적인 의미가 드러나는 것이다. 자포자기나 절대적인 절망, 피세避世주의 및 허무주의에 대항하여 대결하는 것은 ―

이 또한 고인돌을 건립하는 취지에 내포되어 있다— 곧 인간 지성의 활동이며 철학적 행위이다.

그들은 어떤 절대적인 허무에 사로잡히지 않았고 죽음 너머의 다른 세계를 사유했던 것이다.[42] 성혈고인돌의 성좌는 그 근거를 명확히 제공하고 있다. 성혈고인돌의 성좌는 곧 천향이다. 사수도가 말하듯 성혈고인돌은 온 세계는 물론 망자의 영혼을 보살피는 상징 언어인 것이다. 만약 죽음을 절대적인 허무와 종말로만 보았다면, 그토록 힘겨운 고인돌을 왜 건립했으며 또한 (적당한 도구도 없는 상황에서) 성혈을 왜 새겼을까.

만약 죽음과 더불어 모든 게 끝장이고 절대적인 허무만이 남는다고 사유했다면, 저런 엄청난 수고와 시간이 따르는 고인돌을 세우지 않았을 것이다. 사자死者의 집인 고인돌, 시간의 흐름에 결박되지 않는 거석을 건립함으로써 공허한 세계와 절대적인 허무주의에 맞선 것이다. 더욱이 고인돌의 덮개에 성혈을 조각해 넣음으로써 망자의 고향이 하늘의 별세계라고 천명한 것이다.

고인돌의 덮개돌, 특히 천문도가 새겨진 성혈고인돌의 덮개돌이 의도적으로 거북등의 형태로 축조되어 있는 것에도 불멸사상의 흔적이 드러난다.[43] 거북은 원시시대부터 우리의 선사인들이 숭배한 불로장생하는 동물로 받아들여졌으며, 이른바 '십장생十長生'[44]의 하나로 받아들

---

42 니체는 허무주의를 "가장 섬뜩한 손님"으로 보았다: "허무주의가 문 앞에 서 있다. 모든 손님들 중에서도 가장 섬뜩한 이 손님은 어디에서 왔는가?"(F. Nietzsche, *Nachgelassene Fragmente 1885–1887*, KSA Bd. 12, München, 1988, S. 125).
43 '거북바위', '거북바우', '두꺼비바우', '자라바우' 등으로 불리는 거북바위는 북한지역을 포함한 전국에 수없이 많이 있는데, 이는 장수를 염원하는 거북신앙과도 관련이 있는 것으로 보인다: 이영문, 〈고인돌에 얽힌 지명과 신앙〉, 《이야기로 풀어낸 화순 고인돌유적》, 동북아지석묘연구소, 2009, 27쪽 참조.

여겼다. "거북은 장수를 상징하는 십장생 중의 하나로 인간에게 매우 이로운 동물로 알려져 왔기 때문일 것이다."[45]

고인돌 무덤에 간돌검이나 돌화살촉, 석검, 옥, 청동검과 같은 부장품이 출토되는 것에도 다양한 해석이 필요한 것으로 보인다. 망자의 귀한 소지품인 경우도 있고, 또 망자를 존귀하게 여기는 의미인 경우도 있겠지만, 망자의 영혼을 지키는 것으로 여긴 경우도 있을 것으로 보인다.[46] 특히 전남 여수시 오림동5고인돌 앞면에 돌칼이 새겨져 있는데, 이 또한 망자의 영혼을 지키는 차원에서 제작되었을 것으로 보인다. 또 옥이 부장품으로 묻혀 있는 경우도 단순한 보석으로서의 의미가 아니라, 홍산문명의 유적에도 다량 출토되었듯 영원한 생명의 상징인 것이다.[47]

사람이 죽어서 땅에 묻힐 때 널의 바닥에 칠성판을 두어 이 칠성판을 지고 가게 하는 것도 인간의 생명이 죽음으로 끝장나는 것이 아니라 영원으로 이어지기를 염원하는 불멸사상의 반영이라고 볼 수 있다. 또 "고대인들이 북두칠성과 남두육성을 중요시한 것은 북두는 인간의 사후 세계를 수호하는 별자리이며 남두는 인간의 무병장수와 수명 연장을 주관한다고 믿었기 때문이다."[48]

---

44 '십장생'이란 오래 살고 죽지 아니한다는 열 가지, 곧 해, 산, 물, 돌, 구름, 솔, 불로초, 거북, 학, 사슴의 열 가지를 말한다.
45 이영문, 〈고인돌에 얽힌 지명과 신앙〉, 2009, 27쪽.
46 위의 글 15쪽 참조. 2013년 7월 18일의 KBS 제1방송(KBS 파노라마 '고인돌')에서도 석검을 고인돌의 "대표적 부장품"으로 보면서, 이런 석검이 "고인을 지켜라"는 의미로 함께 묻혔다고 한다.
47 김일권, 《우리 역사의 하늘과 별자리》, 230쪽.
48 이종호, 《한국7대 불가사의》, 27쪽.

3. 수메르의 《길가메쉬 서사시》에서 불멸에 대한 물음

'불멸'이 인간의 궁극적 과제가 되고 물음이 되는 것은 철학 외에도 종교와 문학이며 신화에도 명명백백한 흔적을 찾아볼 수 있다. 대문호 大文豪 괴테의 《파우스트》나 A. 단테의 《신곡》엔 불멸과 구원을 향한 신음과 몸부림이 주요 주제로 등장하고 있다. 고대 그리스신화에서 인간이 신들과 구분되는 것은 무엇보다도 인간의 필멸, 즉 "죽어야 하는 운명"과 신들의 영생이다. 인간은 죽어야 하고 신들에게 제사나 올리며 노동만 도맡아야 하는 것이 그리스의 신화가 들려 주는 인간의 운명이다.

신들과 인간의 운명적인 구분은 아폴론 신전의 출입문 위에 잘 드러나 있다. 즉 인간이 죽어야 하는 운명을 끌어안은 존재임을 "너 자신을 알라"(Gnoti se auton)라는 글귀로 대변하고 있는 것이다. 더욱이 이 글귀 아래에 죽은 인간의 뼈다귀만 남은 송장의 문양을 통해 인간이 신들과는 철저하게 구분되는, 필멸의 운명을 끌어안고 있음을 선고하고 있다. 어찌할 수 없는 것이 필멸의 운명인바, 호메로스는 그의 《오디세이아》에서 인간에게 이런 죽음의 운명이 들이닥치면 신들이라도 죽음에서 구해 내지 못한다고 한다.[49]

이러한 인간의 필멸의 운명은 —그런 운명을 받아들이든 혹은 받아들이지 않든— 동시에 인간에게 궁극적인 과제를 안겨 주는 것이다. 고대 그리스 신화는 하데스라는 곳에 죽은 인간의 혼령이 모이게 함으로써 또 다른 왕국을 그려 내고 있고, 더욱이 프쉬케와 사랑의 신 에로스에게서 드러나듯 인간이 신의 왕국으로 등극하는 것도 보여주고 있다.

'불멸'이 인간의 궁극적인 과제가 되는 것을 인류 최초의 서사시라고 할 수 있는 《길가메쉬 서사시》는 참으로 훌륭하게 드러내고 있다.

---

49 호메로스, 《오디세이아》, 3장 참조.

인류 최초의 국가라고 할 수 있는 수메르를 통치한 길가메쉬의 《길가메쉬 서사시》는 인류 최초의 신화와 최초의 문명 및 최초의 역사를 인류에게 안겨주는 것으로서 지금으로부터 무려 4820년 전에, 그러니까 호메로스가 기원전 1000년 무렵 《일리아스》와 《오디세이아》를 세상에 내놓기 2000년 전에, 방대한 서사시로 '불멸'을 궁극적인 과제로 드러내고 있다.

수메르의 영웅 길가메쉬도 그리스 신화의 아킬레우스와 유사하게 아버지는 인간이고 어머니는 여신이었다.[50] 그러니까 그에겐 신의 요소와 인간의 요소가 공존하고 있었던 것이다. 그는 수메르의 왕이었고 영웅이었지만, 완전한 신은 아니었기에 죽음이라는 운명에서 벗어날 수 없었다. 그는 그의 친구 엔키두가 처참하게 죽는 것을 경험했을 때 필멸의 운명에서 벗어나기 위해 모든 인생을 걸고 저 죽음의 운명에 대항한다. 그는 신들이 누렸던 영생에 목말랐던 것이다.

그도 그리스의 신화에 등장하는 영웅들처럼 처음엔 통과의례와도 같은 우여곡절을 극복하고 괴물들과 싸워 이기며, 가장 큰 난적인 산지기 훔바바와의 싸움에서 승리한다. 그 다음엔 이쉬타르[51]의 유혹을 뿌리치고 "하늘의 황소"를 퇴치하며 저승으로의 여행을 감행한다. 그러나 길가메쉬에겐 그리스 로마 신화에서의 영웅들과는 또 다른 것이 있다. 그것은 인간의 궁극적인 문제이고 동시에 그의 궁극적인 목표였던 불멸에 관한 과제였다. 그는 대홍수에서 살아남아 영생을 누리고 있는 사람

---

50 "길가메쉬의 아버지는 루갈반다라는 인간이었고, 그의 어머니는 들소의 여신인 닌순이었다."(김산해 지음, 《길가메쉬 서사시》, 휴머니스트, 2005, 11쪽 참조). 아킬레우스가 "아킬레스 건"만 인간인데 반해 길가메쉬의 경우는 3분의 2가 신이었고 3분의 1은 인간이었다고 한다(앞의 곳 참조).
51 고대 수메르의 여신 이쉬타르(인안나)는 고대 그리스신화에서의 아프로디테와 고대 로마신화에서의 베누스(비너스)와 같은 인물로서 미의 여성에 대한 원형이라고 할 수 있다.

인 우트나피쉬팀을 만나서 죽음을 극복하는 길을 찾고자 하였다.

길가메쉬는 괴물 훔바바를 치기 위해 삼목산으로 들어갈 때에 이미 죽음에 대한 불안과 공포를 갖고 있었기에, 산을 주관하는 신인 우투에게 염소새끼를 제물로 바치고 기도를 올렸다:

> "우투여, 제가 당신께 드릴 말씀이 있습니다! 부탁드립니다. 들어주십시오! 제가 사는 도시에서는 사람들이 죽고 있습니다. 마음이 고뇌로 가득 차 있습니다. 사람들이 사라집니다. 그 때문에 저는 비애를 느낍니다. 제가 목을 길게 빼고 도시의 성벽 너머로 바라보면, 물속의 시체들이 강에 넘쳐흐르고 있습니다. 제가 본 것이 바로 그것이었습니다. 그런 일은 제게도 또한 일어날 것입니다. 그것이 현실입니다. 어느 누구도 하늘에 닿을 만큼 키가 크지 못합니다. … 인간은 자신의 마지막 생명을 넘어설 수 없기 때문에 저는 산 속으로 떠나길 원합니다."[52]

이런 길가메쉬의 기도는 죽어야 하는 인간의 비애를 절실하게 드러내고 있으며, 동시에 불멸을 갈구하는 소원도 들어 있다. 그가 수메르의 도시 우르크에서 본 인간은 죽음 앞에서 처참하게 쓰러지는 그런 힘없고 나약한 존재일 따름이었다. 그는 사람들이 죽는 모습을 보고 고뇌에 가득 차 있었던 것이다. 마지막 생명의 숨을 견디지 못하고 결국에는 죽고 마는 것이 인간의 피할 수 없는 운명인데, 그는 그러나 이 죽음의 한계를 초월해 보려고 발버둥 친다.

길가메쉬는 친구 엔키두가 죽었을 때 죽음에 대해 심한 두려움을 느꼈으며, 그 때문에 그는 대초원을 헤매고 다녔으며, 인간이면서 영생하는 신들의 정원에 살고 있는 우트나피쉬팀을 만나기 위해 수메르 신들의 파라다이스로 알려진 "딜문동산"으로 향한다: "나는 죽을 것이다!

---

52 김산해 지음, 《길가메쉬 서사시》, 164쪽.

나도 엔키두와 다를 바 없겠지?! 너무나 슬픈 생각이 내 몸속을 파고 드는구나! 죽음이 두렵다. 그래서 지금 대초원을 헤매고 있고 … 우바르투투의 아들 우트나피쉬팀의 구역53을 향해 곧바로 가리라."54

그는 죽음의 운명을 해결하기 위해, 영생하고 있는 인간 우트나피쉬팀을 만나기 위해 왕의 신분도 잊어버리고서 누더기를 걸친 거지 신세가 되어 대초원을 방황하고55 칠흑의 '마슈산'을 지나 태양이 뜨는 곳으로 여행했으며, 세상 끝 탐험을 강행하며 천신만고 끝에 "죽음의 바다"를 건넌다. 이 엄청난 방황의 끝에 우리의 영웅은 우트나피쉬팀을 만나고도 아무 것도 얻지 못한 채 빈손으로 돌아온다. 영생할 수 있는 기회를 얻지 못한 영웅은 그의 온갖 집념과 노력이 허탕이 되는, 그래서 결국 죽음을 맞이할 뿐이었다.

인간으로서는 도저히 올 수 없는 곳에, 원래 인간이었으나 신들의 대열에 끼어든 우트나피쉬팀을 보고 길가메쉬는 놀란다. 그의 모습이 인간과 대동소이했고 별다른 데가 없었기 때문이다. 그런 그가 어떻게 신들의 회합에 나아갔는지, 어떻게 영생을 얻게 되었는지를 길가메쉬는 물었다. 엄청나게 멀고 험한, 인간으로서는 도저히 올 수 없는 길을 헤쳐 온 길가메쉬에게 우트나피쉬팀은 슬픔과 비애로 가득 차 있지 말 것을 권고한다.

　"신과 인간이 결합된 육체로 창조된 너다! 신들이 네 아버지와 네 어머니 같은 역할을 해준 너다! 오, 길가메쉬, 어찌하여 비애를 질질 끌고

53　수메르의 신화에서 신들의 정원인 딜문동산을 말한다.
54　김산해 지음, 《길가메쉬 서사시》, 259쪽.
55　이러한 길가메쉬의 고행길은 젊은 싯다르타와도 유사한 성격을 보여준다. 왕자였으나 모든 것을 다 버리고 생사의 고뇌로부터 해탈을 찾아 나선 샤카모니족의 고타마 싯다르타를 떠올리게 하는 것이다.

다니는가? … 너는 쉼 없이 고생하면서 무엇을 얻고자 하는가! 고생 끝에 네 자신이 완전히 지쳐 버리면, 너는 네 몸을 슬픔으로 가득 채우고 너의 긴 인생 항로를 조급히 끝내는 길로 접어든다! 인간, 그들의 자손들은 갈 대처럼 부러진다. … 아무도 죽음을 알 수 없고, 아무도 죽음의 얼굴을 볼 수 없고, 아무도 죽음의 소리를 들을 수 없다. 비정한 죽음은 인간을 꺾어 버린다."[56]

우트나피쉬팀은 의혹으로 가득 찬 길가메쉬에게 엔릴이 저주로 내린 대홍수 사건을 얘기하고 자신은 인간의 창조자 엔키의 도움으로 살아 남았음을 일러준다. 대홍수 후에 신들의 회합에서 인간이었던 우트나피 쉬팀과 그의 아내는 신들처럼 되었다. 그는 영생하는 낙원인 딜문동산 에서 살게 된 것이다.[57]

그런데 문제는 엄청나게 고달픈 여행을 감행하고 죽음의 운명을 해 결하려는 길가메쉬의 의혹인 것이다. 어떻게 신들을 모이게 할 것인지 가 우트나피쉬팀의 고민거리였다. 그래서 그는 길가메쉬에게 우선 주의 사항을 당부한다: "이제 그대가 찾고 있는 영생을 위해 누가 신들을 모이게 할 것인가! 너는 6일 낮과 7일 밤을 잠들어서는 안 된다." 그러 나 이것마저 도무지 지켜질 수 없었다. 이때까지의 고단한 여행 때문에 그는 곧장 다리 사이에 머리를 끼고 앉아 안개 같은 잠 속에 빠지고 만다.[58]

이 첫 번째의 터부마저 어기고 난 후 그는 한탄을 쏟아내었다: "아, 이럴 수가! 저는 어떻게 해야 할까요? 우트나피쉬팀이여, 저는 어디로 가야 합니까? '죽음의 도둑'이 제 육체를 붙잡고 있습니다. 제 침실에

---

56 김산해 지음, 《길가메쉬 서사시》, 287~289쪽.
57 위의 책, 293~304쪽 참조.
58 김산해 지음, 《길가메쉬 서사시》, 307쪽 참조.

는 죽음이 머물러 있고, 제가 발걸음을 떼어 놓는 곳마다 죽음이 도사리고 있습니다!"[59]

빈손으로 돌아가야 하는 길가메쉬에게 우트나피쉬팀의 아내는 측은한 마음을 가져 마지막 희망의 끈이 될 만한 선물을 하나 줄 것을 권유한다. 장미 같이 생긴 불로초인데, 이 식물의 가시에 손이 닿으면 다시 젊은이가 되는 것이다.[60] 길가메쉬는 이걸 얻었는데, 아뿔싸(!) 귀향의 길에서 야릇한 사고가 일어나 이것마저 잃고 만다. 그가 귀향 도중에 지친 상태에서 샘 하나를 발견했는데, 그는 곧 이 샘의 아래로 내려가 목욕을 했다. 그때 뱀 한 마리가 이 식물의 향기를 맡고 몰래 올라와 그것을 물고 달아나 버린 것이다. 길가메쉬는 이 고통스런 사건에 마냥 그 자리에 털썩 주저앉아 울었다. 그의 두 뺨에 눈물이 흘러내렸지만, 모든 것이 허탕으로 끝나고 말았다.[61] 인간이 영생하는 것을 원치 않는 신들이 뱀을 시켜 저 불로초를 훔친 것이다.

그리스신화에서와 마찬가지로 수메르신화에서도 신들은 인간이 영생하는 것을 결코 바라지 않았다. 대홍수로 인간을 절멸하려고 한 것은, 그리스신화에서는 제우스였고 수메르신화에서는 엔릴이었다.[62] 이들은 인간을 미워했다. 이들은 애초부터(말하자면 인간이 죄를 지은 것과 상관없이) 인간을 신들의 노예로 혹은 노동자 혹은 제사를 지내게 하는 생명체로 만든 것이었다.

---

59 위의 책, 309쪽.
60 위의 책, 310쪽 참조.
61 위의 책, 311~313쪽 참조.
62 수메르의 신화에서 엔릴은 신들과 인간들의 제왕이었지만, 가혹하고 냉혹한 "분노의 원조"로 등장한다. 그는 창조주 엔키가 인간을 만들어 내자 엔키가 거처하는 압주로 쳐들어갔으며, 거기서 끌고 온 인간들은 노예로 만들었다. 그는 인간을 땅에서 쓸어버리기 위해 가뭄이나 역병 및 기근과 같은 대재앙을 내렸으며, 대홍수를 일으켜 인간을 멸절시키려 했다(김산해 지음, 《길가메쉬 서사시》, 178, 421쪽 참조).

구약성서의 창세기에선 죄를 지은 인간이 생명의 나무에 달린 과일을 따 먹고 신처럼 영생을 누릴까봐 염려한 끝에 낙원에서 인간을 내쫓았다: "'보아라, 이 사람이 우리 가운데 하나처럼, 선과 악을 알게 되었다. 이제 그가 손을 내밀어서, 생명나무의 열매까지 따서 먹고, 끝없이 살게 하여서는 안 된다.' 그래서 주 하나님은 그를 에덴동산에서 내쫓으시고, 그가 흙에서 나왔으므로, 흙을 갈게 하셨다. 그를 쫓아내신 다음에, 에덴동산의 동쪽에 그룹들[63]을 세우시고, 빙빙 도는 불칼을 두셔서, 생명나무에 이르는 길을 지키게 하셨다."[64]

인간이 생명의 나무에 달린 과일을 따 먹고 신들처럼 영생을 누릴까봐 노심초사한 끝에 인간을 낙원에서 내쫓은 것은 수메르 신화에도 나타난다. 심지어 인간을 창조한 창조주 엔키조차도 인간이 지혜로운 삶을 살아가는 기회를 제공했지만, 영생을 획득하는 것은 원치 않았다. 아예 애초부터 인간을 위상이 낮은 신들이 하는 노동을 대신하는 원시 노동자의 취지로 창조했기 때문이다.[65] 이것은 필멸해야 하는 인간의 비애이고 운명이었던 것이다.

그러나 우리의 고분벽화에는 인간에 대한 신들의 질투와 증오며 분노는 없다. 인간은 필멸의 운명이 아니기에 슬픔과 고뇌에 쌓이는 것도 없다. 고분벽화는 그런 불멸을 선포하고 있다. 신은 인간을 사랑하는 자이며, 인간에게 불멸을 선사하는 자이다. 거기엔 인간이 신의 노예라든가 노동자나 제사 지내는 심부름꾼의 위상이 아니라, 천인합일과 코스모스의 한 가족으로 드러나며, 인간은 천상의 신과 선인들이 사는 곳

---

63 천사들로 규명할 수도 있겠으나, "표준 새번역" 성서(창세기 3장 24절)의 각
주엔 "살아 있는 피조물, 날개와 얼굴을 가지고 있는 것으로 생각됨(에스겔
1:5-12; 10: 21)"으로 기술되어 있다.
64 구약성서 창세기 3장 22-24절(표준 새번역)
65 김산해 지음, 《길가메쉬 서사시》, 90쪽 참조.

으로 나아가고 별들이 사는 곳으로 비상한다.

4. 호메로스의 서사시에서 하데스와 인간의 불멸성

호메로스는 그의 서사시 《오디세이아》 제11장에서 오디세우스가 하데스를 찾아가며 거기서 죽은 인간의 영혼들과 만나고 대화하는 장면을 노래로 읊었다. 인간이 불멸하는 존재자임을 시가로 드러낸 것은 아주 놀라운 일이 아닐 수 없다. 그러나 안타깝게도 그리스신화에서는 하데스로 몰려온 인간들이 한결같이 비참하고 불행한 모습을 하고 있다는 것이다. 물론 하데스엔 엘리지온Elysion이라는 파라디스가 있지만, ― 사후세계의 재판관들인 미노스Minos와 아이아코스Aiakos 및 라다만티스Rhadamanthys가 합의하고 동의한다면― 그러나 극도로 제한적인 저명인사가 갈 수 있을 따름이다. 그런데 하데스의 아래엔 위의 엘리지온과는 극단적인 반대로 아주 무거운 죄인들이 가는 타르타로스가 있는데, 이를테면 제우스의 형제들(포세이돈, 하데스)과 전쟁을 벌여 패한 거인족들(제우스의 아버지 세대)이 감금된 채 벌을 받고 사는 곳이다. 참으로 하데스는 저주받은 곳이고, 이곳에 온 영혼들은 한탄과 고통으로 신음하고 있는 것이다.

이런 인간의 처참한 모습은 고구려의 고분벽화에 그려진 인간의 불멸성과는 크나큰 대조를 이룬다. 고구려의 고분벽화에서 인간은 결코 저주받고 신음하는 그런 곳으로 가는 것이 아니라 지극히 평화롭고 또한 생명현상이 흘러넘치는 신비한 "동화의 마을"이라고도 할 수 있는 선향仙鄉인 것이다. 벽화 속에 드러난 이런 선향의 모습은 다음 장에서 논의하고 여기선 오디세우스의 하데스 참관기를 파악해 보기로 한다.

오디세우스는 키르케 여신의 도움으로 하데스에 당도한다. 그가 하데스로 가고자 했던 이유는 수없는 표류와 고통으로 말미암아 도대체 고향 이타카로 돌아갈 수 있는지 알고자 아주 유명한 예언자인 테이레지아스[66]를 만나고자 했기 때문이다. 여러 가지 제사의식을 치르고 난 후에 오디세우스는 유명한 인사들의 영혼과 만난다. 소원했던 대로 오디세우스는 테이레지아스의 영혼과 만나 앞으로 일어날 일들에 대해 듣고, 또 그의 어머니와 몇몇 여성들의 영혼과 만나며, 아가멤논과 아킬레우스, 아이아스와 헤라클레스며 끔찍한 타르타로스의 주민들과도 만나고서 지상으로 돌아온다.

오디세우스에게 찾아온 첫째의 망령은 그의 동지였던 엘페노르였다. 그와는 채 매장도 되지 못하고 장례도 치러지지 못했으며 울어주지도 못한 상태에서 작별을 하게 되었는데, 처참한 엘페노르의 모습을 보고 오디세우스는 울면서 도대체 어찌하여 이토록 어두운 하데스로 왔는지 물었다. 엘페노르는 "신이 내리신 사나운 운명" 때문으로 답한다. 그러고서 그의 몸에 남아 있는 갑주 제구들과 그의 시체를 화장해서 잿빛의 바닷가에다 무덤을 만들어 달라고 오디세우스에게 부탁한다.

곧이어 테이레지아스의 망령이 오디세우스에게 찾아와 대뜸 왜 태양빛을 버리고 꼴사나운 하데스의 모습을 보려고 왔는지 질책한다. 그는 오디세우스의 날카로운 검을 치워줄 것을 부탁하고는 검은 피를 마시고 난 후에 신탁의 말을 들려준다. 오디세우스가 오랫동안 표류한 것

---

66 장님 예언자로 유명한 테이레지아스는 오이디푸스에게 비밀을 폭로한 것으로 유명하다. 말하자면 오이디푸스가 그의 아버지이자 테베의 왕인 라이오스를 자신도 모르게 전쟁터에서 죽이고 자신의 어머니를 아내로 맞은 것에 대한 예언인 것이다. 탄생하자마자 버림을 받았던 오이디푸스는 그의 아버지도 어머니도 모를 수밖에 없었다. 그러나 테이레지아스의 예언이 점차 사실로 드러나자 먼저 오이디푸스의 어머니이자 아내가 된 이오카스테(에피카스테)가 자살해 죽고 오이디푸스도 두 눈을 뽑아 신음하며 떠돌다 죽고 만다.

은, 그가 포세이돈아들 외눈박이 키클롭스를 장님으로 만들었기 때문에 대지를 뒤흔드는 포세이돈원한이 큰 탓이라고 일러준다. 그러기에 훌륭한 제물을 포세이돈 바치고, 또 고향으로 돌아가면 불사의 신들께 큰 제물을 바칠 것을 권한다.

오디세우스는 거무칙칙한 피를 마시고서 나타난 어머니의 망령과도 만나 서로 울먹이며 대화를 나눴다. 그는 어머니의 망령을 붙잡아 보려고 세 번이나 달려들었지만, 그때마다 어머니의 영혼은 그림자처럼 혹은 꿈처럼 가볍게 날아 달아나 버려 오디세우스의 가슴은 비탄으로 가득 찼다. 죽어야 하는 인간으로서 누구나 죽은 다음에는 정해진 법칙과 운명에 따라 이렇게 처참하게 될 수밖에 없다고 그의 어머니는 일러준다.

얼마 후 트로이 전쟁의 영웅 아가멤논의 영혼이 고뇌에 가득 찬 모습을 하고서 오디세우스에게 찾아왔다. 그는 큰 소리로 울면서 다가와 손을 내밀려고 무척 애를 썼다. 이 모습을 보고 오디세우스도 그 측은함에 못 이겨 눈물을 흘렸다. 아가멤논은 자신의 긴 고뇌를 가져온 원한을 오디세우스에게 쏟아내었다. 그는 자신의 아내와 아이기스토스가 살해 음모를 하여 자신을 죽였다고 하였다. 자신에게 음식을 대접해 놓고 마치 구유에서 머리를 들이밀고 여물을 먹고 있는 소를 도살하듯이 그렇게 비참하게 자신을 죽였다고 하였다. 더욱이 "개의 탈을 쓴" 그의 아내는 죽은 자신의 눈도 감겨 주지 않고 또 입도 다물려 줄 생각도 하지 않았다고 말하면서 울먹이는 게 아닌가.

드디어 아킬레우스의 영혼이 애처롭게 탄식하면서 나타났는데, 그는 아무런 사려분별도 못하는 망령들이 사는 곳, 곧 죽은 사람들의 환영이 모여 사는 하데스에 오디세우스가 왜 왔는지 질책하였다. 오디세우스는 험준한 고향 이타카로 어떻게 돌아갈 수 있는지 하데스의 테이레지아스에게 신탁을 듣기 위해 왔다는 용무를 밝혔다. 그리고서 오디세우스는 아테네의 모든 군사들이 아킬레우스를 신이나 다름없이 존경했다고 말하고서 지금 이 하데스에서도 다른 망령들을 통치하고 권위를 떨치는 것에 대해 치하를 하자, 그는 전혀 엉뚱한 대답을 한다:

"제발 내가 죽은 것을 달래려고 하지 말게나, 명예로운 오디세우스여. 들에서 품팔이를 하는 소작인으로서 남에게 고용을 당할망정 나는 지상 세계로 가고 싶네. 설령 그것이 버젓한 내 밭을 갖지 못하고 생활이 넉넉지 못한 자의 집이라 하더라도 죽어버린 망령들 전체의 군주로서 통치하는 일보다는 낫단 말일세."67

이리하여 오디세우스는 무사인 아이아스를 비롯해 제우스의 아들 미노스 거인 오리온, 장사 헤라클레스 등을 만나보았으나 다들 불쌍하고 처참한 모습을 하고 있었다. 특히 레토 여신에 대해 건방지게 굴었다는 이유로 대지의 여신의 아들 티튀오스가 당한 참혹한 형벌은 두 눈을 뜨고 보기가 어려웠다. 그는 제우스의 아내가 경치 좋은 파노페우스를 지나 퓌토 델포이로 행차할 때 이 행차를 습격했다는 죄목으로 땅에 누운 채 두 마리의 독수리에 의해 쉬임없이 간을 쪼이고 있었다.

하데스에 머무는 날들 거의 마지막 즈음에 오디세우스는 탄탈로스의 참혹한 고통의 현장도 목격했다. 탄탈로스는 갈증으로 늘 목이 타는 벌을 신으로부터 받았다. 그는 원래 제우스의 아들이고 소아시아 리디아의 왕이었지만, 신들을 농락한 죄로 엄한 벌을 받게 되었던 것이다. 그는 신들을 초대해 놓고 식탁 위에 자신의 외아들을 죽여 올려놓았다. 신들은 이 짓을 도저히 용서할 수 없었다. 그는 늪 속으로 던져져 영원히 목마름과 굶주림의 고통을 겪는 벌을 받는 것이었다. 그는 늪 속에

---

67 토머스 불핀치, 한백우 옮김, 《그리스 로마 신화》, 홍신문화사, 1993, 210쪽.

서 있지만, 그리고 물이 그의 턱 밑에까지 차올라 오지만, 아무리 물을 마시려고 해도 마실 수 없었다. 그가 물을 마시려고 몸을 구부리면 물은 언제나 말라 버려 간 곳이 없는 것이다. 그뿐인가. 그의 머리 위에는 온갖 종류의 맛있는 과일들이 주렁주렁 열려있지만, 그걸 따려고 그가 손을 내미는 순간에 바람이 불어와 이 과일들을 순식간에 어두운 구름 속으로 쓸어 가 버리는 것이다.

시지포스도 심한 고문과도 같은 가혹한 벌을 받고 있었다.[68] 두 손으로 거대한 바위를 깎아지른 산꼭대기 위로 굴러 올리는 벌인데, 팔다리를 버티고 죽을힘을 다해서 산꼭대기로 밀어 올리는 순간 이 염치없는 바위는 산 아래의 평지로 굴러떨어지는 것이었다. 그는 그러나 또다시 그리고 끊임없이 이 바위를 산 위로 밀어 올려야 하는 고문이었다. 그의 손발과 몸에서 땀이 비 오듯 하고 먼지 또한 머리에서부터 온몸에 덮여 눈도 못 뜰 지경이었다.

이리하여 우리는 호메로스의 신화에서 인간이 불멸하는 존재자임을 한편으로 확인하지만, 그러나 이런 불멸하는 존재자로서의 인간의 위상은 어처구니없게도 말이 아니다. 저승의 강 카론을 건너 하데스로 몰려온 인간들은 마냥 비참하고 불행한 모습을 하고서 어둡고 무시무시한 곳에서 살고 있다는 것이다. 그러기에 하데스는 결코 인간의 안식처도 고향도 아닐 뿐만 아니라 저주받은 곳이고, 이곳에 온 영혼들은 한탄과 고통으로 신음하고 있는 것이다. 인간이 영원히 그리고 본래적으로 거

---

68 시지포스는 제우스와 헤르메스의 비행을 인간들에게 밀고하는 바람에 제우스로부터 극심한 미움을 받았다. 시지포스의 가문은 프로메테우스의 집안이라 인간을 위해 항상 좋은 일을 하다가 신들로부터 미움을 샀던 것이다. 시지포스의 신화는 알베르 까뮈의 소설 《시지프스의 신화》를 통해 우리에게 잘 알려졌다. 까뮈는 그리스신화에 나오는 이 이야기를 모티브로 삼아 인간세상에서 부조리의 철학을 확인시켜 주고 있다.

주하는 고향으로서의 선향仙鄕을 피력한 고구려 고분벽화에서의 내세관과는 상당한 차이를 드러내고 있다. 어둡고 싸늘한 비극이 지배하는 하데스에서 주민들은 더 이상 죽거나 도망치지도 못하고 나날을 이어가고 있다. 오직 한번 오르페우스가 그의 아내 오이리디케를 구하기 위해 이 하데스로 와 악기를 켜고 노래했을 때, 하데스의 주민에게 휴식이 주어졌다. 이토록 비극적 인간관이 그리스의 신화에 깔려 있다.

5. 오르페우스의 신화에서 영혼의 불멸

B.C. 6세기 무렵 트라키아의 전설적인 시인이자 사제이고 기적을 행하는 사람으로 알려진 오르페우스는 "오르페우스교"의 창시자라고 할 만큼 유명한 인물이다. 오르페우스의 신화에는 하데스Hades으로의 사후세계 여행이 잘 드러나 있는데, 이 오르페우스의 여행에는 영혼불멸사상과 윤회사상, 윤회전생을 벗어나는 것, 나아가 내세희망과 영혼숭배와 같은 현상을 우러러 볼 수 있는 계기가 마련되어 있다. 그러나 앞의 호메로스의 신화에서도 확인되었듯이 이 사후세계가 결코 밝지 않을 뿐 아니라 인간들 또한 아무런 기쁨도 희망도 없이 연명하고 있을 따름이다.

그리스신화의 세계에서 잘 알려져 있듯 오르페우스는 지극히 구슬픈 노래를 불러 온 세상에 알려진 가수이고 시인이었다. 칠현금을 뜯으며 부르는 그의 시가에는 사람들뿐만 아니라 심지어 무생물들까지도 감동을 받았다고 전해지고 있다. 그런데 결혼한 지 얼마 되지도 않아 그의 아내 오이리디케Euridike가 불의의 사고로 세상을 떠나고 만다. 오이리디케가 한번은 뒷동산에 꽃을 꺾으러 갔는데, 때마침 그녀의 아름다움에 홀딱 반한 어떤 부랑배의 추적을 받고 도망을 치다가 독사에게 물려 그만 세상을 떠나고 말았다. 오르페우스는 이 슬픈 사건에 식음을 전폐하고 밤낮으로 구슬픈 노래를 불렀다. 이 노래에 무생물까지도 눈물을 흘렸으며, 강물은 멈추고 숲은 슬퍼 뛰어다녔다. 암사슴도 사자를 두려워하지 않게 되었고, 토끼도 개에게 다가갔다.

그러나 오르페우스는 자신의 슬픈 노래로 위안을 얻지 못하고, 자기 아내를 일찍 데려간 무심한 하데스 왕을 원망하면서 황천나라(하데스)로 길을 떠났다. 그는 칠현금을 들고서 끝도 없이 해가 지는 방향으로 걸어갔다. 한없이 걸어가던 어느 날 그는 시커멓고 커다란 문이 있는 하데스의 입구에 다다랐다. 햇빛도 비치지 않고, 어두운 데다 구름과 안개가 자욱하여 무섭고 으스스한 분위기가 감돌았다. 게다가 문 앞에는 머리가 세 개나 달린 악명 높은 큰 개인 케르베로스가 눈을 부릅뜨고 지켜보고 있었다. 온 사방이 어두컴컴하기만 한데 이 괴물의 눈 여섯 개만 불덩이처럼 빛나고 있었다. 오르페우스는 칠현금을 켜고서 노래를 부르기 시작했다. 황천나라 문지기 케르베로스는 그만 그 노래에 매혹되어 눈물로 뺨을 적시었기에, 오르페우스는 아무 탈 없이 하데스의 안으로 들어갔다. 그가 칠현금을 켜고서 감미롭고 구슬픈 노래를 부르자 황천나라 백성들은 감동되었고, 갖가지 **가혹한 형벌로 영혼들을 괴롭히는 일을 맡은 저승의 일꾼들**도 오르페우스의 노래에 감동되어 하던 일을 망각해 버렸다.

노래를 부르면서 한참을 들어가니 하데스 왕의 궁전이 나타났다. 우락부락하게 생긴 파수병이 번뜩이는 창을 겨누면서 오르페우스에게 달려들었다. 오르페우스는 칠현금을 다시 켜 노래를 불렀다. 음악에 취해 파수병도 황홀한 표정을 지으며 주저앉고 말았다. 오르페우스는 곧장 궁전의 안으로 들어갔다. 이때 천둥과 벼락이 치는 소리가 나서 오금을 떨고 있는데, 고개를 들어보니 하데스 왕이었다. "너는 어떤 녀석이기에 아직 올 때가 되지도 않았는데 이곳으로 왔느냐? 이곳은 사람이 죽어서 오는 곳인 줄 모르느냐? 어떻게 들어왔건 결코 마음대로 나갈 수 없느니라. 이곳 하데스의 구석에 처박아 넣을테니 그리 알거라.”

오르페우스는 칠현금을 내려서 더욱 침착하게 켜기 시작했다. 때론 눈을 감은 채 아름다운 목소리로 노래를 불렀다. 노래와 칠현금의 소리가 주위에 울려 퍼졌고 그 아름다운 음향이 하데스의 왕국을 메아리쳤다. 늘 엄하고 화난 표정을 하고 있던 하데스의 마음은 이윽고 점차 누그러졌고, 생전 웃어보지도 못한 그의 얼굴에 미소가 번졌다. “오오, 참으로 아름다운 음악이로다. 내 이때껏 이리도 기분 좋은 일이 없었는데, 참으로 놀랍구나. 그래, 무슨 일로 이 무섭고 음침한 곳으로 왔는지 말해 보렴. 애타는 소원이 없었다면 감히 죽기도 전에 이곳에 오기가 만무한 걸.”“그러하옵니다. 대왕마마! 부디 저의 사랑하는 아내 오이리데케를 돌려주십사 하고 찾아왔습니다. 저의 아내 오이리디케와 다시 한 번 밝은 지상에서 살게 해 주십시오.”

마침내 하데스 왕도 측은히 여기는 마음이 생겨나 “저 사람에게 자기 아내를 돌려주어라”고 하였다. 다만 하데스 왕은 순순히 오이리디케를 돌려주지 않고 고약한 조건을 달아 황천나라를 나가게 했다. 그것은 황천나라를 다 빠져나갈 때까지 뒤로 돌아보지 말라는 엄명을 함께 내린 것이다. 황천나라를 거의 다 빠져나갈 때에 오르페우스는 오이리디케밖에는 아무 것도 생각하지 못하였기에, 안타깝게도 자기도 모르게 뒤로 돌아보고 말았다. 이리하여 오이리디케는 뒤로 미끄러져 또다시 하데스의 나라로 끌려가고 말았다.

하데스 왕은 그리 쉽게 오이리디케를 돌려주지 않았지만, 오르페우스가 만약 그의 명령을 망각하지 않고 뒤로 돌아보지 않았더라면 지상으로의 귀환도 불가능한 것은 아니었다. 비극의 시인 오르페우스는 오이리디케를 데리고 황천나라를 빠져나오지 못했지만, 이런 황천나라가 존재하고 자신의 사랑하는 아내 오이리디케가 거기에 살아 있음을 확인할 수 있었다. 지상에서의 죽음이 영원한 종말로 이어진 것이 아니라 황천나라로 옮겨 삶을 영위하고 있음을 오르페우스의 신화는 밝히고 있다.

안타까운 것은, 호메로스의 경우와도 유사하게 황천나라로 간 영혼들이 지극히 불행하게, 때론 가혹한 형벌을 받으며 지내고 있다는 것이다. 우선 황천나라는 호메로스의 사후세계의 모습도 그렇듯이 온통 어둠이 지배하는 세계라서 영혼들이 즐겁게 살지 못하는 곳임을 느끼게 한다. 이런 모습은 고구려의 고분벽화와 확연한 차이를 드러낸다. 별들의 세계를 비상하고 신들과 거하면서 악기를 연주하며, 아름다운 동화의 마을에 이웃들과 옹기종기 모여 살며, 생명과일이 주렁주렁 열리고 새들이 이곳으로 모여드는 곳에 거주하는 모습은 그리스신화의 사후세계와는 전혀 다르다. 오르페우스의 신화에서 황천나라엔 사람의 머리를 빙빙 돌리는 형벌(영원히 돌아가는 수레바퀴에 매어 있다)이 있고, 영원한 굶주림과 갈증에 시달리는 형벌이 있으며, 독수리에 간을 쪼이는 벌도 있다.[69]

6. 플라톤의 영혼불멸론

우리가 앞에서 논의했듯이 소크라테스와 플라톤 이전에, 특히 호메로스와 오르페우스의 신화에서 영혼의 불멸을 읽을 수 있었다. 이후 플라톤은 서구의 철학사에서 가장 먼저 그리고 가장 큰 규모로 영혼불멸

---

69 저승세계의 처참한 상황에 관해선 보에시우스, 정의채 역, 《철학의 위안》, 성바오로출판사, 1973, 181~186쪽 참조.

을 철학의 중심 문제로 끌어들였다. 그는 인간이 한편으로 생성소멸의 세계에 속하는 유한한 존재이지만, 그러나 지상에서의 죽음으로 모든 게 끝장나는 것이 아니라 그 영혼이 불멸한다고 역설했으며, 인간의 영혼불멸을 밝히기 위해 사투를 벌이다시피 하고, 끝내는 소크라테스로 하여금 자신의 목숨을 걸고(특히 《파이돈》에서) 영혼불멸을 증명토록 했다.[70]

오늘날 실증주의와 실용주의 및 경험과학이 지배하고 현세중심주의와 상업자본주의가 활개 치는 시대에 현대인은 정신적인 것이나 영원에 관한 것은 관심 두기조차 꺼려하기에, '영혼'에 대해 별로 심각한 의미를 부여하지 않는다. '인간'을 규명할 때 현대인의 시각은 전적으로 육체에 한정되어 있지, 결코 영혼에 중량을 두지 않는 편이다. 그러나 고대그리스에선 전적으로 달랐고, 플라톤을 비롯해 플로티노스, 아우구스티누스 등 많은 철학자들에게서 육체보다는 영혼에 그 중량이 쏠렸다.

플라톤에 따르면 우리의 영혼은 지상에서의 죽음과 더불어 사라지는 것이 아니라, 죽은 후에도 살아남는다. 더욱이 놀라운 것은 호메로스와 오르페우스의 신화를 비롯한 전래의 신화적 서술에서 대부분 하데스의 음침하고 슬프며 고통스럽고 소름 끼치는 장면(소크라테스에 따르면 물론 이러한 하데스는 불의를 행한 자들을 위해 엄존하고 있다)이 지배적인 데 반해 신들과 함께 거주하는 행복한 곳이 있음을 피력하는 것이다.[71] 그래서 선한 영혼은 악한 영혼보다 훨씬 좋은 행운을 갖는다는 것이다.[72] 이런 확신은 소크라테스가 태연자약하게 독배를 마신 것에도

---

70 특히 플라톤의 대화록 《파이드로스》, 245c~e, 《파이돈》, 69 이하, 《소크라테스의 변명》, 39c~42a, 《국가》, 614b~621b 참조.
71 소크라테스는 하데스에서 사람들이 아내와 자식 및 사랑하는 사람을 만날 수 있는 곳이며, 지혜를 보람 있게 향유할 수 있는 곳이라고 피력한다(플라톤, *Phaidon*, 68b 참조).
72 플라톤, *Phaidon*, 72e 참조.

영향을 미쳤다.

소크라테스와 플라톤에게서 죽는다는 것은 영혼이 단지 육체를 떠나 홀로 있는 것에 불과하고,[73] 영혼의 육체로부터의 분리와 해방이며, "육체의 쇠사슬로부터의 해탈"[74]과 다름없다. 그리고 이토록 영혼의 육체로부터의 해방을, —소크라테스가 유언으로 크리톤더러 의약의 신 아스클레피오스에게 닭을 한 마리 바칠 것을 소원한 것을 참조해 볼 때— 곧 질병으로부터 해방으로 여긴 것이다.[75]

플라톤의 대화록엔 이미 그의 전기 사상에서부터 영혼불멸을 주요 테마로 다룬 곳이 보인다. 이를테면 《소크라테스의 변명 Apologie》에는 이 세상에서의 부당하고 불의한 재판으로 정의의 문제가 다 끝나는 것이 아니라 저승에서의 최종적이고 정의로운 재판으로 이어진다. 소크라테스는 배심원들의 사형선고를 순순히 받아들이지만, 그러나 그들의 부당하고 불의한 선고를 사후의 법정으로 옮겨 그들을 그 법정에 서게 한다: "저에게 사형판결을 내린 여러분께 말씀드립니다만, 나를 죽인 바로 다음에 여러분은 제게 내린 사형보다 훨씬 더 엄한 벌을 받게 될 것입니다."[76]

소크라테스는 불의의 재판을 일삼는 지상의 재판관들("이승에서 스스로 재판관이라고 자처하는 사람들")과 대비해서 저승의 정의로운 재판관들 —미노스 inos, 라다만티스 Rhadamanthys, 아이아코스 Aiakos, 트립톨레모스 Triptolemos— 을 언급하고 이들을 만난다는 것에 큰 희망을 표명

---

73 플라톤, *Phaidon*, 64c 참조.
74 플라톤, *Phaidon*, 67d. 또한 81a, 83a(철학은 영혼의 감금을 해방시키는 노력), 84b("인간적인 모든 악에서 해탈") 참조.
75 육체는 여러 가지 욕망(물욕, 애욕, 공포, 공상 등)으로 말미암아 영혼에 짐이 되고 영혼의 순수한 인식활동, 즉 진리와 지혜를 얻는 데에 방해가 된다고 소크라테스는 그의 대화자에게 밝힌다(*Phaidon*, 66a~e 참조).
76 Platon, *Apologie*, 39c.

한다. 이러한 최후의 재판관들에게서는 이승의 재판에서 볼 수 있는 불의하고 부당한 재판을 볼 수 없을 뿐만 아니라, 지상에서 정의를 어기고 불의한 짓을 한 멜레토스와 아니토스 및 이들 패거리들의 경우 저승의 법망을 피할 수 없다는 사실을 밝힌다.

《소크라테스의 변명》에서 소크라테스는 마지막으로 자신의 신념에 대한 확신을 갖고서 의미심장한 여운을 남긴 채 끝을 맺는다: "하지만 우리는 모두 떠날 때가 되었군요. 저는 죽기 위해서이고 여러분은 살기 위해서 떠납니다. 그러나 우리들 중에서 어느 편이 더욱 좋은 일을 만나게 되는지는 오직 신만이 아실 겁니다."[77] 이리하여 소크라테스는 사형선고를 받고서 그 집행기간까지의 일정한 시간 동안 제자들과 대화를 나누고, 특히 피타고라스의 제자들과는 영혼불멸에 관한 대화를 나눈다. 그 내용이 플라톤의 《파이돈》에 그대로 전해지고 있다.

《소크라테스의 변명》의 마지막 부분에서 소크라테스는 인간이 죽음으로 끝장나는 것이 아니라. 사후의 세계인 저승이 있음을, 그리고 인간의 영혼이 거기에서 존재하게 됨을 피력한다. 앞에서도 언급했듯이 아직 정의로운 재판이 남아 있을 뿐만 아니라, 선량한 재판관과 선량한 사람들이 신들과 함께 사는 그런 저승인 것이다. 그래서 이승에서의 죽는 것 자체가 그리 나쁠 게 아니라고 소크라테스는 말한다. 특히 그는 전승된 말을 언급하면서 죽음이란 단지 영혼이 여기서 다른 곳으로 옮기는Versetzung 거주장소의 변경에 불과하고, 마치 이사를 하여Umzug 삶의 거처를 바꿔 사는 것과 같음을 강조한다.[78] 거기에서 선량한 사람들의 삶은 이쪽 이승에서의 삶보다 더욱 행복할 뿐만 아니라, 죽음이 없는unsterblich 삶이 계속되리라는 것이다.[79]

---

77 Platon, *Apologie*, 42a.
78 Platon, *Apologie*, 40c 이하 참조.
79 위의 책, 41c 참조.

소크라테스는 자신의 사형 집행이 곧 거행되지만 잠시 후 다이몬의 안내를 따라 하데스에 이르러 지혜 있는 선한 신들과 또 이 세상 사람들보다 더 훌륭한 저 세상 사람들에게 간다는 확고한 신념이 있었기에, 아예 슬퍼하지 않는다고 자신의 대화자인 심미아스와 케베스에게 고한다.[80] 오히려 그는 일생 동안 추구해 온 것에 대한 희망을 품고서 "큰 기쁨을 갖고" 떠난다고 술회한다.[81]

플라톤은 그의 대화록 《파이돈》에서 본격적으로 영혼불멸을 증명하는데, 소크라테스의 대화 파트너의 요구에 의해서 진행된다.[82] 이런 대 단위의 기획은 우리의 철학사에서 처음이며 획기적인 시도라고 할 수 있다. 보통 사람들은 소크라테스의 대화파트너와도 같이 인간이 죽으면 육체는 썩고 영혼은 흩어져 결국 없어진다고 하나,[83] 플라톤은 소크라테스로 하여금 이를 완강히 부인하게 한다. 플라톤에게 철학의 근본적인 과제는 바로 이 영혼불멸과 이데아의 실현 및 진·선·미의 문제이다. 플라톤의 영혼불멸론은 대화록 《파이드로스》와 《국가》 및 만년의 저작인 《법률》에서도 꾸준히 논의되고 있다.

---

80 플라톤, *Phaidon*, 63b~c, 108b 참조.
81 위의 책, 67c 참조.
82 위의 책, 70a~b 참조.
83 플라톤, *Phaidon*, 77b~e 참조.

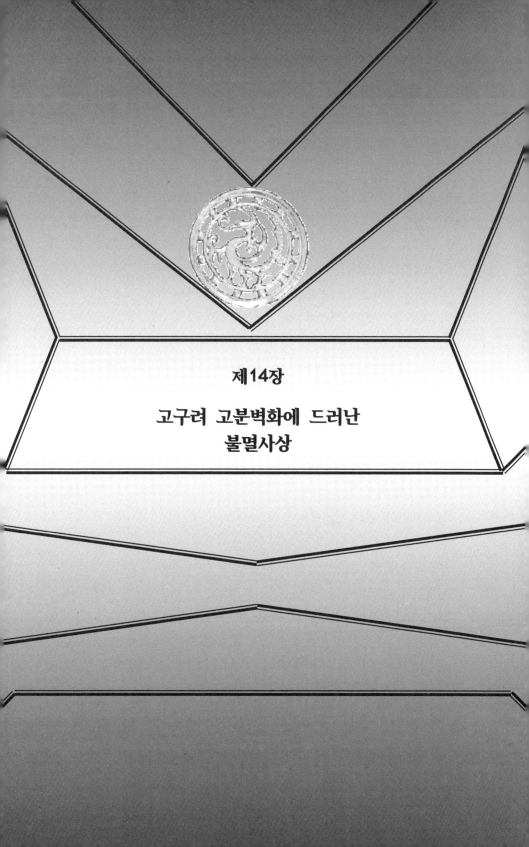

제14장

고구려 고분벽화에 드러난
불멸사상

고구려의 고분벽화를 통해 드러난 불멸사상은 결코 단순한 소망이 아니라, 엄밀한 철학적 통찰에 의해 밝힌 일종의 표현인문학이다. 불멸성에 관한 문제는 인간의 궁극적 물음이고 동시에 인간의 운명과도 결부되어 있는 중요한 관건이다. 여기에 고대 한민족 사상의 원형이라고 할 수 있는 흔적이 용해되어 있다. 고대 그리스의 철학자 플라톤은 그의 대화록《파이돈》에서 인간의 영혼불멸을 주장했다. 그는 소크라테스로 하여금 피타고라스학파의 두 제자들과 불멸에 관해 논의토록 하고, 죽음이 인간의 영원한 끝장이 아니라는 것을 천명한다. 고구려의 고분벽화는 그러한 불멸성을 총천연색의 벽화로 담아내었다.

　　플라톤과 성서는 인간의 영원불멸뿐만 아니라 하늘을 인간의 본향이라고 한다. 플라톤에게 인간의 영혼은 —윤회를 거듭하는 경우도 있지만— 결국 고향인 별들의 세계로 돌아가게 된다.[1] 그리고 인간의 영혼은 하늘로 오르내리는 물과 같다고 한다: "인간의 영혼은 물과 비슷하다. 하늘에서 내려와 하늘로 올라간다. 그리곤 다시 땅으로 내려와야 하는데, 영원히 이 일을 거듭한다."[2]

　　플라톤에게 인간은 그의 궁극적인 고향인 하늘나라를 그리워하며 지상에서 나그네의 삶을 살아간다. 이토록 천향을 그리워하며 살아가는 것은, 인간이 원래 거기에서 지상으로 왔기 때문이다. 플라톤의 —《파이드로스》를 비롯한 여러 대화록에서 논의되고 있듯— 영혼선재설靈魂先在說에 따르면 인간은 육체를 입기 전에 순수 영혼의 형태로 천궁에서 영원한 존재와 모든 실재하는 것의 원형, 즉 이데아의 세계를 목격했다. 인간은 지상으로 오기 전에 천궁에서 살았던 것이다.

　　고분과 고분벽화도 인간의 불멸과 본향사상을 드러내고 있다. 고분

1　Platon, *Phaidros*, 249a 이하 참조.
2　Platon, *Phaidros*, 248c~249d. J. Hirschberger, *Geschichte der Philosophie I*, Herder: Freiburg·Basel·Wien 1991, 124쪽.

벽화에 그려진 별자리들(특히 북두칠성과 남두육성)은 망자에게 각별한 보살핌을 베풀고 망자亡子가 귀향하는 본향이라는 것을 알려주기 때문이다. 고분이라는 것은 잘 알려졌듯 망자의 거처이다. 오랜 민간신앙의 전승에 따르면 백魄은 몸과 함께 남고, 혼魂은 천상으로 올라간다거나 혼백이 하늘과 땅 사이로 오간다는 것은, 죽음으로 말미암아 모든 것이 끝장난다는 것이 아니라는 것을 알려 준다. 고분은 망자의 신체를 결코 훼손되지 않은 상태로 무덤 칸 안에 곱게 모신 다음 내부공간을 벽화로 장식한 무덤이라는 측면에서 몸과 함께 남는 백의 거처로서의 존재의미가 부여된 것으로 보인다.

고분에 그려진 벽화는 엄밀하게는 산 사람들에게 내보이려는 의도의 예술작품이 아니다. 그러기에 벽화는 망자亡子를 위한, 망자와 관련이 깊은 당대 사람들의 사상과 철학의 표현인 것이다. 고분벽화는 그렇다면 산 사람들의 주도로 그려진 망자의 세상이라고 할 수 있는데, 망자가 그때까지 살아왔고 또 죽음 이후에 천상에서 누릴 것으로 기대하는 삶의 형태를 표현한 것이다. 여기엔 고구려인들의 계세적繼世的 세계관이 잘 반영된 것으로 보인다.

죽음으로 모든 것이 끝장이라거나 무화無化 내지는 혼비백산魂飛魄散으로 귀결된다고 여겼다면 망자를 위해 단단한 집인 고분을 짓지 않았을 것이다. 그런데 고구려인들은 그 망자를 위해 단단한 고분을 짓고 부장품을 껴묻는가 하면 벽화로서 천상의 사후세계를 그려 놓았다. 그것은 이런 저런 형이상학적인 이론을 끌어들일 필요도 없이 사후세계에 대한 확실한 사상과 믿음이 있었기 때문이다.

더욱이 고분벽화에서 사신도四神圖가 적나라하게 표현하고 있듯 동-청룡과 서-백호, 북-현무와 남-주작이 망자를 지키도록 한 것은 불멸사상의 진수를 드러내고 있는 것으로 여겨진다. 고분벽화의 사신도는 무덤주인을 신수들(청룡, 백호, 주작, 현무)로 하여금 지키게 하고 있다. 이들 신수들은 무덤 주인을 지키는 수호신인 동시에 우주의 사방을 보살피고 수호하는 사자使者들이다. 인간은 '죽음'으로 그의 운명이 끝장나는 것이 아니라 신수들의 보살핌을 받고 있는 존엄한 존재인 것이다. 플라톤과 같은 대철학자들이 불멸사상을 철리哲理로 풀었지만, 고구려인들은 고분벽화를 통해 밝히고 있다.

네 방위를 담당한 수호신들은 "나쁜 기운을 물리치고, 죽은 자의 영혼을 하늘세계로 인도한다."[3] 사신이 죽은 자의 영혼을 안내하는 하늘세계에서 인간은 신선이 되어 천상의 세계로 나아가는데, 바로 별들의 세계를 비롯해 꽃과 구름 사이를 비상하고 있다. 이 천상의 세계는 바로 고구려인들이 사유한 죽음 저편의 세계이다. 그들은 신선이 되어 기묘한 날개옷을 입고 용이나 천마, 봉황이나 세발 공작을 타고서 하늘고향에서 산다고 믿은 것이다. 이 고분벽화는 고구려인들의 천상에 펼쳐진 유토피아사상과 천향사상 및 불멸사상을 보여주고 있다.

고분의 천정에 주로 그려진 일월남북두日月南北斗의 사수도四宿圖는

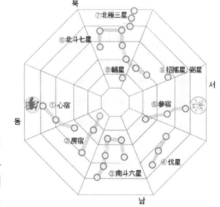

사진 14-1
고분벽화의 사수도
(일월남북두) 체계
(문화재청 제공)

---

3 "월드컵 특별기획 역사스페셜", 제2편 고분벽화, KBS 2002년 6월 8일 방송.

불멸사상을 그대로 천명하고 있다. 북쪽 벽에 그려진 북두칠성은 원시 도교에서부터 죽음을 관장하는 별자리로서 천상으로 올라온 영혼들을 보살피고, 새로운 생명의 씨앗을 심고, 새로운 출발을 지시하는 별자리 이고, 남쪽 벽의 남두육성은 현생의 삶을 관장할 뿐만 아니라 북두칠성 에서 은하수를 따라 내려온 영혼들의 삶을 보살피고 생명의 축복을 쏟 아 붓는 별자리이다. 도교적 사상이 고분벽화에 전승되고 있다.4

그뿐만 아니라 고구려인들은 벽화를 통해 천상에 유토피아를 건립하 였다. 생명수의 과일이 주렁주렁 열리고 봉황이 날아오르는 곳에 동화 의 마을을 일구고 살아가는 것이라든가(장천 1호분 참조), 온갖 악기를 동원해 천상에서 협연을 펼치는 일들은 불멸의 심포니이고 환희의 송 가로 표현된다. 또한 봉황으로 하여금 불사약을 실어 나르게 하는 것들 도 불멸사상을 적나라하게 펼치고 있는 것이다.

인간은 동물이나 다른 피조물과는 달리 지음을 받은 대로 혹은 자 연상태로만 살아가지 않는다. 인간은 자연의 일부분이지만, 동시에 자 연초월적인 존재이다. 인간은 경우에 따라선 자신의 자연적 조건에 이 의를 제기하기도 하고 자신을 지배하는 자연법칙 자체를 문제로 삼으 며, 지상적인 조건을 벗어난 초지상적·초자연적 세계를 떠올린다. 따라 서 인간에게서 죽음이라는 자연상태는 결코 최후의 안식처나 귀착하는 지점이 아니다.

인간은 자신을 포함한 모든 존재자들이 존재하는 의미와 이유를 묻 고, 자신이 어디서 와서 어디로 가는지의 행방을 묻는 자이다. 그는 자 신이 생성소멸의 굴레 속에 있는 존재자인 줄 알지만, 그러나 동시에 이러한 생성소멸의 근거와 이유를 문제시하고, 왜 세계가 이러한 구조

---

4 이러한 별자리 신앙 혹은 성수신앙이 도교적이라는 것에 대해선 김일권, 《고 구려 별자리와 신화》, 111, 124쪽; 박창범·양홍진, 〈고구려의 고분 벽화 별자 리와 천문체계〉, 38쪽 참조.

를 갖는지에 대해서도 묻고 또 대항한다. 그는 세계 내에 존재한다. 그러나 그는 자신이 포함된 세계 전체를 낯설게 여기고 문제시하며 이러한 세계를 극복하고 초월해야 할 과제를 떠올린다.

그는 결코 동물이나 기타 다른 피조물처럼 자연상태와 자연법칙만으로 안주할 수는 없는 것이다. 이런 자연상태는 그러기에 결코 그에게 더 이상 고향이 될 수는 없고 인간은 여기서 자신을 떠돌이로, 유리하는 자로 여기는 것이다. 인간은 자신을 지배하는 자연법칙 자체와 자기에게 거주처를 제공하는 세계를 문제로 삼는다.

생성소멸의 자연법칙은 인간을 포함한 모든 존재자들이 맞이할 수밖에 없는 죽음 앞에서 극단적으로 냉혹한 모습을 드러낸다. 인간은 자신이 죽음에 내던져져 있다는 사실을 목격하면서 자신의 무력함과 궁극적인 한계를 뼈저리게 체득한다("한계상황"; K. 야스퍼스). 그는 자신의 선택과도 무관하게 더 이상 어쩔 수 없는 불가능의 벽 앞에 놓이게 되고 "죽음에-처한-존재"(Sein-zum-Tode: M. 하이데거)임을 받아들이지 않을 수 없다.

그러나 이러한 상황 속에서도 그는 다른 피조물과는 달리 죽음을 문제로 여기고 그것을 당연한 자연법칙으로만 받아들이지는 않는다. 그는 자신이 처한 근원적인 상황에서조차 자신뿐만 아니라 모든 인간과 존재자들이 왜 사멸하지 않으면 안 되는지를 묻고, 이러한 사멸 앞에서 자신을 포함한 모든 존재자들의 존재 의미를 묻는 것이다. 그는 불가능의 벽이라는 죽음 앞에서 극단적인 자신에게로 퇴행하여 자신의 실존을 획득하기도 하고 내세나 불멸성을 바라보기도 한다.

생성소멸의 법칙엔 인간도 들어가 있나. 한 빈 태이난 지는 죽어야 한다는 것은 곧 자연의 섭리이고 천명이다. 인간을 "이왕국적 존재"라고 규명한 칸트에게서도 잘 드러나듯 인간은 철저하게 자연법칙의 지배를 받는 존재이다. 그러나 이 자연법칙이 인간의 모든 운명을 결정하는 법정은 아닌 것이다. 그에게는 자연법칙의 인과율에서 해방된 도덕률이 존재하는 것이다.

고대의 문화민족들은 인간의 죽음을 단순한 자연법칙의 카테고리에서 설명함으로써 그 죽음의 문제를 다 해결한 것으로 생각하진 않았다. 그들은 대지를 생명체인 가이아로 보았기에, 우리를 먹여 살리는 대지는 우리의 목숨까지도 품고 되돌려 받아들이는 그런 어머니로 여겼던 것이다. 그래서 죽음은 곧 "어머니 대지"(Terra Mater)의 품으로 돌아가는 것이나 다름없었다.

고대의 시인들은 대지를 생명의 유기체로, '성스러운 어머니 대지'(Terra Mater)로 노래했었다. 인간이 거기로부터 와서 그 안에서 살다 거기로 돌아가기 때문이다. 호메로스는 "만물의 어머니인 대지에 대한 찬가"(Geen meetera pantoon)에서 다음과 같이 노래하고 있다: "모든 지상의 존재자들을 먹여 살리는 / 만물의 어머니인 대지에 관하여 나는 노래하리라. / 땅에서 일어나는 일이건, 바다와 공중에서 요동하는 것이건 다 그대의 / 충만과 은혜를 입고 있도다. / 좋은 자손들과 좋은 과실들은 그대로부터 왔으니, / 죽어야 하는 인간에게 생명을 부여하거나 / 돌려받는 것은 그대의 위력이로다. / 그러나 그대가 가슴으로 애지중지하게 기른 만물은 / 복될진저, 곧 이들에게 질투 없는 지극한 복이 마련되나니. … 별들로 가득 찬 하늘 우라누스의 아내이고 신들의 어머니인 그대 복되소서."

또 호메로스와 유사하게 아이스킬로스도 "코에포리"에서 이 어머니 가이아를 "모든 것을 낳고, 기르고, 다시 그 자궁 속에 받아들이는 자"라고 노래했다. 그러나 그 누구보다도 대지를 성스런 어머니로 노래한 이들은 인디언들이었을 것이다. 와나품족의 추장인 스모할라는 땅을 경작하는 것조차 받아들이지 않았다. 그는 땅을 경작하는 것을 곧 어머니의 살을 찢는 것으로 여겼고, 돌을 빼내는 것을 어머니의 뼈를 꺼내는 것으로 보았으며, 풀을 자르는 것을 어머니의 머리카락을 베는 것으로 파악했던 것이다(James Moonly: "The Ghost-Dance Religion and…").

이토록 대지가 유기체인 어머니로 받아들여지는 데는 ―특히 자연에 순응한 고대인들의 세계관을 참고할 때― 이론異論의 여지가 없을 것이다. 그러나 인간의 죽음이 "어머니 대지"로 돌아간다는 것만으로 죽음 문제가 다 끝장난 것은 아니다. 인간은 땅 아래뿐만 아니라 하늘 위로 나아간 것이다. 고구려의 고분벽화에서 인간은 땅 아래 거주하면서 하늘 위로 나아가고 별들을 방문하고 있다. 그들은 그들의 유래가 하늘이고 천손天孫이라고 확고하게 믿고 있으며, 따라서 죽음이란 다름 아닌 육체의 탈을 벗은 영혼의 본향으로의 귀향이라고 여기는 것이다.

고대그리스인은 신화의 형태로 불멸하는 인간의 영혼을 떠올리고 있다. 오르페우스의 신화에도 호메로스의 신화에도 또 제우스의 형 하데스가 다스리는 나라(하데스)에도 그러한 모습이 드러난다. 그러나 안타깝게도 이들이 드러내는 사후의 세계는 ―앞의 장에서 면밀히 검토했듯― 지극히 비참하고 어둡고 슬픈 형태를 띠고 있다. 그런데 피타고라스는 이들과 대조적으로 인간의 살아 있는 형태가 오히려 벌을 받아 영혼의 상태에서 쫓겨난 것이라 여긴다. 그러나 아쉬운 것은 피타고라스가 이러한 진술 외에는 더 이상 그러한 세계에 대해 해명한 게 없다는 것이다.

그러나 고구려인들은 사후의 세계를 오르페우스나 호메로스에게서처럼 또 하데스의 왕국에서처럼 어둠과 비참, 고통, 형벌과 같은 형태로 드러내지 않았다. 고구려인들에게 죽은 자는 "하늘의 영광"으로 나아간다. 본향으로 귀향한 이들에게 천인들의 환영 인사로 온갖 악기들이 대동된 콘서트가 천상에서 펼쳐진다. 그들은 하늘 가족의 **곁으로** 나아가고 별들을 방문하며 초인간적 존재자들과 교제한다. 그들은 이들의 **곁에,**[5] 이들과 **함께** 거주하는 것이다.

고분의 천장벽화는 아주 특이하다. 벽에 있는 그림이 대체로 사실적이고 지상적인 것을 다루었다면, 천장의 그림은 상징적이고 천상적인 것을 담고 있다. 무용총의 천장벽화는 마치 우주의 삼라만상을 담은 듯 각종 동식물과 동식물의 형태를 한 생명체들, 천마와 신선 등등의 모습으로 가득 찼다. 분명 이들은 코스모스의 가족일 것이다. 피라미드 식으로 이루어진 천장은 각 층마다 천상적이고 상징적인 내용을 나타내고 있는데, 봉황을 비롯한 세발 공작, 용, 천마 등 신비스런 생명체들(현실세계에선 존재하지 않는)과 하늘을 나는 신선, 별들과 구름 등등이 드러난다. 마치 신선이 살고 있는 천상의 세계를 표현한 것으로 보인다. 이 천장벽화에는 죽음 저편의 세계, 사후의 세계, 즉 영원한 고향에 대한 고구려인들의 종교관이 담겨져 있다.

고분의 세 평 안팎의 방에는 땅과 하늘, 인간의 지상에서의 삶과 천상에서의 삶이 서로 연결되어 있고 또한 똑같은 우주적 중량을 갖고 있다. 이들 양자 사이엔 결코 절대적 단절이 가로놓인 것이 아니라, 오히려 그 경계선이 지워지고 없다. 이 양자 사이에 넘을 수 없는 벽을 허문 곳에 고대 한국인들의 형이상학적 초월성이 내재하고 있다. 인간의 세계와 신의 세계, 이승과 저승, 지상과 천상이 서로 유기적 순환관계에 놓여 있는 것이다. 지상에서의 죽음은 천상에서의 탄생이다. 죽음이란 곧 인간이 이 지상으로 오기 전에 있었던 천상세계로의 귀향이라는 것이 이미 단군신화에 잘 각인되어 있고, 천손天孫사상에도 잘 드러나 있다. 그러기에 고구려인들에게 천상의 세계는 인간이 온 곳이자 갈 곳이다. 이러한 철학적 바탕으로 고구려인들은 고분을 건축하고 벽화를 그렸는데, 고분벽화엔 고구려인들의 생사관과 내세관을 꿰뚫어 보는 예

---

5 하이데거는 그의 〈건축함 거주함 사유함〉(속 《강연과 논문》)에서 거주함은 소중히 보살핌이고 또 수호함이라고 한다. 그런 거주함은 친밀성을 갖고서 사물들의 곁에(bei den Dingen) 머무는 것이라 한다.

사진 14-2 신들과 하늘의 세계(오회분 4호묘)

지력이 드러나 있다.

인간의 운명은 보통 이승에서 저승으로 건널 수 없는 불가능의 벽 앞에서 좌절하고 만다고 실존철학자들은 말한다. 그렇지만 고구려인들은 이승과 저승의 중간에 위치한 죽음 앞에서 어떠한 좌절이나 비탄이며 공포와 불안으로 떨지 않는다. 그들에게는 지상에서의 삶이라고 해서 결코 하찮은 것이 아니며, 죽는다고 해서 혼백이 사라진다거나 모든 게 끝장나는 것도 아니다.

그들에게는 지상과 천상의 계세사상繼世思想이나 도가철학자 장자에게 있는 생사일여生死一如의 사상이 뿌리 깊게 박혀 있는 것으로 보인다. 고구려인들은 철저하게 계세사상을 갖고 있었던 것으로 보인다.[6] 고

---

6 변태섭, 〈한국 고대의 계세사상과 조상숭배신앙〉,《역사교육》3·4(1958·1959);
  이은창, 〈한국 고대벽화의 사상시적 연구 ― 삼국시대 고분벽화의 사상사적인
  고찰을 중심으로〉,《성곡논총》, 1985-16; 진홍섭, 〈삼국시대 미술의 정신세
  계〉,《전통과 사상》II, 한국정신문화연구원, 1986; 전호태,《고구려 고분벽화

구려인들에게서 무덤은 인간의 삶의 종말을 의미하지 않고 안식처의 의미로 받아들여졌으며, 그들은 인간의 영혼이 하늘나라에서 계속 삶을 잇는다고(영혼불멸사상) 믿었다.

옛 고구려의 도읍지였던 국내성을 답사한 김일권 교수는 수많은 무덤들이 옛 국내성의 도시 곳곳에 널려 있는 것을 보고서 "산 자와 죽은 자가 공존하는 도시"라고 여기고 있으며, 나아가 그들이 고분벽화를 통해 천상과 지상을 통합시키고 삶과 죽음이 어우러진 '생사일여'의 세계를 이루었다고 한다.[7]

오회분 4호 고분은 내부에서 피라미드형으로 건축하여 궁륭형穹隆形의 세계를 만들었는데, 여기엔 신들의 세계와 신비스런 하늘의 세계며 다양한 천상의 파노라마를 역동적으로 펼쳐 보이고 있다. 피타고라스와 아리스토텔레스가 말한 "하늘의 협화음"을 총천연색의 동영상으로 재현한 것이라고 해도 과언은 아닐 것이다. 더욱이 여기서 경각심을 가지고 파악해야 하는 것은 동양에서의 특별한 하늘의 의미이다. 그것은 살아 생동함과 동시에 인격적인 요소까지 갖추고 있는 것이다. 이러한 하늘

연구》, 사계절 2001, 11, 14, 27이하 참조. 손수호 교수와 김혜길 교수는 고구려인들의 계세사상을 "영생 관념"을 가진 것으로도 풀이하고 있다: 손수호·김혜길, 〈벽화무덤을 통해 본 고구려사람들의 음양사상과 그 표현〉, 《조선고고연구》, 2013-2, 10~12쪽 참조.

7 "초기 고구려의 400년간 도읍지였던 국내성에 가면 1500년을 넘긴 수많은 무덤들이 도시 곳곳에 놓여 있다. 산 자와 죽은 자가 공존하는 도시라는 말이 저절로 어울리는 곳이다. 죽음을 분리하지 않고 삶을 초연시하는 그들의 자연주의적 태도가 읽힌다. 벽화를 그린 무덤 내부 공간 역시 삶과 죽음이 어우러진 생사일여生死一如의 세계를 꾸몄다. 네모 구조를 이루는 사방 벽면에는 고구려 당시의 생활풍속도를 그렸고, 둥근 모양의 하늘 구조를 이루는 천장 면에는 천공의 별자리와 상상의 이상 세계를 수놓았다. 하늘은 둥글고 땅은 모나다는 천원지방의 우주관을 그대로 축소시킨 위에, 하늘과 지상, 이상과 현실, 생과 사의 두 세계를 동시에 넘나들고자 하였다."(김일권, 《고구려 별자리와 신화》, 91쪽).

의 의미를 파악할 때 고분벽화의 불멸성에 대한 의미가 더욱 명확하게 드러나는 것이다.

또 오회분 4호 고분에는 해와 달을 머리로 받쳐 든 신선들이며, 장고와 거문고며 피리와 뿔피리 등 수많은 악기들로 연주하는 모습들이 드러난다. 신선들은 신비한 불사약이 담긴 그릇을 들고서 하늘세계의 별들 사이로 스치고 있다. 또한 곳곳에 신비스런 형태의 나무들은 본향의 정원을, 생명과 행복이 넘치는 동화의 마을을 장식하고 있으며 마치 "태초의 완전성"(M. 엘리아데)을 표현한 것이기라도 하듯, 혹은 원초의 에덴동산과 같은 낙원을 상징하듯, 오묘하고 신비한 색채를 띤 채 서 있다.

신선들이 불사약을 들고 있다든지, 불사조의 봉황이나 용을 타고 있다는 것은 인간이 죽음으로서 모든 것이 끝장난다는 것이 아니라, 불멸한다는 것이며, 더욱이 인간이 신선으로 되어 하늘을 날고 별들을 방문하는 것은 "영원의 상하"에서 펼치는 존재의 향연을 드러내고 있는 것이다. 이미 천의天衣를 입고서 혹은 구름을 타거나 신비한 하늘세계의 동물들(봉황, 학, 용, 주작, 천마 등등)을 타고서 비천飛天하는 것은 모든 멸망하는 요인들과 불가능의 장벽을 깨뜨리고 불멸하는 자유의 나라에서 유유자적한다는 것을 드러내는 것이고, 또 하늘나라의 초월자들과 장場을 함께한다는 것을 보여 주는 것이다. 더욱이 악기를 연주하면서 하늘에 노니는 것은 "천상의 향연"을 펼치고 있음을 형상화한 것이 아니고 무엇이겠는가.

이것은 마치 그리스의 신화에서 이카로스가 하늘을 날고 싶은 나머지 양초로 날개를 붙여 하늘로 날아간 것과는 전혀 자원이 다르다. 그저 하늘을 나는 것을 드러내기 위해서는 날개를 단 모습만으로 충분할 것이다― 마치 서양에서의 큐피드나 천사들처럼. 그러나 고분벽화에서의 비천은 단지 나는 것만을 드러내거나 나는 것만을 목적으로 하는

사진 14-3 거문고를 타는 고구려인(위)과 신비한 신수를 타고 달로 향하는
천인(오회분 4호묘)

것은 전혀 아니다. 그들은 하늘나라의 불멸하는 초월자와 함께하고 또
그들의 대열에 끼고서 그들과 함께 거주한다는 것이다.

불사약을 찧고 있는 것은 불멸하는 시공에서 불멸하는 식구들이 본
향(선향, 신향, 동화의 마을)에서 살고 있다는 것이다. 불사약을 찧고
있는 것은 달 속에 그려진 옥토끼의 모습에도 드러난다(진파리 1호분,
개마총에 그려진 달 등등). 옥토끼는 계수나무 아래에 있는 약 절구통
속의 약을 찧고 있다. 그것은 불사하게 하는 선약인 것이다. 이러한 불

사약은 고대 그리스 신화에서 신들의 암브로시스(Ambrosis. 신들만의 양식)와도 비슷한 성격을 띠고 있다. 그러나 그리스신화에서는 암브로시스와 음료수인 넥타르가 오직 신들에게만 허용된 것이며 인간에겐 허용되어 있지 않아, 신들의 세계와 인간 사이엔 넘을 수 없는 장벽이 놓여있음을 파악할 수 있다(이원론).

기가 찰 정도로 기발한 불멸성의 발상은 덕흥리 벽화분이나 무용총에 드러난 사람의 머리 형상을 한 새(人頭鳥)[89]에도 드러난다. 불사조의 머리가 사람이 됨으로써 불사不死하는 인간을 표현한 것이다. 심지어 덕흥리 벽화분에 있는 목이 유난히 긴 하조賀鳥는 등에 불사약까지 업고 있으면서 인간의 얼굴을 하고 있어, 영원불멸의 의미를 더욱 증폭시키고 있다. 고구려의 고분벽화에는 '만세전'이라든가 '천추전'千秋塼이라는 글귀가 쓰여진 벽화도 발견되는데(덕흥리 고분, 천왕지신총, 대동강 유역의 낙랑고분에서도), 이를 통해 만세와 영원을 기원하는 의미가 표현된 것이다.

천왕지신총에는 장생불멸의 도교신화상이 잘 드러난 것으로 보인다. 여기에는 선인仙人과 사수도 외에도 벽의 8면에 걸쳐 상서로운 짐승과 새들이 그려져 있다.[10] "이렇게 5세기 초·중기의 덕흥리 고분과 천왕지신총에 서로 유사한 이미지의 천추상과 만세상이 그려진 점이 흥미롭다. 묘주의 장생불멸을 도교 신화상에 기대어 기원하는 당시의 비선적

---

8 구약성서의 창세기 3장 24절엔 인두조를 연상하게 하는 생명체가 등장한다. 창세기 3장 24절에 등장하는 '그룹'을 "표준 새번역" 성서의 각주엔 "살아 있는 피조물, 날개와 얼굴을 기지고 있는 것으로 생각됨(에스겔 1:5-12; 10:21)"으로 규명하고 있다.

9 동이계의 전승된 고전인 《산해경》에는 이러한 신비스런 인두조를 비롯해 초자연적 존재자들이 많이 등장한다(정재서 역주, 《산해경》, 2017 참조).

10 김일권, 《고구려 별자리와 신화》, 110쪽엔 천왕지신총의 모사도를 통해서 상서로운 짐승과 새들이 잘 드러나 있다.

내세관을 엿보게 된다."[11]

더욱이 덕흥리 고분엔 무덤주인에 관련된 묵서 묘지명이 나오는데, 이 무덤의 축조 연대뿐만 아니라 역사적 사실도 알 수 있다. 묘지명에는 무덤주인(유주자사 진鎭)의 내력이 소개되어 있고, 끝부분에는 "영원한 생명에 끝이 없으리라"는 말로 맺고 있다.[12]

춤무덤은 그야말로 하늘세계에서 천인天人들과 선인들, 악기를 연주하고 춤추는 선인들, 초자연적인 신수神獸들과 새들이 별들이며 하늘나무들과 함께 어울려 천상의 향연을 펼치고 있다.[13] 남쪽 하늘엔 쌍주작이 마주보고 있으며, 동청룡과 서백호는 다른 사신도와 같은데, 북쪽엔 특이하게도 뿔을 가진 천마 혹은 기린과 닮은 신수도神獸圖를 그려놓았다. 이 신수는 앞발 어깨에 날개가 돋아나 있고, 등과 꼬리에 갈퀴를 달고서 하늘을 날쌔게 내달리는 모습을 하고 있다. 천인天人들도 특이한 모습을 하고 있는데, 청룡과 마주한 고임부 남쪽에 하늘나무를 사이에 두고 천인이 평상에 앉아 글을 쓰고 있다. 백호와 마주한 서쪽에도 이와 유사하게 하늘나무를 사이에 두고 사현금을 연주하고 있는 천인들이 그려져 있다.[14]

김일권 교수도 언급하듯 이 춤무덤에서는 불교적인 것보다는 "도교적인 영혼불멸의 관점 아래 벽화 천공의 무한한 우주성을 강화하는 제재"[15]가 부각되어 있는 것으로 보인다: "어디까지나 천문과 신화와 비

---

11 김일권, 앞의 책, 111쪽 참조.
12 위의 책, 54쪽. 이 묵서명에 관한 자세한 해설은 김일권, 위의 책, 53~55쪽 참조.
13 위의 책, 120쪽 참조. 여기 춤무덤의 모사도에는 별들과 천인들이며 상서로운 짐승과 새들이 잘 드러나 있다.
14 위의 책, 122쪽.
15 위의 책, 124쪽. 삼실총과 장천1호분에도 수많은 도교적 신화 도상이 그려져 있다.

선의 도교적 승선관이 사후 세계의 중심 제재로 펼쳐진 가운데 연화문
이 장식요소로 동반된 정도이다. 불교적 내세관을 설정하기 위해서는
장식 요소만이 아닌 실체적 제재가 동반될 필요가 있다."16

일찍부터 북방아시아의 민족들은 하늘을 나는 새와 주인을 지키는
개17, 하늘의 비밀을 아는 사슴(삼실총,《나무꾼과 선녀》에도!), 인간과
동행하는 말을 단순한 지상의 동물로만 그치는 것이 아니라, 천상과 지
상의 전령으로 받아들였다. 특히 개는 주인의 영혼을 지키고, 말은 주
인을 하늘세계로 인도하는 사자使者인 것이다. 압록강 너머의 집안에
있는 각저총의 내부 이음길의 벽에 부리부리하게 눈을 뜨고서 우람하

사진 14-4 태양의 정령인 삼족오

16 김일권, 위의 곳.
17 신영훈이 지적하듯 "인도에서 불교국으로 전해진 '지키는 짐승'은 사자였
   다."(신영훈,《고구려》, 201쪽) 그러나 고구려의 고분에서 사자는 지킴이로 등
   장하지 않는다. 사자가 고구려에 없었을 뿐만 아니라 사자의 속성이 사람을
   지키지 않기에 지킴이로 등장하기는 만무하다. 그런데 "일본에서는 사자보다

게 짖는 모습을 한 개는 누가 봐도 확실하게 주인을 지키고 있는 역할을 하고 있음을 알 수 있다. 또한 고분벽화에 자주 등장하는 불사조인 세 발 봉황과 공작, 세 발 까마귀[18]는 **불멸로 인도하는 사자**使者의 역할을 담당한다.[19]

또 말의 경우는 하늘로 비상하는 천마총의 천마를 통해서도 잘 알려져 있고 《나무꾼과 선녀》에서도 잘 밝혀져 있는데, 고구려의 고분벽화에도(안악 1호분, 덕흥리 벽화분, 장천 1호분, 개마총 등등) 무덤 주인을 하늘로 인도하는 천마라든가, 하늘세계를 달리는 천마가 생동감 있게 그려져 있다. 이러한 천마는 고대그리스의 신화에서 페가수스로서 태양신의 수레를 동편에서 서편으로 끄는 역할을 맡아 태양의 운행을 돕거나, 신들이나 영웅들의 여행(천상에서 지상으로 혹은 이와 반대)을 도운 것으로 묘사되었다.

또한 플라톤의 대화록 《파이드로스》에서는 인간의 영혼이 날개 돋은

고구려에서 건너온 '고마이누'가 일본 민족이 숭상하는 도량인 신궁과 신사에까지 퍼졌고 오늘에 이르고 있다."(신영훈, 앞의 곳).

18 신영훈은 새발 까마귀가 태양의 상징이 된 것에 대해 독특한 해석을 한다: "하필 왜 까마귀가 해의 상징이 되었을까 잔뜩 궁금했는데 천산산맥을 넘으면서 비로소 한 가지 사실을 깨닫게 되었다. 해발 3000m가 넘는 고산지대에는 다른 새는 살지 못한다고 한다. 그런 고지에서 살 수 있는 새는 오직 까마귀뿐이란다. 마을 사람들의 설명이었는데 사실이 그렇다면 정말 놀랍다. 고구려 사람들이 해의 정령으로 까마귀를 등장시킨 것은 그들이 기마민족답게 말을 타고 널리 다녔고 까마귀가 뭇새보다 높은 지역에 서식한다는 사실을 터득했다는 말이 되기 때문이다. 이는 가공이 아니라 실상의 미화이다."(신영훈, 《고구려》, 20쪽)

19 2007년 방영한 드라마 "주몽"에서도 드러내었듯 고대 한국의 국가(부여, 고구려)가 중국 한나라와 전쟁할 때 삼족오의 깃발을 앞세웠다. 태양의 정령으로 상징되는 삼족오는 중국에는 없는 문화이다(신영훈, 앞의 책, 70쪽 참조). 만약 중구에서 삼족오의 벽화가 발견된다면, 그것은 부여와 고구려 및 동이계의 영향일 것이다.

사진 14-5 덕흥리 고분의 천마도

두 말(한 말은 "고귀한 천마"와 다른 한 말은 하늘로의 비상을 방해하는 "정욕의 영혼"을 상징하는 흑마)과 이들을 다루는 마부("지성적 영혼")로 구성되어 있는바, 마부와 고귀한 천마가 득세할 경우 인간의 영혼이 하늘로 날아간다는 것을 나타내고 있다. 플라톤의 "영혼마차"와는 그 방식과 유형이야 다르겠지만 고구려인들과 고대의 한국인들은 천마를 타고 하늘로 나아갔을 것이다.

나오는 말

절대적인 침묵과 어둠이 지배하는 고분의 공간에는 놀라우리만치 오묘한 철학적 내용을 담은 벽화가 펼쳐져 있다. 왜 이런 엄밀한 공간에 벽화를 그렸을까. "말할 수 없는 것에 대해선 침묵하라"고 어떤 철학자(비트겐슈타인)는 설파하지만, 그리고 이런 진술은 실증주의에겐 지극히 타당한 명제가 되겠지만, 역설적으로 "말할 수 없는 것"을 말하는 데에서 철학이 시작된다고도 할 수 있다. 실증학문으로 대답 못하는 곳에 철학이 날개를 펼치기 때문이다. 그리고 저런 명제를 철학에 명령할 권리는 없다! 물론 "말할 수 없는 것"을 말한다고 해서 어찌 황당하고 터무니없는 것들만 늘어놓겠는가.

무덤벽화는 분명 사자死者와 직접적인 관련이 있으며, 결코 후세의 사람들에게 보여 주기 위해 그린 것은 아니라고 여겨진다. 한 인간의 운명이 죽음과 함께 모두 끝나버린다거나 종말과 무화無化로 이어진다고 여겼다면 굳이 벽화를 그리지도 않았을 것이다. 그들이 그토록 심혈을 기울여 그렸기에, 거긴 우리가 예상하지 못한 철학적·종교적·형이상학적 의미가 존재하리란 추론을 할 수가 있다.

20세기에 이르러 철학자 하이데거와 종교사학자인 엘리아데에 의해 인간의 거주하는 모습이 철학적인 지평 위로 등장하게 되었다. 물론 철학사에서 인간의 거주하는 모습에 대한 논의가 철학적인 테마로 된 것은 자연스런 일이고, 또 이런 테마가 당연히 논의되어 왔을 것이다. 그러나 하이데거는 그의 존재사유에서 이 문제를 크게 부각시켰다. 그러나 고구려인들은 지금으로부터 거의 2000년 이전에 이미 그 중요성을 간파하고서 벽화에 이 테마를 옮겨놓았다.

우리가 이 책을 통해 확인할 수 있듯이 철학이 꼭 문서에 의존해서만 정립되어야 하는 법은 없다. 우리가 제2장과 제3장을 통해서도 논의했지만, 표현인문학이란 버전을 통해서도 얼마든지 철학의 세계를 펼칠 수 있는 것이다. 이들 장에서 철학의 대가들이 그림과 문화, 벽화와 전승된 유물, 시와 문학을 통해 심오한 철학을 펼친 것을 우리는 확인할 수 있었다. 심오한 철학이 그려진 **고분벽화는 한국고대철학을 새롭게 정립할 수 있도록 하는 획기적인 계기를 마련해 주고 있다!**

고구려인들이 천착한 철학적 문제들은 오늘날에도 여전히 공감을 하고 있는 문제들이며, 우리들뿐만 아니라 보편적으로 중요한 테마들이다. 고향과 귀향의 철학, 축제문화, 문명의 창조, 원시도교의 향연, 이원론의 극복, 초월자에 대한 사유, 네 방위로 파악된 우주론, 죽음이라는 운명과 자유, 불멸사상, 내세론 등등, 이 모든 테마들은 확실히 동서양을 막론한 보편적인 측면에서 중요한 이슈가 된다. 따라서 고분벽화에 그려진 철학은 세계철학의 차원에서 논의되고 해석될 필요성이 있는 것이다. 동시에 저러한 테마들은 한국의 고대철학의 지평을 펼치는 획기적인 사건이라고 할 수 있다. 고분벽화를 통한 고구려인들의 세계관은 별자리의 성좌도를 통해 드러내고 있으며, 사신도-사수도의 체계를 통한 보살핌의 철학은 세계철학사의 지평에서도 고귀한 테마이다.

인간이 "형이상학적 존재"(ens metaphysicum)라고 한다면, 고분벽화를 통해 "새로운 형이상학의 지평"을 펼쳐 놓은 고구려의 정신세계는 결코 추상적 관념론이나 인식론의 카테고리 틀 안에서 허우적거리는 것이 아니라, 섬뜩하리만큼 —적어도 이러한 작품 속에서는— 생생하고 구체적이다. 그러면서도 인간의 실존적이고 궁극적인 문제를 다루고 있다. 그것은 인간의 운명과 궁극적인 것, 인간의 영혼불멸, 초월자와의 관계, 코스모스에서의 위상에 대해 응답하고 있기 때문이다.

종교의 궁극적 목적은 무엇인가? 그것은 물론 신학적, 철학적, 종교학적 분석에서 여러 가지로 응답되겠지만, 그리고 경우에 따라선 여러 가지 목적들로 분류될 수도 있겠지만, 어쨌든 그 어떤 다른 목적들보다도 절대자와 초월자의 영역으로 나아가는 것이 우선적일 것이고, 그와 결합하며 함께 거주하는 것이다. 기독교의 목적도 이와 맞물려 있다. 천국에서 혹은 파라다이스에서 천사와 함께, 그리스도와 함께, 그리고 창조주 하나님과 함께 거주하는 것이야말로 기독교를 신앙하는 사람들에게 가장 강력하게 염원되는 목적일 것이다.

초월자와 만나고 사귀며 함께 거주하는 것이야말로 철학과 종교의 궁극적 목적 가운데 하나일 것이고, 고구려의 고분벽화는 바로 이러한 목적에 대해 응답하고 있는 것이다. 고분벽화에서 인간은 마치 무덤 가운데 누워 있는 사람이 되살아난(부활한) 몸을 이끌고 비상한 것처럼 생생한 인간의 모습을 하고서 하늘의 별꽃가루가 뿌려진 정원으로 나아간다. 여기서 "생생한 인간의 모습"을 하고 있다는 것은, 우선 추상적 관념이나 개념적 인식론으로 불멸이나 영혼에 대해서 이론적으로 논의하는 차원이 아니라, 생생하게 활동하는 모습이 벽화 속에서 동영상으로 담겨 있다는 것이다. 또한 무덤 주인이 신비로운 세 발 공작과 용을 타고 북두칠성이나 기타 다른 별에 다다른다는 것에서 불멸신앙의 흔적이 묻어 나온다. 참으로 궁극적인 것에 대한 고구려인의 웅장하고 숭고한 모습이 드러난다.

참고문헌

1. 자료

김부식, 신호열 역해,《삼국사기》I, II, 동서문화사, 1978.

김재선·엄애경·이경,《한글 동이전》, 서문문화사, 1999.

노자, 남만성 역,《老子道德經》, 을유문화사, 1970.

북애 지음, 고동영 옮김,《규원사화》, 한뿌리, 2005.

이규보·이승휴, 박두포 역,《동명왕편·제왕운기》, 을유문화사, 1987.

이순지, 김수길·윤상철 공역,《천문류초》, 대유학당, 2013.

일연, 권상로 역해,《삼국유사》, 동서문화사, 1978.

장자, 최효선 역해,《莊子》, 고려원, 1994.

정재서 역주,《산해경》, 민음사, 2017.

혜초, 이석호 역,《왕오천축국전》, 을유문고, 1984.

2. 저서

강윤동(KBS 고구려 특별대전 기획본부 편),《고구려 이야기》, 범조사, 1994.

김교빈,《한국철학 에세이》, 동녘출판사, 2003.

김산해 지음,《길가메쉬 서사시》, 휴머니스트, 2005.

김원룡,《벽화》(《한국미술전집》4), 동화출판공사, 1974.

_____,《한국벽화고분》, 일지시, 1980.

김용규,《설득의 논리학》, 웅진 지식하우스, 2013.

김일권,《고구려 별자리와 신화》, 사계절, 2008.

_____,《동양 천문사상 하늘의 역사》, 예문서원, 2007.

_____,《우리 역사의 하늘과 별자리》, 고즈윈, 2008.

나일성, 《한국천문학사》, 서울대학교출판부, 2002.

노윤생, 《광개토태황》, 큰방, 2007.

니체Nietzsche, F.W., 사순욱 옮김, 《짜라투스트라는 이렇게 말했다》, 홍신문화사, 2007.

E.R. 도즈, 주은영·양호영 옮김, 《그리스인들과 비이성적인 것》, 까치 2002.

류연산, 《고구려 가는 길》, 아이필드, 2004.

C. 레비스트로스, 이동호 옮김, 《신화를 찾아서》, 동인, 1994.

H. 롬바흐, 전동진 옮김, 《살아 있는 구조》, 서광사, 2004.

_____, 《아폴론적 세계와 헤르메스적 세계》, 서광사, 2001.

_____, 《철학의 현재》, 서광사, 2001.

리하르트 샤에플러, 김영필 옮김, 《종교철학》, 이론과 실천, 1994.

문중양, 《우리역사 과학기행》, 동아시아, 2008.

민족화해협력범국민협의회·중앙일보·SBS 주최: 《특별기획전 고구려!》, "특별기획전 고구려! 행사추진위원회" 편집 및 발행, 2002.

W. 바이셰델 지음, 이기상·이말숙 옮김, 《철학의 뒤안길》, 서광사, 1990.

박석재, 《하늘을 잊은 하늘의 자손》, 과학동아북스 2009.

박이문, 《자연, 인간, 언어》, 철학과 현실사, 1998.

박종홍, 《한국의 사상》, 문공사, 1982.

박찬국, 《들길의 사상가 하이데거》, 동녘, 2004.

____, 《하이데거와 나치즘》, 문예출판사, 2001.

박창범, 《천문학》, 이화여자대학교출판부, 2009.

____, 《하늘에 새긴 우리역사》, 김영사, 2004.

박현, 《한국고대지성사산책》, 백산서당, 1995.

발리스 듀스, 남도현 옮김, 《현대사상》, 개마고원, 2002.

보드리야르, J., 하태환 옮김, 《시뮬라시옹》, 민음사, 2004.

보에시우스, 정의채 역, 《철학의 위안》, 성바오로출판사, 1973.

빈센트 반 고흐 지음, 신성림 옮김, 《반 고흐, 영혼의 편지》, 예담, 2001.

스넬, B, 김재홍 옮김, 《정신의 발견》, 까치, 2002.

스콧 펙, 김훈 옮김, 《거석을 찾아서 내 영혼을 찾아서》, 고려원미디어, 1996.

서길수, 《고구려 역사유적 답사》, 사계절, 2000.

신영훈, 《고구려 —기마민족의 삶과 문화》, 조선일보사, 2004.

신용하, 《고조선문명의 사회사》, 지식산업사, 2018.

신형식 외, 《아! 고구려》, 조선일보사, 1993.

신형식, 《집안 고구려유적의 조사연구》, 국사편찬위원회, 1996.

심재룡 외, 《한국에서 철학하는 자세들》, 집문당, 1989.

안상현, 《우리 별자리》, 현암사, 2000.

어윤형·전창선, 《음양오행으로 가는 길》, 도서출판 세기 1999.

에드문트 후설, 이종훈 옮김, 《유럽학문의 위기와 섬험적 현상학》, 이론과 실천, 1993.

엘리아데, M., 이동하 옮김, 《聖과 俗》, 학민사, 1983.

역사신문편찬위원회, 《역사신문》(원시시대∽통일신라), 사계절출판사, 2001.

오가와 히데오, 고선윤 옮김, 《고대문명》, 서울문화사, 2004.

월시, W.H., 이한우 옮김, 《형이상학》, 문예출판사, 1996.

우실하, 《동북공정 너머 요하문명론》, 소나무, 2007.

울리히 호이서만 지음, 장영태 옮김, 《횔덜린》, 행림출판사, 1980.

윤내현, 《한국고대사》, 삼광출판사, 1991.

윤병렬, 《선사시대 고인돌의 성좌에 새겨진 한국의 고대철학 —한국고대철학의 재발견》, 예문서원, 2018.

윤사순·고익진, 《한국의 사상》, 열음사, 1992.

윤평중, 《푸코와 하버마스를 넘어서》, 교보문고, 2005.

윤효녕 외, 《주체 개념의 비판 —데리다, 라캉, 알튀세, 푸코》, 서울대학교출판부, 2003.

융, 칼 구스타프 편저, 정영목 옮김, 《사람과 상징》, 까치, 1995.

이가원 외, 《한국학 연구입문》, 지식산업사, 1981.

이광세, 《동서문화와 철학》, 철학과 현실사, 1996.

이광표, 《사진으로 보는 북한의 문화유산》, 동아일보사, 1997.

이경덕, 《우리 곁에서 만나는 동서양 신화》, 사계절, 2006.

이기백, 《한국사 신론》, 일조각, 1993.

이기훈, 《동이 한국사》, 책미래, 2015.

이능화, 이종은 역주, 《조선도교사》, 보성문화사, 1981.

이어령, 《한국인의 신화》, 서문당, 1996.

이용곤, 《동양철학개설》, 흥학출판사, 1993.

이승종, 《크로스오버 하이데거》, 생각의 나무, 2010.

이종호·윤석연 글, 안진균 외 그림, 《고인돌》, 열린빅물권, 2006.

이종호, 《한국7대 불가사의》, 역사의 아침, 2007.

이태호·유홍준 편, 《고구려 고분벽화》, 풀빛, 1995.

이태호·천득염·황호균·유남해, 《운주사》, 대원사, 1995.

이형구 외, 《고구려의 고고·문물》, 한국정신문화연구원, 1996.

전광식, 《고향》, 문학과 지성사, 1999.

전호태, 《고구려 고분벽화 연구》, 사계절, 2001.

_____, 《고구려 이야기》, 풀빛, 2001.

_____, 《고분벽화로 본 고구려 이야기》, 풀빛, 1999.

장 보드리야르, 하태환 옮김, 《시뮬라시옹》, 민음사, 2004.

정대현 외 지음, 《표현인문학》, 생각의 나무, 2000.

정재서, 《不死의 신화와 사상》, 민음사, 1995.

_____, 《한국도교의 기원과 역사》, 이화여자대학교출판부, 2006.

정진홍, 《종교학 서설》, 전망, 1980.

제임스 사이어, 김헌수 옮김, 《기독교세계관과 현대사상》, IVP 2008.

조명기 외, 《한국사상의 심층》, 도서출판 우석, 1994.

조선일보사, 《집안 고구려 고분벽화》, 1993.

최무장·임연철 편저, 《고구려 벽화고분》, 신서원, 1990.

최재희, 《칸트의 생애와 철학》, 명문당, 1990.

최창규, 《한국의 사상》, 서문당, 1996.

K. 케레니, 장영란·강훈 옮김, 《그리스 신화》, 궁리, 2002.

토머스 불핀치, 한백우 옮김, 《그리스 로마 신화》, 홍신문화사, 1993.

타히르 후세인 엮음, 박영구·최병연 옮김, 《유네스코 세계문화유산》, 베텔스만
    출판사.

특별기획전 고구려! 행사추진위원회, 민족화해협력범국민협의회·중앙일보·SBS 주
    최, 《특별기획전 고구려》, 특별기획전 고구려! 행사추진위원회(바인홀딩스)
    2002.

플라톤, 박종현·김영균 역주, 《티마이오스》, 서광사, 2000.

플라톤, 최명관 옮김, 《플라톤의 대화》, 종로서적, 1984.

피에르 테브나즈, 김동규 옮김, 《현상학이란 무엇인가》, 그린비, 2011.

M. 하이데거, 이기상·신상희·박찬국 옮김, 《강연과 논문》, 이학사, 2008.

한국방송공사, 《고구려 고분벽화》, 1994.

한국역사연구회 고대사 분과 지음, 《고대로부터의 통신》, 푸른역사, 2004.

한면희, 《환경윤리》, 철학과 현실사, 2006.

한상남, 《한국전래동화》, 민서출판사, 1991.

한상우, 《우리것으로 철학하기》, 현암사, 2003.

한전숙, 《현상학의 이해》, 민음사, 1984.

_____, 《현상학》, 민음사, 1996.

헨드릭 빌렘 반 룬, 박성규 옮김, 《인류 이야기》, 아이필드, 2002.

Aristoteles, *Aristoteles' Metaphysik*, hrg. von Horst Seidel, Felix Meiner Verlag: Hamburg, 1989.

Bollnow, O.F., *Neue Geborgenheit*, Stuttgart: Kohlhammer, 1979.

R. G. Collingwood, *The Idea of Nature*, London: Oxford Univ. Press, 1960.

H. Diels, *Die Fragmente der Vorsokratiker*, Hamburg: Rowohlt, 1957.

Fink, G., *Who's Who in der antiken Mythologie*, München: dtv, 1993.

K. Fischer, *Abschied*, Würzburg: Königshausen & Neumann, 1990.

W. Heilmann·K. Roeske·R. Walther, *LEXIS*, Teil I, Frankfurt a.M.: Verlag Moritz Diesterweg, 1988.

Hesiod, *Erga*, Deutsch von Walter Marg, Zürich: Artemis Verlag, 1968.

J. Hirschberger, *Geschichte der Philosophie I*, Freiburg·Basel·Wien: Herder, 1991.

Hölderlin, Friedrich, *Hoelderlin*(Werke und Briefe in einem Band), ausgewaehlt von Pierre Bertaux, Muenchen: Winkler Verlag.

K. Hoffmann(Hrg.), *Die Wirklichkeit des Mythos*, München/Zürich: Knauer, 1965.

Holz, Harald, *Vom Mythos zur Reflexion*, Freiburg/München: Alber, 1975.

Husserl, Edmund, *Gesammelte Schriften*, Hamburg: Meiner, 1992.

_____, *Ideen I* (GA.III), Hrg. von W. Biemel, Den Haag: Martinus Nijhoff, 1950.

_____, *Erfahrung und Urteil*, Hamburg: Classen Verlag, 1964.

_____, *Ideen zu einer reinen Phaenomenologie und phaenomenologische Philosophie*, Den Haag: Erstes Buch, 1976.

_____, *Erste Philosophie I*, Hua. VII, Boehm: hrg. von R. 1956.

_____, *Erste Philosophie II*, Hua. VIII, Boehm: hrg. von R. 1959.

_____, *Krisis der europäischen Wissenschaften und die transtale Phänomenologie*, Hua.VI, Hrg. von W. Biemel, Den Haag: Martinus Nijhoff, 1954.

_____, *Logische Untersuchungen II/I*, Hua XIX/1, Panzer: hrg. von U., 1984.

_____, *Phänomenologische Psychologie*(Hua. IX), Hrg. von W. Biemel, Den Haag: Martinus Nijhoff, 1962.

_____, Ed. and Trans. T. Sheehan and R. Palmer, *Psychological and Transcendental Phenomenology and the Confrontation with Heidegger*

(1927-1931), Kluwer: Dordrecht, 1997.

K. Jaspers, *Die Sprache/ Über das Tragische*, München: Piper, 1990.

I. Kant, *Kritik der reinen Vernunft*, hrg. von Raymund Schmidt, Hamburg: Felix Meiner Verlag, 1976.

_____, *Kritik der Urteilskraft*, Hrg. von Wilhelm Weischedel, Frankfurt a.M.: Suhrkamp, 1977.

K Kerenyi, *Die Eröffnung des Zugangs zum Mythos*, Darmstadt: Wiss. Buchgesellschaft, 1982.

_____, *Umgang mit Göttlichem*, Göttingen: Vandenhoeck & Ruprecht, 1955.

Kemper, Peter, *Macht des Mythos−Ohnmacht der Vernunft?*, Frankfurt a.M.: Fischer, 1989.

H.D.F. Kitto, *Die Griechen*, Berlin/Darmstadt/Wien: Deutsche Buch−Gemeinschaft, 1967.

W. Lowrie, *A short Life of Kierkegaard*, Princeton: Princeton Univ. Press 1942.

O. Marquard, *Apologie des Zufälligen*, Stuttgart: Reclam, 2008.

Marx, Werner, *Heidegger und Tradition*, Hamburg: Felix Meiner, 1980.

_____, *Gibt es auf Erden ein Mass?*, Frankfurt a.M.: Fischer, 1986.

Otto, Rudolf, *Das Heilige*, Muenchen: C.H. Beck, 1979.

Otto, Walter F., *Theophania*, Hamburg: Rowohlt, 1956.

J. Pieper, *Über die platonischen Mythen*, München: Kösel Verlag, 1965.

Platon, *Sämtliche Werke*(전집), Frankfurt a.M. und Leipzig: Insel verlag, 1991.

Poeggeler, Otto, *Der Denkweg Martin Heideggers*, Pfullingen: Neske, 1983.

Ritter Joachim(Hrg.), *Historisches Wörterbuch der Philosophie*, Basel/Stuttgart: Schwabe, 1984.

H. Rombach, *Leben des Geistes*, Freiburg·Basel·Wien: Herder, 1977.

Rombach, Heinrich, *Strukturontologie*, Freiburg−München: Alber, 1988.

Rueegg, Walter, *Antike Geisteswelt*, Suhrkamp Taschenbuch, 1980.

Schelling, F.W.J., *Texte zur Philosophie der Kunst*, 1982.

G. Schmidt, *Subjektivitaet und Sein*, Bonn: Bouvier Verlag, 1979.

_____, *Vom Wesen der Aussage*, Meisenheim/Glan: Anton Hain KG, 1956.

C. O. Schrag, *The Self after Postmodernity*, New Haven and London: Yale Univ. Press: 1997.

M. Stapleton und E. Servan—Schreiber, *Lexikon der griechischen und römischen Mythologie*, übersetz von R. Schubert, Hamburg: Xenos Verlag, 1978.

H.J. Störig, *Kleine Weltgeschichte der Philosophie 2*, Frankfurt a.M.: Fischer, 1981.

Volkmann—Schluck, K.—H., *Die Philosophie der Vorsokratiker*, Würzburg: Königshausen & Neumann, 1992.

R. Wiehl, *Geschichte der Philosophie in Text und Darstellung*(20.Jahrhundert), Stuttgart: Reclam, 1984.

Wittgenstein, Ludwig, *Tractatus logico—philosophicus*, Frankfurt a.M.: Suhrkamp Verlag, 1971.

* 하이데거 저작

Beiträge zur Philosophie(GA. 65), Frankfurt a.M.: Vittorio Klostermann Verlag 1989.

Martin Heidegger: Innen— und Außenansichten, Frankfurt a.M.: Suhrkamp, 1989.

Der Feldweg, Frankfurt a.M.:Vittorio Klostermann, 1953.

Der Satz vom Grund(1957), Pfullingen : Günther Neske, 1986.

Der Ursprung des Kunstwerkes, Stuttgart: Reclam, 1988.

Die Grundbegriffe der Metaphysik(GA. 29/30), Frankfurt a.M., 1983.

Die Technik und die Kehre(1949/50), Pfullingen: Günther Neske, 1962.

Einführung in die Metaphysik, Tübingen: Max Niemeyer, 1987.

Erläuterungen zu Hölderlins Dichtung, Frankfurt a.M.: Klostermann, 1951.

Gelassenheit, Pfullingen: Neske, 1982.

Heraklit, gemeinsames Seminar mit Eugen Fink im WS 1966/67, Frankfurt a.M. : Klostermann, 1970.

Hölderlins Hymnen 'Germanien' und 'Der Rhein'(GA.39), Frankfurt a.M., 1980.

Hölderlins Hymnen 'Andenken'(GA.52), Frankfurt a.M., 1982.

Holzwege, Frankfurt a.M.: Klostermann, 1980.

Hölderlins Hymnen 'Der Ister'(GA.53), Frankfurt a.M., 1984.

Nietzsche I, II, Pfullingen: Günther Neske, 1961.

Parmenides(Gesamtausgabe Bd. 54), Frankfurt a.M.: Klostermann, 1982.

Sein und Zeit(1927), Tübingen: Max Niemeyer, 1984.

Unterwegs zur Sprache, Stuttgart : Neske, 1993(10. Aufl.).

Der Ursprung des Kunstwerkes, Stuttgart : Reclam, 1988.

Über den Humanismus, Frankfurt a.M. : Klostermann, 1949.

Vorträge und Aufsätze, Pfullingen : Günther Neske, 1990.

Was heisst Denken?, Tuebingen : Max Niemeyer, 1961.

Was ist Metaphysik?, Frankfurt a.M. : Klostermann, 1949.

Wegmarken(1967), Frankfurt a.M. : Klostermann, 1978.

Wozu Dichter? in *Holzwege*, Frankfurt a.M. : Klostermann, 1980.

3. 논문

강학순, 〈하이데거의 보살핌에 관한 현상학적 존재사유〉, 《보살핌의 현상학》(《철학과 현상학연구》 제18집), 철학과 현실사, 2002.

_____, 〈하이데거 사유의 종교철학적 지평〉, 《기독교철학》 창간호, 한국기독교철학회, 2005.

김동일, 〈별자리가 새겨진 고인돌무덤에 대하여〉, 《조선고고연구》 96-3, 사회과학원 고고학연구소, 사회과학출판사 1996.

_____, 〈증산군 룡덕리 10호 고인돌 무덤의 별자리에 대하여〉, 《조선고고연구》 97-3, 사회과학원 고고학연구소, 사회과학출판사, 1997.

_____, 〈고조선의 석각천문도〉, 《조선고고연구》 2003-1, 사회과학원 고고학연구소, 사회과학판사 2003.

_____, 〈북두칠성 모양으로 배렬되여 있는 구서리고인돌무덤 발굴보고〉, 《조선고고연구》 2005-3, 사회과학원 고고학연구소, 사회과학출판사, 2005.

_____, 〈칠성바위에 대하여〉, 《조선고고연구》 2012-3, 사회과학원 고고학연구소, 사회과학출판사 2012.

_____, 〈정동리에서 확인된 별자리가 새겨진 고인돌무덤에 대하여〉, 《조선고고연구》 2012-4, 사회과학원 고고학연구소, 사회과학출판사, 2012.

김성철, 〈고구려무덤벽화에 그려진 사신도의 출현시기에 대하여〉, 《조선고고연구》 97-2.

_____, 〈고구려사신도무덤벽화의 류형과 그 변천〉, 《조선고고연구》 2000-1.

김원룡, 〈고구려의 미술〉, 《한국사상》 7, 1964.

_____, 〈고구려의 벽화고분〉, 《한국사의 재조명》, 1975.

김일권, 〈고구려 고분벽화의 별자리그림 考定〉, 《백산학보》 제46호, 1996.

_____, 〈고구려 고분벽화의 별자리 그림 고정〉, 《백산학보》 제47호, 1996.

_____, 〈고구려 고분벽화의 천문 관념체계 연구〉, 《진단학보》 82, 1996.

_____, 〈고구려 고분벽화의 북극성 별자리에 관한 연구〉, 《고구려 연구》 5, 1998.

_____, 〈고구려인들의 별자리 신앙〉, 《종교문화연구》 제2호, 2000.

_____, 〈벽화천문도를 통해서 본 고구려의 정체성〉, 고구려연구회 편, 《고구려 정체성》, 학연문화사, 2004.

_____, 〈고구려 위진 수당대 고분벽화의 천문성수도 고찰〉, 《한국문화》 24. 2008.

_____, 〈고구려 덕화리 1, 2호분의 소우주 구조와 기명 28수 성좌도 역사〉, 《동아시아 문화와 예술》 통권 6호, 2009.

김종태, 〈고대한국미술의 특색과 그 형성〉, 《한국미의 연구》, 열화당, 1978.

리준걸, 〈고구려에서의 천문학의 발전〉, 《조선고고연구》 89-3.

문중양, 〈고분벽화에 담긴 고구려의 하늘〉, 《뉴턴》 2004년 4월호.

박창범·양홍진, 〈고구려의 고분 벽화 별자리와 천문체계〉, 《한국과학사학회지》 제31권 제1호, 2009.

변태섭, 〈한국 고대의 계세사상과 조상숭배신앙〉, 《역사교육》 34, 1958·1959.

손봉호, 〈생활세계〉, 이영호 편, 《후설》, 고려대출판부, 1990.

손수호·김혜길, 〈벽화무덤을 통해 본 고구려사람들의 음양사상과 그 표현〉, 《조선고고연구》 2013-2.

송항룡, 〈한국 道敎·道家사상의 特質〉, 조명기 외 지음, 《한국사상의 심층》, 우석출판사, 1994.

양홍진·복기대, 〈중국 해성(海城) 고인돌과 주변 바위그림에 대한 고고천문학적 소고(小考)〉, 《東아시아 古代學》 제29집, 2012.

유경채, 〈고구려벽화에 관한 소감〉, 《생활문화》 1-2, 1946.

윤병렬, 〈"나무꾼과 선녀"에서의 종교현상학〉, 《철학과 현상학 연구》 제18집(《보살핌의 현상학》), 철학과 현실사, 2002.

_____, 〈플라톤과 하이데거 및 고구려의 고분벽화가 표명한 '사방'으로서의 코스모스〉, 《하이데거 연구》 제10집, 세림출판사, 2004.

_____, 〈'거주함'의 철학적 지평 —하이데거의 사유와 고구려의 고분벽화를 중심으로—〉, 《하이데거 연구》 제11집, 세림출판사, 2005.

_____, 〈'말하는 돌'과 '돌의 세계' 및 고인돌에 새겨진 성좌〉, 《정신문화연구》 제39권 제2호(통권143호), 한국학중앙연구원, 2016.

이남석, 〈북한의 고구려 고분 연구 현황〉, 김정배 편, 《북한의 고대사 연구와 성과》, 대륙연구소, 1994.

이영문, 〈지석묘의 기능적 성격에 대한 검토〉, 《한국 지석묘사회 연구》, 학연문화사, 2002.

_____, 〈고인돌에 얽힌 지명과 신앙〉, 《이야기로 풀어낸 화순 고인돌유적》, 동북아지석묘연구소, 2009.

이융조·하문식, 〈한국 고인돌의 다른 유형에 관한 연구〉, 《東方學志》 제63호, 1989.

이은창, 〈한국고대벽화의 사상사적 연구 ―삼국시대 고분벽화의 사상사적인 고찰을 중심으로〉, 《성곡논총》 16, 1985.

이형구, 〈고구려의 삼족오 신앙에 대하여 ―고고학적 측면에서 본 조류숭배 사상의 기원문제〉, 《동방학지》 86, 1994.

임기환, 〈하늘의 과학, 하늘의 정치〉, 《삼국시대 사람들은 어떻게 살았을까》(한국역사연구회), 청년사, 2005.

전동진, 〈롬바흐의 그림철학〉, 《하이데거의 예술철학》, 철학과 현실사, 2002.

전호태, 〈고구려 고분벽화의 이해를 위하여〉, 《역사비평》 26, 1994년 가을호.

_____, 〈5세기 평양권 고분벽화로 본 고구려 문화의 정체성〉, 고구려연구회 편, 《고구려 정체성》, 학연문화사 2004.

정영기, 〈세계유산 화순 고인돌에 숨겨진 이야기〉, 《이야기로 풀어낸 화순 고인돌유적》, 동북아 지석묘연구소, 2009.

정재서, 〈동·서양의 유토피아, 서로 다른 길일까〉, 《동·서양의 가치는 화해할 수 있을까》(김교빈, 김시천 엮음), 웅진지식하우스 2007.

조선미, 〈고구려 고분벽화에 나타난 회화사상〉, 《초우 황영수 박사 고희기념 미술사논총》, 1988.

조용헌, 〈북두칠성〉, 조선일보, 2004년 9월 8일.

진홍섭, 〈삼국시대 미술의 정신세계〉, 《전통과 사상》 IV, 한국정신문화연구원 1986.

차주환, 〈한국 도교의 공동체관〉, 《도가사상과 한국도교》(《도교문화연구》 제11집, 국학자료원), 1997.

최상욱, 〈거주하기의 의미에 대하여〉, 《하이데거 연구》 제4집, 철학과현실사, 1999.

최성은, 〈별칭이 있는 고인돌〉, 《이야기로 풀어낸 화순 고인돌유적》, 동북아지석묘연구소, 2009.

최순우, 〈통구의 고구려벽화〉, 《신예술》(1), 1956.

_____, 〈고분벽화〉, 《한국회화》(권 1), 도산문화사, 1981.

최승택, 〈고구려 사람들의 사신에 대한 신앙과 고구려벽화 사신도의 특징〉, 《조선고고연구》 2012-2.

_____, 〈고구려 무덤벽화 천문도의 우수성에 대하여〉, 《조선고고연구》 2013-2.

하문식, 〈고조선 지역의 고인돌 연구〉, 《백산자료원》, 1999.

_____, 〈고인돌의 숭배 의식에 대한 연구〉, 《비교민속학》 제35집, 2008.

한인호, 〈고구려벽화무덤의 사신도에 대하여〉, 《조선고고연구》 88-1.

A. Gethmann-Siefert, Heidegger und Hoelderlin. Die Ueberforderung des "Dichters in duerftiger Zeit", in *Heidegger und die praktische Philosophie*, Frankfurt a.M.: Suhrkamp, 1988.

Gundolf, Friedrich, Hoelderlins Archipelagus, in *Hoelderlin*, Tuebingen: Hrg. von Alfred Kelletat, J.C.B.Mohr, 1961.

Kaufmann, Sylvia, *Die Wiederkehr der Goetter als Erwartungshorizont*, in 《독일문학》, 제66집, 한국독어독문학회 1998.

L. Landgrebe, "Gedächtnisrede auf Edmund Husserl 1938", in *Phänomenologie und Metaphysik*, Hamburg 1949.

4. 인터넷 홈페이지 및 방송 자료

고인돌사랑회의 홈페이지(www.igoindol.net)

"월드컵 특별기획 역사스페셜", 제2편 고분벽화, KBS 2002년 6월 8일 방송자료.

찾아보기

ㄱ

ㅂ

ㅇ